本书为教育部人文社会科学重点研究基地重大项目"北非变局对环地中海国际关系的影响研究"（项目编号：12JJD810015）的研究成果

浙江师范大学非洲研究文库

非洲研究新视野系列
总主编 刘鸿武

北非变局对环地中海国际关系的影响研究

THE UPHEAVAL IN NORTH AFRICA AND
ITS IMPACT ON EURO-MEDITERRANEAN RELATIONS

刘云 钱磊 著

社会科学文献出版社
SOCIAL SCIENCES ACADEMIC PRESS (CHINA)

总　序
非洲学是一门行走的学问

刘鸿武[*]

　　学术研究是一种思想性的探索活动，我们做学问，以学术为志业。不会无缘无故，也不能漫无目标，总该有一番意义与价值的思考和追求在里面。[①]做非洲研究，可能尤其如此，非洲大陆距我们很遥远，地域极为广袤，国家林立，文化多样，从事研究的条件亦比较艰苦。在过往年代，非洲研究一直为清远冷僻之所，少有人问津，近年来随着中非关系快速升温，非洲研究逐渐为人所重视而热闹起来。然而，在非洲研究这样一个相对遥远陌生、复杂多样的学术领域要长期坚守，做出真学问，成得一家言，并不是一件容易的事。

　　中国古人治学，讲求"博学之，审问之，慎思之，明辨之，笃行之"，[②] 在我看来，若我们立志以非洲研究为人生的事业，则在开始之时，必得先有一番关于此项事业之价值与意义的深入思考，仔细思量一下，非洲研究有何意义？我们为什么要选择做非洲研究？它里面是否有某种不一样的精神追求？我们又该如何做才可更好地认识非洲、把握非洲，并进而可对国家、对民族有所贡献？[③] 对这些所谓的"本体性"问题，我们若在一开始时有所思考，有所明了，能寻得一安身立命于此的信念置于心头并努力践行之，那我们或许就能在非洲研究这个相对特殊而艰苦的领域走得远，走得坚定，并最终走出一条自己的路来。

---

[*]　刘鸿武，教育部"长江学者"特聘教授、国务院特殊津贴专家、浙江省特级专家、钱江学者特聘教授、浙江师范大学非洲研究院创始院长。

①　钱穆：《中国历史研究法》，生活·读书·新知三联书店，2005，第1页。

②　《礼记·中庸》。

③　刘鸿武：《国际关系史学科的学术旨趣与思想维度》，《世界经济与政治》2006年第7期，第78—79页。

一 非洲学何以名

非洲研究，也可称之为非洲学，是对那些有关非洲这片自然与人文区域的各种知识、概念、思想、方法的研究活动及其所累积成果的总和性统称，"这是一门专以非洲大陆的自然与人文现象为研究对象，探究非洲文明历史进程及其当代政治、经济与社会发展问题的综合性交叉学科"。①换句话说，"非洲学是一门在特定时空维度上将研究目光聚集于非洲大陆这一空间区域，对这块大陆的自然与人文现象进行综合性、专门化研究的新兴学科"。② 其内容既包括人们所进行的对非洲大陆方方面面的自然和人文事象作认知研究的探索活动与探索过程，也包括由这些探索活动所积累而成的系统化的关于非洲的概念与方法、知识与思想。③

非洲地域辽阔，国家众多，文化多样，所涉及的领域与问题也很广泛复杂，为此，我们可以对"非洲学"做广义与狭义两种理解。广义的"非洲学"，包括以非洲这块"地域""大陆"为研究对象的所有知识与思想领域，诸如从人文科学、社会科学、自然科学、工程技术等各学科领域所做的各种研究活动和成果。狭义的"非洲学"，则主要是指以"非洲大陆的文明进程及当代政治、经济与社会发展问题"为研究的核心内容的一门综合性学科，主要包括从人文科学、社会科学层面开展的非洲研究。

从实际的情况来看，今天人们开展的"非洲学"活动，主要还是狭义概念方面的，且大体上集中于两大领域，一是侧重于研究非洲大陆以往历史进程的"非洲文明研究"，二是侧重于研究非洲大陆现实问题的"非洲发展研究"。④ 总体上来说，"非洲文明研究"重在历史，重在非洲传统；"非洲发展研究"重在当代，重在非洲现实。前者为背景研究、基础研究，后者为实践研究、运用研究。当然，这两部分其实也是一体之两面，互为基础的。

---

① 刘鸿武：《非洲学发凡：理论与实践六十问》，人民出版社，2019，第2页。
② 刘鸿武：《初论建构有特色之"中国非洲学"》，《西亚非洲》2010年第1期，第5—10页。
③ 刘鸿武：《"非洲学"的演进形态及其中国路径》，《国际政治研究》2016年第6期，第41—63页。
④ 刘鸿武：《非洲研究的"中国学派"：如何可能》，《西亚非洲》2016年第5期，第3—31页。

一般来说，"非洲学"与"非洲研究"两个概念可以换用，但表达的意义有所不同。"非洲研究"这一概念的内涵很清楚，无须特别解释就能明白，一切与非洲有关的研究活动、研究领域、研究内容，但凡与非洲有关的各类研究活动都可统其门下。而"非洲学"这一概念的指向则有所提升，突出了非洲研究的学科主体性、学理建构性、知识系统性和理论专业性。当我们使用"非洲学"一词时，便是更多地关注非洲研究的理论旨趣、学科路径、体系建构、方法创新等问题，侧重于讨论它的学科建设过程与学科表现形态的某些问题，并且期待它能成为一门相对独立的新兴学科。①

二　非洲学何以立

那么，"非洲学"能够成立吗？有必要建立这样一门学科吗？以我自己多年的实践经历与感受，及目前中非关系面临的客观需求与知识期待，我的基本看法，一是有可能但不容易，二是有必要但需勤为之。总体上说，这门学科的建立与发展，是客观情势所迫，对拓展中国域外知识以完善当代中国学术体系，对积累中非共享知识以助中非命运共同体建设，都是一项意义重大但又必须付出巨大努力才有可能向前推进的事业。②

第一，"非洲学"之所以成立，在于非洲这块大陆一方面无论是作为一个自然区域还是一个人文区域，无论是在历史上还是在当代，内部差异很大而呈现高度多样性与多元性；但另一方面，一直具有一些泛大陆的、泛区域性的共同属性，整个大陆在自然、地理、历史、社会与文化诸多方面，一直有一些共同的内在联系与普遍特征，这一切使我们可以对这块大陆做出整体性、联系性、宏观性的认识与把握。而事实上，在过去百年，许多现代非洲的历史学家、知识精英和思想者、政治领袖，普遍地主张将非洲大陆作为一个有整体性联系的区域来看待，作为一个有共同历史遭遇与现代命运的整体来对待，他们一直强调要特别重

① 刘鸿武：《国际思想竞争与非洲研究的中国学派》，《国际政治研究》2011 年第 12 期，第 89—97 页。

② 刘鸿武：《创造人类共享知识 助推人类命运共同体》，中国社会科学网，http://www.cssn.cn/zx/bwyc/201807/t20180728_ 4512627. shtml。

视把握非洲大陆各文明各地区间的"具有悠久历史的社会和民族纽带"。① 正是因为这些联系和纽带的历史与现实存在，要求我们必须以一种"整体与联系的眼光"来看待非洲，形成"专门化的"有关非洲的知识与学术体系。

第二，在今日世界体系中，这块大陆又面临着一些共同的发展任务与发展目标，它不仅有共同的历史遭遇，更有共同的现实命运，而这些共同的问题、共同的目标，是可以作为共同的学术问题与现实问题来进行研究的。现代非洲的思想家、政治家们都清楚地知道"非洲大陆乃是一历史文化与现实命运的共同体"，如非洲统一组织创始人之一的加纳首任总统恩克鲁马所说，非洲"要么统一，要么死亡"。因而过去百年，非洲泛大陆的一体化努力持续不断，前有 20 世纪初叶民族解放运动时期声势浩大的"泛非主义运动"，继之为独立后 20 世纪中期的"非洲统一组织"的建立与发展，进入 21 世纪以来"非洲联盟"的地位和作用日显重要，而今天，一个统一的非洲自由贸易区也在推动建设之中，非洲许多政治家依然在追求建立"非洲合众国"的终极理想。也就是说，"非洲学"之存在，是因为"非洲问题"之存在，对"非洲问题"之研究的活动、探索、思考及积累的知识与思想，就自然构成了"非洲学"形成与发展的现实基础。②

第三，相对于世界其他地区，有关非洲的知识与思考，本身也已经形成悠久的传统，今天则面临着更大的现实需要。作为一个具有历史命运共同体的大陆，如要对非洲大陆之各国各地区的复杂问题有整体而宏观之把握，则必须对非洲大陆"作为一个具有共同历史属性与联系性的"自然区域与文明区域的根本问题，即所谓的"非洲性"或"泛非性"问题，有一整体之认知，有一整体之理解。比如，我们时常说非洲大陆是世界上发展中国家最集中的大陆，非洲 54 个国家全部是发展中国家，发展问题是非洲问题的核心，是非洲面临的一切问题的关键，因而需要建立一门面向发展的、发展导向的学科来专门研究非洲的发展问题，等等。所谓把握大局，挈其大纲，如此，则如登临高峰而小天下，举其大纲而通览四野，求得对非洲大陆之普遍性、共同性问题的全景式通览。③

第四，对非洲的研究需要整体与局部、大陆与国别、领域与地域相结合的综

---

① 阿马杜－马赫塔尔·姆博：《序言》，载 J. 基－泽博主编《非洲通史（第一卷）：编史方法及非洲史前史》，计建民等译，中国对外翻译出版公司，1984，第 xxiii 页。

② 刘鸿武：《非洲学发凡：理论与实践六十问》，人民出版社，2019，第 4 页。

③ 刘鸿武：《新时期中非合作关系研究》，经济科学出版社，2016，第 57 页。

合视野。也就是说，在对非洲大陆做整体把握的同时，我们必须对非洲大陆之各国别、各地区、各专题之多样性问题、差异性问题，有更进一步具体而细致的研究与把握，分门别类地开展非洲东西南北中各区域与次区域、54 个国家各自所在的区域研究与国别研究，以及一些跨区域、跨国别的重大专题的深入研究，从而得以有"既见森林也见树木"的认知成效。[①] 因而非洲学是一门将领域学、区域学、国别学、专题学融于一体的学问。[②]

第五，今天在世界范围内，一个相对有聚合性的、联系性的非洲研究学术群体在逐渐形成，有关非洲研究的学术机构、智库团体、合作机制日见增多，非洲研究的相对独立地位也在政府管理部门得到某种程度的认可，如 2013 年度本人当选为教育部"长江学者"特聘教授，就是以"非洲研究"的岗位名称而入选的。[③] 在国家人才奖励计划中专门设置"非洲研究"特聘教授岗位，说明非洲研究日益得到国家的重视。又如在"中国社会科学网"的"跨学科频道"栏目中，专门设立的学科栏目有"非洲学""边疆学""敦煌学""藏学""江南学""徽学"等。[④] 可见，学术界已经逐渐对"非洲学"作为一个专门化的知识领域，给予了相应的重视和认可。[⑤]

第六，一门学科之能否成立，大体看是否具备如下特征：一是有自己的研究目标与研究对象，二是有独特的研究价值与研究意义，三是有基本的研究方法与技术手段，四是有突出的社会需求与应用空间。[⑥] 总体来说，今日非洲大陆发展问题的紧迫性、中非发展合作的丰富实践与现实需要，都在日见完备地提供这些必要的基础与条件，使得我们可以通过持久的努力，逐渐地形成专门化的认识非洲、理解非洲、言说非洲的知识体系、研究路径、研究方法，从而为我们建构一门相对统一的"非洲学"开辟前进的道路。

---

① 刘鸿武：《非洲文化与当代发展》，人民出版社，2014，第 9 页。

② 刘鸿武：《非洲国别史研究的意义》，《非洲研究》2016 年第 1 卷，中国社会科学出版社，2016，第 250 页。

③ 《教育部关于公布 2013、2014 年度长江学者特聘教授名单的通知》，教育部门户网站，http：∥old. moe. gov. cn/publicfiles/business/htmlfiles/moe/s8132/201502/xxgk_ 183693. html，最后登录日期：2018 年 1 月 20 日。

④ 中国社会科学网—跨学科频道，http：∥indi. cssn. cn/kxk/，最后登录日期：2018 年 3 月 30 日。

⑤ 刘鸿武：《非洲研究的"中国学派"：如何可能？》，中国社会科学网，http：∥indi. cssn. cn/kxk/fzx/201709/t20170918_ 3644181. shtml，最后登录日期：2015 年 2 月 12 日。

⑥ 刘鸿武：《人文科学引论》，中国社会科学出版社，2002，第 148 页。

三 非洲学何以行

对人类知识与思想活动进行类型化标注或体系化整合，从而形成各种各样门类化的"学科"或"专业"，是服务于人类认识世界、把握世界、开展学术研究的一种工具与手段。① 考察人类的知识形态演进过程，一方面，由于人类的学问汪洋四溢，知识无边似海，因而得归类、分科、条理，成专业化领域，才可挈纲统领，把握异同，因而学术之发展总需要"分科而治""分科而立"，科学科学，"分科而学"，大致就是对"科学"的最一般性理解。另一方面，因为人类知识本有内在联系，为一整体、一系统，故而在分化、分科、分治之后，又要特别注重各学科间的统一灵魂及其综合与联系，因而学术之发展又需要"整体而治"，需要"综合而立"，多学科融合方成鼎立之势。② 就比如我们今天经常用的所谓"政治学""经济学""物理学""生物学"等概念，也并非自古就有，未来也会有变化，有发展。事实上，科学与学术，往往是在那些边缘领域、交叉领域、跨学科领域获得突破而向前推进的。作为以地域为研究对象的、具有综合性和交叉性学科特质的"非洲学"，其成长也一样要走这种"综合—分化—综合"的螺旋式上升道路。③

"非洲学"是一门以聚焦地域为特征的"区域学"学科，它重视学科知识的地域适应性和时空关联性，特别重视从非洲这块大陆的特定地域与时空结构上来开展自己的适宜性研究，建构自己的适地性知识体系，形成可以系统说明、阐释、引领非洲问题的"地域学"学科群落。从目前我们国家的学科建构与体制来看，"非洲学"这样一种新兴学科、交叉学科的建设与发展，正可以对目前我国以"领域学"为特征的区域国别研究和国际问题研究学科建设起到积极的平衡与补充作用，从而让我们更好地把握和理解世界的多样性与复杂性。

中国传统学术与思想，也有知识划分的传统及"领域学"与"地域学"的

① 刘鸿武：《故乡回归之路——大学人文科学教程》，清华大学出版社，2004，第208页。
② 刘鸿武：《人文科学引论》，中国社会科学出版社，2002，第20页。
③ 刘鸿武：《打破现有学科分界是人文学科的发展之路》，中国社会科学网，http://www.cssn.cn/gd/gd_ rwhd/gd_ mzgz_ 1653/201406/t20140624_ 1225205. shtml，最后登录日期：2016年8月22日。

意识。在"领域学"方面，则如传统意义上的"经、史、子、集"或"诗、书、礼、乐、易"等的划分，到唐代，杜佑撰《通典》将天下之事分为"食货""选举""官职""礼""乐""兵""刑"等领域，大体上如今日之经济学、政治学、行政管理学、社会学、艺术学、军事学、法学等，宋元之际马端临撰《文献通考》对学科领域之划分更细，有"二十四门"之说，略当今日之"二十四科"或二十四门领域学。

不过，中国传统学术，在重视对社会事物做分门别类之领域划分和把握的同时，始终十分重视对人类事象与国家治理的时空关系的综合把握，重视人类文化在地域和时空方面的整体性、差异性和多样性的综合理解，重视文明发生发展的地域制约性、时间影响力的观察世界的传统。因为人类的文化与制度，都是在一定的地理空间与生态环境中，于历史进程中生成和演变的。各不相同的地域空间，中原与边疆、内陆与沿海、北方与南方、西域与南洋，如形态各异的历史大舞台，在什么样的舞台上就唱什么样的戏，一直是文明研究的核心问题。也就是说，我们要特别重视历史和文明的环境因素、时间关系、发展基础与演化动力，不能离开这些具体的环境与条件而侈谈空洞抽象的普世主义。以这样的眼光和理念来研究非洲，我们就不能离开热带非洲大陆这片土地的基本属性，离开它的具体的历史背景与社会环境因素，来做抽象的概念演绎，从书本到书本，而必须沉入非洲这块大陆的时间与空间环境中去，站在非洲的大地上做非洲的学问，这就是非洲学这样的"区域学""国别学"的基本特点。

区域研究并非舶来品，作为一个特别具有"文明发展的时空意识"的民族，中华学术传统中一直就有区域学的历史精神与丰富实践，有特别重视文明发生发展的地域制约性、时间影响力的观察世界的传统。从学术传统上看，中国人看待世界，特别倡导要有一种"文明发展的时间与空间意识"的认识眼光与思维模式。大体可以这样说，所谓"文明发展的时间意识"，指中国人传统上十分重视事物发生发展演变的历史进程与时间关系，凡物换星移，自川流不息，而时过境迁，当与时推移，也就是说，要重视历史的时间背景、基础与动力。每一个国家，每个区域，每个民族，其历史之不同，传统之相异，我们认识它、把握它也得有所不同。而"文明发展的空间意识"，则指中国学术重视事物生存空间环境的差异多元，每个国家，每个区域，环境不同，生态相异，因而需要"入乡随俗"，"到什么山唱什么歌"，因地制宜，分类施治。如此，方可得天时地利之便，求国泰民安人和之策。

从学术史的角度看，两千多年前的孔子整理之《诗经》一书及其所体现出的认识世界的理性觉悟与思想智慧，大致可以看成中国最早的一部"区域研究"著作。① 我们知道，《诗经》凡三百篇，大体可分为"风、雅、颂"三部分，其中之"风"则有所谓的"十五国风"，如秦风、郑风、魏风、卫风、齐风、唐风、豳风等，此即时人对于周王朝域内外之十五个区域（"国"）的民风民情（"区域文明"）的诗性文字表述。在当时之人看来，采集这十五个地方的民歌风谣，可观风气、听民意，从而美教化、移风俗、施良策、治天下。《诗经》的这种精神传统，深刻影响了后来中国学术对于区域、地域、文明等"时空概念"的独特理解。

尔后延及汉代，中国知识思想体系渐趋于成熟，汉代大学者班固撰《汉书》，专门设《地理志》之部，承继了《诗经》写十五国风的传统，分别推论自远古夏商以来的国家疆域沿革变迁、政区设置、治理特点，详细记述疆域内外各地区的历史传统与文化特点，及广阔疆域及其周边世界的经济物产、民风民情，以求为治理天下提供知识依托。《汉书·地理志》这一传统后世连绵传承，促使中国古代史上形成了发达的具有资政治国意义的"疆域地理学"或"政区地理学"，历朝历代治国精英与天下学人皆毕一生心力，深入分析国家政区内外的各种自然地理和人文地理现象的相互关系，从国家治理与经济发展的角度编写历史著述，从而使得在中华学术框架下，各类区域的、国别的政区治理学著述不断面世，流传久远。

受这一传统的影响，中国历史上一向高度重视把握特定时空环境下各地区不同的气候、江河、物产、生产、交通、边民情况，详细描述各民族不同的精神状态、心理特征及政治制度的演进与相互关系，从而积累起中国古代成熟发达的国家治理思想与知识体系。如东汉山阴人赵晔著《吴越春秋》以丰富史料和翔实的纪年记载了春秋末期吴越两国争霸天下而兴亡存废之事。北宋苏洵著《六国论》纵论天下治乱得失之道，"气雄笔健，识更远到"，一时洛阳纸贵，名动天下。所有这一切，与今日中国要建立区域国别研究学科、"一带一路"沿线国家

---

① 刘鸿武：《从中国边疆到非洲大陆——跨文化区域研究行与思》，世界知识出版社，2017，第52页。

研究学科的宗旨，可谓"古今一理"，本质相通。就如我们今天要理解非洲、研究非洲，当注重对非洲民风民情的调研考察，掌握真实的非洲大陆及各次地区、数十个国家之具体情况，关注非洲发展之大趋势，做深入扎实的研究，而不拿抽象的标签来贴非洲丰富的生活世界，才可真正认识非洲，懂得非洲。

中华民族是一个崇尚务实精神的民族，尊奉实事求是、理论来自实践的认识原则，由此而形成了中华学术区域研究中"由史出论、史地结合"的治学传统，及"天时、地利、人和"三者必统筹考虑的思维模式。历史上中国人就有比较突出的时空交错、统筹把握的文化自觉，因而管理社会、治理天下，历来主张既要通盘考虑天下基本大势，把握人性之普遍特点，此所谓"天时"；又要把握各国各地国情民状之不同，需因地制宜，一国一策，一地一策，此所谓"地利"；由此而因材施治，将普遍性与特殊性有机结合，方可政通人和，国泰民安，此为"人和"。

历史上，中国发达的方志学、郡国志、地理志，皆可视为历史上中国的"区域研究"知识传统。在中国文化的思想传统中，所谓国有国史、郡有郡志、族有族谱，州、府、县、乡亦有治理传统与本土知识。故而说到国家治理、社会协调、区域管理，中国人都明白"入乡随俗"的道理，因为"一方水土养一方人"，明白"一山有四季，十里不同天"。在中国人看来，人处于不同区域，风土人情、制度文化各有差异，因而无论是认知他人、理解他人还是与他人相处，都应该"因地制宜""到什么山唱什么歌"。好的治国理念原则、有效的社会治理模式，必然是注重人类文明的地域结构与环境生态的差异性与历史多样性，动用时空结构层面上开阔整体的"会通"眼光，依据对象的真实情况，即所谓的区情、国情、社情、民情、乡情，实事求是地努力去了解、理解、适应、建构生活在此特定时空环境中的"这一方水土与一方人"的观念、文化、情感与制度。①

这一传统也为中国共产党人所创新性地继承，当年毛泽东同志撰写的《湖南农民运动考察报告》，开创了中国共产党人反对本本主义和教条主义，重视调查研究、实事求是的工作作风，影响深远。毛泽东后来在延安时期写的《改造我们的学习》一文中，更明确地提出了开展深入的区域调查研究的重要性，他

---

① 刘鸿武等：《中国少数民族文化简史》，云南人民出版社，1996，第12页。

说，"像我党这样一个大政党，虽则对于国内和国际的现状的研究有了某些成绩，但是对于国内和国际的各方面，对于国内和国际的政治、军事、经济、文化的任何一方面，我们所收集的材料还是零碎的，我们的研究工作还是没有系统的。二十年来，一般地说，我们并没有对于上述各方面作过系统的周密的收集材料加以研究的工作，缺乏调查研究客观实际状况的浓厚空气"。他还一针见血地指出，"几十年来，很多留学生都犯过这种毛病。他们从欧美日本回来，只知生吞活剥地谈外国。他们起了留声机的作用，忘记了自己认识新鲜事物和创造新鲜事物的责任。这种毛病，也传染给了共产党"。针对这些问题，毛泽东同志明确指出，中国革命要成功，就"要从国内外、省内外、县内外、区内外的实际情况出发，从其中引出其固有的而不是臆造的规律性，即找出周围事变的内部联系，作为我们行动的向导"。①

这一传统在中国共产党的几代领导人那里得到了很好的传承与发扬。邓小平同志一生的最大思想智慧就是根据实际情况治理国家，准确把握世情、国情、区情、社情来处理内政外交，他的思想都是很务实、很接地气的。"地区研究"的最大特点就是倡导思想与政策要"接地气""通民情"。习近平同志早年在河北正定县工作，通过深入调查正定县的基本情况，提出一个区域发展理念，就是"靠山吃山，靠水吃水，靠城吃城"的二十字方针，叫"投其所好，供其所需，取其所长，补其所短，应其所变"。②这"二十字方针"，就是一个根据中国的实际情况发展自我的方针，很有理论意义。当时，著名经济学家于光远在正定农村考察后，建议创办"农村研究所"，研究中国特色社会主义新农村建设问题，解决中国自己的发展问题，这些，也是中国区域研究传统的现代发扬。

中华人民共和国成立后，中国在与广大的亚非拉国家和民族接触过程中，也形成了基于自身民族传统智慧与精神的对外交往原则。早在中华人民共和国成立之初，中国政府提出"求同存异"的原则，提出亚非合作"五项原则"、万隆会议的"十项原则"和后来对非援助的"八项原则"，都基于中国人对自我、对他人、对世界文明与人类文化多样性的理解能力与对传统的尊重。这正是中非合作关系走到世界前列、成为中国外交特色领域的根本原因。从这个意义上说，今日

---

① 毛泽东：《改造我们的学习》，《毛泽东选集》第 3 卷，人民出版社，1991，第 796—801 页。

② 参见赵德润《正定翻身记》，《人民日报》1984 年 6 月 17 日，第 4 版。

的中国要与非洲友好相处，要让中非合作关系可持续发展，也自然先要在观念上、文化上懂得非洲，理解非洲，多从非洲的特定区域的时空结构上理解非洲人的过去、现在与未来。

这些优良的知识传统，这些积累的思想智慧，在今日我们认识中国以外的其他地区和民族，包括认识复杂的非洲大陆的区情、国情、民情、社情时，是可以继承和发扬的。所以我们一直强调，要把学问做在非洲的大地上，做在非洲各国各地区真实的环境里，而不是仅停留在书本和文献中做文字推演和概念分析。遵循这样一种历史时空意识而开展的"区域国别研究"，要求研究者当深入该特定区域、地域、国别的真实环境里去做长期的调研，也就是"深入实际"地通过调查而开展研究，而不是只待在象牙塔中、静坐在书斋里。它要求研究者要"换位思考"，在对象国有"一线体验、一流资料、一流人脉"，把自己努力融入研究对象之中，在"主位与客位"之间穿梭往来，内外观察，多元思维，多角度理解。

这种深入实际的、实事求是的实地研究，有助于研究者超越僵化刻板地套用某种"普世主义"绝对教条，来理解生生不息、千姿百态的天下万物。在中国人看来，认识世界、治理国家，唯有"因时因事因地而变"，方可穷变通久，长治久安，若滞凝于某种僵化刻板的"绝对理念"，从教条的概念来推演丰富的现实，或用"这一方水土这一方人"的观念来强求"那一方水土与那一方人"，一把尺子量天下万物，必然是削足适履，缘木求鱼，得不到真理。

中国传统学术特别强调学术与思想的实践性与参与性。如果说西方的学术传统强调学以致知，追求真理，比如古代希腊的思想家、哲学家柏拉图是纯粹的思想家，那么中国的学术传统强调学以致用，追求尽心济世。总体上看，中国历史上没有像柏拉图、卢梭、孟德斯鸠那样的单纯的政治思想家，他们是通过自己的著书立说来实现对于现实政治加以影响的理想与抱负，而中国古代的政治学家首先是政治家，他先是登上了政治的舞台，参与了实际的国家治理，如果他的政治抱负与政治理想因其参与了实际政治而有所发挥，有所实现了，则是否还要著书立说似乎已不重要。如钱穆所言："当知中国历代所制定所实行的一切制度，其背后都隐伏着一套思想理论之存在。既已见之行事，即不再托之空言。中国自秦以下历代伟大学人，多半是亲身登上了政治舞台，表现为一实际的政治家。因此其思想与理论，多已见诸当时的实际行动实际措施中，自不必把他们的理论来另自写作一书。因此在中国学术思想史上，乃似没有专门性的有关政治思想的著作，乃似没有专门的政论家。但我们的一部政治制度史，却是极好的一部政治思想史的具体材料，此事值得我们注意。"①这大致也就如王阳明所倡导的那样，知行合于一，知行本一体，两者自不可分离，"知是行之始，行是知之成"，因为"知已自有行在，行已自有知在"，行中必已有知，知则必当行，唯有知行合一，知行合成，方能显真诚，致良知，致中和，最终求得古今道理，成得天下大事。②

四　非洲学何以成

中国古代学术历来是与国家民族的发展、国计民生的改善结合在一起的，立足实践，实事求是，学以致用，经国济世。这些精神品格与文化传统，与今天要建设非洲研究学科、推进中国海外国别与区域学科建设可有对接的历史基础，是值得今日挖掘的学术精神源泉。虽然今天的时代与古代已大不一样，但一些基本的道理还是相通的、一致的。我们今天从事非洲研究，从事非洲政治学的研究，要做得好，做得有益，学者们还是一样要深入中非合作的实践，深入非洲的社会生活，努力了解国家对非战略与政策的制定与实施过程，观察中国在非企业和公司的实际运作情况，将田野考察与理论思考真正结合起来，由史出论，因事求理，理论与实践紧密结合，才可获得对非洲和中非关系的正确把握，我们的著书立说，我们的资政建言，也才会有自己的特色、风格、思想的产生，才可能是管用、可用、能用的。

"区域研究"（也可以叫作"地区研究""地域研究"）的基本特点是"区域性"、"专题性"、"综合性"和"实践性"的综合性运用，它要求有纵横开阔的学术视野与灵活多维的治学方法，有服务于现实的实践可操作性，从目前的趋势来看，这一学科的发展有可能成为我国哲学社会科学研究创新发展的一个重要突破点。

"区域性"是指以某个特定自然地理空间为范畴的研究，这"区域"之空间范围可根据对象与需要之不同而有所不同，可以很大，也可以较小，诸如非洲、

① 钱穆：《中国历史研究法》，生活·读书·新知三联书店，2001，第29页。
② 王阳明著，叶圣陶点校《传习录》，北京时代华文书局，2014，第8页。

拉美、亚洲等，或做更进一步的划分，比如，非洲研究中就可划分为东非、西非、北非、中非、南非的研究，或撒哈拉以南非洲、非洲之角、非洲大湖地区、萨赫勒非洲等各特定区域的研究，也可有按照非洲语言文化、宗教传统与种族集团而开展的专门化研究，如"班图文化研究""斯瓦西里文化研究""豪萨文化研究"等。

"区域化"研究，其实也是"国别化"研究，即按照"国家"这一政治疆域开展专门化的国别研究，比如非洲区域研究中就可有非洲 54 个国家的专门化研究，可以形成某种意义上的"国别研究"，诸如"埃及学""尼日利亚学""埃塞学""南非学"等。事实上，历史有关非洲文明的研究中，早已有类似的知识积累与学术形态，国际上也有所谓的"埃及学""埃塞学"的学会、机构与组织的存在。甚至在一国之内，也可进一步细化，比如像尼日利亚这样相对国土面积比较大，内部经济、宗教、文化差异突出的国家，则可有尼日利亚的北部、东南部、西南部研究的细分；正如古代埃及之研究，从来就有上埃及与下埃及之分野一样。

在此类"区域化"研究活动中，人们总是将某一特定的或大或小的、自然的或文化的或历史的"区域"，作为一个有内部统一性、联系性、相似性的"单位"进行"整体性研究"，探究这一区域上的一般性、共同性的种种政治、经济、社会、文化的结构与关系、机制与功能、动力与障碍、稳定与冲突等问题。而"区域与国别"研究之下，则可做进一步的"专题性"研究。"专题性"则是指对此特定区域和国别的问题做专门化研究，比如，对非洲大陆这一区域的政治、经济、环境、语言、安全等问题的专题研究等，即"非洲＋学科"的研究，如非洲政治学、非洲经济学、非洲历史学、非洲语言学、非洲民族学、非洲教育学等。

而"综合性"则是指这类区域研究又往往具有跨学科、跨领域的综合交叉特点，需要从历史与现实、政治与经济、军事与外交、文化与科技等不同角度，对这一区域的某个专门问题进行综合交叉性研究。比如，研究非洲的安全问题，就不能就安全谈安全，因为非洲的安全问题总是与其经济、环境、民族、资源、宗教等问题联系在一起的。非洲某个国家的安全问题，其实又是与其周边国家、所在区域的整体安全问题纠缠在一起的。事实上，非洲的许多问题具有跨国境、综合联动的特点，因而非得有学科汇通与知识关联的眼光，非得有跨学科综合研究的能力不可。① 非洲问题往往很复杂，比如，非洲的政治问题、经济问题，其实与非洲的文化、宗教、种族、生态是搅在一起的，是一个整体问题、相互关联的问题，要回答这些问题，就需要从不同领域、不同学科对它开展研究。因而我们说，"非洲学"应该是"领域学""地域学""国别学"的综合，既吸收经济学、政治学等"领域学"的一般性理论与方法，但又特别重视它的地域属性，以区域研究的视野，开展东非、西非、南非、北非的研究，同时，它还是"国别学"，要对非洲一个一个的国家开展研究；最后它也是"问题研究"，要切入一个一个的重大问题来综合研究。

这些年，在学科建设方面，我一直在带领学术团队做综合性的实践探索。比如我们非洲研究院在过去十多年中所聘的二十多位科研人员，考察他们在博士期间所学，其专业背景可以说来自于七八个一级学科，如社会学、历史学、宗教学、民族学、法学、教育学、政治学，甚至还有影视学、传播学。这些不同学科背景的人，进入非洲研究领域后，围绕非洲研究院的学科规划与核心主题，开展聚焦于非洲问题的研究，形成了"非洲 + "的交叉学科态势。这些年，每当年轻博士入职，我们尽量派其前往非洲国家做一段时间的留学调研，获得非洲体验，掌握一线知识。然后从不同学科视角来研究非洲这块大陆各地域各国别的若干共同问题。

为此，非洲研究院建院之初，我提出要聚焦于两个重大问题，一个是"非洲发展问题研究"，另一个是"中非发展合作研究"。这两个重大问题的研究，可以把全院的七八个一级学科的二十多个科研人员聚合在一起，可以从人类学、语言学、经济学、政治学等不同学科角度研究非洲的发展问题，因而学科虽然散，但是问题很聚焦，形散而神聚。经过十多年的发展，我们逐渐提炼出关于非洲发展研究的话语体系，这就是专门化的"非洲学"知识形成的过程。

这些年来，随着中国当代社会发展进程的深入及所面临的问题日趋复杂，我国现行的"一级学科"设置与建设模式不适应现实发展的问题日趋突出，其阻碍新兴学科、交叉学科、特殊学科成长的弊端及解决出路的讨论逐渐引起人们的重视，对此，学术界已有一些研究，提出了许多建议与构想，在国家管理层面也

---

① 刘鸿武：《发展研究与文化人类学：汇通与综合——关于非洲文化研究的一种新探索》，《思想战线》1998 年第 1 期。

陆续出台了一些积极的措施。比如，2016 年 5 月 17 日，中国国家主席习近平同志在出席全国哲学社会科学工作座谈会上指出，"现在，我国哲学社会科学学科体系已基本确立，但还存在一些亟待解决的问题"。他把这些问题归纳为三个方面：一是一些学科设置同社会发展联系不够紧密，二是学科体系不够健全，三是新兴学科、交叉学科建设比较薄弱。针对这些问题，他提出的解决办法是：一是要突出优势，二是要拓展领域，三是要补齐短板，四是要完善体系。他进一步提出，"要加快发展具有重要现实意义的新兴学科和交叉学科，使这些学科研究成为我国哲学社会科学的重要突破点"。[①]

习近平同志所述中国哲学社会科学学科建设与发展的情形，在中国的非洲研究领域有着更突出的表现。因为非洲学正是一个新兴学科、交叉学科，它既是目前我国学科建设中的"短板"，应该努力补齐，同时它也可能是中国哲学社会科学尤其是国际问题研究实现创新发展的"重要突破点"。从根本上说，要促进中国非洲学的成长，就要克服长期以来中国高校与哲学社会科学学科建设与划分的"这些短板"，需要在认识方面、体制方面、政策方面有一些创新变通的切实举措，通过设立"非洲学"这样的新兴学科与交叉学科，并赋予其相对独立的学科地位与身份，同时，在国家的学科建设、学科评估、学科投入方面，给予相应的关注与重视，这些学科短板才能逐渐得到加强提升。[②]

非洲研究在当代中国出现和发展的一个基本特点，就是它是伴随着当代中国对非交往合作关系的推进，随着当代中国对非洲认知领域的拓展，而逐渐成长成熟起来的。因而这一学科一开始就带有两个最基本的特点，一是它具有十分鲜明的面向当代中国发展需要或者说面向中非合作关系需要的时代特征与实践特点，具有突出的服务当代中非发展需求的问题导向特征与经世致用精神。二是它作为当代中国人认识外部世界的努力，一开始就不可能是一个简单引进移植他人的舶来品，虽然在此过程中也包含着借鉴移植他人尤其是西方成果的持久努力，但它一开始就必须是扎根在中华学术古老传统的深厚土壤上的中国人自己的精神创造，是中国传统学术走向外部世界、认识外部世界的一种表现形式与产物，因而

---

① 习近平：《在哲学社会科学工作座谈会上的讲话》，人民网，http：//politics. people. com. cn/n1/ 2016/0518/c1024 - 28361421. html，最后登录日期：2016 年 5 月 25 日。

② 刘鸿武：《中非发展合作：身份转型与体系重构》，《上海师范大学学报》2011 年第 6 期，第 122—129 页。

它必然会带上中国学术的某些基本的精神与品格。①

时代性和中国性，决定了当代中国的非洲研究必须面对中非合作中的中非双方自己的问题，建构自己的根基，塑造自己的品格，拓展自己的视角，提炼自己的话语，而这一切，又离不开当代中国学人自己扎根非洲、行走非洲、观察非洲、研究非洲的长期努力。② 概而言之，中国立场与非洲情怀，再加上一个全球视野，是中国非洲学的基本品格。

与其他传统学科相比，目前中国的非洲认识和研究，总体上还处于材料积累与经验探索的早期阶段，在基础性的学理问题、体系问题、方法问题研究方面，尚没有深入而专门的成果问世，这是这门学科现在的基本情况。③ 然而另一方面，过去六十年中非交往合作的丰富实践，过去六十年中非双方在知识与思想领域的交往合作，已经为这门具有中国特色中国非洲学新兴学科的成长提供了充沛的思想温床与知识土壤，因而使得中国的非洲学极有可能成为一门最具当代中国知识创新品质的新兴学科、特色学科。

还在十多年前，我在一篇纪念中国改革开放三十周年的文章中就明确提出，"自1978年中国实行改革开放政策以来，中国社会及中国与外部世界的关系都已发生重大变革，其中中非新型合作关系构建及中国发展经验在非洲影响的扩大具有时代转换的象征意义。30年来，中非关系的实践内容在促进中非双方发展进步方面所累积的丰富经验与感受，已为相关理论及知识的创新提供了基础条件。中国的学术理论界需要对30年来中非关系丰富经历做出理论上的回应，以为新世纪中国外交实践和中非关系新发展提供更具解释力和前瞻性的思想智慧与知识工具"。④ 那么，中国的非洲学建设之路应该怎么走？我想，正如当代中非发展合作和中国对非政策本身是一个实践的产物，是在实践中逐渐完善一样，中国的非洲学也一样只能在建设的实践中来完善提升，这需要许多人的创造性参与、探索与实践。

---

① 刘鸿武：《从中国边疆到非洲大陆——跨文化区域研究行与思》，世界知识出版社，2017，第9页。

② 《外交部副部长张明对中方研究机构加强对非洲原创性研究提出新要求》，中华人民共和国外交部，http://www.fmprc.gov.cn/web/wjbxw_ 673019/t1492905.shtml。

③ 张宏明：《中国的非洲研究发展述要》，《西亚非洲》2011年第5期，第3—13页。

④ 刘鸿武：《论中非关系三十年的经验累积与理论回应》，《西亚非洲》2008年第11期，第13—18页。

五　非洲学何以远

学术是人的一种主体性追求与创造，依赖于人的实践与探索，并无一定之规，不可能有什么普适主义的理论或主义可以照着去做，当代中国参与到这一进程中来的每一个人，都可以去探索一条基于自己实践的道路，积累自己的成果，形成自己的思想。人们常说条条道路通长安，学术在于百花齐放、百家争鸣。这几年，由于国家的重视与时代的需要，国内涌现出了不少非洲研究的机构，仅在教育部备案的非洲研究机构就有二十来家，这是一个可喜的现象，但这些机构能否坚持下去，成长起来，还是有一些不确定的因素。这些年时常有一些研究机构负责人来我们非洲研究院交流调研，我也到其中的一些机构讲学，交流学科建设与人才培养的感受体会。

在我看来，作为一个探索中的学科，一个新的非洲研究机构，若要走得远，走得高，走出一条自己的路来，在刚开始的时候还是有一些基本的理念与原则可以遵循。第一，有一番慎思明辨、举高慕远之战略思考与规划构想，遵循古人所说"博学之，审问之，慎思之，明辨之，笃行之"的精神传统，在努力设定好自己的建设宗旨、发展目标与前行路径的基础上，再以严谨勤奋之躬身力行，在实践中一步一步探索、完善、提升。第二，要有一种与众不同、开阔包容之治学理念与精神追求，形成一种独特的学术文化与研究品格，并将其体现在事业发展的方方面面。第三，要有高屋建瓴之建设规划、切实可行之实施路径，并在具体的工作中精益求精，做好每个细节、每个环节，积少成多，聚沙成塔，切忌只说不做、纸上谈兵。第四，要逐渐搭建起开阔坚实的学科建设与发展平台，积累丰富多样的学术资源，汇集起方方面面的资源与条件为创新发展提供空间。第五，要有扎实严谨、亲历亲为的勤奋工作，敏于行而讷于言，在实践中探索，由实践来检验，并在实践中完善提升。第六，要培养出一批才情志意不同凡响的优秀人才，有一批志向不俗的志同道合者，这些人应该是真正热爱非洲、扎根非洲的人，有高远志向，有学术担当，能长期坚守于此份事业。

记得 2007 年我到浙江金华筹建非洲研究院，每年非洲研究院招聘人才时，会给前来应聘者出一道必答题，一道看似有些不着边际的、与非洲无关的题目："试论学问与人生的关系"。由应聘者自由作答，各抒己见。为什么要考这么个题呢？我们知道，在中国文化的传统世界里，学问从来不是自外而生的，学术本是人生的一种方式，有什么样的人生追求，就会有什么样的学术理想，从而影响其做事、做人、做学问。孔子当年讲"三十而立"，这"立"，并不仅仅是讲"成家立业"，找到一份工作，分到一套房子，有一个家，可能更多的是"精神之立""信念之立""人格之立"。中国传统学术讲求"正心诚意、格物致知"，而后"修身、齐家"，最后"治国、平天下"。学问虽广博无边，无外乎"心性之学"与"治平之学"两端，学者唯有先确立内在人格理想，然后推己及人，担当天下，服务国家。只有这内在的人生信念与志向"立"起来了，精神人格上才能做到"足乎内而无待于外"，那么无论外部环境怎么变化，条件是好是差，自己都能执着坚定地走下去。如果这方面"立"不起来，或"立"得不稳，终难免得患得患失，朝秦暮楚，行不高，走不远，即便有再好的科研与生活条件，也难成大事业。过去非洲研究条件艰苦，国家能提供的支持和资助很少，往往不易吸引优秀人才，这些年，国家日益发展，也开始重视非洲研究，提供的条件日益改善，这当然是好事情，非洲研究的吸引力明显提升了。但是，学术研究和真理追求，更多是一种精神世界里的事业，它的真正动力与基础还是来自人的精神追求，学术创新的内在支撑力量也来自研究者对这份事业的精神认同，因而一个人如果只是为稻粱谋，只看重名利，其实是很难在非洲研究领域长期坚持下来，很难长期扎根于非洲大陆做艰苦而深入的田野调研的。

非洲研究院成立后这些年，我着力最多也最操心的，就是招聘人才、组建团队、培养人才。那么，招聘什么样的人才、培育什么样的团队呢？当然应该是愿意从事和有能力从事非洲研究的人才和团队。中国古人讲，知之不如好之，好之不如乐之，乐之不如行之，行之不如成之，正所谓"知行合一"，是为真诚。学问之事，总是不易的，聪明、勤奋自不待言，才、学、识，行动与实践，缺一不可。但做非洲研究，还有一些特殊之处，它面临许多做学问的挑战，诸如研究对象国之气候炎热、疾病流行、政治动荡、文化差异、语言障碍等，使得做非洲研究不仅相对辛苦，也不易坚持，因而必得有一种精神的追求与心灵的爱好，有一种源自心底的情感牵念，你若爱上非洲，爱上远方，便能于苦中作乐，视苦为乐，如此，方可坚持前行，行远而登高。我常说，非洲研究既难也易，说难，是因为有许多艰苦的地方，它也挑战人对学术的理解是否单纯本真；说易，是说在此领域，毕竟中国人做得还不多，有许多空白领域，所谓门槛还不太高，不一定是特别聪明特别优秀的人才可以做。所以，在非洲研究这个新兴的世界里，在这个中国学术的"新边疆"里，你只要有一真心，扎根于非洲，用你的双脚去做学术，用你的真诚去做学问，长期坚持不懈，就迟早会有所成就。

"浙江师范大学非洲研究文库"是我院成立之初启动的一项中长期的学术建设工程，历十二年之久，已经出版各系列著作80多部，汇集了我国非洲研究领域的众多老中青学者，所涉及的非洲研究领域也很广泛，大体上反映了这些年来我国非洲研究的前沿领域与最新成果，2008年首批丛书出版时我写过一篇序言《非洲研究——中国学术的新边疆》，于中国非洲研究之发展提出若干思考。① 十多年来，中非关系快速发展，随着研究进程的深入，本次推出的"非洲研究新视野"系列，聚焦于非洲研究的一些基础性、学术性成果，多是我院或我院协同机构科研人员承担的国家社科基金项目或教育部项目的成果。这一系列的推出也反映了我在建院之初提出的建设理念，即"学术追求与现实应用并重、学科建设与社会需求兼顾"，既考虑研究院自身的学科建设与学术追求，又密切关注国家战略与社会需要，努力实现两方面的动态平衡，及"学科建设为本体，智库服务为功用，媒体传播为手段，扎根非洲为前提，中非合作为路径"的发展思路。② 希望本系列著作的出版与交流，将对我国非洲研究基础性领域的拓展提升起到积极的作用，有不当之处，也请同行方家批评指正。

---

① 参见刘鸿武、沈蓓莉主编《非洲非政府组织与中非关系》，世界知识出版社，2009，第11页。
② 刘鸿武：《中国非洲研究使命光荣任重道远》，《中国社会科学报》2019年4月16日，第1版。

目 录

CONTENTS

第一章
导　论

一　本课题研究的学术价值

环地中海地区是由欧洲、中东新月带地区、北非地区组成的独特的地缘政治区域,是西方文明与伊斯兰文明交汇而构成的跨文化区域,在全球政治、经济、安全和文化事务中具有十分重要的地位。西亚北非剧变使环地中海国际关系变得日益复杂,环地中海地区在国际事务中的地位也不断提高,因此,对环地中海国际关系的整体性研究具有重要的学术意义。

地中海南岸国家经济实力居非洲区域经济之首,其中埃及、摩洛哥、突尼斯和利比亚占非洲经济总量的 30% 以上。利比亚是非洲重要的石油出口国之一,外国直接投资大量流入,经济增长率在北非变局之前多年平均达到 6.8%。但畸形的经济结构,加之世界经济危机的冲击,导致北非国家发展模式的弊端暴露无遗,并且成为西亚北非局势动荡的重要原因之一。近年来,无论是欧盟提出的欧洲－地中海自由贸易区"计划,还是法国极力倡导的"地中海联盟",都充分反映了日益发展和成熟的欧盟及欧洲大国意欲主导地中海区域发展的战略诉求。欧盟力图通过地中海伙伴关系或邻国政策努力创建"欧洲－地中海自由贸易区",这种尝试在诸多方面尚没有先例,主要表现在:在地缘上,它是目前全球出现的首个地跨欧、亚、非三大洲的自由贸易区计划;在经济层面上,它正在创建经济发展水平存在巨大差异的、涵盖国家最多的自由贸易区,是目前全球出现的最大的南北型自由贸易区计划;在政治文化层面上,它正在一个多元性最为突出、体制差异十分明显、政局最为动荡、潜在冲突的诱因最多的地区创建自由贸易区,是目前全球出现的最缺乏政治保障性、最易受非经济因素干扰的自由贸易区计划。2008 年,法国提出了"地中海联盟"计划,并积极付诸实施,成为法国通过推动欧盟南下战略,确定自身在欧盟乃至环地中海区域领导地位的重要举措。

突尼斯、埃及、利比亚三个重要北非国家相继发生政权更迭,利比亚与叙利亚更是发生了持续内战。西亚北非变局的发生不仅导致该地区阿拉伯国家国内政治发生了历史性变革，同时对欧盟及欧洲大国的地区战略和环地中海地区的国际关系产生了巨大的冲击。恐怖主义的兴风作浪，从西亚北非地区涌入欧洲的难民潮的持续发酵，给欧洲国家和环地中海地区带来了前所未有的安全冲击。变局事件发生后，无论是美欧大国还是区域内的西亚北非国家，都在进行深刻的政策调整，势必对环地中海区域的地区格局和国际关系产生深远的影响，西亚北非变局对环地中海国际关系的影响也因此成为国际社会关注的焦点。

在西亚北非变局背景下，不论是从环地中海国家在世界经济中的地位和在国际事务中的重要性来看，还是从中国与环地中海国家日益密切的合作关系来看，抑或是从中国与欧美国家在北非的博弈需要来看，对环地中海地区国际关系进行深入研究的迫切性都日益凸显。但目前国内对环地中海国际关系的研究，不论是在整个国际关系研究，还是在非洲研究与中东研究中都是相当薄弱的环节。目前国内只有一些学术论文发表，尚无系统性研究专著出版。因此，超越一般性的政策应对研究，立足环地中海地区国际关系的历史与现实，对环地中海地区国际关系进行深入研究具有十分重要的理论意义。

环地中海国际关系是国际社会中南北关系与南北合作的典型，是我们观察南北国际关系实践的一个重要窗口，它所提供的原创素材与经验累积，正在为南北国际关系理论体系的建构与创新提供基于实践过程的理论创建源头。

我们需要在理论上对当代环地中海国际关系进行研究，从中提炼和总结出创建国际关系新秩序的新理念、新思想、新原则。作为教育部重点研究基地的重大课题，我们将在整个研究过程中努力在研究理论、研究方法方面有所追求与突破，从而使这一重大课题的研究过程及结果，有助于推进国际关系研究学科的理论建构、体系完善、队伍成长与水平提升，有助于推进有特色的中国国际关系学科的成长。

西亚北非局势的变化正在引起环地中海国际关系的结构、内容、意义方面的变化，本课题将分析西亚北非变局对环地中海国际关系的影响以及之后环地中海国际关系的发展趋势，集中探讨环地中海国际关系的这样一些相互关联的重点焦点问题：在西亚北非国家发生重大政治变革的背景下环地中海国际关系对北非国家与欧盟的意义，延续了半个多世纪的地中海南北两岸关系在新形势下面临哪些挑战；面对挑战，地中海南北两岸国际关系主体在观念和政策上怎样进行调整；如何把握环地中海国际关系的变化对美国、西亚、非洲、中国在地中海地区的利益与战略影响；新形势下环地中海国际关系主体追求的战略目标与战略利益究竟是什么；环地中海国际关系的传统基础是否已经发生重大变化；如何理解北非与欧洲国家在环地中海关系中的利益结构及实现方式；欧洲与北非关系如何与美国北非关系、中国北非关系协调互动；环地中海国际关系中的多边关系与单边关系如何协调。

总之，本课题力求结构严密完整、体系开合有度、内容虚实结合、观点前后呼应，最终可以形成一项系统研究环地中海国际关系的创新性成果。

二 本课题研究的现实意义

以西亚北非变局为切入点，深化对环地中海地区国际关系的研究，对于布局与加强中国与中东国家的关系，维护中国的海外利益，具有十分重要的现实价值。

首先，北非国家向来被欧洲国家视为"后院"，中国在日益紧密地发展与北非国家合作关系的同时，必须关注欧洲与北非国家的关系以及环地中海地区的国际关系。中非合作论坛和中阿合作论坛的成立，使中国与北非国家建立了全方位的战略合作伙伴关系，中国与北非国家的合作关系在政治、经济、安全、文化等方面全方位展开，双方在全球事务中的合作也日益密切。随着中国"一带一路"倡议的实施，中国与北非国家的合作关系正在进入一个新的历史时期。中国与北非国家关系的新发展，不仅对中国意义重大，同样会对北非国家产生积极影响。当前，中国与北非国家的经济关系的规模与深度都达到了前所未有的程度，北非国家还是中国重要的石油进口来源地，近年来中国从北非进口石油的总量呈不断增长的态势。但是，欧洲向来将北非地区看成是"后院"。历史上北非国家相继沦为英、法、意的殖民地，对北非国家的殖民统治成为欧洲国家经济发展与国际地位提高的重要条件。北非国家独立之后，仍然与欧洲宗主国保持了特殊的关系。北非国家的投资主要来自欧洲，主要的贸易伙伴也是欧洲，北非的石油、天然气主要出口到欧洲国家；而巴塞罗那进程与地中海联盟建立又将北非国家纳入欧盟的战略轨道。在西亚北非变局中，欧盟与欧洲国家对北非事务的卷入更说明欧洲对其"后院"政治经济的关注。鉴于此，为更好地发展中国与北非国家的全方位合作关系，我们有必要密切关注欧洲与北非国家的特殊关系，有必要深入研究环地中海国际关系的发展，更有必要研究西亚北非变局之后环地中海国际关系发生的新变化与新特点。

其次，中国企业对地中海地区投资、贸易、工程承包等事务需要加强对环地中海国际关系的研究。近年来，随着中国与北非国家全方位合作伙伴关系的建立，中国企业对环地中海国家的投资、贸易、工程承包规模越来越大，中国与环地中海国家合作的企业越来越多，越来越多的企业员工到环地中海国家工作。发展与环地中海国家的经济关系，对于未来几十年中国现代化事业及和平发展战略的持续推进，具有多方面的战略性意义。由于中国与北非国家全方位伙伴关系的发展，中国企业对北非贸易与投资日益增长。但欧洲国家对中国企业与中国产品进入欧洲有许多关税与政策限制。而随着环地中海一体化的推进和环地中海自由贸易区的建立，欧盟对北非国家企业与新产品进入欧洲给予了免除关税等诸多优惠政策。如果中国企业在北非投资建厂，其产品进入欧洲市场就会得到同样的优惠，北非国家可以成为中国企业进军欧洲的跳板。所以加强环地中海国际关系的研究，对中国企业在环地中海地区的发展具有重要的参考价值。

总而言之，对环地中海国际关系进行研究，不但符合目前学术发展的需要，也有助于推动中国的国际关系学、非洲问题研究、阿拉伯问题研究、欧洲问题研究的学术发展，同时对国家相关部门制定对环地中海地区的政策、对企业发展与环地中海国家的经济关系，维护和拓展中国的海外利益具有重要的现实意义。

三　国内外研究现状述评

（一）国内研究现状

国内与环地中海国际关系有关的研究成果已经很多，但这些成果并没有全面研究环地中海地区的国际关系，相关的研究主要集中在两个方面：一是讨论地中海南北两岸的合作关系，即欧洲－地中海伙伴关系，其中包括对"巴塞罗那进程"、"地中海联盟"、地中海自由贸易区的研究；二是欧盟中东关系或欧盟的中东政策研究，也包含了欧盟与北非国家的关系。

1. 环地中海地区合作关系研究

关于环地中海合作对地中海南北两岸国家的影响与挑战。杨光认为环地中海合作增加了南岸国家的资金供应、对保护南地中海国家的市场有一定的积极作用，有利于南地中海国家的经济结构调整。但是，它也给南地中海国家带来了挑战：贸易方面的主要获益者是欧盟，南岸国家收效甚微；自由贸易区的建立将影响南地中海国家财政收入，使南地中海国家的国际收支出现压力。[①] 严双伍等认为，1995 年正式启动的"欧盟－地中海伙伴关系"战略，增加了欧盟在世界经

---

① 杨光：《欧盟的南地中海战略及其对南地中海国家的影响》，《西亚非洲》1997 年第 6 期。

济舞台上的分量，加强了欧盟的政治稳定和安全保障，增加了对欧洲文化的认同；对南地中海国家来说，有助于其维护经济利益、促进经济发展、维护政权稳定和国家安全，有助于弘扬本民族优秀文化，实现与欧洲文化共荣和促进教育现代化。但同时面临着南北经济差距的扩大、美国霸权、安全问题的威胁等制约因素。① 陈沫认为，欧盟新地中海政策的实施，扩大了欧盟发展模式对南地中海国家的影响，促进了南地中海国家由计划经济向市场经济的转轨，也促进了政治民主化和法制化、环境保护与经济协调发展和区域经济合作进程，因而对南地中海国家的发展起到一定的推动作用。但由于南地中海国家的国情与欧洲国家迥异，不可能完全照搬欧盟和欧洲国家的发展模式。对于南地中海国家而言，真正的挑战在于如何充分利用欧盟推行南地中海政策所带来的机遇，积极探索符合本国国情的发展道路。②

关于环地中海地区合作中的移民问题。刘小平认为，由于历史和地缘方面的原因，二战后欧洲移民政策的发展变化对地中海地区的人口迁移产生了重要影响，北非五国出现了持久的移民欧洲浪潮。大规模的移民浪潮在欧洲和北非国家都引发了复杂的社会问题，并对欧盟与北非关系产生了多方面的影响。长期以来，欧洲与北非国家采取了许多应对措施来解决移民引发的诸多社会问题，虽然取得一些成效，但迄今仍面临多重挑战。③ 臧术美认为地中海联盟国家之间的移民问题是地中海地区的一个重要议题。从地中海南岸和东岸流向地中海北岸欧盟国家的移民数量众多，且呈现不断上升的趋势。这些移民一方面对欧盟经济发展做出了积极贡献，另一方面也给移民接收国带来了许多社会问题。为解决地中海地区的移民问题，欧盟与地中海沿岸国家积极开展合作，形成了欧盟、地区、国家多层级的移民政策体系，但其收效并不理想。尽管如此，地中海联盟移民政策体系对中国移民政策发展仍有一定的启发意义。④ 刘清华也探讨了北非移民对法国的影响。⑤

2. 欧盟中东关系或政策研究中的环地中海问题

这方面的研究主要来自上海外国语大学的一些学者。汪波在其著作《欧盟

---

① 严双伍等：《试析"欧盟－地中海伙伴关系"战略》，《国际论坛》2005 年第 6 期。
② 陈沫：《欧盟新地中海政策评述》，《西亚非洲》2007 年第 11 期。
③ 刘小平：《战后欧洲移民政策与地中海南北移民问题初探》，《历史教学》2008 年第 22 期。
④ 臧术美：《地中海联盟移民问题及政策研究》，《经济地理》2010 年第 9 期。
⑤ 刘清华：《20 世纪 50—70 年代北非移民对法国社会的影响》，《首都师范大学学报》（社会科学版）2010 年增刊。

中东政策研究》中认为，欧盟自成立以来，处理中东问题一直是其外交政策的重要内容。作为一个高度政治实体化的区域性国际组织，欧盟中东政策的目标主要是维护中东地区和平稳定，扩大其在中东地区的经济和政治利益，防止来自中东地区的恐怖主义和非法难民对其安全与稳定构成威胁。作为一种政策体系，欧盟中东外交政策既重视发展与中东地区的合作伙伴关系，推动中东地区建立次区域安全体系，制订有效的反恐政策措施等全局战略，也致力于促进巴以和平进程，参与处理伊朗核问题，为土耳其加入欧盟设置标准等具体事务。①

方晓认为巴塞罗那进程是欧盟为促进地中海东南部沿岸国家的社会稳定和经济发展，以多边主义制度安排为基础的全面伙伴关系政策框架。欧盟试图通过协调相互间的政治、经济与社会利益，使地中海东南部国家的交往行为符合欧盟规范。尽管进展相当缓慢，但是欧盟通过执行可持续性的政策，帮助对方增强了应对全球化和地区挑战的能力与信心。然而，由于欧盟内部对环地中海合作存在意见与政策分歧，以及欧盟主导了该进程的步骤与发展方向，中东国家缺乏内在需求，因此缺乏积极性，影响了该进程的进一步发展。②

钮松认为欧盟通过北约和西欧联盟获得传统安全保障的同时对其非传统安全威胁巨大的邻邦内部存在或潜在的不稳定充满疑虑，中东的状况不容忽视。欧盟中东民主治理动机和目标是弘扬欧洲民主观念与制度、维护欧洲及中东安全、促进与中东乃至伊斯兰世界和平相处。③ 此外还有武汉大学、外交学院等院校的一些硕士学位论文也探讨了欧盟中东关系方面的各种问题，涉及欧盟的地中海政策。

另外，尹斌的博士学位论文《后冷战时代欧盟的中东政策与实践研究》以及后来在此基础上出版的专著《软实力外交：欧盟的中东政策》④ 是欧盟中东关系方面的重要成果，从历史的角度研究了欧盟的中东政策，认为后冷战时代的欧盟中东政策是欧盟及其成员国对中东事务的时代性反应；欧盟中东政策与其成员国的中东政策既有联系又有区别；后冷战时代的欧盟中东政策经历了一个初步形成、不断调整、逐步完善的过程，并仍处于发展完善的过程之中；欧盟中东政策高度重视多边主义外交的力量，谋求最终实现中东地区的稳定与发展；欧盟中东政

① 汪波：《欧盟中东政策研究》，时事出版社，2010。
② 方晓：《欧盟规范性外交对中东的影响》，博士学位论文，上海外国语大学，2009。
③ 钮松：《欧盟的中东民主治理研究》，时事出版社，2011，第60－79页。
④ 尹斌：《软实力外交：欧盟的中东政策》，光明日报出版社，2010。

策非常重视自身"软实力"的应用，即注意增强自身对中东国家政府和民众的吸引力、说服力，进而实现自身在中东地区的战略利益。①

3. 北非变局对欧盟中东关系的冲击与影响研究

关于西亚北非变局对欧洲中东关系的冲击与影响方面的研究，目前国内学术界的研究不多。张健认为，欧盟传统上视西亚北非地区为其南部"后院"和有重大利益关切的地区，对该地区的首要政策目标是确保这一地区的和平与稳定，维护欧盟的安全利益；此外，推广欧洲价值观、确保欧盟能源安全、扩展欧盟经济利益也是其重要政策目标。西亚北非变局特别是利比亚危机对欧盟安全、地缘政治环境和能源安全形成的巨大冲击表明，欧盟的西亚北非政策目标基本落空。针对新的地区形势，欧盟未来的西亚北非政策可能更强调加强当地的公民社会建设和民主机制建设，加大力度帮助地区经济社会发展，同时积极推动巴以和谈。② 关于西方干涉利比亚问题的影响，吴冰冰认为，利比亚问题会间接影响西方国家在埃及、以色列、伊朗等国的利益。多国干涉利比亚，其实真正想要影响的是埃及和伊朗等国。如果对利比亚的反对派坐视不管的话，将来他们可能受到埃及等国反对派的质疑。因为埃及的政治体制转型进程才刚刚开始，而西方国家的利益是否能够得到维护，改革是否能够按照他们的意愿顺利推进，对于西方是至关重要的。③

倪海宁对西亚北非变局对欧洲的冲击以及欧洲对西亚北非战略的调整进行了研究，认为变局引发的西亚北非政局不稳与国内冲突，大量的难民涌入欧洲，欧洲的能源安全问题突现，都对欧洲的安全提出了挑战，迫使欧盟调整其西亚北非战略。欧盟将改变以往的做法，将援助和经贸政策与促进该地区民主、法治以及人权的渐进性改革相结合；欧盟将加大力度稳定巴以和阿以关系，力求中东和平问题有所突破，以避免西亚北非出现更大动荡。④

（二）国外研究现状述评

国外学者特别是欧美学者对环地中海国际关系的研究已经有了大量的成果，有许多论文、研究报告和专著。这里主要对用英文发表的成果进行介绍。国外的

---

① 尹斌：《后冷战时代欧盟的中东政策与实践研究》，博士学位论文，西北大学，2007。
② 张健：《欧盟对北非、中东政策的走势》，《现代国际关系》2011 年第 4 期。
③ 吴冰冰：《利比亚乱局：利益驱动还是文明冲突》，《人民论坛》2011 年第 10 期。
④ 倪海宁：《欧盟的中东 – 北非战略调整刍议——基于 2011 年中东 – 北非变局的思考》，《欧洲研究》2011 年第 5 期。

研究主要集中讨论了四个方面的问题：一是欧盟的环地中海地区政策、战略以及地区一体化进程研究；二是环地中海地区的安全问题研究；三是环地中海地区的经贸合作与经济一体化进程研究；四是环地中海地区不同的欧洲国家与地中海南岸国家关系研究。

1. 欧盟的地中海战略与地中海一体化进程

布鲁塞尔欧洲政策研究中心学者米切尔·埃莫森（Michael Emerson）的研究报告《从巴塞罗那进程到邻国政策》，对巴塞罗那进程开始后的地中海地区一体化进程进行了探讨，认为巴塞罗那进程体现了欧盟－地中海关系中的制度化进步，在欧盟地中海伙伴关系的信心建设中作用重大。同时作者认为，巴塞罗那进程在地中海政治、经济、社会伙伴关系的进展中并没有创造足够的动力，其效果也并不显著。欧盟应该通过"邻国关系"政策为巴塞罗那进程注入活力。① 弗洛伦萨欧洲大学研究院拉法埃拉·萨托（Raffaella Sarto）和托比尔斯·舒马赫（Tobias Schumacher）则认为邻国政策对欧盟地中海政策的连贯性造成了冲击，使欧盟的地中海政策更缺乏对不同国家的协调与兼容性，从而不利于环地中海一体化进程的发展。②

英国学者菲德里卡·比奇（Federica Bicchi）的著作《欧洲的地中海对外政策》首先综合分析了自 1957 年以来欧洲对地中海的政策变化及其原因，认为欧洲地中海政策出台的原因在于欧洲国家在地中海地区面临的许多共同挑战，诸如来自地中海南岸国家的恐怖主义威胁和移民问题。著作以全新的视角分析了欧洲一体化进程中不同的成员国所起的不同作用，认为欧洲的地中海政策有助于相关国家对地中海新型国际关系的认识和理解，也有助于推动地中海新型国际关系的发展。③

2. 环地中海国际关系中的政治与安全问题研究

多伦多大学的埃玛纽尔·埃德勒（Emanuel Adler）和加利福尼亚伯克利分校的克拉夫德（Beverly Crawford）的研究报告《规范性强权：欧洲地区建构实践

---

① Michael Emerson and Gergana Noutcheva, *From Barcelona Process to Neighbourhood Policy*, Centre for European Policy Studies, No. 220/March 2005.

② Raffaella A. Del Sarto and Tobias Schumacher, "From Emp To Enp: What's at Stake with The European Neighborhood Policy towards The Southern Mediterranean?", *European Foreign Affairs Review*, Vol. 10, 2005, pp. 17 - 38.

③ Federica Bicchi, *European Foreign Policy Making toward the Mediterranean*, New York: Palgrave Macmillan, 2007, pp. 1 - 5.

与欧洲－地中海伙伴关系案例》，首先设计了国际关系中权力规范化方法，强调了这种方法在安全实践、区域建设、地区一体化中合作关系的重要性，然后讨论了欧盟一体化进程中安全合作措施面临的挑战。作者认为国际关系中的规范性权力不同于传统权力，这种权力在地中海地区一体化进程中对跨国界的共同安全观、民众的地区认同、共同的地区文化的形成具有推动作用。①

意大利国际政治研究中心的罗萨·贝尔福（Rosa Balfour）的研究报告《欧洲－地中海政治与安全对话反思》，是地中海政治与安全研究方面颇具代表性的成果，内容包括巴塞罗那进程与欧洲安全、欧洲地中海政策的积极作用、欧洲地中海政策的消极影响评估、对欧盟的政策建议等。作者认为，欧洲的地中海政策处在矛盾境地，一方面，欧洲地中海政策的目的是防止南岸地区的不稳定与不安全因素外溢到北岸。但迄今为止巴勒斯坦问题的解决前景渺茫、西撒哈拉问题久拖不决、南岸国家人口急剧增长而失业问题严重、经济停滞不前、武器扩散严重、恐怖主义威胁有增无减，这一切都使地中海地区的安全状况既复杂又难以解决。另一方面，欧盟积极地支持对北非不稳定与不安全负有责任的强权政府，宗教极端主义的发展也削弱了北非政府与欧盟对话的积极性。在这种情况下，安全的定义除了传统的安全外，还应包括人权问题和民主化。因此，欧盟应与北非国家积极展开政治对话，敦促北非国家进行政治与经济方面的改革。作者也认为北非国家的改革不应是外部强加的，欧洲国家与北非国家应建立平等的伙伴关系。②

意大利卡塔尼亚大学的福维奥·阿汀（Fulvio Attin）同样研究了地中海伙伴关系进展中的安全问题，认为地中海区域在安全问题上必须进行多边对话制度建设。欧盟出台"巴塞罗那宣言"的目的是要在冷战之后重建包括南岸地区的地中海体系，这种目的现在已经达到，南岸地区并不是欧洲的后院而是内院。地中海安全体系建设中包括的角色众多而复杂，不仅有环地中海国家和欧盟，还有美国。由于美国在全球事务中的作用，美国领导的多边军事组织北约在地中海安全体系建设发挥着重要作用。另外联合国的作用也不可忽视。地中海地区冲突与合作模式理论面临的挑战是，这种理论不仅要放在全球背景下梳理这种模式的连续

---

① Emanuel Adler and Beverly Crawford, *Normative Power*: *The European Practice of Region Building and the Case of the Euro-Mediterranean Partnership*, April 2014.

② Rosa Balfour, *Rethinking the Euro-Mediterranean Political and Security Dialogue*, Institute For Security, European Union, 2004.

性，而且要考虑到周边地区合作模式的冲击与影响。①

3. 环地中海地区的经济关系与经济合作

西班牙卡洛斯三世大学的伊万·马丁（Iván Martín）研究和评估了地中海地区一体化进程中的经济模式问题，认为与欧洲地中海伙伴关系的经济模式相比，地中海邻国政策旨在追求地中海地区经济一体化，但这种一体化的构想和发展过度相信市场和自由贸易的力量在北非国家经济转型中的作用。在地中海地区经济一体化进程中，欧盟委员会起着中心作用，它设计和监督各项法律、制度、政治、经济措施的实施，并对其效果进行评价。这样环地中海地区的经济模式实际上效仿了欧洲经济一体化的模式，如市场体制内欧盟法律的采纳、四个自由（货物、服务、资本、劳工）的实施、对欧盟地区政策的全面参与等。在这一点上，地中海伙伴关系计划与邻国政策没有区别，地区经济一体化实际上是"欧洲化"，邻国政策实际上是将欧洲经济一体化模式向地中海南岸国家扩展。②

地中海自由贸易区问题是地中海伙伴关系计划中的最主要问题。世界银行的伯纳德·霍克曼（Bernard Hoekman）和夏威夷大学的丹尼斯·艾比·柯南（Denise Eby Konan）的研究报告《深层一体化、非歧视化与欧洲地中海自由贸易》，研究了欧盟与地中海东南两岸国家签订的一系列自由贸易协定背景下的地中海地区经济深层一体化的问题，认为欧盟单方面取消地区贸易中的制度壁垒是不现实的，应当在整个地中海地区消除贸易壁垒与制度障碍，这样会为发展中国家的产品进入欧洲市场创造更多的机会。作者以埃及为例进行了分析，认为埃及多样化的贸易模式下与欧洲的经济联系是浅层的，因为仅仅取消了埃及的贸易壁垒，这会削弱埃及在地中海贸易一体化进程中的利益。如果地中海地区自由贸易区全部消除了关税壁垒，那么这种深层的经济一体化对地中海南北两岸的经济发展都会起到巨大的推动作用。③ 伊万·马丁分析了地中海自由贸易区取消关税政

---

① Fulvio Attin, "Partnership and Security: Some Theoretical and Empirical Reasons for Positive Developments in the Euro-Mediterranean Area", JMWP, No. 27, July 2000.

② Iván Martín, "In Search of Development along the Southern Border: The Economic Models Underlying the Euro-Mediterranean Partnership and the European Neighbourhood Policy", https://s3. amazonaws. com/academia. edu. documents/29933583/2EconomicmodelsintheEMPandENPpub. pdf? AWSAccessKey-Id = AKIAIWOWYYGZ2Y53UL3A&Expires = 1532613471&Signature = RHwaGRd60jiZdKq3WcjTzE6ut6 I%3D&response-content-disposition = inline%3B%20filename%3D2007_In_Search_of_Development_ Along_the. pdf.

③ Bernard Hoekman and Denise Konan, "Deep Integration, Nondiscrimination, and Euro-Mediterranean Free Trade", https://pdfs. semanticscholar. org/940d/eda287a784551aadc6401055a38dd118bcfd. pdf.

策的社会影响，如对就业、工资、物价、政府社会支出等方面的冲击，以摩洛哥为例探讨了减少地中海自由贸易区负面社会影响的国家政策问题。他认为在自由贸易区的前提下，发展中国家应该在国内政策方面采取措施来减少这方面的不利影响。[1]

　　综上所述，国内外研究主要集中在环地中海合作关系的发展、欧盟的地中海政策方面，并没有从政治、经济、安全、文化等方面全面研究环地中海国际关系。同时，当前北非局势的发展必然对环地中海国际关系产生重要影响，但国内外这方面的研究还几乎没有展开。

---

[1]　Iván Martín, "The Social Impact of Euro-Mediterranean Free Trade Areas: A First Approach with Special Reference to the Case of Morocco", *Mediterranean Politics*, Vol. 9, Issue 3, 2004.

第二章
从"联系国"到地中海联盟：欧洲地中海关系的当代发展

从冷战时期到 21 世纪初，欧洲与地中海南部国家的关系经历了从联系国制度到欧阿对话，再从"欧洲 – 地中海伙伴"到欧洲邻国政策的演变。欧洲邻国政策存在的同时，法国主导推出了欧洲联盟政策，从而在欧洲地中海关系中形成了邻国政策与欧洲联盟的双重架构。本章主要分析从 20 世纪 50 年代到 21 世纪初欧洲地中海关系演变的主要脉络及其背景，并对不同阶段的欧洲地中海关系做出评价。

第一节　冷战时期西欧与南地中海国家的关系

欧洲自身的安全和繁荣与地中海南岸的稳定和发展息息相关。欧共体建立之后，就重视与地中海国家发展关系。20 世纪五六十年代，欧共体注重与地中海国家签订联系国协定与贸易协定，通过这两种协定发展欧洲与地中海南岸国家的经济、政治和文化关系。由于阿拉伯国家民族主义的高涨，联系国协定与贸易协定的进展并不顺利。进入 20 世纪 70 年代，第四次中东战争爆发、阿拉伯国家的石油斗争极大地冲击了欧洲经济的发展，西欧转变了对地中海阿拉伯国家的政策与态度，欧阿对话机制使双方关系进一步发展。冷战期间欧盟的地中海政策带有强烈的军事战略与地缘政治的考虑。欧共体为了"防止苏联集团对欧洲南翼的包抄"，重点防范这一战略要地，与地中海国家签订了各种各样的经济协定，利用单边贸易优惠、提供技术和财政援助、向地中海国家单方面取消大部分工业品关税、减低某些农产品的关税，拉拢地中海国家，扩大其经济势力范围，保持在地中海地区市场的传统优势。①

---

① 董入雷：《欧盟 – 地中海伙伴关系研究》，硕士学位论文，外交学院，2006，第 7 页。

一　欧共体对地中海国家的优惠贸易与财政援助

南地中海地区是西欧重要的周边地区，殖民时期西欧就与这一地区建立了密切的经济联系，后来，这些殖民地取得独立，欧共体自建立伊始便注重与这些国家发展经济关系。发展与南地中海新独立国家的关系，对维护西欧的安全与稳定，对发展西欧经济有着非常重要的意义。

1951 年 4 月 18 日，法国、联邦德国、意大利、比利时、荷兰及卢森堡共同缔结《巴黎条约》，条约于 1952 年 7 月 23 日生效，欧洲煤钢共同体成立。1957 年 3 月 25 日，在欧洲煤钢共同体的基础上，法国、联邦德国、意大利、荷兰、比利时和卢森堡 6 国政府首脑和外长在罗马签署《欧洲经济共同体条约》和《欧洲原子能共同体条约》，后来人们称这两个条约为《罗马条约》，条约于 1958 年 1 月 1 日生效。1967 年，欧洲煤钢共同体、欧洲经济共同体、欧洲原子能共同体的机构合并，统称欧共体。在《罗马条约》中欧共体就表示要与地中海国家或领地缔结联系协定，以此促进这些国家或领地的经济和社会发展，并加强它们与欧共体的经济关系。[①] 从 20 世纪 60 年代到 70 年代初，欧共体与土耳其（1963 年）、马耳他（1970 年 12 月）、塞浦路斯（1971 年 12 月）签订了联系协定，与摩洛哥（1969 年）、突尼斯（1969 年）签订了互惠协定，同以色列（1963 年）签订了贸易协定。而欧共体没有与其他地中海区域国家建立联系关系，其原因主要是这些国家大多数刚刚独立，对曾经的殖民宗主国心有余悸，缺乏与它们发展密切关系的意愿；同时，纳塞尔领导的以埃及为代表的阿拉伯国家的去殖民化斗争也使地中海国家与英法等原宗主国的关系处于紧张状态。

1972 年，欧共体召开巴黎首脑会议，提出了对地中海国家的总政策。会议认为，地中海地区的社会和政治稳定对欧洲的安定与繁荣有着直接的影响，与地中海国家保持密切合作关系对欧洲的政治与社会稳定具有重要意义，因此，促进地中海国家的经济和社会发展关系到欧洲的切身利益。基于上述考虑，欧共体出台了以促进与地中海国家贸易和增加对地中海国家财政援助为特征的地中海总政策。贸易方面，为促进地中海南岸国家的经济发展，允许这些国家的水果、蔬菜、葡萄酒等主要农产品减税直至免税进入欧共体市场，工业产品则完全免税进

---

① Treaty Establishing The European Economic Community, Part Four, The Association Of Overseas Countries and Territories, https：//www. ab. gov. tr/files/ardb/evt/1_avrupa_birligi/1_3_antlasmalar/1_3_1_kurucu_antlasmalar/1957_treaty_establishing_eec. pdf.

入欧共体市场（部分敏感的纺织品有临时性限制）。这些产品的免税是单方面的，即欧共体并不要求地中海国家对欧洲的产品免税。财政援助方面，加大对地中海国家的财政援助力度。地中海南岸国家由于工业化程度低，经济发展落后，为支持这些国家工业和农业的发展，欧共体为这些国家提供财政与技术援助是完全必要的。[①] 巴黎首脑会议确定的地中海政策成为日后指导欧共体与地中海国家关系的总方针，此后欧共体与地中海国家签订的贸易或合作协定都遵循这一方针。1972 年，欧共体与埃及签订贸易协定，规定欧共体六国按照互惠原则降低从埃及进口商品的关税，同时埃及对欧共体的进口关税也降低 50%。但由于发展中国家反帝斗争的高涨，与埃及的贸易协定并没有如欧共体预期的那样在地中海地区起到示范效应。在很长一段时间内，地中海地区与欧共体签订联系协定或贸易协定的国家数目并没有增多。

1973 年的十月战争，是欧共体与地中海南部国家关系的转折点。十月战争中，阿拉伯产油国利用石油武器声援埃及和叙利亚，极大地震撼了西欧国家。为了自身的石油供应安全，西欧各国开始与美国支持以色列的政策分道扬镳，在政治上逐步向阿拉伯国家靠拢。西欧国家与阿拉伯国家的关系从对抗与冷淡走向合作与对话。

20 世纪 60 年代中期以后，石油取代煤炭成为西欧的主要能源，而西欧的原油主要来自西亚和北非地区。1973 年，西欧石油消耗的 98.7% 依赖进口，其中 82% 来自西亚和北非地区。1973 年阿拉伯国家展开石油斗争，宣布石油减产、禁运和提价，对西欧经济产生了巨大影响，恶化了西欧的经济形势。1974 年欧共体各国的通货膨胀率从 1973 年的 8.1% 上升到 12.7%。1973 年欧共体 9 国进口石油 5.98 亿吨，支出 150 亿美元；1978 年进口石油降到 4.84 亿吨，支出却增加到了 500 亿美元。巨额的石油开支使西欧各国外贸逆差猛增，国际收支严重失衡。[②] 石油危机的巨大冲击使欧共体认识到，为确保西欧的石油安全，必须改变对阿拉伯国家的政策，在巴勒斯坦问题上采取支持阿拉伯国家的立场，以实际行动赢得阿拉伯国家的友谊。1973 年 11 月，欧共体 9 国外长在布鲁塞尔召开会议，会议发表的联合声明敦促阿以双方严格遵守联合国 338 号决议，希望在联合国各项决议的基础上恢复中东的和平与公正。会议之后，英法等国与沙特阿拉伯、利

---

① 伍贻康主编《欧洲共同体与第三世界的经济关系》，经济科学出版社，1989，第 46 页。
② 彭树智主编《二十世纪中东史》，高等教育出版社，2001，第 346 页。

比亚、伊拉克等产油国签订了石油换武器、石油换货物的特别协定。1973 年 11 月 18 日，阿拉伯石油输出国组织宣布，即将实行的 5% 减产不适应于西欧供应，欧共体的中东新政策得到了回报。①

受欧共体中东新政策的推动，更多的地中海国家在与欧共体签订合作协定方面有了积极的态度。1974 年 4 月，阿尔及利亚、摩洛哥、突尼斯三个北非国家与欧共体签订了全面合作协定，第二年，埃及、叙利亚、约旦、黎巴嫩、以色列也同欧共体签订了合作协定。由于受《洛美协定》中取消互惠原则的影响，以上 8 个国家与欧共体签订的贸易与合作协定，除以色列之外，都与《洛美协定》相似，工业品除纺织品等敏感商品免税外，农产品特别关税进入欧共体市场，不实行对等互惠，欧共体国家的产品进入这些国家并不享受关税互惠，这实际上限制了欧共体国家与南地中海国家形成自由贸易区。② 根据 1977 年埃及与西欧共同体签订的贸易协定，埃及向这些国家出口花卉、蔬菜、水果之类的非传统性产品，进口时可享受免税优惠，其中如洋葱、大米、大蒜和柑橘在这些国家市场上，在其本国产品成熟之前是十分畅销的，特别是埃及的大米，质地糯香，深受欢迎。据此，埃及政府大力鼓励埃及制造商增加生产和出口。新协定与前几年与摩洛哥、突尼斯签订的第一个协定不同，工业、技术和财政合作均以援助为基础，欧共体加大了对地中海国家的援助力度，1981—1986 年，欧共体对地中海国家的财政援助达 10.15 亿欧洲货币单位。

欧共体与土耳其、马耳他、塞浦路斯等北部地中海国家建立联系制度的初衷，在于促进这些国家协调政策，进而在条件成熟的时候加入共同体，并期望马耳他和塞浦路斯在适当的时候加入欧洲关税同盟。但关税同盟只是欧共体单方面的意愿，并没有如期实现。20 世纪 80 年代中期，欧共体与马格里布国家和马什拉克国家（埃及、约旦、利比亚、叙利亚）再次签订了一系列经贸、金融技术合作协定。通过这些协定，欧共体六年内向这些国家提供共 16.18 亿欧洲货币单位的财政援助。

欧共体的新地中海政策促进了双边贸易的迅速发展。1972 年共同体从阿盟各国进口总额仅为 94 亿欧洲计算单位，1978 年达 335 亿，增长超过 2.5 倍；共同体出口增幅更大，1972 年共同体对阿盟出口总额为 43 亿欧洲计算单位，1977

---

① 彭树智主编《二十世纪中东史》，高等教育出版社，2001，第 346 页。

② 伍贻康主编《欧洲共同体与第三世界的经济关系》，经济科学出版社，1989，第 22 页。

年竟达 235 亿，五年中增长 4 倍多。从 1974 年起阿盟也成了共同体首屈一指的贸易伙伴，它在共同体的进出口比重中均先于美、日等国，居第一位。①

1990 年年初，欧共体委员会的《政策大纲报告》强调指出，环地中海地区的经济繁荣与稳定对欧共体国家具有非常重要的意义，欧共体应该加强与该地区所有国家经贸关系与投资合作，增加对该地区的经济与财政援助，促进这些国家的经济改革进程，从而助力这一地区的经济发展与长治久安。地中海北岸国家尤其是法国和意大利对该地区的经济合作尤为关注，法国决定首先对突尼斯的投资增加 30%，与突尼斯建立了合资经营项目，参与突尼斯的经济发展计划。意大利还向欧共体提议成立一家援助地中海南岸国家的特别开发银行，以支持扩大欧共体与这一地区的经济合作。在法国和意大利的推动下，1990 年 6 月，欧共体决定，欧洲投资银行应于 1992—1996 年为地中海东、南岸国家提供 32 亿欧洲货币单位的贷款援助，以促进该地区经济的发展；10 月，法、意、西、葡等欧共体南部成员国和阿尔及利亚、突尼斯、摩洛哥、利比亚、毛里塔尼亚等马格里布国家的 9 国外长在罗马召开会议，决定建立一个环地中海区域组织，以加强环地中海地区的经济与政治合作，促进地中海地区"经济、文化、社会的发展"。1991 年 2 月 19 日，欧共体外长会议决定从 1992 年至 1996 年，向马格里布和马什拉克 12 个国家提供 63 亿美元的无偿财政援助。

欧共体的地中海政策无论在贸易方面还是在发展援助方面，虽然不能完全满足地中海国家的需求，但它的成果是显而易见的。欧共体与地中海国家的联系协定与贸易协定都具有无限延期的特点，从而保证了这些协定的长期有效性和欧地关系的稳定性。由于地中海国家诉求不同，欧共体与地中海国家签订的协定都是一对一的，合作模式也是双边的，并没有像《洛美协定》一样达成一项所有成员国参与的多边协定。缔结集体的多边协定成为以后欧地关系长期努力的目标。

二 欧洲在巴勒斯坦问题上的立场与作用

第二次世界大战结束后，英国的中东政策目标是"争取阿拉伯人的支持，建立以英阿联盟为基础的中东新秩序"。在巴勒斯坦问题上，英国改变了战前一味支持犹太复国主义的做法。1947 年 4 月 2 日，英国将巴勒斯坦问题提交联合国处理。联合国在 1947 年 11 月 29 日通过 181 号决议，规定英国于 1948 年 8 月 1

---

① 张伟：《欧阿对话为什么进展迟缓》，《国际问题研究》1982 年第 3 期，第 59 页。

日前结束对巴勒斯坦的委任统治,巴勒斯坦地区成立阿拉伯国和犹太国,耶路撒冷作为独立体由联合国托管。1948 年 5 月 14 日,以色列国宣布成立。美国立即宣布予以承认,3 天后苏联也宣布承认以色列。英法两国则直到 1949 年才承认以色列。

以色列建国导致巴勒斯坦战争爆发,战争断断续续进行了 15 个月。1949 年 2 月至 7 月,以色列陆续与交战的阿拉伯国家签订停战协定,战争以阿拉伯国家的失败、以色列的胜利而结束。英法两国在第一次中东战争中并没有直接偏向交战双方的任何一方,两国在战争中都向交战双方出售过武器,而英国一度中断对阿拉伯国家的武器供应,给阿拉伯国家造成了军事上的不利。

如果说英法在第一次中东战争中置身事外的话,第二次中东战争则是英法与阿拉伯国家的直接对抗。20 世纪 50 年代初,阿拉伯国家的反帝运动持续高涨。1951 年 10 月 15 日,埃及议会通过废除 1936 年《英埃条约》和 1899 年《英埃共管苏丹协定》的决议。1952 年 7 月 22 日,以加麦尔·阿卜杜拉·纳赛尔为首的"自由军官组织"推翻法鲁克王朝,建立埃及共和国。纳赛尔上台后高举起阿拉伯民族主义大旗,反对以色列扩张,反对英、美、法帝国主义国家的干涉与控制。埃及首先努力摆脱英国的控制。1953 年 4 月 27 日,埃及开始与英国进行收回苏伊士运河的谈判。1954 年 10 月 19 日英埃于开罗签订协定,规定英军将于 1956 年 6 月 18 日以前全部撤出埃及,但如阿拉伯国家和土耳其遭到攻击时,英军可重返运河基地;同时,埃及应信守 1888 年有关运河自由航行的"君士坦丁堡公约"。1956 年 6 月 12 日,最后一批英军撤离埃及,英国占领埃及 74 年的历史宣告结束。为了在中东地区与苏联争夺,英、美积极帮助埃及解决修建阿斯旺大坝的经费问题,世界银行于 1955 年 11 月宣布向埃及提供 2 亿美元贷款;英、美于 12 月宣布在工程的第一阶段分 5 年向埃及赠款 7000 万美元(其中美国 5600 万美元),两国还承诺向埃及提供 1.3 亿美元贷款。

但埃及向苏联的靠拢恶化了它与英法的关系,最终导致了苏伊士运河战争的爆发。1955 年到 1956 年 6 月,为了对付以色列的进攻,纳塞尔向苏联请求军事援助,埃及同苏联开始了全面合作。埃苏关系的密切严重地恶化了埃及与西方国家的关系。1956 年 7 月,英美宣布撤回对埃及阿斯旺水坝的财政援助。美、英的行动促使纳赛尔下决心把苏伊士运河国有化,导致埃及与英法之间矛盾的激化。1956 年 7 月 26 日,纳赛尔宣布将苏伊士运河收归国有,恢复埃及在运河应有的权利,用运河收入来建设阿斯旺高坝。英法两国感到它们在中东地区的利益和地位受到了严重损害和动摇，从运河国有化一开始，就积极拟订联合入侵埃及、重返运河的计划。10月24日，英、法、以三国在巴黎附近的色佛尔达成了联合侵略埃及的协定。10月29日，以色列发动了西奈战役，苏伊士运河战争爆发。战争爆发时，以军投入总兵力达4.5万人之多，而埃及军队只有3万人，以色列在西奈半岛占有军事上的优势。10月31日下午，英、法出动240多架飞机对埃及15个机场、兵营和开罗、亚历山大等城市的重要经济、交通设施进行轮番轰炸，摧毁了埃及大部分空军。11月5日，英、法1000多名伞兵和2.2万名海军陆战队员在塞得港登陆，占领了部分运河地区。埃军主力被迫后撤，以色列得以占领整个西奈和加沙地带。埃及则炸沉运河上的船只，封了苏伊士运河。

英、法、以对埃及的公开武装入侵引起了阿拉伯世界的愤怒。叙利亚、沙特阿拉伯宣布与英国断交，约旦、伊拉克与法国断交，阿拉伯各产油国决定暂停对英、法的石油供应，苏丹向埃及派遣了志愿者。埃及得到了阿拉伯世界的有力支持。美国认为这是英法背着自己勾结以色列用武力恢复它们在埃及地位的勾当。自11月1日起，美国促使联合国通过一系列决议，要求立即停止战争、外国军队立即撤出埃及领土。苏联方面也在联合国支持美国，并向以色列发出了威胁照会。在全世界人民的反对和美、苏的强大压力下，英、法、以同意立即停火并撤军；到圣诞节，英、法军队全部撤出了埃及。以色列直到1957年3月16日才最后撤离加沙地带。

苏伊士运河战争后，英、法进一步丧失了自己在中东的利益和地位。1957年1月，埃及废除了1954年《英埃条约》，废止了英国重返运河权利；英国在约旦和海湾国家的地位也受到动摇，在伊拉克的利益则随着1958年革命而丧失殆尽。法国在中东地区的政治影响也丧失殆尽；法军从埃及的撤退成为1958年5月法兰西第四共和国被推翻的一个因素。苏伊士运河战争的最大获益者是美、苏两个超级大国。美国则取代英、法成为西方在中东地区的主要力量。"苏联由于在战争中曾站在埃及一边进行了有力而果断的干涉，从而在阿拉伯群众中获得巨大的声望，其在中东地区的影响力也随之增长。"[1]

20世纪60年代，受纳塞尔的影响，环地中海地区的阿拉伯国家与苏联日益靠近。为了利用以色列遏制埃及和叙利亚等亲苏力量，削弱苏联在中东日益增长的影响，美国逐渐实行全面偏袒和支持以色列的政策。美国同阿拉伯国家的关系

---

[1]　Keith Kelly, *Suez: Britain's End of Empire in the Middle East*, I. B. Tauris & Co. Ltd, 2011, p. 282.

不断恶化，同以色列的关系不断升温，向以色列提供了大量的军事援助，其中包括大量进攻性的先进武器，使以色列的军事装备得以大幅度提高，肯尼迪甚至宣布以色列是美国未签约的盟国。阿以争端中以色列的胜败关系到美国在中东与苏联的争夺。当苏联加紧对埃、叙两国出售武器时，美国迅速做出支持以色列的反应。1967 年 3—5 月，美国向以色列出售了 400 辆新式坦克和 250 架新式飞机，并派出 1000 名志愿人员充实以色列空军。5 月 23 日，约翰逊总统答应给以色列 7000 万美元的军事援助。以色列发动"六五战争"，至少得到了美国的默许。[①]"六五战争"使阿拉伯国家损失惨重，以色列则占领了西奈半岛、戈兰高地、加沙地带、约旦河西岸和耶路撒冷旧城，共 81600 平方公里的土地。

阿拉伯国家虽然在第三次中东战争中遭到惨败，但战争期间环地中海阿拉伯国家的团结令欧洲印象深刻，使欧洲认识到要想与环地中海国家建立良好合作关系，必须与美国的中东政策拉开距离。法国总统戴高乐不屈从于美国的压力，公开与美国唱反调，不仅不支持以色列，而且在许多场合谴责以色列的侵略行为。[②] 当美苏在阿以停火问题上争执不下时，英国则提出了维护阿拉伯国家领土完整的建设性方案，该方案最终被联合国安理会采纳，成为安理会 242 号决议。决议规定：不容许以战争手段获取领土；以色列军队撤出最近冲突中占领的领土，尊重并承认该地区各国的主权、领土完整和政治独立，以及它们在不受武力相威胁的公认的边界内和平生存的权利；保证该地区国际水道航行自由；公正解决难民问题。以英国方案为基础的 242 号决议成为日后解决中东问题的基础。

1973 年十月战争亦即第四次中东战争期间，阿拉伯国家同时发起了对西方国家的石油战争，取得了重大胜利。20 世纪 70 年代初，美国石油需求的 14% 至 18% 从中东进口，欧共体 9 国石油需求的 72% 来自中东。[③] 十月战争爆发后，叙利亚与黎巴嫩关闭了其境内的过境石油管道，伊拉克将美国的埃克森和美孚两大石油公司收归国有。阿拉伯国家统一进行石油减产、提供、禁运和国有化。提高油价 10% 以上，1974 年年初每桶价格从原来的 3.011 美元提高到 11.651 美元。1973 年 10 月 22 日，沙特阿拉伯率先对美国实行全面禁运，其他阿拉伯国家纷纷效仿。在这种情况下，西欧开始调整自己的对外政策，在对阿以问题的政策上与美国分道扬镳。1973 年 10 月 13 日，欧共体成员国发出联合声明，呼吁交战各方

---

① 赵克仁：《美国与中东和平进程研究》，世界知识出版社，2005，第 68 页。

② 蔡伟良：《欧阿对话发展回眸》，《阿拉伯世界》1998 年第 2 期，第 7 页。

③ 彭树智主编《二十世纪中东史》，高等教育出版社，2001，第 200 页。

停止战争，按联合国安理会 242 号决议精神，通过谈判解决争端。11 月 6 日，欧共体国家再次声明：242 号决议是阿以和平的基础，以色列必须停止对阿拉伯领土的占领，尊重巴勒斯坦人的合法权益。

十月战争后，维护阿拉伯国家正当权益、促进阿以和谈成为欧共体在巴勒斯坦问题上的既定政策，使欧共体对中东和平进程做出了重要贡献，并赢得了阿拉伯国家的友谊。

三　欧阿对话的启动与进展

十月战争后，为建立、发展并巩固正常的双边关系，在欧洲与阿拉伯国家的共同努力下，欧阿对话机制得以建立，成为欧阿之间发展全面关系的重要平台。欧阿对话的双方是欧洲共同体同阿拉伯联盟。对话以发展双方政治、经济、科技和文化等方面合作为目标。

十月战争结束不久，欧共体召开哥本哈根峰会，对十月战争给国际政治、经济带来的影响作了研究分析，郑重宣布支持联合国 242 号决议。法国在会上率先提出通过欧阿对话确定欧盟与阿拉伯各国的政治、经济关系的建议。对此，阿拉伯联盟表示欢迎。1973 年 12 月，阿盟派出四名外长作为特使，同正在哥本哈根举行的欧洲共同体首脑会议接触，就欧阿合作的内容、原则等问题交换意见，从而揭开了欧阿对话的序幕。1974 年 3 月 4 日，欧共体召开会议，决定正式启动对话。但由于英国认为在启动欧阿对话机制之前必须与美国协调，结果使阿欧对话的启动搁置了一年。1975 年 6 月，欧共体派出专家组与阿拉伯专家组在开罗举行会议，宣布成立"欧阿对话总委员会"。1976 年 5 月，该委员会在卢森堡召开第一次会议，欧阿对话正式启动。欧阿对话从正式启动到 20 世纪 90 年代初，共经历了以下三个阶段。

1975—1978 年是欧阿对话活跃期。在对话正式启动前，欧阿双方讨论的焦点是巴勒斯坦解放组织的地位问题。欧洲共同体虽然表示支持巴勒斯坦人民的权利，但认为巴勒斯坦解放组织无权参加对话。由于阿拉伯国家的坚持，同时迫于石油危机带来的经济困难，欧共体最后不得不做出让步，提出参与对话的双方代表均不代表各自国家，而以集团身份进行工作。巴勒斯坦解放组织的代表参加了阿方代表团。接着双方又在对话的内容问题上进行讨论。阿拉伯方面强调要谈双方的政治关系问题。欧共体则突出要谈石油稳定供应问题。最后双方妥协，确定对话的政治范围，主要就重建和加强毗邻联系进行尝试。在经济方面提出双方将在"工业化、基础建设、农业、金融、贸易、科技和文化及社会"等七方面开展多种形式的合作。对话机制正式启动后，欧共体于 1977 年发表伦敦声明，强调"巴勒斯坦人建立祖国"的必要性。但欧共体仍不同意在欧阿对话范围内讨论双方政治关系问题。而阿拉伯方面也拒绝在对话中讨论石油供应问题。在这种情况下，对话主要讨论经济技术合作与社会及文化合作问题。经过两年多的时间，先后共落实了十九个具体合作项目。① 1977 年 11 月，对话委员会在突尼斯召开第二次工作会议，阿方提出了一个阿欧双方政治协调方案，但欧方根本不予理睬，双方对话的基础自此开始动摇。阿拉伯国家对于进展如此缓慢是很不满意的。1978 年 4 月在大马士革举行的阿拉伯外长会议，特别强调了加速欧阿对话的必要性。但"戴维营协议"的签订使欧阿对话进入了停滞阶段。

1978—1980 年是阿欧对话停滞期。20 世纪 70 年代末，埃及总统萨达特与以色列总理贝京在美国总统卡特的斡旋下握手言和。1978 年 9 月 17—21 日，美国、埃及、以色列三国首脑在美国总统休养地戴维营举行最高级别会议。9 月 17 日，埃以双方签署了在中东和平进程中具有历史意义的《关于实现中东和平的纲要》和《关于签订一项埃及同以色列之间的和平条约的纲要》两份文件，这就是著名的"戴维营协议"。1979 年 3 月，埃以双方正式签订和平条约。埃及与以色列的和解受到了几乎所有阿拉伯国家的反对，埃及因此被阿拉伯国家视为异己分子而遭排斥。"戴维营协议"签订 3 个月后，欧阿对话委员会在大马士革召开第 4 次会议（埃及除外），欧盟从自身利益出发支持埃以和解，认为无埃及参加的欧阿对话对欧盟没有意义，只要阿方不同意埃及参加对话，欧盟无意继续对话。自此，欧阿对话陷入僵局。②

1980—1990 年是欧阿对话的复苏阶段。1980 年 6 月，共同体鉴于苏联入侵阿富汗后的形势，发表了威尼斯声明，表示将在中东问题上采取主动行动。这一声明受到阿盟欢迎。同年 11 月，欧阿又在卢森堡重开对话，并拟于 1981 年召开欧阿外长会议，以便推动对话的发展进程。但由于欧洲共同体在正式承认巴勒斯坦解放组织问题上徘徊犹豫，欧阿对话没有取得重大进展。20 世纪 80 年代，随着世界经济格局的变化，世界石油市场供求关系失衡，欧盟各国在能源问题上不再受阿拉伯石油的制约。阿拉伯石油不再像 70 年代那般具有重要的战略性，许

---

① 张伟：《欧阿对话为什么进展迟缓》，《国际问题研究》1982 年第 3 期，第 57 页。

② 蔡伟良：《欧阿对话发展回眸》，《阿拉伯世界》1998 年第 2 期，第 9 页。

多阿拉伯国家经济出现衰退。而欧共体对阿以争端的立场却有了明显的转变，一再呼吁冲突双方走近谈判桌，和平解决阿以争端。在这种形势下，在阿盟秘书长的推动下，法国总统密特朗宣布重新启动欧阿对话。尽管利比亚、叙利亚与英国表示反对，重新启动欧阿对话会议最终于 1989 年 12 月 21 日在巴黎召开。会议重新讨论了对话框架问题，制定了"政治、经济分别对待"的欧阿对话基本框架；在欧阿对话基本框架下，成立了由专家和大使组成的总委员会，专门负责经济、技术、社会、文化合作方面的对话。

欧阿对话因受内外多种因素的掣肘，存在许多问题和困难，其发展进程也经历了曲折的考验，因而长期进展缓慢，但不可否认的是，对话也取得了许多积极成果。首先，在欧阿对话推动下，欧共体国家在巴勒斯坦问题上明确表达了维护阿拉伯国家的领土完整、支持巴勒斯坦人民正当权益、主张阿以双方通过和谈解决问题的立场，对促进中东和平进程具有重要意义。同时，在欧阿对话进程的推动下，欧共体国家同阿拉伯国家的关系有所发展。即使像原来比较亲近以色列的联邦德国，也在欧阿对话开始后提出了要在阿拉伯国家与以色列之间推行"平衡"政策。其次，欧阿对话促进了双方的贸易关系的发展。整个 20 世纪 70 年代和 80 年代，欧共体国家与阿拉伯国家的贸易额有了很大的增长。最后，欧阿还在对话范围内落实了一些具体合作项目，包括扩建港口、技术人员培训、石油化工研究和培育农作物良种等内容。

第二节　欧洲 – 地中海伙伴关系的动力、内容与效果

冷战的终结导致了欧洲内部力量结构的变化，地中海进入了欧洲安全的考虑范围。1995 年的"巴塞罗那进程"（the Barcelona Process）确立了"欧洲 – 地中海伙伴关系"（Euro-Mediterranean Partnership，EMP）的合作平台，标志着欧盟与地中海东岸与南岸国家的关系迈入了新阶段。

一　欧洲 – 地中海伙伴关系建立的动因

1995 年 11 月，巴塞罗那欧盟首次外长会议上，欧盟 15 个成员国与地中海沿岸 12 个国家和地区启动了旨在加强相互间合作的"巴塞罗那进程"，宣布欧盟与地中海南岸国家建立"全面的伙伴关系"。这种伙伴关系的建立动因主要来自欧盟方面，同时符合阿拉伯国家的需要。

第一，欧洲在地中海具有重要的安全和政治利益。冷战结束后，西欧面临的安全威胁已经由东欧地区转移到了地中海地区，其原因主要是这一地区的不稳定因素日益上升。20世纪90年代初期，波黑冲突向巴尔干半岛漫延的趋势增大。1991年6月起，南斯拉夫开始解体。波斯尼亚和黑塞哥维那（简称"波黑"）的穆斯林、塞尔维亚和克罗地亚三个主要民族就波黑前途发生严重分歧：穆族主张脱离南斯拉夫独立，建立统一的中央集权国家；克族也主张独立，但希望建立松散的邦联制国家；塞尔维亚族则坚决反对独立。1992年3月3日，波黑议会在塞族议员反对的情况下正式宣布波黑独立。4月6、7日，欧共体和美国相继予以承认。塞族随即宣布成立"波黑塞族共和国"，脱离波黑独立。波黑三个主要民族间的矛盾骤然激化，导致波斯尼亚战争爆发。1995年11月，在美国主持下，南斯拉夫联盟、克罗地亚和波黑三方领导人签署了代顿波黑和平协议，波黑战争结束。波黑问题平息之后，科索沃问题又成为巴尔干地区的重大安全隐患。欧盟担心在科索沃问题上把西欧一些国家卷进去，会引起欧盟内部的分歧与冲突，科索沃战争一旦爆发，就会打乱欧盟和北约在巴尔干地区的战略布置。

第二，环地中海地区宗教极端主义的兴起对欧洲安全构成了重大威胁。自20世纪90年代初期，土耳其一直面临宗教势力上台和"伊斯兰化"的挑战，阿尔及利亚伊斯兰救国阵线在民主选举中险些颠覆了民族主义政权，各国的政治反对派也在宗教的旗帜下进行反政府活动，从而使地中海东岸与南岸国家的政教关系更加错综复杂。一些国家比较激进的教派甚至提出"保教高于保国"的口号。从阿尔及利亚伊斯兰救国阵线中分离出来的一批极端主义势力，加上伊斯兰武装集团，从事反对当局的恐怖活动，针对外国使领馆、商务机构和游客的恐怖袭击增加。在埃及，恐怖活动也是频繁发生，甚至穆巴拉克总统都险遭暗杀。恐怖袭击蔓延到了西欧。1988年12月，一架泛美航空公司的客机在苏格兰洛克比上空遭遇恐怖袭击，航班上259名乘客和机组人员无一幸存，地面上11名洛克比居民死于非命，史称洛克比空难。在波黑战争中，有6000名来自伊斯兰世界的"圣战主义者"支援波黑穆斯林战争。西欧在支持波黑穆斯林的同时，已经发现波黑建立伊斯兰国家的危险，因而撮合波黑穆斯林与克罗地亚人建立联邦，显然要以后者制约前者。在科索沃，数千来自外部的"伊斯兰圣战主义者"加入科索沃解放军，使科索沃问题更加复杂化、国际化。① 西欧国家担心，那些带有强

---

① 金宜久、吴云贵：《伊斯兰与国际热点》，东方出版社，2002，第692页。

烈反西方色彩的宗教极端势力或恐怖主义集团不但威胁其地中海南岸邻国的安全，也严重威胁西欧国家的社会、经济与政治安全。

第三，地中海地区对欧盟具有重要的经济价值。欧洲与地中海南岸国家有着密不可分的经济联系。欧洲的能源有相当一部分来自地中海南岸国家。欧盟统计局统计结果显示，20世纪90年代欧盟对进口能源的依赖性明显上升，进口能源占能源消费的比例从1997年的45%增加到2006年的54%。此间，欧盟的能源生产下降了9%，消费量则增长了7%。统计显示，德国对能源进口的依赖度达到61.3%，超过欧盟的平均水平。而南地中海国家拥有丰富的自然资源，其石油、天然气、磷酸盐矿和铁矿砂等储量均居世界前列。如阿尔及利亚的天然气储量达4.52万亿立方米，石油储量达12.55亿吨，均居世界前列；摩洛哥油页岩储量达1000亿吨以上（含原油60亿吨），磷酸盐矿占世界总储量75%。[1] 所以，加强与地中海沿岸国家的发展合作是欧盟保障能源和原材料进口来源、拓宽加工产品出口市场的重要手段。同时，南地中海国家拥有独特的地理位置、丰富的自然资源和充足的劳动力，是欧盟重要的投资场所和商品销售市场。1994年10月，本是欧洲近邻的西亚北非国家参加了美国主持的卡萨布兰卡中东北非经济首脑会议，欧洲国家感到美国在该地区经济上对欧洲的竞争与威胁。建立欧洲地中海伙伴关系的目的之一就是要建立一个欧洲地中海自由贸易区，阻止美国在这一地区的经济霸权。

然而，地中海南岸国家社会经济落后，尽管战后南地中海国家的经济有了较大发展，甚至少数国家已是富国俱乐部成员，但并没能使南地中海地区从整体上摆脱落后和不发达。地中海东岸与南岸国家的产业结构也不尽合理，即便是少数富国也主要依靠出口原料换取的高额收入。地中海南岸国家的出口产品主要是初级原料，工业制成品所占比例不大，特别是代表工业发展水平的机电产品和交通工具等还不到2%。通过伙伴关系的建立，促进和改善地中海东岸与南岸国家的经济结构，推动其社会经济发展，是欧洲-地中海地区经济合作的必然需求。

第四，欧洲希望通过与地中海国家的全面合作提高自己的国际影响力。稳定和强大的世界影响力一直是欧共体和欧盟的重要目标。冷战结束后，欧共体国家的总体经济实力高于美国，欧盟建立后制定了雄心勃勃的"大欧洲"计划，试图使欧洲成为多极世界中的一极，在全球范围内施加其影响。而将南地中海国家

---

[1] 《世界知识年鉴2002/2003》，世界知识出版社，2002，第293、466页。

纳入自己的主导范围，使其成为自己的伙伴国家，有利于加强欧盟的综合实力和国际战略地位。但是，长期以来，美国一直在地中海地区扩大影响并力争主导这一地区，美国领导了海湾战争并在阿以和平进程中做出了积极贡献，其在西亚北非地区的影响日益扩大。而在阿以和平进程中，美国只希望欧盟充当"出钱但又不开口"的角色，让其长期成为美国中东政策的小伙伴。因此，欧盟想加强同地中海国家合作，把南地中海国家纳入一个由欧盟主导的涉及经济、政治和安全体系之中，以抵制美国在地中海地区的扩张，真正实现主导地中海地区、最终成为世界重要一极的战略目标。①

第五，南地中海国家积极参与"欧盟－地中海伙伴关系"的建设，主要原因有以下两点。首先，欧共体/欧盟长期是南地中海国家最大进出口贸易伙伴，欧洲单方面的贸易优惠政策使南地中海国家长期受益。但冷战结束后，世界贸易组织的新贸易体制和准则使单边贸易优惠安排不断受到冲击，对南地中海国家的出口贸易造成压力。如纺织品是南地中海国家主要出口工业品，但与一些亚洲国家相比，仍缺乏竞争力，其欧洲市场份额的保持主要靠欧洲国家单方面的优惠贸易政策，所以该地区严重依赖欧盟市场。此外，冷战结束后，"东扩"计划的启动使其将大量资金援助向中东欧转移，欧盟加大对东欧国家的援助，更使欧盟对南地中海国家援助的能力受到制约。世界贸易组织成立后新的世界贸易体制逐渐形成，也使南地中海国家的出口面临日益严峻的市场竞争。② 因此，为了确保经济持续稳定发展，大部分南地中海国家渴望与欧洲发展更为密切的合作关系，以争取欧洲更多资金援助，并希望通过与欧盟建立自由贸易区的方式优先获得集团内部的自由贸易安排，以此来保护其主要出口市场和吸引更多的外商投资。其次，南地中海国家希望通过与欧洲更为密切的关系，加强与欧共体/欧盟在人权和民主等政治领域和反对恐怖主义、跨国犯罪和毒品走私等非传统安全领域的合作，以此来消除威胁地区稳定的不利因素。③

二　欧洲－地中海伙伴关系的内容

1991年12月，欧洲共同体马斯特里赫特首脑会议通过《欧洲联盟条约》，通称《马斯特里赫特条约》。1993年11月1日，《马斯特里赫特条约》生效，欧

---

① 严双伍等：《试析"欧盟－地中海伙伴关系"战略》，《国际论坛》2005年第6期，第23页。
② 陈沫：《欧盟新地中海政策评述》，《西亚非洲》2007年第11期。
③ 严双伍等：《试析"欧盟－地中海伙伴关系"战略》，《国际论坛》2005年第6期，第23页。

盟正式诞生，设立理事会、委员会、议会。欧盟的成立标志着欧共体从经济实体向经济政治实体过渡，同时欧盟开始实施共同外交政策与安全政策，其中之一就是实施对地中海区域的共同外交政策。

欧盟成立后即着手制定统一的地中海政策。1994 年 6 月 24—25 日，欧盟理事会在希腊科孚岛举行会议，要求"欧盟理事会和欧盟委员会加强欧盟在地中海的全球性政策"。1994 年 12 月 9—10 日，在德国埃森举办的欧洲峰会上开始了对更新欧盟地中海战略的讨论。会议强调地中海是欧盟具有战略意义的优先地区，欧盟与地中海将"就所有涉及共同利益的议题展开永久性和定期的对话"。1995 年西班牙担任欧盟轮值主席期间致力于推动欧盟地中海政策，11 月 27—28 日在巴塞罗那欧盟首次外长会议上，欧盟 15 个成员国与地中海沿岸 12 个国家和地区阿尔及利亚、埃及、约旦、以色列、摩洛哥、土耳其、黎巴嫩、叙利亚、巴勒斯坦、马耳他、塞浦路斯和突尼斯（利比亚从年起获得观察员资格）启动了旨在加强相互间政治、经济、安全、社会发展等方面合作的"巴塞罗那进程"。会议通过的《巴塞罗那宣言》宣布，欧盟与地中海南岸国家间通过签署《欧洲地中海联系协议》，将建立"全面的伙伴关系"，以促进该地区的稳定和社会发展。规定在 2010 年建立"欧盟－地中海大自由贸易区"。欧洲－地中海伙伴关系致力于"将地中海建设成为一个基于对话、互通、合作的和平、稳定与繁荣的地区"[1]，当时的成员包括 15 个欧共体国家和 12 个地中海国家，被称为"15 + 12"模式。该进程的核心事务被分解为以下三个领域。

政治和安全领域，通过双边和多边的政治对话构建欧洲－地中海伙伴关系。冷战结束后，西亚北非地区伊斯兰主义的扩张、民族和宗教冲突的尖锐化、毒品走私的泛滥、有组织犯罪集团与恐怖主义的猖獗以及日益严重的移民潮，使得欧盟在冷战结束后面临着来自地中海南岸的安全隐患，安全问题已经成为欧盟与地中海区域国家合作的核心议程。另外，政治和安全领域的一个重要任务就是巩固阿以和平、缓和巴以冲突，此举被认为是欧洲－地中海伙伴关系顺利开展的重要前提。[2]《巴

---

① European Union External Action, "Barcelona Declaration, Adopted at the Euro-Mediterranean Conference 27 – 28 November 1995", http://www.eeas.europa.eu/archives/docs/euromed/docs/bd_en.pdf, 最后登录日期：2017 年 5 月 12 日。

② Ahmed Galal and Javier Albarracín, "Rethinking the EU's Mediterranean Policy after the Arab Spring", Europe's World, November 12, 2015, http://europesworld.org/2015/11/12/rethinking-the-eus-mediterranean-policy-after-the-arab-spring/, 最后登录日期：2017 年 5 月 17 日。

塞罗那宣言》宣布：欧盟与地中海国家相互尊重主权和领土完整，同种族主义作斗争，防止核扩散，定期进行政治对话，就地中海区域的安全与移民问题进行磋商并采取相应措施，使地中海成为一个和平与稳定的区域。[①]

经济和金融领域的合作，最重要的就是在 2010 年建成地中海自由贸易区的计划。西亚和北非是欧洲的主要能源供给者。"在 1995 年，西亚为欧盟每天 12.79 万桶的原油需求提供了 28%，而北非则提供了 15.8%。此外，阿尔及利亚为欧洲的天然气需求提供了 11.2%。"[②] 为了应对新的国际经济环境，在"东扩"的同时，欧盟积极寻求与地中海国家更加密切的经济关系，《巴塞罗那宣言》（以下简称《宣言》）与《行动纲领》提出在 2010 年建成包含 30 多个国家的欧盟－地中海自由贸易区，逐步取消区域内的关税和非关税壁垒，从而逐步实现区域内的贸易自由化。欧盟承诺在 1995—1999 年的五年间向地中海提供价值 46.85 亿欧洲货币单位的援助；在五年内通过欧洲投资银行提供 40 亿欧洲货币单位的额外贷款，帮助地中海国家发展经济，缩小双方的经济差距；欧盟向地中海提供更多的财政支持和信贷援助，扶植私人部门。[③]

文化、社会和人力资源领域。《宣言》称，整个地中海地区的文化和文明传统，这些文化之间的对话以及人文、科学和技术层面的交流是促进双方人民密切往来、彼此了解的重要因素。本着这种精神，与会国同意在社会、文化和人文事务方面建立伙伴关系。为此，《宣言》重申，文化与宗教之间的对话和尊重是人民接近的必要先决条件。强调大众媒体在相互认识和理解对方文化方面发挥的作用的重要性。欧盟期待与地中海地区建立紧密的文化和社会联系，宣扬欧盟及其成员国有关人权、民主、透明与法制的核心价值体系，尝试加强司法及内政的合作，通过文化与文明之间的对话，消除种族主义和狭隘的民族排外情绪。[④]

欧盟与地中海区域着眼于增强政治互信、文化互通、技术和人员交流，争取

[①] "Barcelona Declaration, adopted at the Euro-Mediterranean Conference-7-28/11/95", https：//ec. europa. eu/research/iscp/pdf/policy/barcelona_ declaration. pdf.

[②] British Petroleum, *World Energy Review 1996*, London, pp. 10, 18, 23, 26, 28, 引自 George Joffé, "Southern Attitudes towards an Integrated Mediterranean Region", in Richard Gillespie, eds. , *The Euro-Mediterranean Partnership*：*Political and Economical Perspectives*, London：Frank Cass, 1997, pp. 13－14。

[③] "Barcelona Declaration, Adopted at the Euro-Mediterranean Conference-7-28/11/95", https：//ec. europa. eu/research/iscp/pdf/policy/barcelona_ declaration. pdf.

[④] "Barcelona Declaration, Adopted at the Euro-Mediterranean Conference-7-28/11/95", https：//ec. europa. eu/research/iscp/pdf/policy/barcelona_ declaration. pdf.

在安全、经济和社会利益之间寻找平衡，在利益和目标共同体、文化和理念共同体之间找到汇聚点，这成为"巴塞罗那进程"继续前进的客观需要。欧洲的一体化进程中，最终将形成共同的货币政策、共同的外交政策、共同的安全政策和共同的防务政策。① 随着地中海伙伴关系走向制度化和组织化，欧盟与地中海之间的交流与合作也日益在多层面展开。

三　欧洲-地中海伙伴关系的进展与制约因素

自 1995 年"巴塞罗那进程"启动以来，欧盟-地中海国家为实现《巴塞罗那宣言》的目标出台了许多措施，欧盟与突尼斯、以色列、摩洛哥、埃及、阿尔及利亚、约旦、黎巴嫩、巴勒斯坦、马耳他、塞浦路斯和土耳其等国家和地区签订了联系协议，其中马耳他和塞浦路斯已加入欧盟，土耳其则于 1996 年与欧盟建立了关税同盟，而且已被列入待入盟国。"巴塞罗那进程"取得了一定的进展。这主要表现在以下几个方面。

第一，建立了欧盟与地中海国家间的制度化的对话与合作机制。其中最重要的是自"巴塞罗那进程"启动就建立的定期举行的外交部长会议和 2003 年第六届欧盟-地中海外长会议上组建的跨地区的"欧盟-地中海议会"，另外还包括其他高官会议、专家工作组会议和不定期举行的非官方的民间对话机制。欧盟-地中海国家间的这些合作与对话机制加强了不同国家、不同文明之间的对话、理解和信任，促进了该地区的和平与稳定。

第二，欧盟提供的大量财政援助和优惠贷款促进了地中海南岸国家的经济和社会发展。自"巴塞罗那进程"启动以后，欧盟加大了对地中海南岸国家的财政援助和投资。自 1997 年 1 月 31 日至 2000 年 1 月 31 日，欧盟给予 12 个地中海国家中的 9 个国家近 70 亿欧元贷款。欧盟还启动了新一轮欧盟-地中海援助计划，打算在 2006 年以前大幅增加对地中海伙伴国的贷款，总额将达 64 亿欧元。2002 年年初，欧盟决定成立欧洲-地中海银行，为地中海国家的经济建设提供资金支持。② 在经济和金融领域，双方同意在能源基础设施等领域展开对话，逐步建立地区经济对话机制，为此建议欧盟-地中海经济财政部长会议每两年举行一次。欧盟支持地中海沿岸国家进行经济改革，为未来建立地区性和次地区性一

---

① 董入雷：《欧盟-地中海伙伴关系研究》，硕士学位论文，外交学院，2006，第 14 页。

② 史克栋：《欧盟深化与地中海国家合作》，http://www.china.com.cn/chinese/HIAW/141666.htm。

体化奠定基础。

第三，尽管地中海地区并不平静，中东和平进程一波三折，但是欧盟一直为建设欧盟－地中海自由贸易区而努力。欧盟与地中海南岸国家联系协定的签署不仅为欧盟－地中海自由贸易区的建立打下了基础，而且为欧盟与地中海南岸国家加强在政治经济社会等方面的实质性具体合作提供了法律框架和依据。出于经济上的考虑，欧盟计划集中资金，推动地中海沿岸12国在未来10年内逐步形成地区性或次地区性一体化经济区，以更好地发挥这些国家在地中海地区的作用，欧盟也可从中获得更多的经济利益。为此，欧盟委员会专门成立了地中海工业合作小组，负责研究加强双方在海关、公共市场、标准化、竞争政策、税制、知识产权保护、金融服务、数据保护和会计等方面合作的一系列问题。

第四，欧盟通过"巴塞罗那进程"为地中海地区的和平与稳定做出了贡献。2002年4月，第五届欧盟－地中海国家外长会议在西班牙的巴伦西亚市召开。本届会议原定讨论落实2010年建立欧盟－地中海自由贸易区这一议题，但因中东局势陷入危机，巴以冲突成为会议关注的焦点。会议通过了一项打击恐怖主义、毒品走私和有组织犯罪的行动计划，并决定建立欧盟－地中海议会大会制度。欧盟还同阿尔及利亚签署了联系国协议。在本届大会东道主西班牙外交大臣皮克的努力下，除15个欧盟成员国出席会议外，12个地中海沿岸国家中只有叙利亚和黎巴嫩因反对以色列武装占领巴勒斯坦而未与会。会议期间，欧盟国家外长分别会见了以色列外长佩雷斯和巴勒斯坦代表，试图重启中东和平谈判。欧盟与地中海自由贸易区的建设与中东和平进程有着密切关系，如果巴以危机不彻底解决，欧盟与地中海国家的合作很难取得实质性发展。为此，意大利总理兼外长贝卢斯科尼在会上提出，意大利愿意接待中东和平国际会议，希望为中东和平做出积极贡献。

2003年12月，欧盟－地中海沿岸国家外长会议在意大利南部港口城市那不勒斯举行。由于这次会议是在全球面临恐怖威胁增加、巴以和平进程陷于僵局、地区局势不稳定和不安全因素增多的大背景下举行的，因此打击恐怖主义、巴以局势、战后伊拉克重建等问题被列为会议的主要议题。与会30多个国家的外长一致强调，近年来发生的一系列恐怖事件说明，打击各种形式的恐怖主义依然是国际社会的当务之急。世界上所有国家都有义务在反恐方面积极合作，放弃向恐怖主义组织提供包括直接和间接的各种方式的支持。会议发表的最后文件强调，中东和平进程与欧盟－地中海国家伙伴关系之间有着密切的联系。外长们敦促巴以双方抓住时机，尽快恢复和谈，以尽早结束巴以地区冲突。外长们还呼吁欧盟与地中海沿岸国家采取积极行动，支持伊拉克战后政治和经济重建进程。[①]

非法移民问题也是促使欧盟加强与地中海国家合作的重要因素。长期以来，地中海沿岸一些国家政局不稳导致大批非法移民涌入欧洲，给欧洲国家的社会生活带来严重影响。意大利曾多次呼吁，打击非法移民问题，需要欧盟与产生非法移民的国家的共同努力。外长们在那不勒斯会议上同意加强彼此在司法和移民等领域内的合作，允许各国专家在打击毒品和有组织犯罪方面加强协调。

1995 年的巴塞罗那会议标志着"政治家们为欧洲与南部地中海人民之间关系的深化和丰富注入了制度性的形式"。作为"一种新的政治机制的尝试"，"巴塞罗那进程"有价值的一面在于有效地支持了地中海区域的社会和经济发展而且促使周边地区逐步走向安全与稳定。[②] 然而，"巴塞罗那进程"在实施过程中存在着许多问题，其发展前景不被看好。这其中既有伙伴关系双方本身的原因，也有外部方面的制约因素。首先，双方很不对称，不是真正意义上的平等伙伴关系。特别是双方在经济发展和综合实力方面差距悬殊，欧盟又是一个整体，而地中海南岸国家是分散的个体国家，毫无疑问双方伙伴关系的主导权和决定权主要在欧盟手中。地中海南岸国家普遍缺乏主体感，担心这种由欧盟主导的伙伴关系可能导致本国主权旁落或受损，因而缺少推动伙伴关系发展的积极性和主动性。其次，欧盟依仗其实力和主导地位，总是从自己的需求和意志出发制定相应的政策和措施来推行伙伴关系行动计划，而不去考虑或者没有充分考虑地中海南岸国家的实际需求和具体国情。最后，伙伴关系双方在宗教信仰、历史文化、价值观念和安全、反恐等问题上分歧很大，难以形成共识，也妨碍双方伙伴关系的顺利发展。[③]

第三节　从伙伴关系到邻国政策的演变

从巴塞罗那进程启动到 21 世纪初，欧盟自身的结构、国际形势以及地中海地区的国际关系都发生了巨大变化，为适应这种变化并弥补欧洲－地中海伙伴关系的缺陷，欧盟又出台了"欧洲邻国政策"（European Neighborhood Policy，ENP），

---

① 殷娜娜：《对欧盟"地中海政策"中非传统安全问题的初探》，硕士学位论文，中国人民大学，2008。

② 董入雷：《欧盟－地中海伙伴关系研究》，硕士学位论文，外交学院，2006，第 18 页。

③ 朱贵昌：《欧盟－地中海伙伴关系：进展与问题》，《国际问题研究》2006 年第 5 期，第 44 页。

试图在欧盟扩大后面临的新的国际形势下进一步推动欧盟与地中海国家特殊关系的发展和地中海自由贸易区的建设。

一　欧洲邻国政策的提出

欧洲 - 地中海伙伴关系一直是欧盟与其南部邻国关系的主要框架，它涉及地中海南岸的大多数国家，议题包括政治和安全、经济和社会文化领域的地区和双边合作的不同方面。[①]　与建立和平、繁荣和稳定的合作伙伴关系这个过于雄心勃勃的目标相比，"巴塞罗那进程"的实际成就并不高，而且受到了不同程度的批评。[②]　关于欧盟 - 地中海伙伴关系最主要的缺陷是什么，学术界可能存在一些分歧。然而，大多数观察者认为欧洲 - 地中海伙伴关系没有达到 1995 年 11 月启动时所提出的预期目标。这也意味着欧洲 - 地中海伙伴关系对南地中海地区的经济和社会发展以及地中海地区稳定的贡献相当有限。

毫无疑问，多年来，欧洲 - 地中海伙伴关系或"巴塞罗那进程"面临着沉重的改革压力。[③]　在很大程度上，这是由于欧盟对地中海政策的地缘政治环境和国际政治背景发生了改变。当欧洲 - 地中海伙伴关系在 1995 年开始的时候，和平谈话是中东形势的特点，多边主义是时代的标志，"9·11"事件充其量只是一个不合时宜的插曲，欧盟有 15 个成员国，萨达姆·侯赛因在伊拉克仍然掌权。大约 10 年后，中东和平进程崩溃，暴力成为以色列和巴勒斯坦之间的关系的特点。巴以和平对话的停滞给欧洲 - 地中海伙伴关系的地区建设努力带来了压力。2001 年 9 月 11 日的恐怖袭击事件，使亨廷顿关于"文明冲突"的理论闻名遐迩，[④] 人们关注的焦点转移到了恐怖主义和宗教极端主义问题上。特别是在欧洲 - 地中海伙伴关系的背景下，这种变化经常是以地中海南部的民主促进为代价的。[⑤]　此

---

① E. Philippart, "The Euro-Mediterranean Partnership：A Critical Evaluation of an Ambitious Scheme", *Euopean Foreign Affairs Review*, Vol. 8（2003）, Issue 2, pp. 201 – 220.

② F. Attina and S. Stavridis（eds）, *The Barcelona Process and Euro-Mediterranean Issues from Stuttgart to Marseille*, Milan：Giuffre, 2001；B. Huldt, M. Engman and E. Davidsson（eds）, *Strategic Yearbook* 2003：*Euro-Mediterranean Security and the Barcelona Process*, Stockholm：Elanders, 2002.

③ Tobias Schumacher, "Riding on the Winds of Change：The Future of the Euro-Mediterranean Partnership", *The International Spectator*, Vol. 39, 2004-Issue 2, pp. 89 – 103.

④ S. Huntington, *The Clash of Civilizations and the Remaking of World Order*, New York：Simon & Schuster, 1996.

⑤ R. Gillespie and R. Youngs, *The European Union and Democracy Promotion：The Case of North Africa*, London：Frank Cass, 2002.

外，2003 年美国入侵伊拉克，进一步破坏了中东地区的稳定，除了挑起欧盟内部的裂痕，也促成大部分欧洲国家和美国之间的分歧。[①]

但是对欧盟和地中海关系的未来更重要的是欧盟正在经历的扩大过程。2004年欧盟接纳了马耳他和塞浦路斯，加上土耳其的等候状态，已经改变了欧盟－地中海伙伴关系中南方合作伙伴的组成。[②] 由于中东和平进程的崩溃，这一变化在区域和次区域层面严重损害了欧洲－地中海伙伴关系。[③] 事实上，8 个（如果利比亚加入欧洲－地中海伙伴关系，则是 9 个）阿拉伯地中海伙伴和以色列的合作几乎不存在。然而，欧盟的扩大对欧盟总体对外关系，特别是欧盟地中海关系的影响更为深远。扩大促使欧盟重新考虑与欧盟南部和东部邻国的关系。欧盟委员会于 2003 年 3 月首次提出的"大欧洲"计划以及该计划之下制定的"欧洲邻国政策"被认为是为了向欧盟的新老邻居提供"安慰奖"。[④] 但新的政策方针也是对不断变化的成员国构成、不断变化的边界以及欧盟地缘政治变化的明显反应。"扩大了的欧洲"和"欧洲邻国政策"提出了政治和经济关系的实质性升级，甚至为欧盟内部市场带来了"好处"。[⑤]

"欧洲邻国政策"于 2004 年欧盟第五轮扩盟之后正式开始实施，但这一政策的形成开始于 2002 年。2002 年 8 月，欧盟负责共同外交与安全政策的高级代表索拉纳和欧盟对外关系委员彭定康共同致信欧盟理事会，建议发起"大欧洲"计划，从而避免扩大的欧盟与其邻国之间产生新的分界线，并在欧盟内外促进稳定和繁荣。[⑥] 2002 年 12 月，在哥本哈根峰会上，欧盟理事会对这一动议持欢迎

① C. -P. Hanelt, G. Luciani, and F. Neugart (eds), *Regime Change in Iraq: The Transatlantic and Regional Dimension*, Florence: RSCAS Press, 2004.

② R. Del Sarto, "Turkey's EU Membership: An Asset for the EU's Policy towards the Mediterranean/ Middle East?", in N. Tocci and A. Evin (eds), *Towards Accession Negotiations: Turkey's Domestic and Foreign Policy Challenges Ahead*, Florence: RSCAS Press, 2004, pp. 137 – 156.

③ T. Schumacher, "Dance In-Walk Out: Turkey, EU Membership and the Future of the Barcelona Process", in N. Tocci and A. Evin (eds), *Towards Accession Negotiations: Turkey's Domestic and Foreign Policy Challenges Ahead*, Florence: RSCAS Press, 2004, pp. 157 – 174.

④ Commission of the European Communities, "Wider Europe-Neighbourhood: A New Framework for Relations with our Eastern and Southern Neighbours", Communication from the Commission to the Council and the European Parliament, Brussels, March 11, 2003, COM (2003) 104 Final; Commission of the European Communities, "European Neighbourhood Policy-Strategy Paper", Communication from the Commission, Brussels, May 12, 2004, COM (2004) 373 Final.

⑤ COM (2004) 373 Final.

⑥ 宋黎磊：《欧盟周边治理中的邻国政策研究》，上海世纪出版集团，2011，第 132 页。

态度。2004 年 5 月，欧盟委员会发布欧盟邻国政策战略文件，标志着该政策正式形成。文件规定了邻国政策及其相关合作议题的基本原则和实施方法，确立了在财政援助、经济、社会发展和能源方面推动合作的方法，并发表了针对对象国的国家报告。[①] 欧盟邻国政策的目标是"建立一个繁荣和睦邻友好的周边地带，欧盟与其周边国家建立密切、和平与合作的关系"。欧盟邻国政策是关于邻国与欧盟的伙伴关系，而不是欧盟的成员资格。邻国政策将欧盟周边完全不同的国家纳入一个单一的政策内，但具体到对每个国家的方案则"量体裁衣"，根据不同国家的政治局势和经济发展水平制订不同的行动计划。

从 2004 年到 2008 年，新成立的邻国政策与伙伴计划执行局（European Neighbourhood and Partnership Instrument，ENPI）接管了欧盟地中海政策的制定和实施，巴塞罗那进程实质上让位于邻国政策。2004 年 12 月，摩尔多瓦、乌克兰、以色列、约旦、摩洛哥、巴勒斯坦当局、突尼斯与欧盟签订了第一批邻国政策行动计划（ENP Action Plans）。2005 年 3 月，埃及、黎巴嫩、格鲁吉亚、亚美尼亚、阿塞拜疆与欧盟签署了另外五项行动计划。利比亚和阿尔及利亚则拒绝在邻国政策的框架下与欧盟签署相关协议。行动计划通过三到五年的短中期优先事项的方式共同确定了政治和经济改革的议程。行动计划覆盖了政治对话和改革、经济和社会合作与发展、贸易相关的问题和市场及管制改革、司法和内务领域的合作及交通、能源、信息社会、环境、研究和开发领域的合作，以及人文交流与合作。[②] 2006—2010 年，欧盟每年都会发布详细的邻国政策进展报告，分别从整体和国别的角度评估邻国政策的实施情况。

邻国政策是欧盟统一外交政策的标志性事件，它既囊括了德国和东欧成员国在东部边界的利益，也包容了意大利、法国和西班牙等南欧成员国在地中海的诉求。大凡统一政策往往失之中庸，因其在实现某一具体目标时常受诸多因素掣肘，并缺乏甩开部分利益相关者而大踏步前进的勇气。欧盟地中海政策主要推动力的经常性来源，并非欧盟集体，而是欧盟大国。

就地中海而言，特别是与欧洲 - 地中海伙伴关系相比，欧盟的邻国政策是欧盟对南方邻国政策的重要转变。在这种情况下，建立"朋友圈"的目标可能被解读为试图缓冲欧盟外部边界并使之模糊化。因此，"大欧洲 - 邻国"政策并不

① 宋黎磊：《欧盟周边治理中的邻国政策研究》，上海世纪出版集团，2011，第 143 页。

② 张学昆：《论欧盟邻国政策的形成》，《国际政治研究》2009 年第 3 期，第 152 页。

是为了解决欧盟边缘地区的社会经济问题。就地中海而言，欧盟的新政策方法确实纠正了欧盟－地中海伙伴关系的一些缺陷。然而，欧洲邻国政策的工具和提供的所谓的激励措施是不明确的，不足以实现明确和隐含的政策目标。实际上，"大欧洲"政策的工具和激励措施被许多没有建立在现实调查基础上的神话所包围。因此，欧洲邻国政策不可能对地中海南部的社会经济发展做出持续的贡献，或者有助于欧盟邻国以可持续的方式与中心相连。

二 欧洲－地中海伙伴关系到欧洲邻国政策的变化

根据欧盟委员会的说法，公开宣布的欧洲邻国政策目标是"与邻国分享欧盟2004年扩大的好处，以加强稳定、安全和福祉"。① 欧盟委员会还强调，欧洲邻国政策旨在"防止扩大后的欧盟与邻国之间出现新的分界线"，同时为邻国提供"通过更大的政治、安全、经济和文化合作参与各种欧盟活动的机会"。② 因此，乍一看，邻国政策非常符合欧盟对外政策的原则，因为它旨在通过各个政策领域的合作来增加安全和稳定，但是设想的合作范围涉及"重大经济和政治一体化的措施"，正如欧盟委员会文件所说，一定程度上代表一种创新，再加上创造从乌克兰到摩洛哥的"朋友圈"的地缘政治观点，更是一种创新。③

就地中海而言，欧盟委员会一再声称邻国政策与巴塞罗那进程是相容的，并且是相辅相成的。它表示，欧洲邻国政策"不应该凌驾于欧盟与南地中海伙伴关系现有的框架之上……相反，邻国政策将会补充和巩固现有的政策和安排"。④ 欧盟委员会在另一个场合宣布，就地中海而言，欧洲邻国政策将通过巴塞罗那进程和与每个伙伴国的联系协议（Association Agreements）来实施。⑤ 但是，欧洲邻国政策是否真的如委员会所认可的那样是欧盟地中海政策的进一步发展？地中海的两种政策方法如何兼容？笔者认为欧洲邻国政策至少在地中海的四个重要问题上与欧洲地中海伙伴关系有很大的不同。

---

① Commission of The European Communities, Com (2004) 373 Final: European Neighbourhood Policy, Strategy Paper, Brussels, Dec. 5, 2004, p. 3, http://ec. europa. eu/world/enp/index_en. htm.

② COM (2004) 373 Final, p. 4.

③ COM (2004) 373 Final, p. 5.

④ Commission of The European Communities, COM (2003) 104 Final: Wider Europe-Neighbourhood: A New Framework for Relations with Our Eastern and Southern Neighbours, Brussels, Nov. 3, 2003, p. 15, http://ec. europa. eu/world/enp/index_en. htm.

⑤ COM (2004) 373 Final, p. 6.

　　首先，欧洲邻国政策放弃了巴塞罗那进程中广泛的地区性原则，并用差异化的双边主义取代它。[1] 当然，欧洲地中海伙伴关系已经包含了双边维度，但是它是建立在相似于与单个的地中海伙伴国家之间的联系协议基础上。通过展示欧洲－地中海安全的地区建设方法[2]，在 20 世纪 90 年代初中东和平进程积极进展的鼓舞下，欧洲－地中海伙伴关系对地区层面保持了强有力的关注，欧盟委员会认为这是"最具创新性的方面之一"。[3] 相反，邻国政策是一个对不同国家明确区分的双边政策。实际上，"邻国政策"是以国家为基础进行的，旨在提升与政治和经济上最先进并且承诺进行认真的政治和经济改革的邻国之间的关系。[4]

　　就地中海而言，委员会宣布应保持欧盟－地中海伙伴关系的地区层面，以促进南部的次区域合作。[5] 但是，邻国政策不再建立在欧洲－地中海伙伴关系中包含的欧洲－地中海地区的理念之上。欧盟在 2000 年声称，在其地中海政策中，多边主义现在已经和传统的双边方法一样普遍[6]，而委员会现在承认巴塞罗那进程的地区层面只是一个补充因素，最多只限于在南部边缘地区促进区域内贸易和次区域合作。

　　其次，从欧洲－地中海伙伴关系到欧洲邻国政策的过渡似乎意味着条件原则的"换档"。因此，尽管巴塞罗那进程（理论上）引入了"负面条件"的原则，但邻国政策明确地以正面条件原则为基础。[7] 这一原则与邻国政策的差异化政策

---

[1]　R. Aliboni, "The Euro-Mediterranean Partnership: Regional and Transatlantic Challenges", Opinions Working Paper, Center for Transatlantic Relations, SAIS, Johns Hopkins University (Washington, 2003), p. 8.

[2]　R. Del Sarto, "Israel's Contested Identity and the Mediterranean", Mediterranean Politics, Vol. 8, 2003, Issue 1, pp. 27 – 58.

[3]　European Commission, Europe and the Mediterranean: Towards a Closer Partnership, An Overview over the Barcelona Process in 2002, Luxembourg: Office for Official Publications of the European Communities, 2004, p. 5.

[4]　此外，委员会提出以下激励措施：融入内部市场和扩大监管结构，优惠贸易关系和开放市场，运输、电信和能源网络一体化，促进和保护外国投资的新工具，支持融入全球贸易体系，加强财政和技术援助，以及合法移民和人员流动。

[5]　COM (2004) 373 Final, p. 8.

[6]　European Commission, The Barcelona Process, Five Years On-1995-2000, Luxembourg: Office for Official Publications of the European Communities, 2000, p. 15.

[7]　O. Stokke (ed.), Aid and Political Conditionality, London: Frank Cass, 1995; D. Schmid, "Linking Economic, Institutional and Political Reform: Conditionality within the Euro-Mediterranean Partnership", EuroMeSCo Paper 27, Lisbon, 2003.

方针相辅相成。① 在巴塞罗那进程的框架内，"欧洲－地中海联系协议"有这样的条款：如果各自的合作伙伴国家侵犯了对人权的尊重，协议可能会被搁置。然而，欧盟从来没有在实践中使用过这个原则，甚至在埃及臭名昭著的萨义德·埃丁·易卜拉欣（Sa'ad Eddin Ibrahim）案中也没有这样做。当埃及当局因禁止正在进行欧洲地中海援助基金（MEDA）赞助的人权项目研究的社会学教授萨义德·埃丁·易卜拉欣时，欧盟并未暂停双边资助。此外，这位教授被指控挪用欧盟基金（欧盟否认），并在国际上亵渎埃及的名誉。② 总的来说，欧盟缺乏有效跟踪人权问题的意愿和能力，欧盟因此受到了广泛的批评。同时，一些地中海伙伴国在规定的改革过程中的进步并没有使它们得到任何额外的资金，有改革意愿的国家在改革过程中没有得到任何重大的激励措施。虽然欧盟委员会声称"欧盟不寻求给它的伙伴强加条件或优先权，③ 但欧洲邻国政策明确地依靠基准方法（Benchmarking Approach）：只有那些与欧盟有共同的政治和经济价值观或承诺进行改革的国家才能从欧盟的"邻国政策"获得好处。如欧盟委员会所呼吁的那样，如果单个国家积极参与制订针对具体国家的"行动计划"，那么欧盟将明确地以达成一致的改革目标为条件，使这些国家参与进来。就像爱默生所说的那样，这表明欧盟打算从欧洲－地中海伙伴关系的特征"被动参与"转变为与欧洲邻国政策"积极参与"。④

再次，在欧洲邻国政策的框架下，欧盟在其真正的利益问题上更为直截了当。虽然欧盟及其成员国的安全和经济利益明显促成了欧洲－地中海伙伴关系，但"巴塞罗那宣言"在这个问题上非常谨慎。尽管欧洲－地中海伙伴关系依赖地区建设的逻辑，并一再提到所谓的共同价值观，但"大欧洲－邻国"政策在"利益"方面是明确无误的。例如，为了使欧盟能够为公民提供安全和福利，并有效地控制边界，与邻国紧密合作时就明确提到"共同利益"。⑤ 关于贫困、专制统治和外围冲突带来的挑战，2003 年的文件毫不含糊地指出，"欧盟明确有兴趣确保解决这些共同的挑战"。⑥ 欧盟也明确表示有兴趣在预防冲突和危机管理

① Tobias Schumacher, "Riding on the Winds of Change: The Future of the Euro-Mediterranean Partnership", *The International Spectator*, Vol. 39, 2004-Issue 2, pp. 91 – 93.

② M. A. Weaver, "Egypt on Trial", *New York Times Magazine*, June 17, 2001, pp. 46 – 55.

③ COM（2004）373 Final, p. 8.

④ M. Emerson, "The Wider Europe Matrix", Brussels: CEPS, 2004, pp. 69 – 75.

⑤ COM（2003）104 Final, p. 6.

⑥ COM（2003）104 Final, p. 16.

中发挥更大的作用，明确提及巴勒斯坦冲突和西撒哈拉争端。① 哈维尔·索拉纳 2013 年 12 月的安全战略论文也重申了采取更积极作用的目的。② 同时，"大欧洲－邻国"政策明显地表达了将欧盟价值观出口到其周边地区的目的。因此，正如欧盟委员会所做的那样，"具有共同价值观的具体进展"和"尊重共同价值观"是与欧盟更紧密经济一体化的关键基准。③ 欧盟委员会对民主、自由、法治、尊重人权和尊严等"共同价值观"的承诺，是指欧盟及其成员国的价值观。有了它，欧盟承认它以令人惊讶的方式表现出"规范性权力"的野心。④

最后，欧洲邻国政策的个别基准审查方法很可能会影响欧盟传统的在中东和平进程中成为公正的经纪人的作用。在欧盟与以色列关系的未来发展方面，情况尤其如此。事实上，在初步谈判中，欧盟官员将以色列作为欧盟内部市场的组成部分进行整合，使其在"大欧洲"政策内具有优先地位。在这方面，前任专员甘特·韦尔霍根（Gunter Verheugen）在以色列公众面前表示：

> 我认为以色列在新的邻国政策中是欧盟的天然伙伴……我们的关系将是量身定制的，其范围从维持现状到发展与挪威和冰岛等欧洲经济区国家一样的密切联系。⑤

不管将以色列放在与欧洲经济区国家同一个篮子里是否明智，欧盟的地中海政策至今都是依靠和平进程取得进展对欧盟－以色列双边关系进行调整。然而，在这一点上，欧盟似乎软化了立场，显示出回到 1994 年让以色列具有"特殊地位"的欧盟埃森宣言逻辑的迹象。事实上，欧盟与地中海双边关系的未来有可能脱离中东和平进程，这也是《2004 年欧盟与地中海和中东战略伙伴关系》提

---

① COM（2003）104 Final，p. 12.

② "A Secure Europe in a Better World，European Security Strategy"，Brussels，December 12，2003，https：//europa. eu/globalstrategy/en/european-security-strategy-secure-europe-better-world，最后登录日期：2017 年 8 月 3 日。

③ COM（2003）104 Final，pp. 4，16.

④ I. Manners，"Normative Power Europe：A Contradiction in Terms？"，*Journal of Common Market Studies*，（2002）2，pp. 235 - 258. 在这个意义上说，规范性权力建立在对世界政治施加影响力并通过出口规范和价值实现和平变革的原则之上。

⑤ Raffaella A. Del Sarto and Tobias Schumacher，"From Emp To Enp：What's at Stake with the European Neighbourhood Policy towards the Southern Mediterranean？"，*European Foreign Affairs Review*，Vol. 10，2005，p. 24.

出的看法：

> 解决中东冲突的进展不能成为应对本区域各国面临的迫切改革挑战的先决条件，反之亦然。但显然，除非公正和持久地解决冲突，否则就不可能建立共同的和平、繁荣和进步。①

邻国政策与迄今为止保持的欧盟地中海政策的理念和指导原则背道而驰。最明显的是，邻国政策与欧洲－地中海伙伴关系的区域设计及其固有的区域建设逻辑相矛盾。虽然欧盟邻国政策把区域层面降格为一个互补的、实际上是选择性的要素，但是欧洲邻国政策包含了一个更强有力的条件，与该政策所暗示的国与国之间的关系并行不悖。与此同时，欧盟似乎承诺在世界政治中发挥更大的作用，包括解决冲突，这是政策方针的一部分。有人会争辩说，就地中海而言，欧盟的新政策承认了欧洲－地中海伙伴关系的失败，并试图纠正后者。具体而言，在条件和基准问题上可以得出这种结论。同样，也可能为了采用量身定做的方式来表明欧盟对新现实的认识而放弃地中海地区理念。但是，这里提出的论点是，欧盟对包括地中海在内的邻国的新政策方针并不是对以前的政策进行彻底评估的结果，也不是欧盟地中海政策的线性发展。相反，由于与欧盟扩大有关的内部动力，欧洲邻国政策遵循不同的逻辑，并安排了不同的优先事项。

三 邻国政策的本质及其形成的根本原因

以往的欧洲地中海政策与涉及地中海地区的邻国政策之间存在明显的差异。如何解释欧盟政策的变化，以及对其预期政策结果而言这种变化意味着什么？欧洲邻国政策的逻辑是什么？它的起源和潜在动机是什么？

有人认为，邻国政策首先是欧盟主要关注自身而不是关注其南部边缘的结果。换句话说，它反映了欧盟一种相当自我的态度，邻国政策主要是受欧盟内部动力而不是外部因素的驱动。更具体地说，欧洲邻国政策是上一轮扩大之后，欧盟的成员组成和地缘战略布局发生变化的结果。从这个角度来看，可以认为，欧洲邻国政策的设计并不能促进欧盟外围国家的社会经济发展，这并不是欧洲邻国

---

① "2572nd Council Meeting-External Relations-Brussels", March 22, 2004, http://europa. eu/rapid/press-release_ PRES-04-80_ en. htm.

政策的主要政策目标。相反，邻国政策旨在模糊欧盟的外部边界，同时将可能的新"分界线"向更远的地方移动。在这种缓冲逻辑中，邻国政策旨在将欧盟与其新老邻国更紧密地联结起来，同时使这些邻国在贸易和政治关系、能源、基础设施和电信网络等方面相互联系起来。欧洲邻国政策提出新老邻国融入欧盟内部市场的程度有所不同，这在某种程度上传达了欧盟将向外部边界"淡出"的形象。因此，根据欧盟和单一伙伴国之间的贸易体制，欧盟外围将存在不同类型的虚拟的、特定主题的"边界"。欧洲邻国政策框架下的既定金融工具还表明，邻国政策旨在模糊欧盟的外部边界。因此，欧盟委员会提出了改革区域合作（IN-TERREG）计划，该计划一直支持欧盟各地区之间的跨境合作。在邻国政策的框架下，这个方案现在也应该包括欧盟的外部活动，既包括欧盟内部的跨国界合作也包括欧盟与邻国的跨界合作。[①]

当然，欧盟邻国的社会经济发展可能是实施邻国政策的副产品，但它不是欧洲邻国政策的目标。2003 年的欧盟扩大激发了"大欧洲－邻国"政策，欧盟委员会普遍承认这一事实。[②] 因此，扩大也决定了欧洲邻国政策的基本逻辑和指导原则。从扩大逻辑来看，鉴于欧盟内部发生的根本性变化，邻国政策意味着欧盟对外关系的重新评估。扩大后的欧盟在人口和领土方面变得更大，因此在经济和政治方面也更加强大，而且使它与许多新的国家接壤。正如欧盟委员会直截了当地指出的那样，"欧洲邻国政策是对这种新形势的回应"。[③] 在外交政策领域，扩大导致了对欧盟与新旧邻国关系的重新评估，同时导致了对欧盟的性质和能力的重新评估。

在这种情况下，我们应该知道，在前欧盟扩张事务专员维尔霍根（Verheugen）的支持下，邻国政策计划由扩张事务总干事制订。负责对外关系的总干事，特别是负责地中海和中东事务的部门，最初并未参与欧洲邻国政策的制定工作。邻国政策计划是主要为了在扩大后与欧盟新的东部邻国打交道而设计的，尤其是针对俄罗斯的，欧洲联盟委员会官员也承认这一点。因此，邻国政策计划并不是

---

① Commission of the European Communities, "Building Our Common Future: Challenges and Budgetary Means of the Enlarged Union 2007－2013", Brussels, 11 February 2004, COM（2004）101 Final; Commission of the European Communities, "Proposal for a Regulation of the European Parliament and of the Council: Laying Down General Provisions Establishing a European Neighbourhood and Partnership Instrument", Brussels, September 29, 2004, COM（2004）628 Final.

② COM（2003）104 Final, pp. 3－4; COM（2004）373 Final, p. 2.

③ COM（2003）104 Final, pp. 3－4; COM（2004）373 Final, p. 2.

为了解决欧盟的地中海邻国问题，更不用说该地区的社会经济发展、稳定或区域安全有关的问题。直到现在，扩张事务官员一直主导着对欧洲邻国政策的阐述和具体化的进程。例如，在欧盟委员会内部的"大欧洲工作组"（Wider Europe Task Force）的组成中，这项工作由欧盟扩张事务总干事主导是显而易见的。[①]因此，邻国政策在实质上起源于欧盟的扩展事务部门，而且一直处在扩展事务部门的主导之下。但据欧盟官员的说法，这种情况应该会改变。随着新的委员会的建立，外部关系总干事将会成为负责的欧洲邻国政策主体。

在欧盟扩大逻辑的框架下，"大欧洲"和欧洲邻国政策也反映了欧盟视角和自我认知的转变。换句话说，邻国政策的原则揭示了欧盟如何看待自己、看待世界的新维度。如果将"大欧洲－邻国"政策与欧洲－地中海伙伴关系进行比较，情况尤其如此。虽然理论和实践之间无疑存在差异，但欧洲－地中海伙伴关系强调了南北合作和南南合作的重要性，以及相关合作关系的概念。相反，邻国政策明确地表达了中心－边缘倾向，欧盟显然站在了中心。在这种情况下，正如罗马诺·普罗迪（Romano Prodi）所说的那样，欧洲邻国政策创造"朋友圈"的目标与"大欧洲"的概念以及"邻国"本身的概念一样有效。

因此，通过欧洲邻国政策，欧盟不仅有了更大的雄心，而且表现出对其在地区和国际政治中的作用的新的自信心。欧盟对外围外交政策的实质可能仍然是软弱的或规范性的。然而，欧盟公开承认在欧洲邻国政策内与其邻国之间的不平等权力关系，同时表达了使用这种权力来追求其外交政策利益的意愿。与此同时，扩大后的欧盟显然首先对自己的安全感兴趣。鉴于以往的经验，随着贸易和投资转向新成员国，扩大确实可能会创造新的分界线。寻求建立新的缓冲邻国，其中一些邻国将享有实质上的欧盟成员资格，可能被认为是为了防止出现新的断层线和不稳定区，至少在欧盟的边缘地区是如此考虑。

欧盟的内部动力是邻国政策的核心，它决定了邻国政策的逻辑、原则和目标。在制定欧洲邻国政策的过程中，外部因素最多居于次要地位，而地中海的特殊性和发展情况一般很少受到关注。与此同时，可以说是因为邻国政策与欧盟身份问题有内在联系，所以它改写了欧盟迄今为止对地中海长期实行的政策。当然，试图模糊欧盟的边界，或者将它们推得更远，对欧盟来说是有利

---

① "Commission Decides on Further Steps to Develop Its 'Wider Europe' Policy", July 9, 2003, http://europa. eu/rapid/press-release_ IP-03-963_ en. htm.

的。但它似乎不足以缓解欧盟边缘地区特别是在地中海地区的社会经济问题。然而，更重要的是，欧盟提出的激励措施是否有可能在欧盟周围创造一个"朋友圈"，仍然值得怀疑。因此，鉴于欧洲邻国政策非常具体的逻辑，特别值得怀疑的是该政策是否包含适当的手段和激励措施以实现其目标。就地中海而言，情况更是如此。

四 欧洲邻国政策在欧盟－地中海关系中积极作用与局限性

在地中海方面，欧洲邻国政策纠正了欧洲－地中海伙伴关系的一些缺陷。因此，至少在理论上，就欧盟对地中海的政策而言，邻国政策具有许多优点。这里有三个方面特别重要。

首先，双边的和有区别的做法对欧盟和地中海伙伴都有利。对于欧盟来说，在一对一的基础上处理与每个南地中海国家的关系肯定会使其有更大的机会对邻国施加（已经很强劲）其经济和政治影响力。此外，鉴于南地中海地区政治精英通常有自己不同的态度，在双边和差别基础上发展相互关系符合大多数地中海伙伴的不同利益需要。事实上，这些国家大多数从来没有真正情愿自己与当前的或潜在的敌人一起被放在"地中海南部国家"集团之中，使自己国家的特色及其与欧盟关系的特殊性受到忽视。这些考虑特别适用于以色列，传统上以色列认为欧洲－地中海伙伴关系是一种"紧身衣"①，但这些考虑也与摩洛哥或埃及等其他国家有关。因此，对于南方伙伴来说，欧洲邻国政策的双边和有区别的政策增加了他们表达自己特殊关切的机会。此外，一对一的政策也可以从总体上减少中东和平进程的发展对欧盟－地中海关系的影响。在此背景下，放弃整体的区域政策的做法有望使和平进程与南地中海地区的政治、社会和经济问题脱钩。

其次，"共同所有制"（Joint Ownership）原则的引入无疑是一个积极的变化。在欧洲－地中海伙伴关系框架内，地中海合作伙伴一再抱怨在制订欧盟地中海援助计划（MEDA）资金的国家特定优先事项时缺少充分的磋商和参与。"大欧洲－邻国"政策显然旨在纠正这一缺陷。因此，它规定了合作伙伴国家密切参与的路径以及委员会称之为"行动计划"的国家特定优先事项。然而，"共同

---

① R. Del Sarto and A. Tovias, "Caught between Europe and the Orient: Israel and the EMP", *The International Spectator*, Vol. 4, 2001, pp. 61 – 75.

所有制"的原则在执行中仍然是一个问题,它与"积极条件"的要素的协调充满了矛盾。

最后,与前面的观点相关,就积极条件原则而言,欧盟的"换挡"可能是高度相关的。如果得到落实,它可能会鼓励摩洛哥等有改革意愿的国家进一步推行改革议程。相反,根据这一原则,不愿改革的国家至少不会从增加的援助或贸易优惠中受益。然而,应该指出的是,将2003年与2004年关于"大欧洲－邻国"政策的文件进行比较,会发现欧盟在条件方面的自信存在倒退。① 欧洲邻国政策在地中海区域的实施存在许多缺陷与制约因素。

欧洲邻国政策强调的前任欧盟委员会主席罗马诺·普罗迪称之为"准成员国地位"的政策②,显然构想了欧盟未来与邻国关系的积极策略,即为具有改革意识的国家提供欧盟内部市场的利益以及促进人员、货物、服务和资本(四种自由)③ 的自由流动的进一步一体化和自由化。欧盟的大多数东部新邻国几乎没有对这种前景做出积极反应,特别是因为它过去和现在都被视为破坏了加入欧盟的机会。但南部的地中海邻国,如摩洛哥、突尼斯和以色列,都与欧盟有着密切的贸易关系,认为欧洲邻国政策在加强它们与欧盟关系方面向前迈出了一大步。摩洛哥是这方面最为突出例子,它1987年已经申请加入欧盟,近二十年一直致力于融入欧洲市场。从某种程度上来说,这种热情可以理解,因为邻国政策乍一看似乎特别考虑了北部非洲国家和它们的欧洲对话者之间的多方面的联系。然而,仔细研究欧洲邻国政策的地理范围以及欧盟内部的利益集团情况就会发现,欧盟最终能够慷慨提供的东西还远远没有确定,如果确定的话,这个提议是真的有利于南地中海的合作伙伴。

应该指出的是,四项自由受制于欧盟机构间利益和地位差异。首先,邻国政策计划是完全由欧盟委员会根据一些北欧和中欧国家政府的倡议起草的。然而,由于地理、经济和社会文化原因,"大欧洲"以及地中海南部国家融入单一市场体系对这些欧洲国家的大部分不可能产生重大影响。相比之下,其他欧盟成员国,特别是那些农业生产能力较强并且存在地中海南部移民的重要移民社区的南欧国家,对全面实施四项自由非常敏感。一些国家担心,一旦实行人员自由流动

---

① COM (2003) 104 Final and COM (2004) 373 Final.
② Romano Prodi, "Sharing Stability and Prosperity", October 13, 2003, https://europa.eu/rapid/press-release_SPEECH-03-458_en.htm, 最后登录日期:2019年9月13日。
③ COM (2003) 104 Final, p. 10.

制度，不受控制的移民就会大量增加，另一些国家则担心恐怖主义分子涌入。主要是这些担忧引发了一些欧盟成员国对欧盟扩大到南地中海合作伙伴的提议持有强烈的保留态度。在欧盟委员会公布邻国政策计划仅三个月后，这些保留态度在2003年6月15日欧盟一般事务理事会会议期间就已经表现出来。事实上，从那时起，被欧盟委员会看作在新的邻国政策中促进人员层面措施的主要基石——人民自由流动的倡议，从欧盟的胡萝卜名单中逐渐消失了。显然，这与罗马诺·普罗迪的"准成员国地位"的态度和强调的欧洲邻国政策的共同所有权的基本概念背道而驰。

在"大欧洲－邻国"政策的财务方面，也可以看到欧盟内部的偏好。虽然欧盟委员会认为"欧洲邻国政策的目标必须与充足的财政和技术支持相匹配，[①] 赞成提供健全的财政支持，而理事会内部的许多成员则认为应该以发展程度为依据分配援助。特别是中欧和东欧的一些新的欧盟成员国担心慷慨的财政资源条款，在可能导致偏差并因此削减财政转移的情况下，将会使它们处于不利地位。同样，除了欧盟扩大进程完成之后欧盟面临的预算限制外，旧欧盟成员国在欧盟发展援助问题上远未联合起来。正如1995年11月巴塞罗那会议召开前的情况以及理事会内部关于关税优惠范围的有关讨论一样，一旦其他国家被纳入单一市场体系，那些在某些经济部门（农业、纺织品、钢铁和服务业）面临失去其比较优势风险的欧盟成员国，就表示强烈倾向于"援助而非贸易"。相反，其他欧盟成员国，例如非农业的北欧国家，似乎承认发展援助的局限性，因此直言不讳地支持应用现有的贸易机制。[②]

除了这些不相容的倾向之外，欧盟内部的分歧必须从一些欧盟成员国的恐惧来理解，它们担心"大欧洲"地理上的过度膨胀以及欧洲将有限的物质和非物质的资源分配给具有改革意愿的邻国。由于"大欧洲"不仅延伸到南地中海地区，延伸到乌克兰、白俄罗斯、摩尔多瓦，而且自2004年6月17—18日布鲁塞尔欧洲理事会的决定以来也延伸到亚美尼亚、阿塞拜疆和格鲁吉亚，有限的利益将不得不分配给资本需求巨大的国家，从表2－1可以看出这些国家的社会经济发展的不同水平。

因此，至少就目前的经济利益概念而言，根据欧盟委员会的说法，2004—

---

① COM (2004) 373 Final, p. 24.

② T. Schumacher, "The Mediterranean as a New Foreign Policy Challenge? Sweden and the Barcelona Process", *Mediterranean Politics*, Vol. 6, Issue 3, 2001, pp. 90 – 93.

2006 年期间的 9.55 亿欧元①的"大欧洲"援助计划不仅代表了一种零和游戏，它反过来阻碍了其他国家的加入，而且阻止了伊朗和伊拉克等潜在的未来欧盟邻国的加入。而且，由于"大欧洲"把地中海伙伴国和苏联的继承国放在一个篮子里，欧盟无视它们极不相同的政治、文化和历史遗产的态度甚至可能导致歧视，而不是有区别的合作。鉴于乌克兰在东欧的政治和地理重要性，南地中海合作伙伴可能会成为"大欧洲"框架中的歧视后果受害国。

表 2 - 1　大欧洲伙伴国家的主要经济指标（2002 年）

国家	人口（百万）	GNI（10 亿美元）	人均 GNI IN PPP	GDP 增速/年	通胀率（年均）	经常账目差额（占 GDP 的百分比）	与欧盟的贸易量（百万欧元）	欧盟贸易平衡（百万欧元）	FDI（净流量，百万美元）
阿尔及利亚	31.3	53.8	5530	4.1	1.4	7.7	22377	-6201	1100
摩洛哥	29.6	34.7	3730	3.2	2.8	2.9	13992	1402	428
突尼斯	9.8	19.5	6440	1.7	-3.5	-3.5	13629	1539	794.8
埃及	66.4	97.5	3940	3.0	2.7	0	9586	3097	647
以色列	6.6	105.2	19000	-0.8	0.7	-2.1	22002	4908	1600
约旦	5.2	9.1	4180	4.9	3.5	4.9	2254	1665	55.9
黎巴嫩	4.4	17.7	4600	1	1.8	-14.5	3162	2792	257
叙利亚	17	19	3470	2.7	3	7	6153	-1959	225
利比亚	5.4			-0.2	-9.8	-1.2	12607	-6345	
乌克兰	48.7	37.9	4800	4.8	0.8	7.7	9722	1332	693
白罗斯	9.9	13.5	5500	4.7	42.6	-2.6	2372	-646	453
摩尔多瓦	4.3	1.7	1600	7.2	5.2	-6.1	666	137	117

资料来源：COM（2004）373 Final, p. 301。

虽然这个问题首先涉及欧洲邻国政策框架下可能提供的奖励的财务方面，但第二个问题经常被忽视。委员会提议的"准成员国身份"和"加入欧盟内部市场的前景，以及促进人员、货物、服务和资本的自由流动的进一步一体化和自由化"②

---

① 9.55 亿欧元中，7 亿欧元属于 INTERREG 项目、4500 万欧元属于 MEDA 项目、7500 万欧元属于 TACIS 项目、9000 万欧元属于 PHARE 项目、4500 万欧元属于 CARDS 项目，见 COM（2004）373 Final, p. 24。

② COM（2003）104 Final, p. 10.

实际上是一把双刃剑。当然，正如欧盟委员会指出的那样，如果一个国家达到这个水平，即使它不是欧盟成员国，也会尽可能密切与欧盟关系。① 此外，这个国家也会因为融入世界上最成功的单一市场而在经济上受益。对于像摩洛哥和突尼斯这样的国家来说，这个前景肯定是非常有吸引力的，因为它们的贸易结构几乎完全针对欧盟，这可以从表2－2看出。最终，这将导致它们农业和纺织品出口不再遭受欧盟先进的出口系统、出口日程表和参考价格的挤压。

表2－2　摩洛哥和突尼斯进出口贸易中欧盟所占份额

单位：%

	1991	1992	1993	1994	1995	1996	1997	1998	1999	2000	2001
出口											
摩洛哥	62.5	64	62.4	64.4	62.1	61.4	60.7	72.9	74.1	74.3	76.1
突尼斯	76.9	78.2	78.6	80	79	80	78.3	80.2	80.1	80.1	89.2
进口											
摩洛哥	55.8	53.9	54.5	56.5	56.1	54.1	52.1	62.7	60.6	60.6	62.9
突尼斯	74	73.2	74.7	71.9	71.4	72.3	72.9	75	71.3	71.6	77.9

资料来源：European Commission/eurostat，Euro-Mediterranean Statistics 1/2000 und 1/2001；IMF，Direction of Trade Statistics 1999。

但是，使南地中海国家的立法与欧盟现有的法规相一致的代价是什么？② 它是否会导致共同所有权和欧洲－地中海伙伴关系中不对称的权力结构的变化？答案是显而易见的：欧盟内部市场法规庞杂，对于那些在政治和行政方面必须遵守这些法律条款的当地生产商来说，采纳这些法规同样是非常耗时和昂贵的任务。几乎所有南地中海国家的大部分工业企业是以家族为主导的、员工人数少于10人的制造业企业。③ 此外，由于这些当地生产商的资金水平较低，主要以家庭成员作为员工，很少使用技术密集型生产方式，企业管理模式以家庭结构为基础，存在非正式的借贷现象，他们既没有相关的资金和技术资源，也没有相关的专业知识来调整其产品标准以适应不断变化的市场，而在接受所有欧盟法律条款

---

① COM（2003）104 Final，p.10.

② COM（2003）104 Final，p.4.

③ 在所有南地中海伙伴国家中，少于10人的家庭主导的制造企业在突尼斯占42%，摩洛哥和以色列占50%，黎巴嫩占88%，被占领土占89%，约旦占93%，埃及95%。它们吸收了20%—45%的劳动力，产生了10%—25%的GDP。

（Acquis Communautaire）后企业必须做出改变。

尽管欧盟委员会原则上已准备将欧盟法律条款规模减少 1/4[①]，但任何希望参与单一市场的南地中海合作伙伴必须使其整个监管体系符合委员会的要求。这意味着要全面调整商品和服务标准，实施欧盟在农业、工业、运输、电信、能源和环境领域的政策，采用欧盟的共同竞争政策，并建立监督机制和执法机制。任务和义务清单是无止境的，其履行需要所有主要政治和经济行为体以及有关协会的全力支持。但对于前者，即主要政治行为体的支持，可能会出现阻力。过去，统治精英表现出普遍不愿实施大范围的改革，因为他们担心经济自由化可能会对政治领域产生溢出效应，从而破坏其权力地位。最终，欧洲国家在马格里布和马什拉克的殖民主义统治的经历，特别是在社会经济条件的恶化和几乎所有南地中海国家大范围的预算紧张的情况下，使南地中海国家的立法与欧盟条款相一致的任务，显得"不可能完成"。当然，在转型过程中向合作伙伴国提供大量财政和技术援助可能有助于克服各种障碍。但是，欧盟不太可能愿意向邻国承诺和支付大量财政资源，欧盟也不具备这种能力，尤其是考虑到欧盟扩大后的财政负担时，更是如此。

无论如何，完全接近欧盟规范并不意味着具有成员资格，但参与内部市场至少会在四项自由问题上加强地中海合作伙伴国家影响欧盟内部决策过程的能力。[②] 正如欧洲经济区国家所经历的那样，内部市场的成员资格对欧盟机构内部和欧盟机构之间的独立决策过程没有任何相关影响。因此，即使最终符合基准标准的地中海合作伙伴，能否参与单一市场，仍将取决于欧盟及其成员国的意愿。另外，正如托维亚斯（Tovias）所认为的那样，作为一种替代方法，一些南地中海国家可能试图按照瑞士的方法，并严格地就双边部门协议进行谈判。[③] 然而，除了欧洲委员会一直反对这种"摘樱桃"的方法，还由于其他多种原因，这种办法也是不可行的。例如，考虑到单一市场的不断变化的性质，欧盟与南地中海国家需要不断地重新谈判。

---

① Raffaella A. Del Sarto and Tobias Schumacher, "From Emp To Enp: What's at Stake with The European Neighbourhood Policy towards The Southern Mediterranean?", *European Foreign Affairs Review*, Vol. 10, 2005, p. 35.

② A. Tovias, "Mapping Israel's Policy Options Regarding Its Future Institutionalised Relations with the European Union", CEPS, Brussels, 2003.

③ A. Tovias, *The EU Models of External Relations with EEA Countries and Switzerland in Theory and Practice: How Relevant for Israel*? Herzliya: FES, 2004.

就地中海而言，特别是与欧洲－地中海伙伴关系相比，欧盟的邻国政策是欧盟对南方政策的重要转变。"大欧洲"和"欧洲邻国政策"的概念是欧盟内部动力的明显结果，也是欧盟内部变化的反映。在这种情况下，建立"朋友圈"的目标可能被解读为试图缓冲欧盟外部边界并使之模糊化。因此，考虑到这种独特的逻辑和动机，"大欧洲－邻国"政策并不是为了解决欧盟边缘地区的社会经济问题。就地中海而言，欧盟的新政策方法确实纠正了欧盟－地中海伙伴关系的一些缺陷——可能不是有意的。然而，欧洲邻国政策的工具和提供的所谓的激励措施是不明确的，不足以实现明确和隐含的政策目标。因此，欧洲邻国政策不可能对地中海南部的社会经济发展做出持续的贡献，或者有助于欧盟邻国以可持续的方式与中心相连。

总而言之，"大欧洲"概念的采纳和欧洲邻国政策给南地中海地区带来了一些希望，即欧盟最终会更加关注每个伙伴国家的个别需求，并因此承认欧洲－地中海伙伴关系的最初目标：更加认真地为南部邻国的社会和经济稳定做出贡献。起草所谓的行动计划似乎是朝这个方向迈出的第一步。与此同时，它可能被认为是承认"一刀切"的解决方案是不成功的。然而，邻国政策首先是对不断变化的成员构成、不断变化的边界、欧盟东扩造成的明显的地缘政治景观的改变而做出的反应。因此，毫不令人吃惊的是，这一政策似乎没有充分理解地中海南部的社会经济现实，更确切地说，也没有克服欧盟地中海政策的缺陷。

因此，至少在目前的设计和结构中，邻国政策不太可能成为改善地中海南部停滞的微观和宏观经济状况的可行工具。同样，当前欧洲邻国政策的模式并没有为政治精英和有关社会提供相关和适当的激励措施来推动影响深远的经济和政治改革。

值得强调的是，"大欧洲"和欧洲邻国政策在不断演变。当然，这些考虑也适用于欧洲是什么以及在哪里结束的问题。正如欧洲一体化的历史所表明的那样，这些问题从未有过明确的答案。但即使是在上一轮扩张之后出现的欧洲及其邻国暂时有效的划分仍远不是最终结果。那么，"大欧洲－邻国"政策就会出现许多不确定因素和开放性问题。与此同时，对欧洲邻国政策进行重新定义、微调和重新平衡的过程会持续下去。

在此背景下，欧洲邻国政策不断演变的性质也影响到欧盟地中海伙伴关系的一致性。事实上，后者可能会继续以其所包含的不同举措缺乏协调和兼容性为特征。因此邻国政策没有详细阐述 2004 年年初由爱尔兰欧盟轮值主席国、理事会秘书处和欧盟委员会提出的与地中海和中东战略伙伴的关系。① 某种程度上，可以解释为，在伊拉克战争爆发之前，邻国政策计划已经提交给欧洲议会和部长理事会。同时，这种联系的缺失给人的印象是，在邻国政策公布时，战略合作关系并未被预见到，这表明它只是用独立的欧洲政策方针补充或平衡美国主导的大国中东倡议。

五 地中海联盟的建立

2008 年 7 月 13 日成立的"地中海联盟"（Union for the Mediterranean，UfM）是法国推动下欧盟地中海政策的重要进展，是欧洲－地中海关系的新高度和新起点。它并非在邻国政策的框架下行动，而是另起炉灶。联盟主要的推动者、2007年竞选成为法国总统的萨科齐视"地中海联盟"为平衡"法德联合"体制的重要手段，该体制因欧盟第五轮扩盟后德国影响力急剧上升而开始失衡。萨科齐决意以"有影响力的外交"重塑法国在欧洲和全球的大国地位，"地中海联盟"则是他重要的竞选口号，而 2008 年法国担任欧盟轮值主席国则使该设想具备了成为现实的可能性。

2008 年 3 月 14 日的欧盟布鲁塞尔峰会一致通过了设立"地中海联盟"的计划，迈开了启动"地中海联盟"计划实质性的第一步。5 月 20 日，欧盟委员会公布了关于建立"地中海联盟"的政策文件，对新机构的结构框架提出了具体建议。2008 年 7 月 13 日，欧盟 27 个成员国和 16 个地中海沿岸非欧盟成员国的领导人在巴黎举行地中海首脑会议，宣布正式成立地中海联盟。会议通过了关于正式启动"地中海联盟"计划的《地中海巴黎峰会联合宣言》。根据会议宣言，"地中海联盟"的建立是"为了共同建立和平、民主、繁荣以及在人员、社会和文化方面相互理解的未来"，旨在通过在沿地中海北岸和南岸国家设立实际项目，处理环境、气候、交通、人境和治安等问题的新的国际组织。② 为了将"地中海联盟"落到实处，联合宣言构建了六大核心合作领域，包括：地中海去污染计划、环地中海海陆高速公路、公民保护项目、可替代能源计划（最著名的就是地中海太阳能计划）、高等教育与研究合作（最大的项目就是位于斯洛文尼亚皮兰的欧

---

① The Council Of Minister's Press Release 7383/04（Presse 80），Council meeting-External Relations，http://europa. eu/rapid/press-release_ PRES-04-80_ en. htm.

② 李琳、罗海东：《"地中海联盟"的成立及面临的挑战》，《国际资料信息》2008 年第 8 期，第 3 页。

洲－地中海大学）、地中海商业发展促进计划（主要针对北非国家中小企业）。①
虽然这一布置使地中海联盟看上去声势不小，但事实上它只是将已有的诸多项目
综合分类后归纳进来而已。2012 年以前地中海联盟没有创造任何一个独立的新
项目②，以至于它本身被戏称为"项目的集合体"（a project of projects）。③

巴黎峰会会议宣言决定每两年举行一次首脑会议，会议将轮流在欧洲和地
中海南岸国家举行。在"地中海联盟"的总体框架背后，还有一系列的支持
机制，包括地中海南北联合主席体制（第一届联合主席是法国外长和埃及外
长）、联盟部长级会议（43 国大使和外交部部长参与）、2010 年成立于巴塞罗
那的地中海联盟秘书处、2003 年成立于那不勒斯的欧洲－地中海议员大会、
2008 年 11 月成立的欧洲－地中海区域和地方议会等。另外，如"安娜·林德
文化对话基金会"④ 这样的独立合作项目，为地中海联盟间跨文化、跨宗教的交
流提供支持。

萨科齐视联盟为以色列与周边阿拉伯国家处好关系的重要舞台⑤，埃及以其
在维持阿以和平中的关键地位而在联盟中占据重要位置。从 2008 年 7 月到 2012
年 6 月，埃及外长一直与法国外长共同担任"地中海联盟"的联合主席。对土
耳其，萨科齐还希望埃尔多安总理在加入欧盟和加入地中海联盟中"二者择其
一"。学者认为这是为了缓解土耳其未能立刻加入欧盟的尴尬而做的补偿措施，
它可以使得土耳其的改革努力立即获得一定的政治和经济回报。⑥ 但该建议遭到

---

① "Final Statement of the Marseille Meeting of the Euro-Mediterranean Ministers of Foreign Affairs", Union Européenne, November 3 – 4, 2008, p. 4, http://ue2008. fr/webdav/site/PFUE/shared/import/1103_ ministerielle_ Euromed/Final_ Statement_ Mediterranean_ Union_ EN. pdf, 最后登录日期：2017 年 6 月 2 日。

② 地中海联盟独创的第一个项目是 2012 年年初在加沙走廊的一个海水淡化设施。

③ Timo Behr, "The European Union's Mediterranean Policies after the Arab Spring: Can the Leopard Change Its Spots", Amsterdam LF 4, 2012, pp. 76 – 88.

④ 安娜·林德文化对话基金会（Anna Lindh Foundation for the Dialogue between Cultures）2005 年 4 月成立于埃及亚历山大，旨在构建欧洲－地中海公民社会组织的对话网络，以促进跨文化、跨宗教的交流、沟通和互信。详细信息见其官网：http://www. annalindhfoundation. org/。

⑤ Carl Holm, "Sparks Expected to Fly Whoever Becomes France's President", Deutsche Welle, February 13, 2007, http://www. dw. com/dw/article/0, 2144, 2343020, 00. html, 最后登录日期：2017 年 6 月 2 日。

⑥ Ahmed Galal and Javier Albarracín, "Rethinking the EU's Mediterranean Policy after the Arab Spring", Europe's World, November 12, 2015, http://europesworld. org/2015/11/12/rethinking-the-eus-mediterranean-policy-after-the-arab-spring/, 最后登录日期：2017 年 5 月 17 日。

土耳其的拒绝，直到萨科齐放弃"二者择其一"的要求后，土耳其才积极支持"地中海联盟"倡议。①

"地中海联盟"的成立，使得欧盟地中海政策形成了双重架构。地中海联盟与邻国政策两者的出发点不同，政策目标存在差异，政策对象国又严重重叠。邻国政策属于欧盟外交政策的范畴，严格来说是一种政策工具；地中海联盟的目标则野心勃勃，它致力于实现一个类似于"欧盟"的紧密联盟，是一种政治架构。邻国政策基本囊括了地中海联盟的主要成员国，但申请加入欧盟的土耳其、阿尔巴尼亚、波斯尼亚与黑塞哥维那、黑山并未被纳入对象国中。利比亚属于邻国政策对象国，但卡扎菲政权拒绝加入地中海联盟。毛里塔尼亚加入了地中海联盟，但被邻国政策排除在外。这些重叠和差异，使得作为政治架构的地中海联盟和作为政策工具的邻国政策既有互补又有抵牾，后成立的地中海联盟经常性地借用邻国政策的政策工具来实现自己那些极具雄心的政治目标。

地中海联盟与邻国政策的双重架构，直接反映了欧盟大国与欧盟机构围绕欧盟外交政策领导权的斗争。邻国政策的主管方是欧盟机构，它是欧盟统一外交政策的集中展现。地中海联盟则是法国实现"法德平衡"的重要政治工具，萨科齐力保法国对该联盟的领导权。2012年萨科齐竞选连任失败后，欧盟委员会重新获取了地中海政策主导权，"法国－埃及"联合主席让位于"欧盟委员会－约旦"联合主席。为了将双重架构的地中海政策工具重新整合起来，2012年6月之后欧盟对外行动局（European Union External Action）不得不将邻国政策拆分成"东邻政策"和"地中海联盟"两部分，以将地中海联盟囊括进来。自此，欧盟地中海政策才形成一种统一的架构，失去影响力的地中海联盟成为邻国政策的附属部分。

从1995年巴塞罗那进程到2008年"地中海联盟"，欧盟及其成员国为推进地中海政策不遗余力，经济援助是其获得地中海国家支持的最重要手段。这种用经济援助换取合作的模式，被欧洲著名经济学家、欧洲－地中海经济学家协会创始人和主席的赖曼·阿雅迪教授定义为"简单的物物交换"，即用"援助换贸易"（trade versus aid）、"默许换安全"（security versus silence）和"自由换利

---

① Ahmed Galal and Javier Albarracín, "Rethinking the EU's Mediterranean Policy after the Arab Spring", Europe's World, November 12, 2015, http://europesworld. org/2015/11/12/rethinking-the-eus-mediterranean-policy-after-the-arab-spring/, 最后登录日期：2017年5月17日。

益"（benefits versus freedoms）。①

1995—2013 年，欧盟主要通过三个途径来为其地中海政策提供经济资助，一是巴塞罗那进程框架下的"地中海经济发展协会"项目（Meditarrean Economic Development Association programme，MEDA I & II，第一期 1995—1999 年，第二期 2000—2006 年），二是邻国政策与伙伴计划执行局（ENPI）的系列项目（2006—2013 年），三是欧洲投资银行 2002 年设立的"欧洲–地中海投资和伙伴关系实施局"（Facility for Euro-Mediterranean Investment and Partnership，FEMIP）的系列项目。

MEDA 项目一期计划为地中海国家提供 46.85 亿欧元的财政拨款，实际完成 34 亿欧元，其中 41% 用于教育、健康、环境和边缘地区发展，30% 用于经济转型和私营经济发展，15% 用于经济结构调整计划。MEDA 二期计划则完成了 53 亿欧元拨款，支持地中海国家中小微企业的发展、促进市场开发、吸引外国直接投资和国内投资、继续支持结构调整计划是其四大核心目标。②

2007—2013 年，ENPI 计划向 17 个对象国资助 120 亿欧元，其中实际完成了 93 亿欧元，一半以上用于地中海国家。③ ENPI 项目最大的不同就是其资助项目主要致力于对象国本国或本地区的社会经济发展，而非像 MEDA 和 FEMIP 项目那样致力于欧洲与地中海的经济合作。执行局官方网站上认为其 95% 的项目聚焦于前一目标，而只有 5% 是跨境合作项目④，旨在说明其政策目标是促进近邻国家的经济发展，而非为了欧洲在近邻国家的利益。2014 年，欧洲邻国政策执行局（the European Neighbourhood Instrument，ENI）取代 ENPI 成为邻国政策执

---

① Rym Ayadi and Emanuele Sessa, "EU policies in Tunisia before and after the Revolution", Policy Department, *Directorate-General for External Policies*, June 2016, http://www. europarl. europa. eu/thinktank/en/home. htm，最后登录日期：2017 年 6 月 5 日。

② "Meda Programme", European Institute for Research on Mediterranean and Euro-Arab Cooperation, http://www. medea. be/en/themes/euro-mediterranean-cooperation/meda-programme/，最后登录日期：2017 年 6 月 5 日。

③ "Overview of the European Neighbourhood and Partnership Instrument 2007 – 13", Directorate General Development and Cooperation-EuropeAid of European Commission, 2014, pp. 11 – 13, https://ec. europa. eu/europeaid/sites/devco/files/overview_ of_ enpi_ results_ 2007 – 2013_ en_ 0. pdf，最后登录日期：2017 年 6 月 5 日。

④ "European Neighbourhood and Partnership Instrument（ENPI）", European Commission, http://ec. europa. eu/europeaid/funding/european-neighbourhood-and-partnership-instrument-enpi_ en，最后登录日期：2017 年 6 月 5 日。

行机构，并公布了 2014—2020 年总计 150 亿欧元的资助方案，其中 82.4 亿欧元用于地中海国家，埃及和突尼斯在该地区受援国中分列第一、第二。

FEMIP 项目自 2002 年开始，至今已给予地中海国家总计 190 亿欧元贷款，用于推动地中海国家的能源、运输、电信、环境和社会等领域的发展。[①] FEMIP 对地中海联盟的最大支持体现在对六大核心项目中的地中海去污染计划、环地中海海陆高速公路和地中海太阳能计划的持续资助。[②] 欧洲投资银行还在 "2020 愿景" 给予了一系列对地中海国家的财政追加援助。以突尼斯为例，2016 年 11 月 29 日，欧洲投资银行宣布将在 2017—2020 年向该国追加 20 亿欧元的财政支持，以重建公共投资者和私营投资人对突尼斯经济的信心。[③] 欧洲邻国政策和地中海联盟自 1995 年至今已向地中海 14 国拨款近 180 亿欧元，并通过欧洲投资银行提供了约 200 亿欧元贷款。

---

① "Developing New Opportunities in the Southern Mediterranean", European Investment Bank, http：//www. eib. org/projects/regions/med/，最后登录日期：2017 年 6 月 5 日。

② "Union for the Mediterranean：Role and Vision of the EIB", European Investment Bank, December 2010, http：//www. eib. org/attachments/country/union_ for_ the_ mediterranean_ en. pdf，最后登录日期：2017 年 6 月 5 日。

③ "Tunisia 2020：The EIB Announces EUR 2.5bn of Exceptional Support for Tunisia", European Investment Bank, November 29, 2016, http：//www. eib. org/infocentre/press/releases/all/2016/2016-310-la-bei-annonce-un-soutien-exceptionnel-de-2-5-milliards-deuros-a-la-tunisie. htm，最后登录日期：2017 年 6 月 5 日。

第三章
西亚北非政治变局与欧洲的反应

从 2010 年年底到 2011 年，西亚北非的许多阿拉伯国家发生了西方国家称之为"阿拉伯之春"的反对独裁统治的大规模群众运动。突尼斯总统本·阿里和埃及总统穆巴拉克很快被推翻。利比亚领导人卡扎菲和叙利亚总统阿萨德由于下令武力镇压示威游行，和平的抗议演变成了武装冲突。西亚北非变局的发生出乎欧洲国家和欧盟的预料，因此变局之初欧洲国家和欧盟并没有做出及时反应，看到西亚北非变局的势头不可逆转之后，欧盟与欧洲国家才纷纷表示支持各国反对派，直到 2011 年 3 月，欧盟出台了针对西亚北非变局的"民主促进"战略。法、美等国开始武装干涉利比亚内战，并推翻了卡扎菲政权。在叙利亚问题上，由于缺乏联合国的授权，西方没有进行武力干涉，阿萨德政权和反对派陷入长期的冲突之中。

第一节　北非国家变局与政治发展趋势

阿拉伯之春在阿拉伯国家历史上具有划时代的意义。阿拉伯之春发生的背景和直接原因是什么？阿拉伯之春后的西亚北非局势具有哪些新特点？大规模的群众运动推翻了独裁统治者，民主化是否会成为阿拉伯各国的政治发展方向？伊斯兰主义组织与政党在变局之后的阿拉伯国家政治中将扮演何种角色？变局之后的阿拉伯各国在外交上具有了哪些变化？本节笔者将会对上述问题做出自己的分析与探讨。

一　变局之前北非国家的政治特点

"阿拉伯之春"以前，威权统治是北非国家的普遍特点。党和国家领导人的终身制长期存在，政府换届处于无序状态，没有形成固定机制和制度。虽然这些国家存在选举制度，但选举过程往往被权威人物操纵和控制，选举结果并不能代表人民意愿。

在北非各殖民地的民族解放斗争中，许多叱咤风云的民族英雄涌现出来。正是在这些人的领导之下，北非的民族解放斗争取得了最终胜利，北非民族独立国家体系得以建立。独立之后，民族解放运动领导人高举民族主义的大旗，反对新殖民主义，捍卫了民族独立和国家主权，又领导了推翻君主制的斗争。由于他们在民族主义斗争和推翻君主制斗争中的突出地位和作用，加上北非君主制传统政治文化的影响，这些领导人长期得到本国人民的广泛拥护，终身执政现象随之产生且成为常态。埃及的纳赛尔、突尼斯的布尔吉巴、阿尔及利亚的布迈丁都是终身执政。虽然北非国家独立后的第二代领导人没有第一代领导人那样的个人魅力，但他们同样热衷于终身执政。利比亚的卡扎菲执掌国家权力达 40 多年之久，穆巴拉克担任埃及总统 30 年，本·阿里担任突尼斯总统 23 年。卡扎菲、穆巴拉克等人都想把国家领导人的职位交给自己的儿子，实行家族统治。在共和制的旗帜下打造世袭王朝之举，必然引起民众、有识之士、在野党、公民社会组织的不满。虽然大多数北非国家实行多党制，但一党独大和一党长期执政的现象非常普遍，多党制形同虚设。这种现象的形成同样与这些政党在民族解放斗争中的领导地位有关。埃及的民族民主党（阿拉伯社会主义联盟）、阿尔及利亚的民族解放阵线、突尼斯的宪政民主联盟都是长期执政。

北非国家政治制度的僵化及其相伴而生的腐败问题，从根本上瓦解了政权的合法性基础。[①] 个人长期执政使"总统家族"垄断了北非国家的政治权力和经济利益，下层民众很难得到经济发展带来的实惠。本·阿里靠着贪腐和裙带维持统治，总统家族掌控着酒店、媒体、房地产、金融、旅游等行业，并将赚得的利润转移到了海外。在当政的 30 年里，穆巴拉克及其家人，以及围绕他们形成的利益集团都依靠他们的政治力量，通过埃及的大公司赚得盆满钵满。埃及军政各部门腐败成风，豪富与高官骄奢淫逸、飞扬跋扈，导致民怨不断增长，达到了社会沸腾的临界度。穆巴拉克政府总理纳齐夫、旅游部部长祖海尔·贾拉纳、住房部部长艾哈迈德·马格拉比、贸易与工业部部长穆罕默德·拉希德等政府高官，在穆巴拉克下台后都因贪污与腐败问题受到埃及检察机关的起诉。卡扎菲在利比亚同样实行家族统治。丰富的石油财富汇集到卡扎菲家族手中。卡扎菲的子女涉足石油、天然气、酒店、媒体、通信、社会基础设施等产业，长期把持着利比亚的经济命脉。根据透明国际的报告，北非国家政府廉洁指数都非常低，其中 2010

---

① George Friedman, "Revolution and the Muslim World", Stratfor, February 22, 2011, https://www.stratfor.com/weekly/20110221-revolution-and-muslim-world, 最后登录日期：2016 年 9 月 13 日。

年摩洛哥廉洁指数为 3.4，埃及为 3.1，阿尔及利亚为 2.9，利比亚为 2.2，突尼斯为 4.3①，都位于全球腐败最严重的国家之列。腐败现象严重损害了政权的合法性基础，造成了政治动荡与不稳定，加速了政权的灭亡。

北非的独裁和腐败政权激化了社会矛盾，又不能有效地解决社会经济发展中出现的各种问题，民众与政府的对立日益严重。政府只好靠高压政策和镇压措施来维持统治。穆巴拉克当政时期，长期以来不实行有效政策缓解社会矛盾，只靠军警"以压维稳"。每次大选前都要进行一次"严打"，大批的反对派成员被关进监狱。在 2006 年大选时，穆巴拉克将数千兄弟会领导人关进监狱。2010 年大选中，穆巴拉克政府再次打压兄弟会，先后有 1200 名参选人被逮捕。穆巴拉克还以打击恐怖主义为由，长期实行紧急状态法，民众的基本权利遭到极大的破坏。卡扎菲更是对反对派残酷镇压，1969 年 12 月 12 日，卡扎菲就宣布粉碎了革命指挥委员会成员艾哈迈德·穆萨、亚当·哈瓦兹的政治阴谋，这两人其实只是不同意卡扎菲阿拉伯统一的观点而已。卡扎菲上台后禁止成立任何政党与社会组织。1973 年 4 月，数百名反对卡扎菲政策的共产主义者、阿拉伯复兴社会党人和穆斯林兄弟会成员被捕入狱。为了加强对反对派的镇压，1975 年 8 月 17 日，利比亚颁布法律规定，凡是企图以暴力或其他被禁止的手段改变现存秩序者、在国内传播旨在改变宪法的基本原则或社会组织的基本结构的思想观念者，均判处死刑。卡扎菲时期，利比亚人不经审判而被长期监禁的现象普遍存在，许多对卡扎菲不满的人总是莫名其妙地失踪，之后尸体往往在利比亚沙漠中被人发现。

二 西亚北非国家政治剧变过程

北非变局肇始于突尼斯，之后波及埃及、阿尔及利亚、摩洛哥、利比亚、叙利亚等国。

1. 阿拉伯之春在北非：从突尼斯革命到利比亚卡扎菲被推翻

2010 年 12 月 17 日，突尼斯南部地区西迪布吉德一名 26 岁的街头小贩遭到警察的粗暴对待，该青年自焚抗议，不治身亡，激起了突尼斯人长期以来潜藏的对失业率高涨、物价上涨以及政府腐败的怒火。民众走上街头与国民卫队发生冲突，逐步形成全国范围内的大规模社会骚乱，局势严重恶化。2011 年 1 月 12 日，

① 透明国际廉洁指数以 10 分计，请参考 Corruption Perceptions Index 2010，http://www.transparency.org/publications/publications/other/corruption_perceptions_index_2011，最后登录日期：2016 年 9 月 17 日。

政府在首都及周边地区实行宵禁。次日，本·阿里总统承诺不参加 2014 年连任选举。14 日，又宣布解散议会。但这些措施并未能缓解国内的紧张局势。最终，总统本·阿里于 2011 年 1 月 14 日深夜飞往沙特阿拉伯，统治突尼斯达 23 年之久的阿里政权宣告终结。本·阿里出逃之后，突尼斯宪法委员会宣布由众议长福阿德·迈巴扎担任代总统，由加努希总理组织过渡政府，并宣布 6 个月内举行大选，选出新总统。迫于民众压力，突尼斯过渡政府宣布开放党禁、解散宪政民主联盟、冻结宪政民主联盟的资产、对前总统阿里及其家族腐败案展开调查。2 月 27 日，由于示威群众要求解散过渡政府，加努希被迫辞职，前众议长贝吉·埃塞卜西出任总理。经过各方努力和各种势力的博弈，突尼斯终于在 2011 年 10 月 23 日举行制宪议会选举。

突尼斯抗议示威活动很快蔓延到埃及。2011 年 1 月 25 日，埃及多个城市发生民众大规模集会，要求总统穆巴拉克下台。示威活动在开罗和亚历山大最为激烈，而开罗的示威游行活动主要在位于内政部大楼和民族民主党总部附近的解放广场进行，参加抗议者达 45000 人。穆巴拉克命令军队将坦克和装甲车开进开罗市区进行镇压，但军队拒绝向市民开枪。1 月 30 日，司法系统的数百名法官和埃及武装部队司令穆罕默德·坦塔维出现在广场上，表示了对革命群众的支持。1 月 31 日，军方正式发表声明："武装部队将不会诉诸武力以对付我们伟大的人民。"[①] 在这种情况下，穆巴拉克开始妥协，要求总理纳吉夫辞职，并任命情报局局长奥马尔·苏莱曼为副总统，民航部部长艾哈迈德·萨菲克为新总理，并表示自己不再寻求连任，自己的儿子也不会参加总统大选。在关键时刻，作为穆巴拉克盟友的美国态度开始发生转变。美国总统奥巴马 2011 年 2 月 1 日发表讲话，敦促埃及必须从现在开始实现有意义的、和平的政治过渡。但在 2 月 10 日，穆巴拉克表示将继续执政到 9 月总统大选。这一声明激起了示威者更大的愤怒，民众要求穆巴拉克立即下台。2 月 11 日，穆巴拉克辞职，将权力移交给军方。以坦塔维为首的军方组成最高军事委员会，接管政权，并解散了议会。2011 年 11 月 28 日，埃及终于举行议会选举。

2011 年 2 月 15 日，利比亚第二大城市班加西的民众开始示威抗议。很快，抗议活动蔓延到全国。民众要求卡扎菲下台并进行民主变革，但遭到政府军的武

---

① "Egypt Army: Will Not Use Force against Citizens", Reuters, January 31, 2011, http://www.arabian-business.com/egypt-army-will-not-use-force-against-citizens-377654.html, 最后登录日期：2016 年 10 月 17 日。

力镇压。2月18日，卡扎菲发表电视讲话，声明自己不会下台，也不会离开自己的国家，表态要将示威民众消灭。政府出动军警镇压示威者，导致和平示威演变成武装起义。2月26日，联合国安理会通过1970号决议，决定对利比亚实行武器禁运，禁止卡扎菲及其家人出国旅行，并冻结卡扎菲及其家人的海外资产。同时，利比亚驻外大使纷纷表示断绝与政府的关系。而反对派在班加西组织全国过渡委员会。卡扎菲军队出动飞机、坦克等重型武器进攻反对派。3月中旬，政府军节节推进，很快逼近反对派大本营班加西，反对派力量危在旦夕。就在这个关键时刻，法国等西方国家推动联合国安理会在3月17日通过1973号决议，授权成员国在利比亚设置禁飞区，以保护利比亚平民和平民居住区免遭武装袭击。决议还规定，会员国可以采取派遣地面部队之外的一切必要措施保护利比亚平民。3月19日，美国、法国、英国、意大利、加拿大等国组成的联军开始对利比亚发动代号为"奥德赛黎明"的军事行动。法国战机率先发动对卡扎菲武装的攻击行动，随后美国发射巡航导弹摧毁卡扎菲政府军事目标。西方的介入使利比亚战事发生逆转。3月31日，北约接管对利比亚军事行动的指挥权，北约战机对利比亚政府军展开持续轰炸。政府军和反对派之间经过一段时间的僵持阶段，到了8月，形势发生显著变化，8月22日反对派攻下首都的黎波里。卡扎菲逃往自己的老家苏尔特。10月20日再次出逃时被杀。10月23日，全国过渡委员会宣告全国解放，战斗结束。利比亚战后面临政治、经济、社会重建的问题。

除埃及和利比亚之外，突尼斯的政治抗议风暴还蔓延到阿尔及利亚和摩洛哥。2011年1月，阿尔及尔与其他主要城市发生了大规模群众游行。反对党和社会团体要求政府推行改革，废除实施了近20年的紧急状态法。2月22日，政府经内阁会议讨论后宣布取消紧急状态法。由于政府的让步，政府与反对党之间的矛盾缓和下来，阿尔及利亚的局势趋于稳定。在摩洛哥，2011年2月20日，3万多人在各地举行和平示威，要求修改现行宪法、罢免首相、解散议会以及减少国王权力。示威游行一直持续到5月下旬。7月1日，摩洛哥在全国范围内就新宪法草案举行全民公投。新宪法草案以98.49%的赞成票获得通过。

2. 从德拉抗议到武装起义：叙利亚危机的第一年

叙利亚危机最重要的起源是2011年3月初叙利亚南部城市德拉的示威事件。3月6日，警察在德拉一所学校的教室里抓捕了15名在学校墙壁上涂画反政府涂鸦的少年，从而引发了学生家长的示威游行。3月16日，示威者聚集在德拉巴拉德大街，抗议政府的逮捕行动。[①] 示威游行一直继续，到 18 日已聚集数千人。[②]"释放被捕学生"和"真主、叙利亚、自由，我们只要这些"，是示威者喊出的口号。警察和安全部队开枪驱散人群，造成了四人死亡。这一天被众多示威者称为"尊严之日"。政府随后声明"外部渗透者策划了德拉的骚乱和暴动"。[③]

19 日，德拉爆发万人游行示威，政府被迫公开宣布"将释放被捕学生"。20 日，叙利亚总统阿萨德任命了一支调查团前往德拉调查事故原因。与此同时，示威者聚集在德拉奥马里清真寺（Omari Mosque），要求政府释放被捕学生、停止紧急状态法。警方释放催泪瓦斯驱散人群，随后又向暴怒的示威者开火。[④] 冲突共造成 7 名公务人员和 4 名示威者死亡。21 日，迫于压力，巴沙尔·阿萨德不得不宣布立即释放被捕学生，同时罢免省长费萨尔·库勒苏姆（Faisal Kulthum）的职务。与此同时，军队被派往德拉。22 日，德拉市民阻止军队进城，安全部队射杀 4 人，德拉的人权领袖劳埃·侯赛因（Loay Hussein）在家中被直接带走，在德拉的外国记者被限制活动。23 日，6 名示威者被射杀。24 日，9 人死亡。25 日，德拉聚集 10 万名游行示威者，20 人死亡。[⑤] 4 月初，德拉被政府军包围和封锁，示威者被禁止出入，同时大量坦克、重武器被架设在城市内外。[⑥] 4 月 8 日，政府军开枪驱散"抛石者"，造成 27 人死亡。

除了德拉，叙利亚多地爆发示威游行。早在 2011 年 1 月，叙利亚国内就有零星的示威者，东北库尔德地区哈萨克城还发生了模仿突尼斯青年布瓦吉吉的自

---

① Christian Clanet, "Inside Syria's Slaughter: A Journalist Sneaks into Dara'a, the 'Ghetto of Death'", Time, June 10, 2011, http://www.time.com/time/world/article/0, 8599, 2076778, 00. html, 最后登录日期: 2017 年 2 月 28 日。

② "Middle East Unrest: Three Killed at Protest in Syria", BBC News, March 18, 2011, http://www.bbc.co.uk/news/world-middle-east-12791738, 最后登录日期: 2017 年 2 月 28 日。

③ "Violence Flares at Syrian Protest", Youtube/Al Jazeera (video), March 18, 2011, https://www.yout-ube.com/watch?v=oC55uPBKYqU, 最后登录日期: 2017 年 2 月 28 日。

④ "Officers Fire on Crowd as Syrian Protests Grow", New York Times, March 20, 2011, https://www.nytimes.com/2011/03/21/world/middleeast/21syria.html, 最后登录日期: 2017 年 2 月 28 日。

⑤ "Dozens of Syrians Reported Killed in Daraa", CNN, March 25, 2011 (2011 年 4 月 26 日更新版), http://edition.cnn.com/2011/WORLD/meast/03/25/syria.unrest/index.html? hpt = T1, 最后登录日期: 2017 年 2 月 28 日。

⑥ Christian Clanet, "Inside Syria's Slaughter: A Journalist Sneaks into Dara'a, the 'Ghetto of Death'", Time, June 10, 2011, http://www.time.com/time/world/article/0, 8599, 2076778, 00. html, 最后登录日期: 2017 年 2 月 28 日。

焚案，自焚者是名叫哈桑·阿里·阿克勒赫（Hasan Ali Akleh）的少年。①3月开始，在大马士革、霍姆斯、杜马、哈萨克等地也先后爆发了示威游行。

在4月8日之前，示威者关注的焦点是取消"紧急状态法"。4月8日之后，叙利亚全国达10个城市发生示威游行，"政府下台"的呼声开始高涨。4月16日，叙利亚新内阁上任，巴沙尔发表电视讲话，承诺"一周内取消紧急状态法，保证与多方进行会谈以满足群众要求"，但他同时声称"叙利亚的稳定是自己的第一选项"。②4月22日，示威游行扩张到20个城市。到5月末，叙利亚超过1000名公民因示威游行而死，数千人被捕入狱，同时150名警察和士兵死于冲突。

2011年6月，叙利亚危机走向暴力冲突。6月4日，吉斯尔·舒古尔（Jisr Al-shugur）发生士兵起义。秘密警察和安全情报部门官员要求士兵向手无寸铁的示威民众开火，遭到拒绝。随后，叙利亚多地发生士兵和军官叛变起义。7月29日，7个叙利亚武装部队叛变军官宣布成立"叙利亚自由军"（Free Syria Army, FSA）。③7月31日，在被称为"斋月大屠杀"（Ramadan Massacre）的事件中，政府军在叙利亚全国的大规模镇压造成累计142人死亡，超过数百人受伤。④

2011年8月，政府军对叙若干核心城市和多个边远地区展开大规模镇压行动。7月31日，穆斯林斋月的前一天，叙利亚政府军对西部城市哈马和代尔祖尔展开军事打击，致使逊尼派为主的100多人遇难。⑤沙特时任国王阿卜杜拉指责叙利亚政府"镇压平民的暴力行为"是不可接受的，敦促叙利亚立即"停止杀戮机器"。8月13日，叙陆军和海军联合开进拉塔基亚港，镇压了巴勒斯坦人营地里的反叛者，造成超过50人死亡。政府军使用了坦克等重武器。与此同时，安全部队在霍姆斯、德拉和大马士革郊区的镇压，使得历来喧闹非常的开斋节都变得极度冷清。

---

① Lina Khatib and Ellen Lust, *Taking to the Streets：The Transformation of Arab Activism*, JHU Press, May 1, 2014, p. 161.

② "Syria to Lift Emergency Law", Al Jazeera, April 16, 2011, http：//www. aljazeera. com/news/middleeast/2011/04/20114161511286268. html, 最后登录日期：2017年2月28日。

③ Joshua Landis, "Free Syrian Army Founded by Seven Officers to Fight the Syrian Army", Syria Comment, July 29, 2011, http：//www. joshualandis. com/blog/? p = 11043, 最后登录日期：2017年2月28日。

④ "Syrian Army Kills at Least 95 in Hama：Activist", Dawn Agence France-Presse, July 31, 2011, https：//www. dawn. com/news/648303/syrian-army-kills-at-least-95-in-hama-activist, 最后登录日期：2017年2月28日。

⑤ 汤瑞芝：《沙特阿拉伯介入叙利亚危机政策探析》，《国际研究参考》2016年第4期。

2011 年 8 月 23 日，反对派人士成立"叙利亚全国委员会"（Syrian National Council），总部设在土耳其。该委员会的战略目标，一是瓦解叙利亚阿萨德政权的政治合法性，在国际社会上取代它的地位；二是联合所有叙利亚反对派，共同对抗叙利亚政府军。多个国家宣布承认或承诺支持叙利亚全国委员会。以沙特为首的海湾合作委员会诸国承认叙全国委员会是叙利亚人民的唯一合法政府，沙特等国的政治支持与源源不断的武器供应，是该组织迅速壮大的主要原因。2013 年 3 月 6 日，由叙利亚全国委员会和多个反对派武装团体组成的"叙利亚全国联盟"（Syrian National Coalition）在阿拉伯联盟中取代阿萨德政权，成为叙利亚国家的合法代表。欧盟也一直是叙全国委员会的铁杆支持者，多次力图促使联合国承认该委员会的代表地位。而在国内，包括叙利亚自由军在内的多个反对派武装宣布效忠叙利亚全国委员会，但委员会缺乏有效制衡和管控武装团体的资源和能力。

2011 年 9 月 27 日起，支持叙利亚阿萨德政权的叙利亚武装部队与支持叙利亚全国委员会的叙利亚自由军，开始围绕霍姆斯北部城市赖斯坦进行争夺。政府军的进攻迫使叙利亚自由军全面退却，自由军领导人、前上校利雅得·阿萨德（Riad Assad）被迫撤往土耳其，其他一些领导人被迫撤往霍姆斯周边城市。[1]

10 月起，土耳其开始在暗中支持叙利亚反对派武装，允许它们在靠近叙利亚的哈塔伊省（安塔基亚）设立总部和指挥所。[2] 从 10 月第 1 周开始，反对派武装和政府军在多地发生武装冲突。到该月底，反对派武装控制了叙利亚西北部靠近土耳其的伊德利卜省（Idlib Governorate）的大部分城市。[3] 至此之时，据反对派人士称，政府故意释放在押的宗教极端分子并武装他们，以制造混乱。[4] 而

---

[1] "Syria: 'Hundreds of Thousands' Join Anti-Assad Protests", BBC News, July 1, 2011, http://www.bbc.co.uk/news/world-middle-east-13988701, 最后登录日期：2017 年 3 月 1 日。

[2] İpek Yezdani, "Syrian Rebels: Too Fragmented, Unruly", Hürriyet Daily News, September 1, 2012, http://www.hurriyetdailynews.com/syrian-rebels-too-fragmented-unruly.aspx? pageID = 238&nID = 29158&NewsCatID = 352, 最后登录日期：2017 年 3 月 1 日。

[3] "Syria Sends Extra Troops after Rebels Seize Idlib: NGO", Ahram, Oct. 10, 2012, http://english.ahram.org.eg/NewsContent/2/8/55206/World/Region/Syria-sends-extra-troops-after-rebels-seize-Idlib-.aspx, 最后登录日期：2017 年 3 月 1 日。

[4] Phil Sands, Justin Vela, and Suha Maayeh, "Assad Regime Set Free Extremists from Prison to Fire up Trouble during Peaceful Uprising", The National, January 21, 2014, http://www.thenational.ae/world/syria/assad-regime-set-free-extremists-from-prison-to-fire-up-trouble-during-peaceful-uprising, 最后登录日期：2017 年 3 月 1 日。

这些宗教极端分子，成为后来努斯拉阵线和"伊斯兰国"的招募对象。11 月，叙利亚内战开始扩大化，围绕霍姆斯的争夺战正式打响。

三　阿拉伯之春后的西亚北非局势

整个西亚北非国家都以不同的方式遭受了阿拉伯之春引发的不稳定。摩洛哥和阿尔及利亚这两个北非西部的国家，只经历了不多的抗议。两国政府迅速实施了一系列政府福利措施和政治改革（往往很大程度上是象征性），改善抗议者的境遇。相比之下，利比亚、埃及和突尼斯三个东端的国家一直被不同程度的动荡困扰着。该地区的变化给北非国家外交、安全、商业带来了长期风险，并引发政治动荡，出现了"圣战"运动、跨国犯罪、走私和人口贩运等一系列新的安全威胁。

1. 利比亚内战与安全局势

2011 年 8 月末，利比亚反对派武装占领首都的黎波里。9 月 16 日，联合国第 66 次大会第二次全体会议通过了"同意利比亚全国过渡委员会为利比亚在联合国合法代表"的决议。10 月 23 日，利比亚全国过渡委员会在班加西宣布利比亚全国解放，战后重建随之开启。利比亚改变卡扎菲错误的过渡最初看起来很有希望。过渡政府在 2012 年中期举行了成功的选举，产生了一个广泛代表利比亚主要社会和政治意向的议会。这个过渡议会的主要派系在 2012—2013 年期间工作相当良好，形成联合政府并迅速恢复石油出口。然而，革命中诸多武装势力的拥兵自重为战后政治重建蒙上了阴影。利比亚政府无力解散 2011 年起义期间和之后出现的各种革命民兵和武装团体，中央政府虚弱不堪，并在内部安全问题上同样依赖这些民兵，从而形成了一个无法维持的混合安全结构。

2012 年 7 月 7 日，利比亚举行了革命后首次国民议会选举，伊斯兰主义者占据了议会的多数席位。8 月 8 日，全国过渡委员会移交权力给新成立的利比亚大国民议会（General National Congress，GNC），利比亚大国民议会有 18 个月的期限完成政治重建，届时将再次举行正式议会大选。10 月，阿里·扎伊丹就任总理并组织内阁。但好景不长，新政府执政不到一年，2013 年 10 月发生了绑架总理的未遂政变。12 月 23 日，利比亚大国民议会以"自己未能完成任务"的蹩脚借口单方面投票延迟自身任期一年，从而导致多地民众抗议。

2014 年 3 月 21 日，伊斯兰主义者占优的国民大会宣布对总理扎伊丹的不信任案，迫使内阁倒台，国防部部长阿卜杜拉·塞尼成为临时总理。3 月 25 日，塞尼甚至试图以"社会不稳"为借口恢复君主政体,其野心昭然若揭。[1] 5月,议会裁定前卡扎菲官员(包括内战中反正的官员、将军)不得担任政府公职,以此来维持伊斯兰阵营在政府和议会的优势,伊斯兰民兵随即冲进政府大楼逼迫政府执行。

新建立的和重新活跃起来的"圣战"组织利用这种环境巩固自己在班加西、德尔纳和利比亚南部的势力。与此同时,过渡时期的领导机构临时执政联盟在2013年年底和2014年初期陷入僵局。2014年5月中旬,哈利法·贝卡西姆·哈夫塔尔(Khalifa Beiqasim Haftar)在班加西发动了"尊严运动"。这场军事行动旨在从班加西开始消除利比亚的伊斯兰派系。2014年6月,在一系列妥协中利比亚举行了新一届议会选举,以取代国民大会。世俗和自由派在选举中占据了优势,引起了伊斯兰阵营的恐慌,他们转而让原来的国民大会死灰复燃,并公开否定新议会的合法性。伊斯兰民兵组织"利比亚黎明"随后占领的黎波里,议会被迫迁往利比亚东部的托卜鲁克。利比亚随即分裂成两部分:"利比亚黎明"支持的的黎波里"救国政府",哈利法·哈夫塔尔领导的世俗军事力量"尊严行动"和利比亚国民军支持的托卜鲁克政府。哈夫塔尔的攻势使伊斯兰民兵的影响日益消退。他有了大量的支持者,但也荒谬地制造了大量的对手,因为哈夫塔尔拒绝区分"圣战"组织和可能参与政治体制的温和的伊斯兰主义者。

虽然利比亚的政治分野往往被描述为伊斯兰主义与民族主义,但事实上它具有几个更深刻的分野,包括种族、部落和区域之间的紧张,以及所谓的革命和反革命势力之间的冲突。主要地理冲突在津坦(Zintan)和米苏拉塔(Misrata)之间。在卡扎菲时代,津坦人与瓦法拉(Warfalla)、卡达法(Qadhadhfa)两个部落保持密切联系,这两个部落与卡扎菲政权关系密切。因此,津坦长期以来被认为是卡扎菲的"政权据点"。[2] 尽管津坦人受益匪浅,但许多津坦人"仍然对卡扎菲和他的民众国表示批评",有些人甚至参加了1993年的未遂政变。米苏拉塔人和津坦人在反卡扎菲起义期间放弃了他们的分歧,两个城市都在推翻卡政权方面发挥了重要作用,他们于2011年8月同时进入的黎波里。但战后,两个城市之间的竞争重新出现,在的黎波里的津坦人和米苏拉塔人之间经常发生小规模冲

---

[1] Anna Mahjar-Barducci, "Libya: Restoring the Monarchy?", Gatestone Institute, April 16, 2014, https://www.gatestoneinstitute.org/4251/libya-monarchy,最后登录日期:2016年12月17日。

[2] Peter Cole and Brian McQuinn, *The Libyan Revolution and Its Aftermath*, Oxford: Oxford University Press, 2015.

突。米苏拉塔和津坦之间的地理分野与利比亚的另一重大冲突密切相关，即所谓的"革命"与"反革命"之间的冲突。革命和反革命之间长期以来的一个中心问题是，利比亚是否应该通过"政治隔离法"以排除在政府任职的卡扎菲政权的官员。在利比亚的立法机构大国民议会（GNC）中的伊斯兰集团与米苏拉塔及其他革命角色结成联盟，并在议会中占据上风，通过了政治隔离法。大国民议会还于2013年6月在军队中建立了一个诚信和改革委员会，识别和排除参与了卡扎菲镇压革命军的成员。政治隔离法禁止任何在1969—2011年间在卡扎菲政权中担任中级职务的人在政治、媒体和学术界的大多数职位上任职。

对于在革命后被剥夺了政治利益的一些派别，哈利法·贝卡西姆·哈夫塔尔为他们提供了恢复政治权力的机会。哈夫塔尔曾长期旅居美国，2011年返回利比亚参加反对卡扎菲的内战，战争胜利后在新政府中未获得高级职位。一些对大国民议会的驱除政策失望并担心被排除在革命集团之外的军事单位团结在了哈夫塔尔周围。利比亚日益增长的紧张局势最终以2014年5月哈夫塔尔在班加西发动"尊严行动"而结束。响应"尊严行动"的同盟军队还攻占的黎波里的议会大厦，呼吁解散大国民议会。

在2014年6月的议会选举中失败后，伊斯兰主义者——米苏拉塔集团发动了一场名为"黎明行动"的军事行动，旨在夺取对首都的黎波里的控制权，并恢复其政治影响力。2014年8月，"黎明"联盟成功地从的黎波里驱逐了支持"尊严行动"的部队，重新召集了大国民议会。从此，有了两个议会和两个政府，都声称具有合法性。8月底，控制了的黎波里之后，"黎明"联盟试图攻占其他"尊严"部队的据点，把利比亚西部的大部分地区变成了战区。"黎明"部队之后向南移动到纳夫萨山区（Nafusa），在那里津坦人的部队打败了"黎明"的进攻。津坦部队沿的黎波里以西的利比亚海岸对"黎明"部队发动反攻，集中力量控制了利比亚与突尼斯的过境点。控制利比亚西部的斗争变成了血腥的僵局，双方都不能获得决定性的优势。

同时，哈夫塔尔在班加西的进攻在运动早期的几个月时断时续，"尊严"部队试图占领和控制整个城市。为了应对"尊严"运动，包括利比亚的"教法捍卫者"（安萨尔·沙里阿）在内的伊斯兰民兵，在班加西革命者舒拉委员会联盟的领导下，于2014年夏天发动了一次反攻，将"尊严"部队赶回班加西郊区。只是在2014年10月中旬，"尊严"部队在埃及军官的战略指导下，才不断地取得胜利，夺取了大量领土，从班加西据点驱逐了伊斯兰民兵。

在"尊严"和"黎明"之间正在激烈战斗之时,"伊斯兰国"在利比亚的一些地方开辟出了自己的势力范围。"伊斯兰国"在得到当地部落和激进组织的支持后,占领了德尔纳、苏尔特等大片土地,并试图用沙里阿法建立"伊斯兰国"的利比亚省。"伊斯兰国"对的黎波里的科林西亚酒店袭击发生在"黎明行动"控制的领土上,使伊斯兰攻击者的人员直接对抗"黎明"安全部队。同样,当"伊斯兰国"发展到苏尔特时,发生了与"黎明行动"的直接军事对抗。在其他"黎明"各派已经被削弱之后,哈夫塔尔才明确认识到要对"伊斯兰国"发动战斗。冲突中"伊斯兰国"的存在终于引起了西方国家的注意,"伊斯兰国"是"尊严行动"的敌人的事实增加了"尊严行动"获得外部支持的可能性。

面对"伊斯兰国"在苏尔特的扩张,的黎波里的伊斯兰"救国政府"和受国际认可的托卜鲁克政府在国际压力下妥协。2015 年 12 月 17 日,双方签署《利比亚政治协定》,同意成立利比亚民族团结政府。2016 年 3 月 30 日,在联合国的支持下,新选出的利比亚民族团结政府总理法耶兹·穆斯塔法·萨拉吉及其内阁成员从托卜鲁克乘军舰抵达的黎波里。"救国政府"虽短暂抵制却最终妥协,并于 4 月 5 日宣布解散,利比亚和平凸显曙光。

2016 年 5 月 12 日,米苏拉塔民兵和石油安保力量组成的政府卫队开始攻击苏尔特的"伊斯兰国"势力,取得一系列的胜利。法耶兹政府声望陡增,利比亚似乎有希望在其领导下走出困局。但在 8 月变局突生,被称为利比亚第一军阀的哈夫塔尔将军宣布拒绝支持利比亚团结政府。2016 年 9 月 12 日,在短暂冲突之后,哈夫塔尔领导的武装力量占据了苏尔特及周边的"石油新月地带",从而夺取了政府军击败"伊斯兰国"的胜利果实。苏尔特被占领后,利比亚民族团结政府发出求援呼吁,美国、法国、德国、意大利、西班牙和英国在联合声明中一致谴责哈夫塔尔。另据悉,俄罗斯、阿联酋和埃及秘密为哈夫塔尔提供了大量武器。① 12 月 19日,利比亚民族团结政府总理法耶兹又宣布从"伊斯兰国"手中完全夺回苏尔特。②

利比亚也是国际社会关注的其他各种"圣战"组织的策源地。在卡扎菲政权倒台后不久,"圣战"组织利用利比亚安全机构的瘫痪,在利比亚南部建立安全避难所和训练营。与基地组织有关的穆罕默德贾马尔网络(MJN)就是一个这

---

① 《利比亚油田易手,政治军事重新洗牌》,2016 年 9 月 22 日,http://www.globalview.cn/html/global/info_13634.html,最后登录日期:2019 年 12 月 11 日。

② 《利比亚民族团结政府正式宣布解放苏尔特》,2016 年 12 月 19 日,http://finance.chinanews.com/gj/shipin/2016/12-19/news683900.shtml,最后登录日期:2016 年 12 月 20 日。

样的组织。该组织在利比亚开辟了营地，进行自杀任务培训，并能够通过基地在阿拉伯半岛建立的网络向其他国家输送"战士"。① 利比亚南部的"圣战"组织一般侧重于建立营地和供应线，而不是夺取和控制土地。"圣战"组织也从周边国家逃到利比亚，躲避马里、突尼斯和阿尔及利亚等邻国对恐怖组织发动的军事行动。法国于2013年年初在马里北部启动了"拯救行动"，将伊斯兰马格里布（AQIM）基地组织从其控制的地区赶走，许多武装分子逃到利比亚南部。有时候，这些组织利用利比亚南部和西部的未受控制的土地作为向利比亚边界外攻击的基地。例如，"圣战"组织依靠利比亚领土在马里和萨赫勒地区其他地方对法国和非洲部队进行反攻。②

安全的恶化使利比亚成为从北非到欧洲的非正规移民的枢纽。由于边界安全几乎不存在，人口走私者在利比亚的行动强而有力，他们将数以千计的来自撒哈拉以南非洲的经济移民和来自饱受战争蹂躏的国家的难民送往欧洲。因此，利比亚已成为非正规移民前往欧洲的主要出发点。这迫使欧洲边境官员投入大量资源，以阻止来自利比亚的移民潮。

利比亚安全的恶化不仅对人口走私者，而且对于利用利比亚安全真空扩大其业务的大量犯罪网络来说也是一个"福音"。虽然西非可卡因贩运者在历史上喜欢利用陆路、海上和空中航线将其产品运送到欧洲，但阿拉伯之春后通过利比亚的毒品走私在增加。③ 这表明贩运者可能在改变路线，从而利用利比亚执行能力的薄弱，使其成为北非大麻贸易的关键过境点和消费市场。

政治不稳定和国内冲突对利比亚的经济造成了严重的损害。虽然石油生产在2011年革命后迅速恢复，但控制石油设施的持续冲突在2013年中期开始显著减少了石油生产，当年利比亚的国内生产总值减少了近10%。④ 自从"尊严－黎

① Siobhan Gorman and Matt Bradley, "Militant Link to Libya Attack", *Wall Street Journal*, October 1, 2012.
② Serge Daniel, "Jihadists Announce Blood-Soaked Return to Northern Mali", Agence France Presse, October 9, 2014, https://www.news24.com/Africa/News/Jihadists-announce-blood-soaked-return-to-northern-Mali-20141009.
③ Mark Shaw and Fiona Mangan, *Illicit Trafficking and Libya's Transition*: *Profits and Losses*, Washington D. C. : United States Institute of Peace, 2014, p. 11.
④ World Bank, "Libya Overview", March 20, 2014, http://www.worldbank.org/en/country/libya/overview, 最后登录日期：2016年12月20日；"With Oil Fields under Attack, Libya's Economic Future Looks Bleak", NPR, February 25, 2015, https://www.npr.org/2015/02/15/386317782/with-oil-fields-under-attack-libyas-economic-future-looks-bleak。

明"冲突爆发以来，石油生产已经进一步下降，一些石油码头和生产设施实际处于停滞状态。

2. 塞西执政后的埃及安全与经济形势

虽然穆罕默德·穆尔西（Mohamed Morsi）2012 年 6 月当选总统似乎表明穆斯林兄弟会在埃及国家政治中具有了一个新的永久角色，但是，兄弟会领导人不愿或无法接受穆巴拉克时代延续下来的国家机构，而且对具有世俗化倾向的反对派心存疑虑。穆尔西的策略是通过行政命令、攫取权力和公投等手段控制国家，而不是通过协商和逐步变化来施政。穆尔西政府的不恰当措施，最终导致了开罗新的抗议运动。抗议活动在 2013 年的夏天日益高涨，并在 6 月下旬达到高潮。当时，50 万左右开罗市民和其他地方的数百万民众走上街头，要求穆尔西政府辞职。7 月 3 日，军方领导人阿卜杜勒·塞西认为政府未能解决冲突、穆尔西未能建立一个团结的埃及，宣布取消穆尔西的总统职位，军方随即拘禁关押了穆尔西及其追随者。政变之后，埃及军方首先软禁了穆尔西及其政治团队，7 月 10 日又对 300 名穆兄会领袖和成员发出了逮捕令并禁止他们出境。一些穆斯林兄弟会和自由与正义党的主要人物如穆兄会二号人物沙特尔、自由与正义党主席卡塔特尼和指导局副主席巴尤米，也遭到了军方的逮捕。支持或同情穆斯林兄弟会的电视频道被突然停播，自由与正义党的党报也被停刊，部分穆兄会领袖的财产遭到冻结。同时，穆尔西及穆兄会高级人员面临包括从事间谍活动、煽动暴乱和危害国家经济在内的罪名指控。7 月 16 日，埃及过渡政府组建完成，并宣誓就职。7 月 26 日，埃及高级法庭下令拘留穆尔西 15 天，以调查他所面对的指控。12 月 25 日，塞西控制下的过渡政府将穆兄会定性为恐怖主义组织，宣布取缔。另自 2014 年 3 月 22 日起，埃及各地方法院开始对近千名穆兄会骨干成员或支持者进行审判。2014 年 4 月 28 日，开罗地方刑事法院判处共计 683 名穆兄会成员和支持者死刑。该集体死刑判决，规模之大引起全球的震惊。[①]

镇压穆兄会的同时，埃及军方还残酷地使用武力平息骚乱、镇压游行示威者，酿成了三次大规模流血事件。2013 年 7 月 8 日的流血事件发生在解放广场，当时的示威人群正在做礼拜，军方声称遭到恐怖分子袭击后开始反击。冲突导致了 1 名军官、54 名示威者的死亡。埃及努尔党和 2012 年总统候选人阿布福图等

---

① 穆尼尔·宰亚达：《埃及紧张局势缘何难以缓解》，《法制日报》2014 年 5 月 6 日。

指责这个事件是"大屠杀"。① 7 月 24 日，塞西在一次阅兵仪式中发表讲话，呼吁示威民众给予军方和警察部队镇压恐怖活动的"授权"，这遭到了埃及穆兄会与强大埃及党、四月六日青年运动和埃及人权组织等自由派的联合抵制。7 月 26 日，埃及多地发生大规模示威游行，人数甚至超过废黜穆尔西时的规模。军方随后开始清场运动，并引发了暴力冲突。埃及卫生部表示，冲突中 82 人被证实死亡，299 人受伤。而战地医院的一位医生则指出至少有 200 名抗议者被杀，4500 人受伤。② 8 月 14—18 日，是埃及流血冲突的顶峰，5 天时间内总计超过 1000 人死于武装部队与示威民众的冲突当中。埃及军方的目的，就是通过血腥镇压来迫使穆尔西支持者屈服，进而使穆尔西下台成为定局，而其残酷性在这一系列的血腥镇压中充分暴露。军队声称代表埃及人民的意志，罢免了穆尔西政府。国防部长阿卜杜勒·法塔赫·塞西被任命为埃及第六任总统。许多观察家认为这一结果实际是穆巴拉克政权的回归，只是换了新的舵手。塞西政府宣布穆斯林兄弟会非法，成千上万的埃及持不同政见者被逮捕和监禁。

穆巴拉克倒台之后，"圣战"分子在西奈的存在变得更加强大，其原因有很多，其中包括大量的"圣战"领导人从埃及监狱逃脱或被释放。推翻穆尔西的政变后，"圣战"活动更加激增。最终于 2014 年 11 月对"伊斯兰国"宣誓效忠的圣殿守护者（Ansar Bayt al-Maqdis），成为西奈半岛最强大的激进组织之一。正如美国国务院对圣殿守护者的恐怖主义界定所解释的那样，该集团在短时间内实施了大量袭击，包括 2012 年 8 月在埃拉特对以色列的火箭袭击、2012 年 9 月对以色列边境巡逻队的袭击、2013 年 10 月在托尔（al-Tor）对西奈南方的安全指挥部的自杀式炸弹袭击等。虽然"圣战"活动主要集中在人烟稀少的西奈半岛，但尼罗河谷地区越来越多的攻击增加了人们对恐怖活动从西奈溢出的担忧。恐怖袭击对埃及经济已经产生了影响，作为埃及经济增长的主要驱动因素的旅游业已经衰落。③

埃及位于中东、北非和东非之间的十字路口，使其成为国际毒品贸易的中心

---

① Ian Black and Patrick Kingsley, "'Massacre' of Morsi Supporters Leaves Egypt Braced for New Violence", *The Guardian* (London), July 8, 2013.

② Patrick Kingsley, "Egypt Crisis: We Didn't Have Space in the Fridges for All the Bodies", *The Guardian*, July 28, 2013.

③ Gert Van Langendonck, "Poppies Replace Tourists in Egypt's Sinai Desert", *Christian Science Monitor*, April 27, 2014, http://www.csmonitor.com/World/Middle-East/2014/0427/Poppies-replace-tourists-in-Egypt-s-Sinai-desert, 最后登录日期: 2016 年 12 月 20 日。

枢纽。虽然可卡因和大麻是从西非和北非偷运到埃及，但来自阿富汗和东南亚金三角的贩运者借道东非向埃及过境海洛因。① 埃及也经历了越来越多的非法文物贸易，其中许多是非法从埃及运出，并在欧洲市场出售。这种古董销售的收入可能用于资助北非的"圣战"组织。②

埃及面临着类似北非其他国家的经济问题，包括高失业率和持续的预算赤字。因此，埃及严重依赖海湾阿拉伯国家的慷慨，如沙特阿拉伯、阿拉伯联合酋长国（阿联酋）和科威特，它们赠予埃及政府约 200 亿美元。世界银行指出，这种现金流入"有助于当局稳定经济，部分满足国家的能源和粮食需求"。③ 海湾国家似乎致力于维持对埃及的经济支持：2015 年 3 月的一次投资峰会上，沙特阿拉伯、科威特、阿联酋和阿曼共同认捐 125 亿美元，以促进埃及经济发展。④ 自从掌权以来，塞西强调私人投资的重要性。他的政府提出了"财政、货币和汇率政策领域的一系列宏观经济改革，以及旨在重新界定国家和私营部门之间关系的法律改革"。⑤ 埃及在一些困扰它的基本经济问题上取得了进展。2014 年 7 月，埃及石油部最终削减燃料补贴，从而使价格上涨高达 78%。这减轻了国家能源补贴产生的一些预算压力。埃及还通过了对香烟和酒精的增税，以增加政府收入。缺乏就业机会仍然是一个迫切的问题，特别是对于埃及年轻人和最近的大学毕业生。

3. 革命后的突尼斯安全与经济形势

与其邻国相比，突尼斯推翻独裁者本·阿里以来经历的动乱很少。突尼斯经

① Bureau for International Narcotics and Law Enforcement Affairs, U. S. Department of State, International Narcotics Control Strategy Report, March 2014, p. 163, https：//www. state. gov/j/inl/rls/nrcrpt/2014/；Nada El-Kouny, "Outcast：Egypt's Growing Addiction Problem", Ahram Online, June 25, 2015, http：//english. ahram. org. eg/NewsContent/1/151/133715/Egypt/Features/Outcast-Egypts-growing-addiction-problem-. aspx，最后登录日期：2016 年 10 月 21 日。

② Alistair Dawber, "Spanish Police Break up Criminal Gang Smuggling € 300000 Egyptian Antiquities that Could Have Been Used to Fund Jihadists", *Independent* (U. K.), February 3, 2015.

③ World Bank, "Egypt Overview", October 1, 2014, http：//www. worldbank. org/en/country/egypt/overview，最后登录日期：2016 年 12 月 20 日。

④ "Gulf States Offer $ 12.5 Billion in Aid to Egypt", Al Arabiya, March 13, 2015, http：//english. alarabiya. net/en/business/economy/2015/03/13/Saudi-announces-4-billion-aid-package-to-Egypt. html.

⑤ Amr Adly, "Will the March Investment Conference Launch Egypt's Economic Recovery？", Carnegie Middle East Center (Washington, D. C.), March 5, 2015, http：//carnegie-mec. org/2015/03/05/will-march-investment-conference-launch-egypt-s-economic-recovery/i3hj，最后登录日期：2016 年 12 月 20 日。

常被认为是阿拉伯世界成功地向民主国家过渡的典范。但是，突尼斯同样经历了"圣战"暴力的上升，并面临几个重大挑战。

2015年3月18日在突尼斯的巴尔多博物馆发生了灾难性的恐怖袭击，随后一个时期，突尼斯西部发生的越来越多的"圣战者"袭击事件表明，"圣战"运动正在从国家镇压之下反弹。"教法虔信者"（AST）、伊本纳菲（Katibat Uqba ibn Nafi）和伊斯兰马格里布等突尼斯的萨拉菲"圣战者"组织以各种方式相互联系，对突尼斯及其以外地区的安全形成挑战。后本·阿里时期的恐怖主义经历了四个不同的阶段。恐怖运动的新生阶段从阿里被推翻一直持续到2012年12月，"教法虔信者"围绕促进萨拉菲"圣战者"信念，通过合法行动有效地建立了一个社会运动，其活动主要集中于传教。第二阶段是恐怖组织对国家的恐怖袭击升级时期。2012年12月，伊本纳菲激进分子在突尼斯西部的卡塞林省射杀了突尼斯国民警卫队的一名副官。2013年2月，教法虔信者的成员暗杀了世俗主义政治家乔克里·白拉伊德（Chokri Belaïd），是突尼斯恐怖活动的又一次升级。政府加强了在突尼斯西部的安全行动，但巡逻的士兵遭到地雷的频繁袭击。"圣战"升级在2013年7月下旬达到顶峰。在一个星期内，虔信者成员射杀了另一位著名的世俗主义政治家穆罕默德·布拉米（Mohammed Brahmi），而同时伊本纳菲组织在突尼斯西部的一次伏击造成8名士兵死亡，其中5人喉咙被割。这两次攻击促使突尼斯政府采取行动，并使后阿里"圣战"主义进入第三阶段，即国家镇压阶段。2014年初，镇压行动进展顺利。"圣战"主义者的许多关键领导人被逮捕，媒体和大部分公民支持政府的反恐政策。但在2014年，镇压阶段进入第四阶段，即"圣战"主义恢复阶段，恐怖组织恢复的原因是邻国利比亚的安全恶化。利比亚的混乱不仅蔓延到突尼斯，而且虔信者和其他"圣战"组织也利用利比亚躲避突尼斯的清剿行动，同时，越来越多的突尼斯激进分子进入利比亚参加训练营。[1]

突尼斯的"圣战"与该地区其他"圣战者"的行为密切相关。突尼斯的恐怖组织似乎在基地组织层次结构中隶属于伊斯兰马格里布。[2] 另外，突尼斯青年离开自己的国家加入叙利亚和伊拉克"伊斯兰国"和其他极端主义团体的人数

---

[1] "Tunisia Remains in the Crosshairs of the Libyan War", Al-Akhbar, December 11, 2014, https://english. al-akhbar. com/node/22847.

[2] Thomas Joscelyn, "Ansar al-Sharia Responds to Tunisian Government", *Long War Journal*, September 3, 2013.

不断增加，突尼斯萨拉菲"圣战"主义造成的危险也日益加剧。约 3000 名突尼斯人在叙利亚 - 伊拉克战场加入反叛团体作战，使突尼斯这个只有 1100 万人口的国家成为世界上到伊拉克和叙利亚参加战斗的外国人员数量最多的国家。

突尼斯的世俗主义和伊斯兰政治派别之间长期存在根深蒂固的不信任。然而，2015 年 2 月形成的包容性联合政府是朝政治稳定迈出的积极一步。这个世俗主义为主的联盟包括了突尼斯最大的伊斯兰政党伊斯兰复兴运动党（Ennahda）的成员，以及一些较小政党的代表，例如自由派的非洲突尼斯党。然而，突尼斯的政治转型仍然面临挑战。伊斯兰复兴运动党之类的伊斯兰政党和诸如突尼斯呼声党（Nida Tunis）之类的世俗主义政党之间的冲突可能在突尼斯的转型过程中起扰乱作用。另一个世俗主义政党人民阵线则走得更远，宣布因为政府包含了伊斯兰复兴运动党，所以它将站在反对政府的立场上。相反，伊斯兰复兴运动党的一些成员也反对参加联盟。① 世俗主义者和伊斯兰主义者之间的冲突可能会挫败突尼斯的民主过渡，并可能引发意识形态对手之间的暴力。即使政治争吵不升级为暴力，世俗主义者和伊斯兰主义者之间的分歧可能导致政治僵局，妨碍突尼斯进行急需的经济改革并影响其提高解决国家安全威胁的能力。

突尼斯的经济状况在本·阿里被推翻后得以缓慢改善，尽管它仍然处在结构性经济问题之中。政府投资政策对国内市场生产企业和出口生产企业的区别对待，这是今天突尼斯发展面临的挑战中的根本问题。这些结构性问题阻碍了创造就业，导致高失业率和就业不足。2012 年超过 30% 的大学毕业生失业，是 2005 年大学生失业率的两倍多。② 青年失业造成重大的社会和政治挑战，因为失业或就业不足的年轻突尼斯人可能是不满和动乱的主要根源。失业青年也可能容易受到"圣战"主义意识形态的影响。许多突尼斯人前往叙利亚和伊拉克加入"圣战"军团，他们大多是突尼斯失业和就业不足的大学毕业生。③

4. 叙利亚内战的爆发与"伊斯兰国"兴起

2012 年，巴沙尔·阿萨德的权威在叙利亚已经趋于瓦解，国际社会对之一

---

① Monica Marks, "Tunisia Opts for an Inclusive New Government", *Washington Post*, February 3, 2015.

② Mongi Boughzala, *Youth Employment and Economic Transition in Tunisia*, Brookings Institution, 2013, p. 6.

③ David Kirkpatrick, "New Freedoms in Tunisia Drive Support for ISIS", *New York Times*, October 21, 2014.

片指责之声。虽然美国和欧洲不愿为叙利亚反对派火中取栗，但他们似乎相信仅靠"叙利亚人民"自己就可以终结阿萨德家族的统治。科菲·安南试图阻止罪恶的战争，但政府军和反对派难以弥合的矛盾，使其努力付诸流水。

2012 年 2 月 3 日至 4 月 14 日，霍姆斯爆发混战，以叙利亚自由军为首的约 1000 名战士对抗来自叙利亚政府军的 7000 名士兵。截至停火之日，140—200 名反对派战士死亡、40 人被俘；而政府军阵亡 38 人、被俘 19 人。政府军控制了霍姆斯 60％的城区。3 月 10—13 日，第一次伊德利卜战役爆发，装备 42 辆坦克的政府军 1200 人，夺回了对伊德利卜市的控制权。

2012 年 6 月 12 日，联合国第一次在官方场合认定叙利亚陷入"内战"。而早在两个月前，即 4 月初，内战已经造成 1 万人死亡。与此同时，科菲·安南作为联合国和阿盟叙利亚问题联合特使，开始调停工作。3 月 27 日，安南和平计划对叙利亚当局提出六点要求，包括停止战斗、受监督停火、保障人道主义救援工作、释放被拘禁者、确保记者的自由、尊重公民和平示威的权利。但是，没有约束力的调停工作无法阻挡内战的升级。叙利亚政府拒绝一切"以巴沙尔总统辞职为前提"的和谈，而反对巴沙尔者则对"变革的胜利"充满信心。8 月 2 日，安南宣布辞职，并指责叙利亚政府拒绝六点计划、反对派持续升级的军事行动以及联合国安理会的无所作为。[①]

2012 年 5 月 25 日，胡拉屠杀案造成 108 人死亡，其中包括 49 名儿童，政府军的行为引发反对派武装的愤怒，叙利亚自由军向叙政府发布宣战通牒。[②] 从 5 月开始，反对派武装发动了一系列攻势，试图瓦解巴沙尔政权在多座城市的统治权。

2012 年 7 月 15 日，反对派武装开始进攻大马士革。7 月 18 日，大马士革发生爆炸案，叙利亚国防部部长达乌德·拉吉那（Dawoud Rajina）、前国防部部长哈桑·土库曼尼（Hasan Turkmani）、巴沙尔总统的兄弟阿塞夫·肖卡特（Assef Shawkat）将军、叙情报部门长官希沙姆·伊赫蒂亚尔（Hisham Ikhtiar）等多位

---

① "Statement from the Office of the UN Special Envoy for Syria", August 2, 2012, UNOG-United Nations Office at Geneva, http://www.unog.ch/unog/website/news_media.nsf/%28httpNewsByYear_en%29/9483586914CF2E3FC1257A4E00589EE7? OpenDocument&cntxt = FA0FE&cookielang = en，最后登录日期：2017 年 3 月 3 日。

② "Security Council Press Statement on Attacks in Syria" (Press Release), UN Scurity Council, May 27, 2012, http://www.un.org/press/en/2012/sc10658.doc.htm，最后登录日期：2017 年 3 月 3 日。

重要人士死亡。叙自由军和伊斯兰旅均宣布对此事件负责。至 8 月 4 日，使用了坦克和武装直升机的政府军击退了反对派武装。

随后，混战在大马士革东部和南部郊区持续进行，并一直持续到 2012 年 10 月上旬。更重要的战斗发生在阿勒颇，2012 年 7 月 19 日爆发的会战一直持续到 2016 年年末，直到叙利亚政府军在俄罗斯空军的支持下完全收复整个城区为止。阿勒颇会战持续 4 年零 5 个月，最高时期双方兵力合计超过 5 万人，最终造成 3.1 万人死亡，是叙利亚内战总计死亡人数的 1/10。阿勒颇会战，因其重要性而被称为"叙利亚的斯大林格勒"。12 月，叙利亚自由军进攻哈马，同样遭到政府军击退。

2012 年 7 月中旬，反对派在伊德利卜省、拉卡省的进攻取得了一系列的成功。两省多个叙利亚－土耳其边境检查站被叙利亚自由军占领，从而打通了土耳其援助叙反对派的通道。10 月，叙利亚自由军完全控制了伊德利卜省和大马士革北郊的杜马镇。

2012 年 9 月，库尔德人开始加入混战的行列，他们开始驱逐东北部卡米什利和哈萨克城的政府军。与此同时，政府军开始武装卡米什利的阿拉伯部落，以对抗库尔德人可能的进攻。而早在 2011 年 8 月，"伊斯兰国"的前身基地组织伊拉克分支领袖巴格达迪，就委派了其副手、"安巴尔省省长"阿布·穆罕默德·祖拉尼（Abu Mohammed al-Julani）率领七八个人的小分队遁入叙利亚组建了"努斯拉阵线"。[①] 努斯拉阵线迅速取得叙利亚国内逊尼派极端分子的支持，在 2012 年崭露头角，先后参与了对拉卡、代尔祖尔和阿勒颇的进攻。

进入 2013 年，叙利亚内战开始国际化，各方势力带着自己的利益诉求为叙利亚内战"添砖加瓦"，最后使得局势一发不可收拾。

"伊斯兰国"是叙利亚内战中出现的恐怖主义势力，对叙利亚局势的发展产生了极为恶劣的影响。早在 2011 年 8 月，"伊斯兰国"下属的"安巴尔省省长"祖拉尼就率领七八人的队伍越过伊拉克与叙利亚边境，在叙利亚东部招募极端分子，组建了努斯拉阵线——意为"胜利阵线"。2012 年 1 月 24 日，该组织在互联网上上传了一段视频宣告自己的到来，并宣布对几周前发生在大马士革的汽车爆炸案负责，该爆炸案造成 44 人死亡。2012 年，努斯拉阵线不断发展壮大，他们得到海湾地区逊尼派金主的大力支持，有充足的资金招募"圣战"战士。

---

① 〔美〕乔比·沃里克：《黑旗：ISIS 的崛起》，钟鹰翔译，中信出版社，2017，第 275 页。

2012 年 12 月，努斯拉阵线被《赫芬顿邮报》认定为叙利亚反对派中训练最好、最娴熟的战士。[①] 此时，其武装人员规模已经扩大到 6000—10000 人，接近叙利亚自由军总数的 1/10。[②]《华盛顿邮报》也认定努斯拉阵线是叙利亚自由军中最英勇善战的部分，当时努斯拉阵线还未被排除在叙利亚自由军之外。2012 年，努斯拉阵线先后参与了对伊德利卜、拉卡、代尔祖尔和阿勒颇等地的进攻。

2013 年初，"伊斯兰国"领袖巴格达迪再次派军进入叙利亚。4 月 9 日，巴格达迪在一段 21 分钟的音频中宣布重新合并努斯拉阵线，他宣称"'阵线'应该回归'伊斯兰国'的怀抱，就像儿子与父亲理应团聚"。巴格达迪的声明，在叙利亚和西方引起一片恐慌。虽然西方学者一向认为努斯拉阵线是"伊斯兰国"的下属机构，但前者的做法更低调、更温和。两个组织的重新合并，意味着叙利亚自由军中最英勇善战者将会被"更暴虐的性格"所左右。

但出乎意料的是，"合并"遭到祖拉尼的拒绝。祖拉尼宣称"阵线的旗帜永在，无人能够改变"。而后，祖拉尼向"基地"组织领袖、"圣战英雄"阿依曼·扎瓦希里提出仲裁请求。2013 年 6 月 9 日，扎瓦希里在公开信中指责巴格达迪的肆意妄为，明确支持祖拉尼。

面对祖拉尼的背叛和扎瓦希里的"训斥"，巴格达迪发动了反击。2013 年春夏之交，一支"伊斯兰国"武装驾驶白色皮卡冲入叙利亚东部省会城市——拉卡。"伊斯兰国"驱逐了城中的叙利亚自由军和努斯拉阵线武装。拉卡成为"伊斯兰国"在叙利亚的第一个据点城市。9 月 18 日，"伊斯兰国"又夺取了阿勒颇省的边境城市阿扎兹（Azaz）。11 月，"伊斯兰国"又从叙自由军一个旅团手中夺取叙土边境城市阿提莫（Atme），该城东距阿勒颇西约 40 千米，南距伊德利卜市 35 千米，正好卡在叙利亚西北部咽喉位置。到 2014 年 1 月，"伊斯兰国"已经控制了伊德利卜省 80% 的地区和阿勒颇省 65% 的地区。[③]

---

① "Syria Conflict: Rebels, Army Battle over Taftanaz Airbase", The Huffington Post, November 3, 2012, http://www.huffingtonpost.com/2012/11/03/syria-conflict-taftanaz_n_2068861.html%3E, 最后登录日期：2017 年 3 月 2 日。

② David Ignatius, "Al-Qaeda Affiliate Playing Larger Role in Syria Rebellion", The Washington Post, November 30, 2012, http://www.washingtonpost.com/blogs/post-partisan/post/al-qaeda-affiliate-playing-larger-role-in-syria-rebellion/2012/11/30/203d06f4-3b2e-11e2-9258-ac7c78d5c680_blog.html, 最后登录日期：2017 年 3 月 3 日。

③ Nabih Bulos, "Al Qaeda-linked Group Routed in Syrian Rebel Infighting", Los Angeles Times, January 5, 2014, http://www.latimes.com/world/worldnow/la-fg-wn-syrian-rebel-infighting-20140105-story.html#axzz2pX5mNcca, 最后登录日期：2017 年 3 月 3 日。

阿扎兹失陷后不久，叙利亚各反对派武装就放下争端，重新团结起来对抗"伊斯兰国"。2014 年 1 月 6 日，叙自由军与叙伊斯兰武装从"伊斯兰国"手中夺取拉卡。1 月中旬，"伊斯兰国"反攻夺回了该城。1 月 29 日，土耳其攻击了叙利亚境内的一支"伊斯兰国"巡逻队。之后，反对派暗杀了"伊斯兰国"二号指挥官哈吉·巴克尔（Haji Bakr）。1 月开始，在叙利亚西北部的阿勒颇省和伊德利卜省，叙自由军进攻"伊斯兰国"控制的乡村。2 月中旬，努斯拉阵线开始进攻"伊斯兰国"控制的叙利亚东部代尔祖尔省。3 月，"伊斯兰国"被从伊德利卜省和阿提莫完全驱逐，它的进攻势头被遏制。随后，"伊斯兰国"开始力保拉卡，其与努斯拉阵线在代尔祖尔的对决不断升级。在高层战略上，巴格达迪重新将目光转到伊拉克。

"伊斯兰国"最令人诟病的罪恶就是其在控制区域内的一系列暴政。据美联社统计报道，截止到 2016 年 8 月 30 日，"伊斯兰国"在伊拉克和叙利亚制造了 72 个万人坑，其中 17 个在叙利亚，55 个在伊拉克，超过 15000 个尸骨埋藏其中。[①]

自得势以来，"伊斯兰国"在控制区域内推行教法统治，执行"伊斯兰教净化"政策。叙利亚东部省会城市拉卡是"伊斯兰国"最早夺得的大都市，也是该组织名义上的"首都"。在拉卡，"伊斯兰国"武装分子打着"伊斯兰教法"旗号肆意杀人，他们致力于扫除一切挑战他们权威的东西。阿布·易卜拉欣是拉卡的一个年轻人，自 2013 年夏天起的 18 个月内他用相机偷拍了若干影像和视频并上传网络，据他描述："有时候，一两个星期也不会出现一例死刑，有时候一天之内他们就会杀 5 个人……对一般人来说，罚款简直无所不在。开店可能被罚、停车可能被罚、收拾垃圾可能被罚。他们横征暴敛，以支付外籍佣兵的工钱。我们什么都不敢干，因为干什么都有可能被判死刑。"[②]

在新占领的伊拉克摩苏尔，"伊斯兰国"下令该城的女性接受伊斯兰传统的割礼，从而使她们"远离放荡及不道德"的生活。"伊斯兰国"武装分子还向叙利亚和伊拉克占领区内的基督徒颁布命令，要求他们改信伊斯兰教或在限期前离开"伊斯兰国"的土地，否则就要被处死。然而，异教徒即使立刻改信伊斯兰教，也不一定得以保住性命和安全。另外，"伊斯兰国"还征召、强迫

---

① "Forces in Iraq and Syria Discovers 72 Mass Graves in Areas Freed from ISIS", Iraqi News, August 30, 2016, http://www.iraqinews.com/iraq-war/forces-in-iraq-and-syria-discovers-72-mass-graves-areas-freed-from-isis/, 最后登录日期：2017 年 3 月 17 日。

② 〔美〕乔比·沃里克：《黑旗：ISIS 的崛起》，钟鹰翔译，中信出版社，2017，第 313 页。

大量儿童加入组织，训练他们成为童兵、查探敌情或充当"人肉炸弹"发动自杀攻击。

"伊斯兰国"在叙利亚北部和东部的暴行，导致大批难民逃亡。2013 年 8 月，约有 150 万难民流落海外。[①] 而到 2014 年 8 月，超过 256 万叙利亚人流落到黎巴嫩、约旦和土耳其。大赦国际的调查报告显示，自 2014 年 6 月 10 日到 9 月初，"伊斯兰国"在其所占领的伊拉克西部和北部省份，屠杀和诱拐了数千名非阿拉伯人和非逊尼派穆斯林，迫使 83 万人逃离这片区域。[②] 另据联合国难民事务高级专员的统计，2014 年新增叙利亚难民注册 100 万人，其中绝大部分是因畏惧"伊斯兰国"的残暴统治而逃离叙利亚东部。[③] 到 2015 年 3 月中旬，在土耳其的叙利亚难民超过 170 万人，2017 年 2 月这个数字更是飙升到 275 万。这些难民中的很大部分在 2015 年 3 月到 2016 年 3 月间越过爱琴海涌入欧洲，从而酿成了"欧洲难民危机"。

四　北非国家对外关系新趋势

在北非国家变局之前的对外关系中，与美国及欧洲国家的关系居于主导地位。长期以来，埃及因其在阿拉伯世界与非洲的特殊地位，与美国形成了相互借重的密切关系，埃及需要美国的经济和军事援助，美国则通过埃及来推动其中东战略，双方发展了非常密切的合作关系。阿尔及利亚、摩洛哥、突尼斯曾是法国的殖民地，独立以后仍然与法国保持着密切的经济与政治关系，特别是近二十年来，通过巴塞罗那进程、欧洲邻国政策、地中海联盟等机制，这些国家与法国等欧洲国家在政治、经济、军事、安全、国际事务等方面的合作获得了全方位的发展。北非国家经济上对欧洲严重依附，对外贸易的主要伙伴是欧洲国家，外商投资也主要来自欧洲，旅游业更是以欧洲游客为主。通过各种协定、援助、贷款等，北非国家已经与欧洲、美国建立了非常密切的关系。例如在 2010 年，突尼

---

① Amir Taheri, "Has the Time Come for Military Intervention in Syria?", *American Foreign Policy Interests*, August 9, 2013, 35 (4), pp. 217 – 220.

② "Ethnic Cleansing on a Historic Scale: The Islamic State's Systematic Targeting of Minorities in Northern Iraq", Amnesty International, September 2, 2014, https://web. archive. org/web/20150312220534/https://www. amnesty. org/download/Documents/8000/mde140112014en. pdf, 最后登录日期: 2017 年 2 月 22 日。

③ "Syria Regional Refugee Response-Overview", UNHCR Syria Regional Refugee Response, http://data. unhcr. org/syrianrefugees/regional. php, 最后登录日期: 2017 年 2 月 2 日。

斯与欧盟的贸易额占其外贸总额的 60% 以上。①

北非国家变局的发生，虽然对北非国家的对外关系产生了冲击，但并没有改变北非与阿拉伯世界的国际关系格局，美国与欧洲国家仍然是变局之后北非地区的主要外来角色和玩家，北非国家对欧美的经济依附和外交合作依然会长期存在。摩洛哥正义与发展党在竞选纲领中明确表示，要发展与美国、欧盟持久和更为平衡的双边关系，同时注重发展与其他非洲国家和阿拉伯国家的关系。突尼斯伊斯兰运动领导人表示要保持突尼斯外交关系的连续性，承认本·阿里时期签订的各项国际条约，宣布要保护和扩大外国直接投资和对外贸易，其中包括西方国家的投资与贸易。②

埃及穆斯林兄弟会承诺遵守既定的国际条约包括与以色列签订的条约。兄弟会的领导人经常公开表示埃及与美国建立平等的合作关系的愿望。2012 年 1 月 21 日埃及议会选举结果揭晓后，奥巴马政府与兄弟会举行了几次高层会晤，这是美国对新的政治现实的承认。塞西政府上台后，埃及国内面临的诸多紧迫任务，促使其外交政策以解决其国内问题为目标和导向。因此，从总体看，塞西上台后的外交政策遵循"与世界及地区大国、经济强国加强交往，谋求合作"的方针，以期促进埃及经济的恢复与发展，保持埃及的国际和地区地位，以及帮助埃及打击恐怖主义。在 2013 年 7 月埃及军方解除穆尔西的总统职务后，美国暂停了部分对埃援助，导致美埃关系紧张，此后该援助得以恢复，两国关系随之回暖。塞西在其第一任内访问了多个欧盟国家。塞西与欧美国家加强关系，使埃及新政权获得了支持和对埃及经济发展的资金援助。

尽管北非国家与欧美关系的格局不会突破，但阿拉伯之春给北非国家的对外关系带来了巨大的冲击也是不争的事实。北非变局完全出乎美国与西方国家预料之外，埃及总统穆巴拉克、突尼斯总统本·阿里都是美国与西方在本地区的忠实盟友。卡扎菲虽然长期与美国作对，但近几年来却积极向西方靠近，与美国等西方国家的关系正在正常化。北非地区这些与美国为盟的独裁者现在全部倒台，极大地冲击了美国与西方在本地区的利益。总体而言，阿拉伯国家的变革和伊斯兰势力的崛起，使美国、欧洲、以色列面临更大的压力。由于意识形态的差异，北

---

① Alexis Arieff, "Political Transition in Tunisia", Congressional Research Service, December 16, 2011, p. 18, https://fas.org/sgp/crs/row/RS21666.pdf, 最后登录日期：2015 年 2 月 2 日。

② Alexis Arieff, "Political Transition in Tunisia", Congressional Research Service, December 16, 2011, p. 21, https://fas.org/sgp/crs/row/RS21666.pdf, 最后登录日期：2015 年 2 月 2 日。

非伊斯兰政权与美国的关系发展不可能一帆风顺。突尼斯新的执政集团已经多次表示，坚决反对外国势力干涉，特别是军事干涉阿拉伯世界的内部事务。新任突尼斯总统马祖基指出，突尼斯将重新审视国家的外交政策，将对外交进行"决定性"的改革。埃及穆斯林兄弟会的一位领导人莫哈迈德·卡塔尼表示："我们欢迎与美国建立关系。但是这种关系不包括也不应建立在对埃及内政的干涉之上。"① 毫无疑问，穆斯林兄弟会对美国的霸权主义存在着强烈质疑。塞西政府也非常重视发展同阿拉伯国家的关系，致力于全方位加强与沙特等地区强国的合作。为了加强反恐怖斗争，2015 年 12 月，沙特副王储兼国防大臣默罕默德·本·萨勒曼宣布组建伊斯兰反恐军事联盟，埃及积极支持并参与协调。塞西通过加强与沙特的交往与合作，获得更多的发展资金，并共同维持在阿拉伯世界的领导地位。塞西就任总统后两年内与俄罗斯总统普京分别在莫斯科和开罗三次会面，双方增加了包括武器在内的贸易往来。这有利于埃及在美国对其削减援助后寻求新的出路。此外，塞西也与日本、韩国、中国等亚洲经济强国加强联系，寻求合作，以助力其国内经济的恢复与发展。②

伊斯兰政党在多个阿拉伯国家上台可能会助长阿以冲突。目前，阿拉伯民众推动政府进行民主改革，未来他们可以同样向政府施压采取措施反对以色列。阿拉伯国家将会更加公开、坚定地支持巴勒斯坦建立独立的国家。伊斯兰主义将在北非国家长期存在。可以预见，北非局势的新发展给阿以冲突带来越来越多的不确定性，阿拉伯国家伊斯兰政党上台让以色列越来越感到不安。

另外，在西亚北非上台执政的伊斯兰政党将会奉行对外开放的政策并奉行多方位外交。他们将与中国、美国、俄罗斯以及其他国家同时展开经贸合作，因为它们想吸引这些国家的资金和技术来发展国内经济，希望与这些国家维持稳定的关系。

第二节　欧洲对突尼斯革命的应对与政策

自 1995 年"巴塞罗那进程"启动欧洲 – 地中海伙伴关系以来，突尼斯一直

① Mary Beth Sheridan, "U. S. to Expand Relations with Muslim Brotherhood", The Washington Post, June 30, 2011, https://www.washingtonpost.com/world/national-security/us-to-expand-relations-with-muslim-brotherhood/2011/06/30/AGVgppsH_story.html? utm_term = .5df2f3d43a3c&wprss = rss_politics, 最后登录日期：2016 年 11 月 18 日。

② 王金岩：《塞西政府的内外政策走向及中埃合作前景》，《当代世界》2018 年第 5 期。

是欧盟最重要的南地中海伙伴国家。基于和本·阿里政权的良好关系，当 2010 年年末大规模示威游行席卷突尼斯之时，欧洲国家和欧盟像往常一样无动于衷，法国外长甚至在议会内提议用法国警察来帮助本·阿里"恢复秩序"。2011 年 1 月 14 日晚，本·阿里政权突然倒塌，欧洲国家与欧盟才改变了对突尼斯的政策，支持突尼斯的民主化进程。维持突尼斯政府的"亲西方"，是比支持突尼斯民主更优先的选项。2015 年，突尼斯先后遭到四起恐怖主义袭击，造成旅游业受损和经济困难，埃塞卜西领导的呼声党政府陷入危机。保卫突尼斯的"民主样板"成为欧洲价值观推进战略所必须完成的任务。若突尼斯失败，对欧洲"民主"、"人权"和"保护之责任"的信念，将轰然坍塌。

一　猝不及防的革命与欧洲最初的应对

作为欧盟最重要的南地中海伙伴国家，在 1998 年欧洲 – 地中海联系协定（Association Agreement）和 2005 年欧洲邻国政策行动计划（ENP Action Plan）中，突尼斯都是第一个签约的南地中海国家。突尼斯与西西里、南意大利比邻，控扼着地中海的咽喉，将地中海一分为二，具有极其重要的地缘优势。突尼斯还是欧洲联系非洲的重要孔道之一，历史上曾是法国保护领地，是法属北非除阿尔及利亚之外最重要的殖民地。正是因为战略位置重要，欧盟一直致力于加强与突尼斯伙伴关系的内容和规模，突尼斯对此也积极回应，两者互动频繁。

从 1995 年到 2006 年年末，欧盟通过双边协议共援助突尼斯 10 亿欧元资金，以支持该国的宏观经济和政府治理、私营经济发展、社会发展、农村发展、环境保护、媒体与司法建设等。2007—2010 年，双边框架下的援助总计 3.3 亿欧元。而在突尼斯革命之后，2011—2013 年欧盟继续通过双边框架援助了 4.45 亿欧元。[①] 2014 年 5 月欧盟批准了 3 亿欧元的对突尼斯宏观经济援助（MFA Ⅰ），2016 年 7 月又追加了最高限额 5 亿欧元的第二批宏观经济援助（MFA Ⅱ）。[②] 另外，突

① Rym Ayadi and Emanuele Sessa, "EU Policies in Tunisia before and after the Revolution", Policy Department, Directorate-General for External Policies, June 2016, http://www.europarl.europa.eu/thinktank/en/home.html, 最后登录日期：2017 年 3 月 22 日。

② Krisztina Binder, "Further Macro-financial Aid to Tunisia", EU Legislation in Progress, May 18, 2016, http://www.europarl.europa.eu/thinktank/en/document.html? reference = EPRS_BRI（2016）582042, 最后登录日期：2016 年 7 月 2 日。

尼斯还参与了地中海联盟秘书处协调的总计 22 个地区合作项目，总金额 12 亿欧元。①

突尼斯对欧盟的积极合作态度，符合欧盟的战略利益，而其对萨科齐力推的地中海联盟的支持，也赢得了法国政府的理解。故而，在以往发生的国内人权危机或民众示威风波中，法国和欧盟都选择睁一只眼闭一只眼。突尼斯爆发民众抗议示威，并非什么新鲜事儿。2008 年 4 月 6 日和 12 月 12 日，突尼斯西南部加夫萨省就曾多次发生民众示威游行，以抗议长期失业、地方政府的极端腐败和就业政策的"不公正"。示威游行一度扩散到加夫萨省的多个城市，随后突尼斯警察迅速包围这些城市，以 1 死、20 多人受伤的代价镇压了游行示威。事后本·阿里实施了一系列措施，诸如解雇当地加夫萨磷肥公司的董事长，更换加夫萨省省长，并动用军队恢复了该省的平静。② 革命刚开始，欧洲只是延续着以往对突尼斯的政策，这在法国对突尼斯革命政策中表现得最为明显。用法国总统萨科齐的话说："几年前还老生常谈的，现在却令人震惊。"③ 茉莉花革命之所以被称为"革命"，是因为其"成功"的结果。而在结果出来之前，没人知道突尼斯民众示威能走到哪一步，甚至世人都不认为此次革命是多大的事情，这也是革命之胜利"令世界震惊"的原因——结果出乎意料。正是民众示威游行的"不确定性结果"制约了欧盟政策的调整。毕竟，为了一个不确定的未来，甚至是根本不太可能出现的未来，去得罪一个传统盟友（本·阿里），对欧盟和欧洲国家的决策者们而言是难以想象的。

法国对突尼斯政策，也是基于这种对突尼斯民众示威活动的"消极预期"所做出的。革命发生时，时任法国外交部部长米谢勒·阿利奥－玛丽（Michèle Alliot-Marie）正在突尼斯度假，而且往返乘坐的都是与本·阿里家族关系紧密的一位商人的私人飞机。度假期间，她同正在致力于镇压示威民众的本·阿里进行

---

① Rym Ayadi and Emanuele Sessa, "EU Policies in Tunisia before and after the Revolution", Policy Department, Directorate-General for External Policies, June 2016, http://www. europarl. europa. eu/thinktank/en/home. html，最后登录日期：2017 年 3 月 22 日。

② 〔突尼斯〕伊美娜：《2010—2011 年突尼斯变革：起因与现状》，《阿拉伯世界研究》2012 年第 2 期。

③ Kim Willsher, "France Rocked by News of Aid to Tunisia and Egypt", Los Angeles Times, February 5, 2011, http://articles. latimes. com/2011/feb/05/world/la-fg-france-scandal-20110205，最后登录日期：2016 年 12 月 30 日。

会晤，回国后进一步向法国议会提议派遣法国警察部队去帮助"重建秩序"。①据说 1 月 12 日（本·阿里流亡海外的两天前）她绕过正常程序"非法地"向突尼斯政府提供催泪瓦斯。② 她还曾提议派遣法国伞兵去帮助突尼斯政府恢复秩序。③ 法国政策还有一个为人所批评的方面，就是对本·阿里非法转移大规模财产行动的"漠视"。据《经济学人》披露："法国警方暗示在突尼斯革命期间，本·阿里手下将超过 7000 万欧元（约合 9300 万美元）的黄金通过法国机场运输到迪拜和伊斯坦布尔。法国海关官员显然向上汇报了这一情况，但政府没有采取任何行动。"④

但是，突尼斯的革命竟然神奇地胜利了，本·阿里于 1 月 14 日晚上流亡海外，突尼斯局势发生了根本转折，法国立马见风转舵。1 月 15 日，法国总统萨科齐发表讲话，声称"只有对话才能带来民主，并最终解决当前危机"。⑤ 14 日下午，法国社会党第一书记马丁·奥布里（Martine Aubry）呼吁法国政府对突尼斯政策更加坚定，"要对突尼斯人民说，他们有来自巴黎的全力支持和声援。法国应采取强硬立场去谴责不可接受的镇压。"⑥

法国方面的言辞与英、美、欧盟相比，显得模棱两可。美国总统奥巴马在本·阿里流亡之后发表言论称："我谴责对突尼斯公民和平发表意见所采取的暴力行为，并为之（死伤者）哀悼。我钦佩突尼斯人民的勇气和自尊自爱。美国与整个国际社会一道见证了这场为争取公民基本权利而进行的勇敢而坚决的斗争，我们将无法忘记突尼斯人民的勇敢印象。我敦促相关各方保持冷静、避免暴

---

① "Tunisia's Troubles: No Sign of an End", *The Economist*, January 13, 2011.

② Kim Willsher, "France Rocked by News of Aid to Tunisia and Egypt", Los Angeles Times, February 5, 2011, http://articles. latimes. com/2011/feb/05/world/la-fg-france-scandal-20110205，最后登录日期：2016 年 12 月 30 日。

③ Kim Willsher, "Egypt Protests: France Shaken by News of Aid to Tunisia and Egypt", Los Angeles Times, February 4, 2011, http://articles. latimes. com/2011/feb/05/world/la-fg-france-scandal-20110205，最后登录日期：2016 年 12 月 30 日。

④ "Recovering Stolen Assets: Making a Hash of Finding the Cash", The Economist, January 15, 2011, http://www. economist. com/news/international/21577368-why-have-arab-countries-recovered-so-little-money-thought-have-been-nabbed，最后登录日期：2016 年 12 月 31 日。

⑤ "In Quotes: Reaction to Tunisian Crisis", BBC News, January 14, 2011, http://www. bbc. com/news/world-africa-12197681，最后登录日期：2016 年 12 月 31 日。

⑥ "TUNISIA: France's Attitude toward Crackdown Raises Eyebrows," Los Angeles Times, January 15, 2011, http://latimesblogs. latimes. com/babylonbeyond/2011/01/tunisia-france-iran-neda-uprisings-protests-police-support-crackdown. html，最后登录日期：2016 年 12 月 31 日。

力，我呼吁突尼斯新政府尊重人权，并在不久的将来举行自由而公正的选举，以实现突尼斯人民的真正愿望……我毫不怀疑在突尼斯人民指导下的未来将是一片光明。"① 1 月 14 日，美国国务院中东地区事务负责人杰弗里·费尔特曼（Jeffrey Feltman）强调："我们希望突尼斯可以成为该地区的'榜样'，世界很多地区（尤其是阿拉伯）的现实情况很类似，而我们希望（这些地区的）人民表达出自己对政治、经济、社会合法化的声音。"他还宣称将前往法国商讨突尼斯危机的解决之道。②

1 月 15 日，英国外交大臣海格（William Hague）表示："我们谴责暴力，并呼吁突尼斯当局尽一切可能和平解决当前局势。我们呼吁迅速恢复法律和秩序，各方克制，有秩序地推动自由而公平的选举，立即扩大突尼斯的政治自由。我们在突尼斯的大使馆为受影响的英国公民提供帮助和援助。"德国总理默克尔则强调："突尼斯的局势极为严重，它表明（政治发展的）停滞使人们非常不耐烦。现在我们将带来我们的影响，以确保突尼斯的和平过渡，并尽量减少伤害。"③

欧盟方面，外交政策主席凯瑟琳·阿什顿和外交专员斯特凡·富勒（Stefan Fuele）联合发言表示："支持和认可突尼斯人民对民主的渴望，而民主的实现应当是和平的，所有各方应保持克制和冷静，以避免进一步伤亡和暴力。"欧盟官方则表示："愿意协助寻找解决危机的民主化之路。"④ 阿什顿还表示"支持突尼斯经济发展和公民社会的发展，以便顺利进行自由选举"。⑤

欧美一系列的外交宣言，是对突尼斯示威民众的事后安抚。多位学者指出欧洲国家和欧盟对突尼斯革命一开始的反应是不够积极的、虚弱的。开罗大学经济与政治学副教授萨莉·哈里发·伊萨克（Sally Khalifa Isaac）认为，欧洲国家和欧盟一开始对突尼斯革命的影响是虚弱的，且主要停留在外交话语的层次，缺乏

---

① "Tunisians Drive Leader from Power in Mass Uprising," Daily Sabah, January 15, 2011, http://www. dailysabah. com/world/2011/01/15/tunisians_drive_leader_from_power_in_mass_uprising, 最后登录日期：2016 年 12 月 31 日。

② "US: Tunisia Example Can Spur Reform", Al Jazeera, January 14, 2011, http://english. aljazeera. net/news/africa/2011/01/2011125152635550548. html，最后登录日期：2016 年 12 月 31 日。

③ "TUNISIA: France's Attitude toward Crackdown Raises Eyebrows", Los Angeles Times, January 15, 2011.

④ "TUNISIA: France's Attitude toward Crackdown Raises Eyebrows", Los Angeles Times, January 15, 2011.

⑤ "Italy Struggles with Tunisia Influx-Africa", Al Jazeera English, February 14, 2011, http://english. al-jazeera. net/video/africa/2011/02/2011214133653175984. html，最后登录日期：2016 年 12 月 31 日。

实际行动，而与本·阿里政权的历史友好关系制约了政策调整。① 迈阿密大学国际关系学院的马克西姆（Maxime Larivé）也认为欧洲国家和欧盟的反应迟钝，而欧盟外交和安全政策高级代表（俗称"欧盟外长"）阿什顿受到的批评尤多，她缺乏引导欧盟制定共同且果决的对突尼斯政策的意愿和能力，欧盟各成员的意见不一致也加大了她的工作难度。② 赖曼·阿雅迪（Rym Ayadi）和埃马努埃莱·塞萨（Emanuele Sessa）于 2016 年应欧盟议会请求所做的"突尼斯革命前后欧盟对突尼斯政策"的研究中，也只谈革命胜利后欧盟对突尼斯的援助，基本否定了欧盟和欧洲国家在突尼斯革命期间的作用。③ 土耳其阿提利姆大学教授巴哈拉·图汗·胡拉米（Bahar Turhan Hurmi）2011 年 11 月撰文指出，"欧洲对中东不稳定的极度畏惧阻止了欧盟介入突尼斯……从而使得欧盟政策失信于人，并削弱了欧盟在该地区的影响力"。④

2011 年 1 月 14 日本·阿里流亡之后，欧洲的突尼斯政策开始发生变化，从虚弱的摇旗呐喊逐渐转变为积极的介入。积极的介入表现为通过大规模经济援助来保卫突尼斯的"民主转型实验"。这种转变，受到两个外部因素的影响，一是因为中东变局的大走向发生偏移（其他"阿拉伯之春"影响下的中东国家，其民主转型均告失败，如埃及、也门和利比亚），二是因为突尼斯国内政治走向发生波动。要想理解这种变化，首先要理清革命胜利六年来的突尼斯政治变化。

二 革命后的突尼斯政治与安全形势

2011 年 1 月 14 日总统本·阿里迫于形势流亡沙特，突尼斯随后进入过渡政府时期。从那时到 2016 年 12 月，突尼斯经历了福阿德·迈巴扎（Fouad Mebazaa）、马尔祖基（Moncef Marzouki）、埃塞卜西（Beji Caid Essebsi）三任总统，

① Sally Khalifa Isaac, "Europe and the Arab Revolutions-From a Weak to a Proactive Response to a Changing Neighborhood", Kfg Working Papers, 2012, https://www. polsoz. fu-berlin. de/en/v/transformeurope/publications/working_ paper/wp/wp39/index. html.

② Maxime Larivé, "The European Union, Tunisia and Egypt: Norms versus Interests-Thoughts and Recommendations", European Union Miami Analysis Paper, Vol. 8, No. 2, February 2011, http://aei. pitt. edu/29774/2/LariveEgyptEUMA2011edi. pdf.

③ Rym Ayadi and Emanuele Sessa, "EU Policies in Tunisia before and after the Revolution", Policy Department, Directorate-General for External Policies, June 2016, http://www. europarl. euro-pa. eu/thinktank/en/home. html, 最后登录日期: 2017 年 3 月 22 日。

④ Bahar Turhan Hurmi, "European Union's ineffective Middle East policy revealed after Revolution in Tunisia", *Alternative Politics*, Vol. 3, No. 3, November 2011, pp. 455 – 489.

以及穆罕默德·加努希（Mohamed Ghannouchi）、哈马迪·杰巴利（Hamadi Jeba-li）、阿里·拉哈耶德（Ali Laarayedh）、马赫迪·朱马（Mehdi Jomaa）、哈比卜·艾赛德（Habib Essid）、优素福·查赫德（Youssef Chahed）六任总理。这段时间的突尼斯政治发展可分为三个时期：过渡时期（2011年1月15日至2011年12月4日）、复兴党政府时期（2011年12月4日至2014年1月9日）、后复兴党时期（2014年1月9日至今）。

过渡时期突尼斯政坛存在着三股势力，分别为以伊斯兰复兴运动党（En-Nahda Movement）为代表的政治伊斯兰势力、包括保卫共和大会党（CPR）和争取工作与自由民主论坛（Ettakatol）在内的世俗主义势力、埃塞卜西2012年6月囊括诸多前本·阿里政权官员成立的突尼斯呼声党（Nidaa Tounes）。

突尼斯政府和各政治党派普遍认为，突尼斯的政治过渡时期即将结束。在这六年里，突尼斯经历了两次议会选举，即2011年10月23日的制宪议会选举和2014年10月的人民议会选举。两次选举中的博弈，左右了突尼斯政治局势的走向。2011年10月23日的突尼斯制宪议会选举中，复兴党一举拿下217个席位中的89个，成为议会第一大党。复兴党首次登上突尼斯最高政治舞台，该党总书记哈马迪·杰巴利出任突尼斯过渡政府总理。但是，与埃及穆斯林兄弟会下属自由与正义党如出一辙的是，突尼斯复兴党的执政过程也不断遭遇质疑。上台后的复兴党致力于巩固自身政权，2012年杰巴利政府也将突尼斯24位省长中的19位、324名地方代表中的229名更换为复兴党成员。[①] 2012年7月，突尼斯在野反对派和全国劳联总工会联合质疑杰巴利政府，认为杰巴利领导下的突尼斯党派利益争端不断、民主过渡进入死胡同、行政开支过大（杰巴利政府有84位部长和国务委员）。杰巴利不得不精简人员，组建"技术专家内阁"，而此举将极大地损害自己党内地位并招致执政联盟盟友的仇恨。2013年2月6日，反对派统一爱国党领袖乔克里·贝拉伊德遇刺，外界普遍认为复兴党内的伊斯兰极端主义者是罪魁祸首。2月19日，杰巴利组建技术内阁失败，宣布辞职，复兴党成员阿里·拉哈耶德（Ali Laarayedh）继任总理。

2013年7月3日，埃及军事政变推翻了同为政治伊斯兰势力的穆尔西政府，为复兴党敲响了警钟。7月25日，突尼斯又一名反对派领导人、人民阵线党的穆

---

① 曾向红、陈亚州：《政治妥协与突尼斯的和平政治过渡——基于对突尼斯"伊斯兰复兴运动"的考察》，《外交评论》2016年第2期，第69页。

表3-1 革命六年来突尼斯各届政府（截至2017年1月4日）

时间	时期	总统	总理	众议院议长	内政部长
2011年以前	本·阿里时期	本·阿里	穆罕默德·加努希	福阿德·迈巴扎	拉菲克·贝尔哈吉·卡西姆、艾哈迈德·福亚阿
2011年1月15日至2011年12月24日	过渡时期	福阿德·迈巴扎（代总统，2011年1月15日至2011年12月13日）	穆罕默德·加努希 埃塞卜西（时为独立人士）	萨比·卡若依、梅基·阿若依	费尔哈特·拉吉、哈比卜·艾赛德
2011年12月24日至2013年3月14日	复兴党政府时期	马尔祖基（共和大会党）（2011年12月13日至2014年12月31日）	哈马迪·杰巴利（复兴党秘书长）	穆斯塔法·本·加法尔①（2011年11月22日至2014年12月2日）	阿里·拉哈耶德（复兴党）
2013年3月14日至2014年1月29日			阿里·拉哈耶德（复兴党）		卢特菲·本·吉达（复兴党）（任职时间2013年3月14日至2015年1月29日）
2014年1月29日至2015年2月6日	后复兴党时期		马赫迪·朱马（独立人士）②	穆罕默德·纳赛尔③（2014年12月2日至今）	
2015年2月6日至2016年8月27日		埃塞卜西（呼声党）（2014年12月31日至2019年7月25日）	哈比卜·艾赛德（独立人士）		穆罕默德·纳吉·加西利（2015年2月6日至2016年8月27日）
2016年8月27日至今			优素福·查赫德（呼声党）		赫迪·马基杜（2016年8月27日至今）

注：①穆斯塔法·本·加法尔（Mustapha Ben Jafar），争取工作与自由民主论坛（Ettakatol）成员；②马赫迪·朱马，在拉哈耶德政府时期（2013年3月14日至2014年1月29日）担任工业部长；③穆罕默德·纳赛尔（Mohamed Ennaceur），2014年12月31日以来担任呼声党主席。

罕默德·布拉米遇刺身亡，被杀过程与贝拉伊德案件如出一辙，复兴党再次被推向风口浪尖。随后，60名制宪议会议员集体辞职，要求复兴党放弃权力，成立无党派人士领导的新政府。复兴党被迫妥协。2014年1月9日，无党派人士马赫迪·朱马正式履职成为过渡政府总理，复兴党政权被和平终结。2014年1月27日，新宪法草案获得通过并正式签署。

2014 年 10 月 26 日突尼斯人民议会选举中，复兴党获得了 217 个席位中的 69 席，低于突尼斯呼声党（Nidaa Tounes）的 86 席，失去了议会第一大党的地位。后复兴党时代，呼声党左右着突尼斯政局，政治过渡基本平稳。2014 年 12 月 31 日，呼声党成员穆罕默德·恩彻里（Mohamed Ennaceur）成为人民议会议长。2015 年 2 月 7 日，时龄 81 岁的呼声党领袖埃塞卜西就任总统，无党派人士哈比卜·艾赛德奉命组织内阁。

2015 年 3 月以来，突尼斯遭受恐怖袭击的严重困扰。3 月 18 日，在突尼斯城的巴尔多国家博物馆发生一起针对外国游客的恐怖袭击，导致 21 人死亡、50 多人受伤。恐怖组织"伊斯兰国"随后宣布对此次事件负责，[1] 但政府认为是基地组织马格里布分支策划了袭击。[2] 6 月 16 日，在苏斯海滨康大维港的一家酒店发生一起"独狼袭击"，枪手亚库比（Seifeddine Rezgui Yacoubi）携带 AK-47 射杀了酒店内 38 名游客，引发国内外震动。[3] 7 月 16 日，政府国民卫队在中西部沙昂碧山区遭受恐怖袭击，14 人死亡。7 月 21 日，突尼斯政府成立总理领导的"反恐危机小组"，但形势继续恶化。10 月 12 日，舍阿奈比地区发生针对国家安全部队的袭击。11 月 26 日，总统卫队的车队遭遇袭击，导致 15 人死亡、20 人受伤。突尼斯政府随即宣布国家进入紧急状态。

突尼斯恐怖袭击泛滥很大程度上与"伊斯兰国"在北非地区的兴风作浪有关。据悉，有约 3000 名突尼斯人前往伊拉克、叙利亚为"伊斯兰国"效力，其中约 400 人回国潜伏。另外，自 2014 年 4 月激进伊斯兰主义者在利比亚东部德尔纳竖起"伊斯兰国"黑旗以来，利比亚成为该组织除伊、叙之外的第三基地，周边国家普遍遭受到恐怖袭击溢出的威胁。

尽管恐怖袭击威胁造成突尼斯人心惶惶，旅游经济因此大幅下跌，但突尼斯的政治局势基本平稳。虽然呼声党大权在握，囊括了总统（埃塞卜西）、总

---

[1]　Chris Perez, "ISIS Claims Responsibility For Tunisia Museum Attack", New York Post, March 19, 2015, http://nypost.com/2015/03/19/isis-claims-responsibility-for-tunisia-museum-attack/, 最后登录日期：2016 年 12 月 29 日。

[2]　Tarek Amara and Mohamed Argoubi, "Thousands of Tunisians, Leaders March after Bardo Attack", Reuters, March 29, 2015, http://www.reuters.com/article/us-tunisia-security-idUSKBN0MP03O20150329, 最后登录日期：2016 年 12 月 29 日。

[3]　"Tunisia Beach Resort Death Toll Rises to 39", Telesur TV, June 27, 2015, http://www.telesurtv.net/english/news/Tunisia-Beach-Resort-Death-Toll-Rises-to-39-20150627-0001.html, 最后登录日期：2016 年 12 月 29 日。

理（优素福·查赫德）和议会主席（穆罕默德·纳赛尔）三大职位，但人们似乎并不太担心这些本·阿里时代的高官会重走威权主义的老路。显然，在不断的斗争和妥协中突尼斯政治局势已步入动态平衡。最典型的例子就是2015年11月26日执政党呼声党内部发生矛盾，32位呼声党议会成员不满总统埃塞卜西之子擅自干政而集体辞职，从而将议会第一大党的地位拱手送还给了复兴党。①

作为"阿拉伯之春"的发源地，突尼斯以妥协为主、斗争为辅的"突尼斯式"政治过渡方式，为中东地区国家和世界各国所推崇。

三 革命后欧盟的突尼斯政策：西方学者的视角

2016年4月，赖曼·阿雅迪（Rym Ayadi）和埃马努埃莱·塞萨（Emanuele Sessa）应欧盟议会请求所做的"革命前后欧盟对突尼斯政策"（EU Policies in Tunisia before and after the Revolution）研究报告英文版本在比利时出版。赖曼·阿雅迪是国际商业和金融学的教授、加拿大蒙特利尔HEC金融合作国际研究中心主任、欧洲-地中海经济学家协会的主席和创始人、欧洲-地中海经济研究网络（EMNES）的创始人和科学总监，以及欧洲-地中海大学（EMUNI）的高级研究员。埃马努埃莱·塞萨则是欧洲-地中海经济学家协会的初级研究员。虽然欧洲议会官方宣布该报告不代表官方观点，但事实上报告本身达到了为官方政策辩护的目的。故而，在此首先简述该报告为欧盟政策辩护的基本逻辑线索，然后在下一节中给予评析。②

阿雅迪和塞萨从突尼斯不断变化的局势和欧盟不断改变的应对政策这两个相互关联的维度出发，认为"民主化"和"不稳定"（destabilisation）是北非变局后突尼斯局势发展的两个核心要素，突尼斯正走在从"不可持续的稳定"（unsustainable stability）到"不稳定的可持续性"（unstable sustainability）的过渡之路上。而欧盟方面，各种各样灵活的紧急状况应对措施构成政策回应，而其目的

---

① Rami Galal, "Will Nidaa Tunis' Troubles Boost Muslim Brotherhood in Egypt?", Al-Monitor, November 18, 2015, http://www.al-monitor.com/pulse/originals/2015/11/tunisia-nidaa-tunis-resignation-egypt-muslim-brotherhood.html#ixzz3sTw0EIxI, 最后登录日期：2017年2月1日。

② Rym Ayadi and Emanuele Sessa, "EU Policies in Tunisia before and after the Revolution", Policy Department, Directorate-General for External Policies, June 2016, http://www.europarl.europa.eu/thinktank/en/home.html, 最后登录日期：2017年3月22日。本书下面有关阿雅迪和塞萨的阐述，均来自此报告，不再重复引用。

是抓住突尼斯动荡中的机遇来全面深化欧盟－突尼斯伙伴关系。

她们认为，本·阿里时期的欧盟与突尼斯政治关系是一种简单的"物物交换"，即用"援助换贸易"（trade versus aid）、"默许换安全"（security versus silence）和"自由换利益"（benefits versus freedoms）。"援助换贸易"，即欧盟向突尼斯提供财政援助，以换取突尼斯的经济自由化和对外开放，从而推动突尼斯与欧盟达成自由贸易协定。阿雅迪认为这一过程中欧盟考虑到了自由贸易协定对突尼斯经济发展的一些负面因素，并做出相关补救的努力，诸如资助突尼斯私营部门的发展，帮助解决社会分化和青年失业问题。但事实上欧盟只是"口头上"做出了"努力"，经济开放中的青年失业问题不仅没有解决，反而迅速加重。"默认换安全"，其中的"默认"是指欧盟对本·阿里维持威权主义的默认，不谈民主、人权和政治自由，以换取本·阿里在非法移民、恐怖主义、能源安全上对欧洲的支持。"自由换利益"关注的是社会文化合作方面，欧盟支持突尼斯的教育发展、医疗卫生事业、职业技能培训，而避免涉足对突尼斯民众的政治教育或政治自由化，以获取本·阿里政府在其他利益点上的让步。基于这些，她们得出的结论是，本·阿里时期欧盟与突尼斯的合作，在经济上是"没有市场经济支持的贸易自由化"，社会文化合作上"狭隘地只关注效率和加深联系"，政治上是"基于利益权衡的简单交换"。

而对革命后欧盟与突尼斯的关系，两人认为，首先在政治上出现了从"物物交换"到"全面协调"的趋势。她们认为，2012 年正式签署的"特殊伙伴关系"（Privileged Partnership）和 2015 年年末开启的《全面自由贸易区协定》谈判（DCFTA，Deep and Coprehensive Free Trade Agreement）是双边关系的里程碑。而2011 年的 SPRING 项目（Support for Partnership，Reform and Inclusive Growth，伙伴关系、改革和包容性增长支持计划）、2014 年 3 月的《人员流动伙伴关系联合宣言》（Joint Declaration of Mobility Partnership）①、2015 年的宏观经济援助等，都推

---

① 《人员流动伙伴关系联合宣言》是有争议的，突尼斯媒体和民众提出了批判。该宣言文本中说明的目的是促进欧盟与突尼斯之间的人员流动，并促进对现有移民或人员流动进行共同的、负责任的管理，规定简化签证发放程序，设立了对来自和流经突尼斯的非法移民自动遣返程序。欧盟和突尼斯的许多官员私下里指出，这些措施事实上是不利于突尼斯的，简化的签证手续事实上仍是欧盟主导的，突尼斯的参与只是缩短了签证办理的时间，对签证数量的增加和签证要求的降低没有多大作用。而对非法移民的自动遣返，则完全是出于欧盟自身的利益考量。与承诺相反的是，之后获得签证反倒更加困难，移民或非法移民欧洲的难度增加。欧盟的"修辞"和官方文本承诺往往与实际目的和结果背道而驰，在此表现得十分突出。

动了这种"全面协调"。

经济合作上，她们认为，"稳定"成为全面合作压倒一切的先决条件。失业是最大的问题，它是茉莉花革命爆发最主要原因，而革命后丝毫没有缓解。2016年，突尼斯15—29岁青年的失业率已经超过44%，而青年人口占全人口的比例达28%。另外，据联合国雇佣军国际运用专家调查组的数据显示，超过6000名突尼斯人战斗在叙利亚、也门、马里和利比亚。而一些经济学家研究发现，自2004年欧盟启动邻国政策，特别是2008年欧盟与突尼斯达成工业品自由贸易区以来，突尼斯的贸易和财政平衡显著恶化，很大原因就是进出口税率的减少导致进口欧盟产品的增加和对欧盟出口的减少。自贸区的建设，有利于大型企业，损害了小企业的利益，而中小私营企业是突尼斯就业岗位的主要提供者。2015年欧盟与突尼斯有关《全面自贸协定》的谈判过程中，欧洲和突尼斯的经济学家不断提醒在突尼斯经济现代化和竞争力不足的情况下，开放突尼斯经济可能产生负面的影响。阿雅迪和塞萨认为欧盟对此进行了回应，提出"非对称自由化"（asymmetrical liberalisation）的概念，即在推动全面自贸区的同时重点照顾突尼斯短期经济需要，以应对突尼斯短期经济困难和可能出现的经济风险。

社会文化合作领域，阿雅迪和塞萨将欧盟政策的转型定义为"从政府间对话到全社会互动"。她们认为革命后欧盟将突尼斯公民社会建设作为制定对突尼斯政策的优先选项，因为公民社会是运作良好的民主制度的载体，是对责任政府日常行政活动的监督主体。文化建设被视为公民教育、社会凝聚力和更进一步的经济发展的必由之路，从而被纳入双方2014—2020年社会文化合作分类支持计划的主要内容。而在革命后，"人际联系"成为欧洲人与突尼斯人关系的新的发展方向。欧盟希望超越政府间合作，向底层发展，直接与突尼斯社会的几乎所有部分直接接触，并更多地支持突尼斯政府之外的社会治理参与者们。也就是说，革命后欧盟希望将触角深入突尼斯社会的方方面面，而非仅仅停留在之前的与本·阿里政权的简单联系。

最后，阿雅迪和塞萨在结论中认为，当下影响到欧盟与突尼斯关系的因素包括：共同的民主标准和价值观、突尼斯的经济困难、混乱的地区局势（如在利比亚、马里和叙利亚），而欧盟已经转型成为支持民主转型、致力于长期稳定的关键伙伴之一，它的政策对双方都是有利的。

在此，要理解她们的结论，还需要对革命前后欧盟对突尼斯的援助情况（资金数额和内容）进行一些梳理。根据资金落实的模式，这些援助又可分为双边合作、多边合作，其中双边合作是主要途径。

表 3 - 2　欧盟对突尼斯的援助框架（重要事件）

协议或政策	英文名	时间
《欧盟 - 地中海联系协定》	Association Agreement，EU-Mediterranean Union	1998 年 3 月
欧洲邻国政策	European Neighourhood Policy（ENP）	2004 年 5 月
邻国政策行动计划（2005 - 2010）	ENP Action Plan 2005 - 2010	2005 年 7 月
欧盟 - 突尼斯自贸区	Free Trade Area，FTA	2008 年 7 月
伙伴关系、改革和包容性增长支持计划，SPRING 项目	Support for Partnership，Reform and Inclusive Growth，SPRING programme	2011 年 9 月
特殊伙伴关系	Privileged Partnership	2012 年 11 月
邻国政策行动计划（2013 - 2017）	ENP Action Plan 2013 - 2017	2014 年 3 月
宏观财政资助，第一批次	Macro-Financial Assistance，MFA Ⅰ	2014 年 5 月
《全面自由贸易区》谈判开启	Deep and Coprehensive Free Trade Agreement，DCFTA	2015 年 10 月
宏观财政资助，第二批次	MFA Ⅱ	2016 年 7 月

资料来源：Rym Ayadi and Emanuele Sessa，"EU Policies in Tunisia before and after the Revolution"，*Policy Department*，*Directorate-General for External Policies*，June 2016，p. 11；"European Neighbourhood Policy：A Year of Progress"，European Commission Press Release Database，Brussels，November 24，2005，https：//europa. eu/rapid/press-release_ IP-05-1467_ en. htm？ locale = en，最后登录日期：2019 年 9 月 13 日。

欧洲对突尼斯的援助，基本可以分为三个阶段：1995—2004 年在《欧盟 - 地中海联系协定》制度支持下的援助，2004—2013 年在欧洲邻国政策支持下的援助，2014 年以后的欧盟援助。

第一阶段（1995—2004 年），突尼斯总计从地中海经济发展协会（Meditaranean Economic Development Association，MEDA）获得两次总计约 10 亿欧元的财政拨款（占总数 110 亿欧元的约 9%），并通过欧洲投资银行新设立的欧洲—地中海投资伙伴关系实施局（Facility for Euro-Mediterranean Investment and Partnership，FEMIP）获得 20 亿欧元的贷款（占总数 130 亿欧元的约 15%）。[①] 地中海经济发展协会提供的拨款中，3.2 亿用于支持突尼斯的宏观经济和制度建设，3.2 亿用于经济合作和发展私营部门，2.4 亿用于社会合作，1.6 亿用于支持突

---

① 有关 FEMIP 的详细信息和运行情况，见欧洲投资银行网站，http：//www. eib. org/projects/regions/med/about/index. htm。

尼斯农村发展和环境保护，0.3 亿用于媒体和司法。欧洲投资银行提供的 20 亿欧元贷款，则用于促进突尼斯基础设施建设、发展私营经济和环境治理。

2004 年欧洲邻国政策实施后，对南地中海国家的经济援助主要交由该政策的实施部门邻国政策与伙伴计划行动局（European Neighourhood and Partnership Instrument，ENPI）管理。2007—2013 年间，行动局通过多种途径向突尼斯总计投入了 7.75 欧元拨款。其中，2007—2010 年的总计 3.3 亿欧元拨款来自"国别指导项目"（National Indicative Programme，NIP 2007 - 2010），其中经济治理、竞争力和凝聚力方面 1.51 亿欧元，可持续发展方面 1.12 亿欧元，提高就业率方面 0.66 亿欧元。2010 年年末突尼斯革命爆发后，"国别指导项目"继续执行，同时新增了 SPRING 项目，两个项目总计投入 4.45 亿欧元。其中，提升商业方面 2.49 亿欧元，提升就业和社会保障方面 0.4 亿欧元，民主转型和制度建设方面 0.31 亿欧元，可持续的、包容性增长和经济发展方面 1.25 亿欧元。

2014 年，欧洲邻国政策行动局（ENI）代替了欧洲邻国政策与伙伴计划行动局，成为对南地中海援助的执行机构。在双边关系发展的情况下，欧盟计划 2014—2020 年对突尼斯财政援助在 7.25 亿—8.86 亿欧元，平均每年 1.15 亿欧元左右。2014—2015 年，总计已实现 2.46 亿欧元的财政拨款，投入突尼斯的社会 - 经济改革、地区发展、民主巩固和制度建设等领域。

另外，欧盟议会和理事会 2014 年 5 月还批准了一批宏观财政援助资金（Macro-Financial Assistance Ⅰ，MFA Ⅰ），金额为 3 亿欧元。针对 2015 年因四起恐怖袭击而造成的突尼斯旅游业衰退和经济困难，应突尼斯总理的请求，欧盟议会和理事会于 2016 年 7 月 6 日又正式批准了第二批宏观财政援助（MFA Ⅱ），金额最高不超过 5 亿欧元，但资助形式经过讨论后改为贷款。

截至 2016 年年末，欧盟主导下对后革命时期突尼斯的援助，已经总计拨款超过 10 亿欧元，提供贷款超过 18 亿欧元（加上 MFA Ⅱ）。① 另外，自 2010 年地中海联盟秘书处（the UfM Secretariat）落实以来，在其授权下突尼斯共涉足 22 个地区合作项目，总值近 12 亿欧元。欧洲投资银行 2016 年 11 月 29 日也宣布，将在 2017—2020 年向突尼斯追加 20 亿欧元的财政支持，以重建公共投资者和私

---

① "Further Macro-financial Aid to Tunisia"，European Parliament，September 2016，http：//www. europarl. europa. eu/RegData/etudes/BRIE/2016/586660/EPRS_BRI（2016）586660_EN. pdf，最后登录日期：2017 年 1 月 2 日。

营投资人对突尼斯经济的信心。[①]

四 革命后欧盟的突尼斯政策调整

分析革命后欧盟对突尼斯政策，其实就是厘清两个问题：一是革命后欧盟对突尼斯政策有没有转型。若有转型，那么转型后的政策是什么样的，与之前有什么区别？其次，欧盟对突尼斯政策的后果是积极的还是消极的？阿雅迪和塞萨的看法，明显是认为存在转型，而转型后的政策是积极的、是突尼斯民主转型和长期稳定的关键因素之一。如她们所论证的，这一结论是以"本·阿里时期的欧盟政策十分消极"为前提的。

在革命之后，影响欧盟－突尼斯关系的因素主要有六个维度：外交关系、民主、稳定、经济合作、非法移民和难民问题、恐怖主义。在这些维度上，欧盟有自己的战略利益。对欧盟政策的批评者与支持者[②]，在讨论欧盟政策的利弊和转

[①] "Tunisia 2020：The EIB Announces EUR 2.5bn of Exceptional Support for Tunisia", European Investment Bank, November 29, 2016, http：//www.eib.org/infocentre/press/releases/all/2016/2016-310-la-bei-annonce-un-soutien-exceptionnel-de-2-5-milliards-deuros-a-la-tunisie.htm, 最后登录日期：2017年3月23日。

[②] 反对者如开罗大学的萨莉·哈里发·伊萨克、迈阿密大学的马克西姆、土耳其阿提利姆大学的巴哈拉·图汗·胡拉米，总部在马德里和布鲁塞尔的智库国际关系和外交对话基金（FRIDE）的安娜·哈克（Anna Khakee）以及柏林大学经济与法学院的琼斯·麦格（José M. Magone）。参见：Sally Khalifa Isaac, "Europe and the Arab Revolutions-From a Weak to a Proactive Response to a Changing Neighborhood", Kfg Working Papers, 2012, https：//www.researchgate.net/publication/239806892_Europe_and_the_Arab_Revolutions_-_From_a_Weak_to_a_Proactive_Response_to_a_Changing_Neighborhood；Maxime Larivé, "The European Union, Tunisia and Egypt：Norms versus Interests-Thoughts and Recommendations", European Union Miami Analysis Paper, Vol.8, No.2, February 2011, athttp：//aei.pitt.edu/29774/2/LariveEgyptEUMA2011edi.pdf；Bahar Turhan Hurmi, "European Union's ineffective Middle East Policy Revealed after Revolution in Tunisia", Alternative Politics, Vol.3, No.3, November 2011, pp.455－489；Anna Khakee, "Tunisia's Democratisation：Is Europe Rising to the Occasion？", Policy Brief, June 2011, No.80；José M. Magone, "The Tunisian Revolution, the Union for Mediteranean and the European Union", UACES 41st Annual Conference, Cambridge, 5－7 September 2011。支持者如阿雅迪和塞萨、芬兰国际事务研究院（FIIA, Finnish Institute of Internation Affairs in Helsinki, 赫尔辛基）的提莫·巴哈里（Timo Behr）、荷兰阿姆斯特丹大学的贝斯特·伊思雷叶（Beste İşleyen）、丹麦奥尔堡大学的艾米·马冉能（Emmi Maaranen）。参见：Rym Ayadi and Emanuele Sessa, "EU Policies in Tunisia before and after the Revolution", June 2016, http：//www.europarl.europa.eu/RegData/etudes/STUD/2016/578002/EXPO_STU%282016%29578002_EN.pdf；Timo Behr, "After the Revolution：The EU and the Arab Transition", Notre Europe Policy Paper, No.54, 2012；Beste İşleyen, "The European Union and neoliberal governmentality：Twinning in Tunisia and Egypt", European Journal of International （转下页注）

型问题时，均围绕这六个维度中的一个或几个展开。

根据许多学者的总结，可以得出本·阿里时代欧盟对突尼斯政策的优先级顺序。首先，优先级最高的应该是"外交关系"。维持突尼斯对欧盟的友好态度（或者说"亲西方"），是欧盟对突尼斯政策的战略核心，其他一切政策都必须为此预留战略活动空间，包括"民主推进政策"。其次，优先级稍低的是经济合作，推动自由贸易区建设和经济合作是从 1995 年联系协定到 2004 年邻国政策的主打方向。再次，革命前非法移民和难民问题的优先级排在恐怖主义、民主和稳定三个维度之前。2011 年以前，稳定和恐怖主义还未演变成主要问题，推进民主的优先级高于两者，低于非法移民和难民问题。

阿雅迪和塞萨的研究报告中，忽视了"外交关系"这一维度在欧盟政策中的核心地位。除此之外，她们还拔高了欧盟对突尼斯援助的重要性。除了欧盟，美国和国际组织也在援助突尼斯。欧洲议会官方文件显示，2016 年 7 月的第二批宏观财政资助，是为了"补充国际货币基金组织的新计划"。而国际货币基金组织在该计划中预期投入 29 亿美元（约合 27.6 亿欧元）以促进突尼斯的包容性、可持续的增长[1]，资金总额是欧盟同期资金的五倍。另外，美国国会研究报告中显示，截至 2015 年 2 月，美国已经给予革命后突尼斯总计 6.1 亿美元（约合 5.8 亿欧元）的援助[2]，其一国之援助就接近整个欧盟（到 2016 年 7 月累计约 10 亿欧元拨款）的六成。

阿雅迪和塞萨的研究还忽视了对突尼斯政治格局变动的分析。尽管她们一开始就强调自己分析的出发点就是"突尼斯不断变化的局势"和"欧盟不断改变的应对政策"这两个相互关联的维度，但文章中既没有对前者进行分析，也没有对两者如何"相互关联"有所涉及。若仔细梳理 2011 年以来的突尼斯不断变化的局势，便会发现欧盟对突尼斯政策和援助的几个重大事件均避开了一个关键的时间段，即过渡阶段复兴党执政的两年（2011 年 12 月到 2014 年 1 月），而该党的意识形态是"伊斯兰的"和"反西方的"。即使是 2012 年特殊伙伴计划的签署，其谈判也是在 2011 年年末进行的。也就是说，在 2012 年和 2013 年两年

（接上页注②）*Relations*, Vol. 21, No. 4, 2014, pp. 672 – 690; Emmi Maaranen, "EU Policies and Democracy in Tunisia", *European Journal of International Relations*, Vol. 21, No. 3, 2015, pp. 672 – 690。

① "Further Macro-financial Aid to Tunisia", *European Parliament*, September 2016.

② Alexis Arieff and Carla E. Humud, "Political Transition in Tunisia", *Congressional Research Service*, February 10, 2015, p. 15.

"反西方的"亲伊斯兰政权当政时,欧盟－突尼斯关系基本上是停滞不前的。

表3－3　欧盟对突尼斯政策中的核心利益（优先级）

	优先级	本·阿里时期	革命后时期
核心利益	1	外交关系（亲西方）	外交关系（亲西方）
	2	经济合作（经济改革和对外开放、自贸区建设）	民主（民主巩固、政治自由、非政府组织权益）
	3		稳定（突尼斯政治稳定、宏观财政稳定和经济稳定）
	4		经济合作（经济开放、全面自贸区建设）
	5		解决非法移民和难民问题
	6		打击恐怖主义
非核心利益	经济领域	突尼斯宏观财政稳定、私营经济发展、农村发展等	突尼斯私营经济发展、农村发展等
	政治领域	人权、民主推进、政治自由、非政府组织权益等	人权等
	社会领域	教育发展、医疗卫生事业、职业技能培训、非法移民和难民问题、恐怖主义等	教育发展、医疗卫生事业、职业技能培训等

注：关于核心利益与非核心利益的区别，核心利益的优先级，均系笔者综合各方观点后得出的个人判断。

资料来源：由笔者自制。

我们难以厘清到底是复兴党的"反西方"倾向导致了其对欧盟深化两国关系和提供援助予以拒绝,还是欧盟的"反伊斯兰"倾向削减了其支持突尼斯经济的积极性。但毫无疑问,其结果是清晰的,即欧盟政策制定和实施过程中,突尼斯政府"亲西方与否"极大地影响了欧盟政策的走向。而且,这种影响的程度是高于"民主"维度的。我们可以从利比亚的情况中佐证欧盟的行为逻辑。从2011年10月北约空袭结束到2015年2月"伊斯兰国"攻占苏尔特地区油田之前,欧盟面对利比亚的政治危机、民主崩溃和"二次内战",都是在话语上不断做文章,却没有任何有效的实际行动。而一旦石油资源受到"伊斯兰国"威胁,包括欧盟在内的国际社会则立刻行动,对的黎波里的伊斯兰"救国政府"和受国际社会认可的托卜鲁克政府双方施压,最后逼迫他们于2015年12月17

日签署《利比亚政治协定》，承诺成立利比亚民族团结政府。2016 年 3 月 30 日新成立的法耶兹政府正是在西方石油安保力量支持下开始攻击苏尔特，并取得一系列胜利的。在利比亚，石油利益凌驾于民主之上。而在突尼斯，"亲西方的民主政权"和"反西方的民主政权"之间，欧盟自然倾向于选择前者。

外交上的"亲西方"与政权的民主性质，是欧盟对突尼斯政策考量中两个难以绝对隔离的维度。如阿雅迪和塞萨所言，民主标准和价值观是革命后欧盟－突尼斯关系的关键影响因素，而"复兴党的民主标准和价值观"很显然与"呼声党的民主标准和价值观"是有区别的。如提莫·巴哈里所言，推进民主，与随之而来的政治伊斯兰力量释放和民族主义抬头所掀起的反西方意识形态，构成革命后欧盟政策难以弥合的矛盾，且不断冲击着欧盟政策制定者的内心，使他们纠结万分。

很显然，无法否定复兴党政权的民主属性，就像欧洲也不会将突尼斯呼声党政权定义为"非民主的"一样（呼声党的多数高层成员是本·阿里政权时期的高官）。如果说对"复兴党民主政权"，欧盟的态度是"默许和承认"的话，欧盟对"呼声党民主政权"的态度则称得上是"保护"和"坚决维护"。复兴党的例子告诉我们，与"民主"相比，突尼斯政权"亲西方"的态度更重要，外交关系的优先级高于"保卫民主"。

"保卫民主"是阿拉伯之春后欧盟对突尼斯政策中仅次于外交关系的优先事务。"保卫突尼斯民主"的舆论（准确来说是"保卫突尼斯民主样板"）并非开始于 2011 年 1 月本·阿里倒台之时，也不是开始于 2011 年 12 月民主选举政府的成立，亦非 2014 年 10 月突尼斯的革命后第二次议会大选。这三个时间节点上，欧洲对突尼斯的舆论态度，顶多是"赞赏"，而非"要保护它"。欧洲态度的转变，是在 2013 年 7 月 3 日的埃及军事政变、2014 年利比亚的二次内战和 2015 年也门内战的爆发，这一连串事情发生之后。这些转折事件与叙利亚内战一起，如同四个巴掌拍在欧洲人的脸上，击碎了他们"民主推进"的迷梦。中东变局不断演进的事实证明，只有内源、内生的民主需求才能引领一国的政治转型，而来自外部无论温和还是暴力的"民主介入""人权介入"，往往只会破坏国家稳定。2015 年，突尼斯成为"阿拉伯之春"后最后一块"民主实验田"。而即使是这样一个民主实验田，也是在逼迫复兴党妥协的情况下实现的。而即使如此，突尼斯的民主似乎也走上了"歧路"。截至 2017 年年初，突尼斯从总统、总理，到内政部长的职务，已均为呼声党所垄断，而该党是埃塞卜西于 2012 年 6

月召集诸多本·阿里政权高官所成立的。

　　2015 年以来的四次大规模恐怖袭击，进一步损害了突尼斯早已疲软的经济。突尼斯官方数据显示，受恐怖袭击影响，2015 年突尼斯旅游收入损失了 1/3 以上，而旅游和客运收入占突尼斯 GDP 的 7%，且贡献了全国就业总数的 16%。2005—2010 年，突尼斯 GDP 年增长率平均约为 5%，2010—2014 年下降为平均 2%。2014 年突尼斯 GDP 增长率为 2.3%，2015 年下降为 0.8%。① 经济困难，极有可能引发突尼斯的又一次政治动荡，而它已然是受 2011 年中东变局影响后唯一幸存的民主国家了。于是，"保卫民主"成为欧洲的头等大事，直接影响了欧盟对突尼斯政策的制定。而为了保卫民主，维持突尼斯政局和国家局势的稳定是根本前提。民主与稳定，也就是阿雅迪和塞萨报告中所归纳的欧盟对突尼斯政策最首要的两个核心目标。两者之间，突尼斯政权民主属性的优先级显然高于突尼斯国家稳定，因为后者既与欧洲利益并不直接相关，也暂时没有失控的预期，而前者则对欧盟"民主话语权"有直接的影响。

　　在外交关系、民主和稳定之后，经济合作是欧盟政策的又一大目标。2015 年 10 月以来，欧盟推动与突尼斯有关全面自贸区协定的谈判，即是这一目标的具体行动。经济合作的目标早在本·阿里时期就是欧盟的战略核心之一，其原来的优先级仅低于外交关系，而高于其他目标。但在革命后，欧盟在某些时候为了"保卫民主""维护突尼斯稳定"，可以部分地甚至全部地放弃其在经济合作上的目标。欧盟大批量的经济援助，是一个例子。另外，在推进全面自贸区谈判期间，面对来自突尼斯和欧洲经济学家的批判和警告，欧盟回应以"非对称自由化"策略，即在推动全面自贸区的同时重点照顾突尼斯短期经济需要，以应对突尼斯短期经济困难和可能出现的经济风险。这种谈判过程中的妥协告诉我们，为了突尼斯的稳定而部分放弃经济合作的目标，在欧盟政策制定者的眼中是合乎逻辑的、可以理解的。

　　在本·阿里时期，民主推进、稳定、恐怖主义、非法移民和难民问题虽然都是突尼斯－欧盟关系的重要议题，但均非欧盟的核心战略利益。革命使得这些问题跃居欧盟政策的核心领域。在革命后，欧盟亟须突尼斯在非法移民和难民控制、恐怖主义预防上给予支持。突尼斯革命本身就带来了非法移民和难民问题，革命期间仅南意大利的兰佩杜萨岛（Lampedusa Island）上就涌入了 2 万突尼斯

---

① 突尼斯 GDP，http://www.100ppi.com/mac/world_gj——6K11.html。

人，而该岛居民只有 5000 人。非法移民和难民问题立刻引起意大利和马耳他的反弹，它们连同地中海东部的塞浦路斯和希腊，要求其他成员国在 2011 年 2 月 24—25 日的布鲁塞尔欧盟司法和内政部长会议上给予支援，但未得到回应。德国内政部部长托马斯·德·麦兹若私下里就曾表示："（这对）意大利虽然有些麻烦，但并未超限。"而对欧盟失望的意大利人，则向难民营里的突尼斯人发放签证，这些签证将允许他们援引申根协定在欧盟区域内自由移动。因为语言问题，突尼斯人大批涌入法国。最后，法国被迫敦促欧盟审查申根条约。①

不仅如此，突尼斯因为其地理原因，还是不断发酵的中东诸国难民外流的主要路线之一，其便捷程度在土耳其难民路线、摩洛哥难民路线之上。利比亚二次内战、马里内战、叙利亚内战均带来巨大难民流，迫使欧盟做出回应。2014 年 3 月欧盟与突尼斯达成的《人员流动伙伴关系联合宣言》，其实就是对非法移民和难民问题的反应。从协议来看，欧盟和突尼斯在控制非法移民和难民问题上，尤其是途经突尼斯的难民问题上，双方利益是基本一致的，且双方政策是可以协调的。

欧盟与突尼斯合作控制非法移民和难民，与土耳其合作遣返难民一样，其最终目的一是缓解欧洲经济压力，二是应对随之伴生的恐怖主义威胁。在难民流动过程中，大量的恐怖分子隐藏其中。目前已证实多起针对在英法德的恐怖袭击是难民流中的恐怖分子组织的。而即使是普通难民，在欧洲当下排外的气氛中，也极有可能发展成为恐怖分子。英国和法国均不乏穆斯林移民的第二代跨过重洋前往叙利亚参加恐怖组织的"圣战分子"，而他们一旦返回欧洲则威胁更大，因为他们熟悉欧洲、了解欧洲，更容易找到欧洲的薄弱点和敏感点。

应对恐怖主义虽然也是欧盟对突尼斯政策的战略目标之一，但事实上除了通过控制非法移民和难民流动来间接提供帮助外，突尼斯并无太大作用。突尼斯政府应对本国恐怖主义威胁的能力尚缺，何谈帮助欧洲。故而，恐怖主义问题在欧盟对突尼斯政策制定中的优先级是较低的。

基于以上的分析可以发现，从革命前到革命后，欧盟对突尼斯政策没有发生根本上改变，只能称之为"调整"，而不能定义为"转型"。欧盟的行为逻辑没有发生根本变化，保证突尼斯政权的"亲西方"态度始终是最核心的利益。革命前

---

① Sally Khalifa Isaac, "Europe and the Arab Revolutions—From a Weak to a Proactive Response to a Changing Neighborhood", *Kfg Working Papers*, Berlin: Freie Universität Berlin, 2012.

后最大的不同是"民主"因素上升到战略考量的第二优先地位，维持突尼斯民主政权的稳定因而十分重要，原先优先级第二的经济合作因素不得不为两者让位。

尽管革命后欧盟确实为促进突尼斯稳定起到了积极作用，但并非只有它如此做，美国和国际社会（如国际货币基金组织）都为突尼斯的稳定做出了贡献。欧盟促进突尼斯稳定的最终目的，是保持"突尼斯民主样板"，维持民主价值观在中东的"信誉"。事实上，随着利比亚陷入二次内战、埃及发生政变、也门重新混战、叙利亚危机难以消解，中东各国民众已经厌恶民主的说教，而开始寻找自己的现代化之路，民主推进政策破产了。随着局势的进一步发展，在欧盟对突尼斯政策的核心利益中，民主的优先级将会慢慢回落，对稳定的追求将继续上升。

欧盟对突尼斯政策的走向，受突尼斯政局走向和地区格局演变这两个主要因素影响，而其所秉持的逻辑未来可能不会发生改变，外交关系依旧优先，而经济合作将一直是核心利益之一。

第三节　欧洲国家对埃及变局的卷入

如果说突尼斯是"阿拉伯之春"的导火索，那么埃及就是"阿拉伯之春"的风向标。埃及革命的成功，给北非变局注入了强心剂。而从 1 月 25 日到 2 月 11 日短短 18 天的革命中，有一个重要的事件就是发生在解放广场的暴徒袭击和平示威民众的"骆驼之战"。经卡塔尔电视台的披露和西方媒体的传播，"骆驼之战"震惊世界，欧洲国家和欧盟对埃及的政策也随之改变，"穆巴拉克下台"口号随之四处播散并深入人心。欧洲各国领导人和美国总统的表态，成为瓦解穆巴拉克政权合法性的最大助力，从而使得埃及军方顺应时局发动政变的道德成本和国际风险降到极低。2 月 11 日，副总统苏莱曼公开宣布穆巴拉克辞职，埃及革命得以成功。

后穆巴拉克时代，民意开始成为左右埃及与外部关系的重要变量。2011 年 8 月 18 日发生的以色列误杀埃及士兵事件引发埃及民众大规模抗议，他们冲击以色列驻开罗大使馆，并迫使过渡政府重新评估埃以关系和《埃以和平条约》。但是，埃及军方控制下的过渡政府事实上延续了穆巴拉克时期的外交基轴，故而其外交政策并未发生根本转变。到穆尔西时代，埃及追求地区大国地位，积极介入以色列－哈马斯冲突和叙利亚危机，改变了埃以两国的相处模式。

2013 年 7 月 3 日发生的军事政变，彻底打断了埃及民主转型进程，同时成为中东变局的转折点，在利比亚、突尼斯引发连锁反应。迅速失守的埃及民主化进程令欧洲措手不及，只能在舆论道义和经济上对埃及进行压制。这反过来促使塞西不断寻找来自东方的支持，俄罗斯和中国在开罗的分量不断强化，"向东看"成为后政变时代埃及外交的潮流。

一 埃欧关系的历史演变：从苏伊士运河到"地中海联盟"

欧洲与埃及的关系由来已久，但在二战前长期拘于殖民主义关系范式，其中基于苏伊士运河的非对称相互依赖是双方关系的核心主题。1956 年苏伊士运河战争终结了殖民主义关系范式，之后埃欧关系开始以非对称为起点，逐渐建构起一种多维的、可相互制衡的强相互依赖。[①]

第四次中东战争后，能源安全问题取代苏伊士运河航运问题成为欧埃非对称相互依赖关系的核心要素。鉴于苏伊士运河战争的教训，为了平衡埃及在非对称相互依赖中获得的权力，欧洲开始更多地使用经济、外交、政治、社会交往等非暴力手段。这在 20 世纪 70 年代以来的埃欧关系历史变化中表现得十分明显，而这些非暴力手段的运用客观上促进了欧埃之间强相互依赖关系的建构。[②] 1972 年欧共体推出的"全球地中海政策"（the Global Mediterranean Policy，GMP），就是

---

① 本书定义的"强相互依赖状态"是一种介于非对称相互依赖和复合相互依赖之间的国家间关系模式，它是自非对称相互依赖演变而来的多维度、可相互制衡的相互依赖。基欧汉和奈所约束限定的复合相互依赖状态在国际体系中并非常态，像欧埃关系（或法国－埃及关系、德国－土耳其关系等）是很难达到美国－加拿大、美国－澳大利亚的那种亲密状态的。社会价值观的鸿沟和由之而来的社会认知隔离，是欧埃关系更进一步的绝对障碍。但是，基于埃欧关系两百多年的历史建构（自拿破仑入侵埃及开始）和当下状态，我们又很难说它只是处于一种单一维度、绝对非对称的相互依赖状态（即非对称相互依赖）。故而笔者将当下的欧埃关系约束为一种"强相互依赖模式"，相关论述参见钱磊、穆尼尔·宰亚达《埃欧关系的历史建构与当下演变：从非对称到强相互依赖》，《欧洲研究》2017 年第 6 期，第 23 - 47 页。

② 需要十分注意国家间强相互依赖关系模式与殖民主义关系范式的区别。在殖民强权时代，列强用武力手段打破弱国的非对称优势，并使用政治统治和军事威慑的手段来对冲这种非对称性，其所塑造出来的殖民主义国家间关系是"依附式"的，而非"相互依赖"的。以埃及为例，其国家安全和国家利益既不依赖于大英帝国的军事保护伞或"保护国"制度，其领导人和人民也不愿接受英国人的殖民统治。苏伊士运河所构建的非对称相互依赖确实是埃及与英国以至欧洲关系的起点，但殖民强权很快就使双边关系演变成殖民主义范式。所以说历史的演变很难有固定的轨迹或确定的方向可言，非对称相互依赖并非必然演变为强相互依赖，强相互依赖是否必然演变为复合相互依赖也难有定论。

这些非暴力手段的最初运用。"全球地中海政策"是殖民主义体系解体后欧洲对地中海区域政策的新标准，经济合作、关税优惠和移民优待政策则是其核心目标。① 石油危机之后，"全球地中海政策"开始向稳定阿以关系的方向倾斜，欧洲开始持支持阿拉伯人的态度。1977 年，埃及与欧洲签署"全球地中海政策合作协定"，加强经贸联系和人口流动成为欧共体对埃政策的策略选择。

在 1995 年的"欧洲－地中海伙伴关系"和 2004 年的"欧洲邻国政策"中，经济贸易一直是欧盟关注的核心问题，也是欧埃关系中首要的和发展最快的领域。2004 年，欧埃间贸易总额已达到 115 亿欧元，同年欧盟与埃及签订的《欧埃联系协定》正式生效。② 2012 年，欧埃贸易增长到 239 亿欧元，占埃及对外贸易总量的 22.9%，欧洲成为埃及最大的贸易伙伴。③ 2012 年，欧盟开始与地中海国家进行"全面自贸区谈判"（Deep and Comprehensive Free Trade Area negotiations，DCFTAs），而埃及是最重要的谈判对象之一。

在贸易关系的加深过程中，欧洲在能源贸易领域建构起对己方有利的非对称相互依赖。而这种赋予欧洲以权力资源的非对称性，来源于埃及政府财政对能源出口创收过分依赖形成的脆弱性。数据显示，2010 年埃及 51% 的液化天然气和绝大多数非管道石油出口欧洲，但分别只占欧洲进口的 1.3% 和 1%。④ 欧埃能源

① Eduardo Sánchez Monjo, "The Multiple Dimensions of Euro-Mediterranean Cooperation", EIPAS-COPE 25th Anniversary Special Issue, 2006, pp. 75 – 79, http://www. eipa. eu/files/repository/eipascope/Scop06_2e_14. pdf, 最后登录日期：2017 年 5 月 17 日。

② 《欧埃联系协定》（Association Agreement between European and Egypt），2001 年 6 月签署，2003 年 9 月对外公布，2004 年 6 月正式生效。参见 Council Decision, "Concerning the Conclusion of a Euro-Mediterranean Agreement Establishing an Association between the European Communities and Their Member States, of the One Part, and the Arab Republic of Egypt, of the Other Part", Official Journal of the European Union, 2004/635/EC, 21 April 2004, http://eur-lex. europa. eu/legal-content/EN/TXT/? uri = uriserv: OJ. L_. 2004. 304. 01. 0038. 01. ENG&toc = OJ: L: 2004: 304: FULL, 最后登录日期：2017 年 12 月 5 日。

③ Radoslaw Fiedler, "Financial and Trade Instrument in the European Union's Policy Towards", in Anna Potyrala, Beata Przybylska-Maszner, and Sebastian Wojciechowski eds., *Relations between the European Union and Egypt after 2011-Determinants, Areas of Cooperation and Prospects*, Berlin, Logos Verlag Berlin GmbH, 2015, pp. 43 – 54.

④ Lana Dreyer and Gerald Stang, "What Energy Security for the EU", *European Union Institute for Security Studies*, November 2013, https://www. iss. europa. eu/sites/default/files/.../Brief_39_Energy_security. pdf; Mohammed Yousef Reham, "European-Egyptian Energy Dynamics Post-2011: Why a New European Approach in Energy Cooperation Is Opportune?", EMSP Occasional Paper Series, Paper No. 1, April 2016, www. euromedstudies. net/en/emsp/EMSP_OPS. pdf.

贸易对欧洲而言微不足道，却占到埃及总商品出口的 29.8%，出口创收占政府财政收入比例近 10%。① 很明显，在欧埃能源贸易中欧洲面临的风险更低，而埃及则既敏感又脆弱。一旦能源贸易出现问题，埃及财政收入将受到重创，2012 年以后埃及天然气出口的逆转就对埃及财政造成了很大影响。在能源贸易中埃及的这种脆弱性成了欧洲的权力资源，它对苏伊士运河和欧洲能源安全赋予埃及的非对称优势，起到了一定的对冲作用。

除了加强贸易联系，欧洲另一大平衡政策就是"援助"。"欧洲－地中海伙伴关系"和"欧洲邻国政策"自始至终贯彻着"援助的逻辑"。1996—2006 年，欧洲－地中海伙伴关系框架下，欧盟通过两期"地中海经济发展援助项目"（Mediterranean Economic Development Assistance，MEDA）向埃及投入拨款或贷款总计 12.9 亿欧元，并且通过欧洲投资银行发放贷款总计约 21.7 亿欧元。② 2007—2012 年，邻国政策框架下欧洲向埃及提供了总计 10 亿欧元的援助，其中 70% 用于支持埃及的政府财政预算。2011 年革命后，欧洲新推出"伙伴关系、改革和包容性增长支持项目"（The Support to Partnership，Reform and Inclusive Growth，SPRING Programma）以支持地中海国家的政治转型，其中埃及获得 0.9 亿欧元的支持，占项目总投入 3.5 亿欧元的 1/4。不同于美国、沙特和卡塔尔等国的对埃援助，欧洲援助更多是直接拨给了埃及政府，如邻国政策 2007—2012 年对埃援助的 70% 都用于支持埃及政府财政预算。③ 很显然，欧洲的策略就是通过援助来"换取"埃及在其他方面的支持。这种援助关系中，埃及属于较为弱势的一方，这赋予了欧洲一定的非对称权力资源。而欧洲则利用这有限的非对称权力资源，将价值观因素纳入双边关系当中。

1990 年欧盟委员会更新"全球地中海政策"时，第一次将"人权"纳入财

① Shiraz Maher, *The Arab Spring and Its Impact on Supply and Production in Global Markets*, European Centre for Energy and Resource Security（EUCERS），2014，p. 18.

② Radoslaw Fiedler，"Financial and Trade Instrument in the European Union's Policy Towards"，in Anna Potyrala，Beata Przybylska-Maszner，and Sebastian Wojciechowski eds.，*Relations between the European Union and Egypt after 2011-Determinants*，*Areas of Cooperation and Prospects*，Berlin，Logos Verlag Berlin GmbH，2015，p. 48.

③ Radoslaw Fiedler，"Financial and Trade Instrument in the European Union's Policy Towards"，in Anna Potyrala，Beata Przybylska-Maszner，and Sebastian Wojciechowski eds.，*Relations between the European Union and Egypt after 2011-Determinants*，*Areas of Cooperation and Prospects*，Berlin，Logos Verlag Berlin GmbH，2015，p. 50.

政援助的前提条款中，随后价值观附加条件就成为欧盟援助的"特色"。① 一些欧洲学者辩称欧洲援助的附加条件往往"停留在纸面"，但是 2011 年 5 月 25 日欧盟发布的《对变化中邻国的新回应：欧洲邻国政策回顾》文件中将"援助"与"民主化进程"完全绑定的"多做多得"原则②，则证明政治附加条件并非"一纸空谈"。在埃及变局中，欧盟多次依据这种价值观附加条件来"合法地"使用非对称性赋予欧洲的权力资源，以干涉埃及内政并使自身利益最大化。2012年，为了逼迫军方主导的埃及第一届过渡政府加速"民主化"进程，欧洲威胁暂停对埃及政府财政预算的援助，并最终予以实施。2013 年塞西政府对穆兄会成员和穆尔西支持者进行大规模武力镇压后，欧洲则完全终止了对埃及的一切经济援助，并且有意识地引导欧洲商人撤出投资。③ 这些使得本已疲软的埃及经济雪上加霜。

社会互动是相互依赖关系中非对称性最不明显却层次较高的维度，而旅游业则是欧埃之间社会互动的纽带，它也成为欧洲获取非对称权力资源的重要来源。2010 年埃及旅游业接待了接近 1470 万名游客，其中一半以上来自欧洲。旅游业每年产生约 125 亿美元的净利润，为全国 12% 的劳动力提供了工作岗位，对GDP 的贡献率约达 11%，同时贡献了外汇收入的约 14.4%，是埃及重要的支柱产业。④ 欧洲将旅游业转化为自己权力资源的最重要策略就是"旅游限制"，手法包括发布旅游危险警告、召回驻埃及大使或停止大使馆的工作、颁布旅游禁令等。英国和意大利等国在 2013 年年中以后多次使用该策略，是造成埃及当前旅游业的萧条的原因之一。

---

① "Euro-mediterranean Cooperation（Historical）", European Institute For Research on Mediterranean and Euro-Arab Cooperation, http：//www. medea. be/en/themes/euro-mediterranean-cooperation/euro-mediterranean-cooperation-historical/，最后登录日期：2017 年 5 月 17 日。

② European Commission, "A New Response to a Changing Neighbourhood：A Review of European Neighbourhood Policy", Joint Communication by the High Representative of The Union For Foreign Affairs And Security Policy and the European Commission, COM（2011）303 Final, Brussels, May 25, 2011, https：//eeas. europa. eu/sites/eeas/files/review_ en. pdf，最后登录日期：2017 年 5 月 31 日。

③ Radoslaw Fiedler, "Financial and Trade Instrument in the European Union's Policy Towards", in Anna Potyrala, Beata Przybylska-Maszner, and Sebastian Wojciechowski eds. , *Relations between the European Union and Egypt after 2011-Determinants*, *Areas of Cooperation and Prospects*, Berlin, Logos Verlag Berlin GmbH, 2015, pp. 50 – 51.

④ Matt Smith, "Egypt Tourist Numbers to Rise 5 – 10 pct in 2014-minister", Reuters, September 11, 2014, https：//www. reuters. com/article/2014/09/11/egypt-tourism-idUSL5N0RC3CF20140911，最后登录日期：2017 年 9 月 17 日。

在欧埃社会互动领域，欧洲还一直致力于加强跨文化联系，并支持国际非政府组织深入埃及社会。自"安娜·林德文化对话基金会"成立以来，欧盟一直给予了极大的支持和资助，甚至将它纳入"地中海联盟"（Union for the Mediterranean，UfM）的政治框架中去。2012年穆尔西选举成为埃及总统后，埃欧关系开始升温。乘着穆尔西政府放开非政府组织禁令的时机，欧盟大力促进国际非政府组织扎根埃及，资助"公民社会机构"（Civil Society Facility，CSF）等国际机构在埃及展开业务。塞西政府大力约束、取缔国际非政府组织而引发的欧埃间政治紧张，即根源于此。除此之外，欧埃之间官员和学者的互访也在不断加强，开罗大学就与斯洛文尼亚的欧盟－地中海大学建立了长期合作①，而欧洲官员前往埃及红海"度假"早已成为常态。这些社会互动虽然对欧洲增加自身非对称优势并无太大帮助，但对加强欧埃间相互联系的紧密性助益颇多。

到2011年埃及革命前夕，欧洲与埃及在能源安全、经贸合作、能源进出口、经济援助、旅游业、社会互动等领域不断加深的相互联系和相互依赖，已使得欧埃关系超越了非对称相互依赖，达到了一种多维度、可相互制衡的强相互依赖状态。其中，不同领域或议程上的非对称性，并没有转化为总体上的非对称性，在相互依赖中欧洲与埃及难言何者占据绝对优势。埃欧之间的强相互依赖，既有赖于苏伊士运河之类的先天条件，也有赖于历史过程中的不断建构。强相互依赖已成为埃欧关系的基本状态，使得双方无论如何争执都"斗而不破"，因为关系破裂对埃欧双方都意味着损失惨重。与此同时，双方在强相互依赖状态下围绕不同议程、不同问题的博弈又是十分现实主义、功利主义的，一方将非对称性转化为权力资源或使用联系战略将不同议程捆绑谈判，也会遭到对方的反击而无须顾及总体关系的可能崩塌，这与冷战时期核平衡基础上俄美全球博弈的逻辑一致。2011年埃及革命后埃欧关系的演变，也是强相互依赖状态下国家间博弈和关系演变的很好例证。

二 "民主促进"：欧洲对埃及变局的干涉

强相互依赖状态下也存在国家间权力博弈，在己方有优势的领域建构相互依

① "Final Statement of the Marseille Meeting of the Euro-Mediterranean Ministers of Foreign Affairs", Union Européenne, November 3 – 4, 2008, p. 4, http://ue2008. fr/webdav/site/PFUE/shared/import/1103_ ministerielle_ Euromed/Final_ Statement_ Mediterranean_ Union_ EN. pdf, 最后访问日期：2017年6月2日。

赖、将某一议程与己方有利的非对称相互依赖问题联系起来（联系战略）都是常用的博弈策略，而对联系战略的制衡或排斥则考验一国政府的执政水平。从2011年年初至2013年年末埃欧关系的忽热忽冷，即是欧洲将"民主、自由、人权"等价值观问题与欧埃合作的其他领域"联系"起来所导致的。

2011年2月3日是欧洲介入埃及革命之始，也是欧埃强相互依赖状态下联系战略的最初运用。2011年2月1日晚，开罗解放广场发生著名的"骆驼战役"，一群被称为"巴塔基亚"（Baltagiya）的暴徒骑着骆驼和马，携带刀械和枪支，袭击了解放广场上和平示威的埃及民众，引发了广场的血腥混乱，此时埃及警察则"恰好"撤出了广场。① "巴塔基亚"诞生于20世纪80年代，从90年代开始受埃及政府的雇佣专门从事暴力打击政治反对派的工作，其负面形象在开罗人人皆知。② "骆驼战役"被卡塔尔和诸多西方媒体迅速爆料，并在脸谱、推特、YouTube等社交媒体上广泛传播，从而引起了欧洲和世界舆论的广泛关注。

2011年2月3日，英国首相卡梅伦、法国总统萨科齐、德国总理默克尔、意大利首相贝卢斯科尼、西班牙首相萨帕特罗（Jose Luis Zapatero）发表联合声明称："埃及政治过渡'必须立即开启'。"③ 相对于1月29日英法德三国领导人的联合声明只提到"敦促穆巴拉克总统以同样的温和方式来解决埃及现在的局势"④，此次声明无疑强硬得多。

欧盟委员会外交事务高级顾问托雷夫兰卡（José Ignacio Torreblanca）在解释五国领导人的发言时说："突然向他（穆巴拉克总统）施加压力并不是问题的关键，问题的关键是他（穆巴拉克总统）才是障碍本身……穆巴拉克是埃及不稳定的源泉。这是数以万计的欧洲人在目睹两个小时的暴力画面（指"骆驼之战"

---

① Thomas Francis, "Youth Protesters and Street Gangs Clash in Tahrir Square's Tent City", Pulitzer Center on Crisis Reporting, July 4, 2011, http://pulitzercenter.org/reporting/youth-protesters-and-street-gangs-clash-tahrir-squares-tent-city, 最后登录日期：2017年6月6日。

② 尽管时任埃及总理的沙菲克否认袭击与政府有关，但有确凿的证据证明时任内政部部长哈比卜·阿迪勒（Habib el Adly）和其他两个官员是袭击的策划者，而他们事先已经上报了穆巴拉克。另外，人们还在暴徒中看到便衣警察的身影，说明警察可能直接参与到袭击中。穆巴拉克下台后，对他的审判中最重要的罪名就是"下令武力镇压示威者"。

③ "European Leaders Demand Immediate Egypt Transition", CBS News, February 3, 2011, http://www.cbsnews.com/news/european-leaders-demand-immediate-egypt-transition/, 最后登录日期：2017年6月8日。

④ "Joint UK-France-Germany Statement on Egypt", January 29, 2011, https://www.gov.uk/government/news/joint-uk-france-germany-statement-on-egypt, 最后登录日期：2017年6月8日。

事件）后得出的结论，而领导人的发言只是慢了半拍。"① 另外，时任丹麦首相拉尔斯·勒克·拉斯穆森（Lars Løkke Rasmussen）2 月 3 日也公开直言："他（穆巴拉克）已经没有资格再担任总统。现在唯一需要讨论的问题是他需要多久离职……"② 奥地利外交部部长迈克尔·史宾德雷格（Michael Spindelegger）也谴责了暴力并表示："政府与反对派的对话必须立刻开始，以避免形势失控。同时，（政府）必须立刻对暴力事件做出解释。"③

欧盟多国领导人的联合声明和公开表态，事实上已经构成了对穆巴拉克政权的一种"外交否定"，并成为埃及政治变革的"催化剂"。"外交否定"瓦解了穆巴拉克政权在国际社会的影响力和合法性，使得埃及军方顺应时局发动政变的道德成本和国际风险降到极低。2 月 4 日，埃及军方领袖、时任国防部部长坦塔维（Mohamed Hussein Tantawi）出现在解放广场，安抚民众并忠告人们要和平、非暴力地举行示威活动。与此同时，军队取代"缺席的"警察出现在解放广场，建立检查点、恢复秩序、保护示威者，军队的士兵则普遍对示威者抱有同情。坦塔维还告诉示威者"穆巴拉克将不会再竞选总统"，进而呼吁示威者与副总统奥马尔·苏莱曼（Omar Suleiman）对话。④ 坦塔维的行动成为埃及"一·二五"革命事实上的转折点。2 月 6 日，穆尔西、卡塔特尼（Saad al-Katatni）作为穆兄会的代表开始与奥马尔·苏莱曼进行对话。2 月 10 日晚，不甘失败的穆巴拉克发表讲话表示"坚持不在 2011 年 9 月任期结束前辞职"，并强调"除非埋葬黄土，否则永不辞职"。面对这种情况，军方果断采取行动，2 月 11 日，奥马尔·苏莱

① Andrés Cala, "Europe Ups Pressure on Mubarak, Calling for Immediate Transition in Egypt", The Christian Science Monitor, February 3, 2011, http://www.csmonitor.com/World/Europe/2011/0203/Europe-ups-pressure-on-Mubarak-calling-for-immediate-transition-in-Egypt, 最后登录日期：2017 年 6 月 8 日。

② Staff Writer, "Danish Prime Minister: Mubarak Is Finished", Politiken, February 3, 2011, http://politiken.dk/newsinenglish/art4995079/Prime-Minister-Mubarak-is-finished, 最后登录日期：2017 年 6 月 8 日。

③ Press Release, "Spindelegger on Egypt: 'Demonstrations Cannot be Silenced by Violence'-Foreign Minister Very Concerned About Developments in Egypt and Calls for Renunciation of Force", Austrian Foreign Ministry, February 3, 2011, http://www.bmeia.gv.at/en/foreign-ministry/news/presseaussendungen/2011/spindelegger-zu-aegypten-demonstrationen-koennen-nicht-durch-gewalt-mundtot-gemacht-werden.html, 最后登录日期：2017 年 6 月 8 日。

④ Jeremy M. Sharp, "Egypt: The January 25 Revolution and Implications for U. S. Foreign Policy", Congressional Research Service, February 11, 2011, http://www.refworld.org/pdfid/4d6f4dc5c.pdf, 最后登录日期：2017 年 6 月 8 日。

曼公开宣布穆巴拉克辞职①，军方成立军事最高委员会接管埃及最高权力，同时开始组建过渡政府。

2月3日"外交否定"事件后，"价值观因素"开始成为欧洲对埃政策的核心元素，而其他一切议程都开始与之联系起来。从穆巴拉克倒台到2012年6月30日穆尔西就任总统，欧洲一直充当埃及政治民主化进程的"导师"和"监督者"角色。2011年2月22日，欧盟外交和安全政策高级代表凯瑟琳·阿什顿（Catherine Ashton）在英国首相卡梅伦的陪同下访问埃及，同埃及新当局和在野党接触，并向过渡政府施压以推动埃及议会转型和选举自由化。这方面取得的最显著的成果就是埃及当局邀请欧盟派遣"选举观察团"全程监督2011年议会选举和2012年5—6月的总统选举。经欧盟监督的总统选举，也被认为是埃及历史上第一次真正意义上的民主选举，与穆巴拉克时期单一候选人、超90%得票率的"虚拟民主"对比鲜明。欧盟的这一成就，是一连串联系战略的结果。

联系战略首先着力于欧洲对埃援助上，"多做多得"原则是援助与价值观议程挂钩的最直观体现。2月23日，即访埃第二天，阿什顿就向欧盟委员会提议调整欧盟地中海政策，认为"旧式稳定"已经难以维持，对地中海国家的新政策必须趋向于促进"有可持续能力的稳定"和"深度民主"。②3月8日的"在南地中海构建为了民主和共同繁荣的伙伴关系"联合声明中，欧盟委员会明确了"民主推进"的意图。5月25日欧盟委员会联合发布的《对变局中邻国的新回应：欧洲邻国政策回顾》（以下简称"2011年新邻国政策"），③则标志着欧盟基于"多做多得"准则的新邻国政策的完全确立。

2011年新邻国政策中，阿什顿推出了"3 M"计划（即资助、人口流动、市

---

① 苏莱曼在1月29日被穆巴拉克紧急任命为副总统之前一直担任埃及情报总局局长，是军方利益集团的重要一员。他的紧急任命，被认为是面对民众示威游行和政治动乱，穆巴拉克向军方力量的让步和求援。在这之前，穆巴拉克一直致力于确保其子贾迈勒·穆巴拉克的政治崛起和权力继承，相关内容参见 Mohammed Zahid, *The Muslim Brotherhood and Egypt's Succession Crisis*, London：Tauris, 2010。

② Timo Behr, "The European Union's Mediterranean Policies after the Arab Spring：Can the Leopard Change Its Spots", Am Sterdam DLE4, 2012, pp. 76–88.

③ European Commission, "A New Response to a Changing Neighbourhood：A Review of European Neighbourhood Policy", Joint Communication by the High Representative of The Union For Foreign Affairs And Security Policy and the European Commission, COM (2011) 303 Final, Brussels, May 25, 2011, https：//eeas. europa. eu/sites/eeas/files/review_ en. pdf，最后登录日期：2017年5月31日。

场开放：Money，Mobility，Market access）。在资助方面，欧盟首先在邻国政策与伙伴计划行动局（ENPI）下新设立了"伙伴关系、改革和包容性增长支持计划"，在 2011—2013 年原有 57 亿欧元资助计划的基础上又追加了 12.42 亿欧元拨款，其中 3.5 亿欧元专项支持突尼斯和埃及的政治转型。与此同时，欧洲投资银行承诺将追加每年 10 亿美元的贷款以帮助地中海变革国家恢复经济活力，欧洲银行则保证每年给予 25 亿欧元贷款以支持对地中海国家的"结构调整和发展计划"，埃及是其中最大的受益者。[①] 欧盟的援助还直接与欧埃社会互动挂钩，2011 年 9 月欧盟"公民社会促进项目"增加了一笔 2600 万欧元预算，用于支持埃及和突尼斯的公民社会建设。与此同时，欧盟新成立了"民主资助项目"（Endowment for Democracy，EfD）以资助埃及等地中海国家中的非正式非政府组织和政治团体。[②]

"一·二五"革命后，经济合作是欧盟最有力的武器，也是欧盟价值观介入和联系战略的重要一环。经济建设的能力将很大程度上影响到埃及新当局的政权合法性，经济建设对过渡政府和民选的穆尔西政府都非常重要。在经济领域发展欧埃合作，使新建立的民主政权稳固下来，是欧洲彰显自身是"称职的民主导师"的必然步骤。过渡政府时期政治混乱影响了埃及的经济规划，而穆尔西稳定政局之后不久即出访布鲁塞尔。2012 年 9 月 13 日，出访中的穆尔西与欧盟达成基于《欧埃联系协定》的经济合作计划，并建立了"欧埃特别小组"（EU-E-gypt Task Force）。

2012 年 11 月 14 日，欧埃特别小组组织召开了"开罗经济大会"，超过 500 名欧埃政府和社会、经济界代表参加，包括 100 余名欧洲商人、近 200 名埃及商人以及欧洲投资银行和欧洲复兴开发银行的代表。会议上欧埃特别小组公布的经济一揽子计划总额达 50 亿欧元，其中仅欧盟机构就贡献了 7.5 亿欧元资金，另外对埃及的"伙伴关系、改革和包容性增长支持项目"也是在此次会议上确定的。会上欧盟委员会还启动了一个农业和边缘地区发展项目，以促进埃及农业的

① Timo Behr, "The European Union's Mediterranean Policies after the Arab Spring: Can the Leopard Change Its Spots", *Amsterdam LF* 4, 2012, pp. 76 – 88.

② Beata Przybylska-Maszner, "The Political Dimension of European Union-Egypt Relations after 2012—Between Necessity and Obligation", in Anna Potyrala, Beata Przybylska-Maszner and Sebastian Wojciechowski eds. , *Relations between the European Union and Egypt after 2011-Determinants, Areas of Co-operation and Prospects*, Berlin, Logos Verlag Berlin GmbH, 2015, pp. 25 – 42.

发展。① "开罗经济大会"对埃及经济局势的影响非常巨大，其中一些项目如开放油气勘探开发权，一直延续至今，使塞西政府都受益匪浅。

总的来看，对待新埃及，欧洲使用价值观介入和联系战略的博弈策略大体上是成功的，且收益可观。这是因为在价值观问题上欧洲具有绝对的话语权和非对称优势，一旦价值观因素成为埃欧关系的核心议程，则这种非对称性将转换成潜力巨大的权力资源，进而为欧洲带来切切实实的利益。祖哈勒天然气田（Zohr）就是典型的例子。

穆尔西上台后在欧洲指导下开启了一系列经济发展和对外开放计划，其中就包括开放埃及的油气勘探和开发权。祖哈勒气田位于埃及专属海洋经济区的东北边缘，总面积 3765 平方千米。意大利埃尼公司 2013 年 3 月从埃及政府招标时中标，拥有拍卖区块 100% 的股东权益。② 2015 年 8 月 30 日，埃尼公司对外宣布探明该区域的巨额天然气储量，预计达 8500 亿立方米。③ 祖哈勒气田是截至目前地中海区域发现的最大天然气田，在世界天然气田储量排行榜中位列第 20。如果估算正确，祖哈勒气田将使埃及天然气储量增加一倍④，2017 年年末投产之后预期将以每年 200 亿—300 亿立方米的水平稳定供应近 30 年，在满足埃及国内消费缺口的基础上，还可将埃及天然气出口拉回历史最高水平。而这个盈利巨大的项目，埃尼公司拥有 100% 的开发和经营自主权。由此可见，当埃及政府顺应欧洲话语权行事时，欧洲获得的隐性利益之大。

① Beata Przybylska-Maszner, "The Political Dimension of European Union-Egypt Relations after 2012—Between Necessity and Obligation", in Anna Potyrala, Beata Przybylska-Maszner and Sebastian Wojciechowski eds. , *Relations between the European Union and Egypt after* 2011-*Determinants*, *Areas of Co-operation and Prospects*, Berlin, Logos Verlag Berlin GmbH, 2015, p. 34.

② "Egypt Hands Out Acreages for Gas, Oil Exploration", Africa Oil-Gas Report, May 2, 2013, http：//africaoilgasreport. com/2013/05/in-the-news/egypt-hands-out-acreages-for-gas-oil-exploration/，最后登录日期：2017 年 6 月 1 日。

③ "Eni Discovers a Supergiant Gas Field in the Egyptian Offshore, the Largest Ever Found in the Mediterranean Sea", Eni（Press Release），August 30, 2015, https：//www. eni. com/en_ IT/media/2015/08/eni-discovers-a-supergiant-gas-field-in-the-egyptian-offshore-the-largest-ever-found-in-the-mediterranean-sea，最后登录日期：2017 年 6 月 9 日。

④ "ENI in Egypt：Euregas!", The Economist, September 5, 2015, https：//www. economist. com/news/business/21663249-italian-energy-giants-strategy-seems-be-paying-euregas，最后登录日期：2017 年 6 月 8 日。

三 革命后埃及对以色列关系的调整

埃及外交无法绕开的一个核心就是与以色列的关系和巴勒斯坦问题，埃以和平是中东和平进程的基石和最终保障。以色列与埃及的战与和，决定着阿以之间的战与和，也决定着中东的稳定与否。埃以和平是埃美战略合作伙伴关系的基础，是埃及获得美国援助和支持的基本条件。埃以和平同样是埃及与西方关系的敲门砖，萨达特因为促成了埃以和平而获得了诺贝尔和平奖，进而在西方国家有了崇高的声誉。埃以和平为埃及政府带来巨大国际声誉的同时，极大地促进了穆巴拉克的权威性，并且使得以色列、美国和西方对穆巴拉克死心塌地。毫不夸张地说，埃以和平构建了埃及在国际舞台上的特殊角色。

在埃及变局发生之初，就有学者忧虑政治伊斯兰力量的释放可能对埃以和平的冲击，他们的忧虑很具前瞻性。而幸运的是，两代人的和平已经扎根在埃及人的内心深处，曾经为了理想和口号而奋不顾身投入战争的行为，为理智的埃及人民和领导者所拒绝。

2011 年 2 月 12 日穆巴拉克总统被宣布辞职后，埃及进入军事最高委员会管控国家的过渡时期，此时革命情绪的高涨带来了埃以关系的起伏波动。2011 年 8 月 18 日，以色列南部城市埃拉特发生连环恐怖袭击，造成 8 名以色列人死亡，40 多人受伤。随后以色列武装直升机突袭靠近埃及边境地区的武装分子，但造成 5 名埃及军人和警察的不幸死亡。以色列力求不扩大事态，国防部部长巴拉克发表声明称对此事表示遗憾。埃及政府认为巴拉克就此事件仅仅表达遗憾是不够的，而埃及各界人士则迸发出强烈的反以情绪。埃及军方对以色列提出严重抗议，正告以色列立即就此事展开联合调查。埃及总统候选人穆萨和哈姆丁·萨巴赫对以色列这一行为进行谴责。埃及民众则在开罗以色列大使馆前进行抗议，"谴责以色列袭击埃及边境"，并焚烧了以色列国旗，要求驱逐以色列大使。① 埃及民众冲击使馆事件是 1979 年埃以签订和平条约以来两国爆发的最严重的外交危机。

除了边境争端和冲击使馆事件，埃及过渡政府还开放了加沙口岸，调整了与哈马斯的关系，推动哈马斯与法塔赫的和解，同时支持巴勒斯坦加入联合国，这些给埃以关系蒙上了阴影。而随着埃及民众反以情绪的逐渐增长，要求修改甚至

---

① "Egypt Protests Border Killings, Demands Israeli Probe", Jerusalem Post, August 19, 2011, http://www.jpost.com/Diplomacy-and-Politics/Egypt-protests-border-killings-demands-Israeli-probe，最后登录日期：2015 年 10 月 21 日。

废除埃以天然气协议的舆论越来越引起埃及人的共鸣。迫于压力，埃及石油部部长阿卜杜拉·古拉卜正式声明"为了最大限度维护埃及的利益"而修改埃以天然气贸易协议，并表示"修改草案即将完成，天然气出口价格将大幅提高"。①与此同时，埃及过渡政府还意欲修改埃以和平条约。谢里夫总理 9 月 15 日在接受土耳其媒体采访时表示，戴维营协议"并非圣经，只要有利于这一地区的和平，完全可以修改"。②

尽管过渡政府时期，埃及对以色列关系有一定的调整，但总体上没有发生重大改变。武装部队最高委员会（SCAF）是过渡政府时期埃及事实上的领导者，他基本上原封不动地保存了原有的埃及外交决策制度。在这个制度下，总统府、外交部、军方和情报部门分享了外交决策权力。对外情报部门保持着同一些关键国家的秘密外交专线，而军方则维持着其埃及保卫者的角色。在"一·二五"革命后，埃及军方与美国相应机构建立了新的沟通渠道，而随着埃及政局的变化，这一渠道不断扩大。③埃及军方开启与美国的外交专线，事实上保证了埃美战略合作伙伴关系，同时为埃及对以色列的外交政策的延续提供了保证。这预示着军方控制下埃及过渡政府虽然外交政策微调，但基本模式仍未改变。维持埃以和平、发展埃美战略合作伙伴关系、压制穆兄会以争取中东国家巨量的外部援助和支持，这三个穆巴拉克时代埃及外交政策的核心基轴依然牢固。

在外交核心基轴未变的背景下，过渡政府对以色列的一系列外交政策调整，事实上是埃及民众意志自然宣泄的结果。后穆巴拉克时代，没有任何政府可以忽视民众的要求，因为民众成为政权合法性事实上的授予者。过渡政府外交政策中强烈的地区关切、反以情绪和"去穆巴拉克化"的特点，正是响应埃及民众呼声和公共舆论的结果。这种调整不仅仅贯穿过渡政府始终，而且一直延续到穆尔西执政的埃及，促成了穆尔西政府外交政策的真正转变。

执政以前的穆兄会一直秉持反对以色列的态度，并且认为对以色列使用一切

---

① "Egypt to Markedly Raise Gas Prices in New Deal with Israel", Jerusalem Post, October 4, 2011, http://www.jpost.com/Middle-East/Egypt-to-markedly-raise-gas-prices-in-new-deal-with-Israel，最后登录日期：2015 年 10 月 22 日。

② "Egyptian PM: Peace Deal with Israel Not Sacred", Jerusalem Post, September 15, 2011, http://www.jpost.com/Middle-East/Egyptian-PM-Peace-deal-with-Israel-not-sacred，最后登录日期：2015 年 10 月 23 日。

③ Joshua Haber and Helia Ighani, *A Delicate Balancing Act: Egyptian Foreign Policy after the Revolution*, George Washington University: The Institute For Middle East Studies, May, 2013, p.28.

形式的暴力都是合法的。但当自由与正义党掌握埃及政权后，穆尔西政府却以务实的态度处理与以色列的关系。

首先，对于埃以和平条约，穆尔西政府在"暂时承认"的同时，力争修改不公平的部分，并保留"废约的权力"。这其实是一种博弈，博弈的基础是"承认埃以和平条约"，而博弈的目的是在此基础上为埃及赢得更好的"补偿"。这种策略的核心目标是"修改条约"，而非"否定条约"。事实上，与外界预期的相反，埃及民众并非压倒性地支持废除条约。2011年阿拉伯公众意见调查报告显示，37%的埃及人支持保留协议，35%的人支持废约。[1] 2012年1月的盖勒普民意调查也显示，48%的埃及人认为和平协议是个"好东西"，而42%的人认为它不好。[2] 因此，废约不是埃及民众的普遍心理，也不能促进国内共识，相反会造成民众意见分歧。因此，穆尔西政府选择"暂时接受"戴维营协议，并宣称"与他国的条约都应被广泛尊重，但必须在公正和大众支持的基础上"。[3] 自由与正义党外交事务顾问贾哈德·哈达德同时声明："尽管戴维营协议是中东历史上的灾难，但它对埃及现状是有利的。"[4] 但是，埃及无论是伊斯兰主义者还是世俗主义者，都对该条约的一些不公平条款表达了修改的意愿，并认为埃及国民拥有废除和约的权力。[5] 穆尔西政府顺应埃及民众和公共舆论，把对埃以和平条约的承认，定义为"暂时的承认"。这种"暂时承认"的策略，使得埃及在维持埃以和平以不伤害埃及国家利益的同时，凝聚了国内共识，避免了与其意识形态的冲突。这充分体现了穆尔西政府灵活实用的外交策略。

在"暂时承认"埃以和平条约凝聚国内共识的同时，穆尔西的另一次外交

① Shibley Telhami, Mike Lebson, Evan Lewis, and Abe Medoff, "2011 Arab Public Opinion Survey", University of Maryland, October, 2011.

② Dalia Mogahed, "Opinion Briefing: Egyptians Skeptical of U. S. Intentions", Gallup, September 21, 2012, http://www.gallup.com/poll/157592/opinion-briefing-egyptians-skeptical-intentions.aspx, 最后登录日期：2015年10月27日。

③ The Freedom and Justice Party, "Electoral Program-The Freedom and Justice Party, Egypt-2011 Parliamentary Elections", 2011, p. 35, https://kurzman.unc.edu/files/2011/06/FJP_2011_English.pdf, 最后登录日期：2019年10月27日。

④ Omayma Abdel-Latif and Amira Howeidy, "Interview with Gehad el-Haddad: 'We Will Not Let Egypt Fall'", Al-Ahram Weekly, March 6, 2013, http://weekly.ahram.org.eg/News/1744/17/%E2%80%98We-will-not-let-Egypt-fall%E2%80%99.aspx, 最后登录日期：2015年10月29日。

⑤ Joshua Haber and Helia Ighani, A Delicate Balancing Act: Egyptian Foreign Policy after the Revolution, George Washington University: The Institute For Middle East Studies, May, 2013, p. 36.

活动为埃及带来了巨大的地区和国际声望，那就是穆尔西成功仲裁以色列与哈马斯的加沙战争。2012 年 11 月 14 日，以色列指责哈马斯恐怖袭击和火箭弹攻击的同时，其国防军展开了"防卫柱行动"，对加沙地区的武器仓库、火箭发射点、政府设施和公寓楼发动了袭击[①]，造成了 133 名巴勒斯坦人死亡，840 人受伤，更多的人流离失所。[②] 作为回应，加沙地区的巴勒斯坦势力哈马斯、卡桑旅和巴勒斯坦"圣战"组织向以色列城市发射了超过 1400 枚火箭弹，尽管大多数被以色列导弹防御系统拦截，但仍造成了以色列人的恐慌。[③]

危机发生时，穆尔西通过埃及军方和情报部门同美国、以色列的外交专线，表达了仲裁冲突的意愿，并在冲突的 8 天后促成了停火协议。穆尔西的行为赢得了美国、以色列和哈马斯的一致赞誉。美国国务卿克林顿感谢了穆尔西在加沙冲突中的和解作用。同样，哈马斯的领导人也认为埃及是"负责任的"，宣称"埃及没有出卖巴勒斯坦抵抗运动"，并赞美穆尔西对停火协议做出的重要贡献。[④] 国际危机组织在报告中认为，穆尔西的行动表达了他同华盛顿合作的意愿，向以色列证明了其作用，并且没有因此疏远哈马斯和巴勒斯坦人民。[⑤] 调停加沙冲突为埃及带来了巨大的国际声誉，使其地区领导角色得到认可，同时防止了冲突向埃及的溢出，保护了埃及的国家安全，安抚了埃及军方和情报部门，一举多得。

最后，为了不伤害埃以和平，穆尔西政府时期暂缓了与伊朗关系的正常化。早在过渡政府时期，埃及就出乎意料地开始与伊朗接触。埃及外长阿拉比 2011 年 4 月在开罗会见伊朗驻埃代表时强调，愿意发展与伊朗的关系，并表示已为"与伊朗恢复外交关系做好准备"，两国之间的关系将会翻开新一页。对此，伊

---

① "Factbox：Gaza Targets Bombed by Israel"，Reuters，November 21，2012，http://www. reuters. com/ article/2012/11/21/us-palestinians-israel-gaza-idUSBRE8AK0H920121121，最后登录日期：2015 年 11 月 1 日。

② "Israeli Strikes Kill 23 in Bloodiest Day for Gaza"，The News Pakistan，November 19，2012，http:// www. thenews. com. pk/Todays-News-13-18932-Israeli-strikes-kill-23-in-bloodiest-day-for-Gaza，最后登录日期：2015 年 11 月 1 日。

③ Ban Ki-moon，"Secretary-General's Remarks to the Security Council［as delivered］"，November 21，2012，http://www. un. org/sg/statements/index. asp? nid = 7471，最后登录日期：2015 年 11 月 1 日。

④ Hendawi Hamza，"Morsi's Gaza Ceasefire Deal Role Secures Egypt's President as Major Player"，Huffington Post，November 21，2012，http://www. huffingtonpost. com/2012/11/21/morsi-gaza-ceasefire _n_2173589. html，最后登录日期：2015 年 11 月 1 日。

⑤ "Israel and Hamas：Fire and Ceasefire in a New Middle East"，*International Crisis Group Middle East Report*，No. 133，November 22，2012.

朗方面给出积极回应。埃伊关系的前景一片大好,以致埃及《消息报》副主编易卜拉欣认为,埃及和伊朗建交是"很快的事情"。①

2012 年 8 月,正值美国领导对伊朗制裁时期,穆尔西顶住压力前往德黑兰参加了不结盟运动峰会。这是 1979 年以来埃及与伊朗双方领导人的首次接触,也是埃伊关系改善的标志。对于埃及抛出的橄榄枝,伊朗欣然接受。2013 年 2 月,伊朗总统内贾德回访埃及开罗,参加伊斯兰合作组织峰会。伊朗的外交目标是扩大地区影响力、反抗制裁和避免被国际孤立,而与最大的阿拉伯国家埃及建立外交关系则会一定程度上实现这些目标。

但是,鉴于伊朗对以色列的极端敌视及其什叶派背景,埃及强化与伊朗的联系会对埃以和平造成严重的负面影响,进而伤害其现有的联盟结构和与海湾国家的关系,同时可能引发埃及国内的萨拉菲主义者和宗教组织的抗议。② 这些后果,对国内不稳的穆尔西政府而言是绝对无法容忍的。所以,尽管埃及穆兄会与伊朗有很强的意识形态认同,穆尔西政府随后却对开放埃伊关系施加了限制,并撤销了允许伊朗旅客在埃及自由旅行的决定。③ 之后的埃伊关系,停留在"接触但不结盟"的状态中。穆尔西"接触但不结盟"的对伊朗外交策略,使得埃及在不伤害其国家利益、维持埃以和平和同海湾盟友关系的前提下,增加了自身处理中东地区事务的能力和地区话语权。

总之,穆尔西时期埃及外交呈现出一种"开拓"的姿态,致力于重建埃及的地区大国地位。安抚海湾国家,承诺不输出革命;重回非洲,发展与东北非国家的关系;与伊朗"接触而不结盟";对埃以和平条约"暂时承认";仲裁加沙冲突,致力于中东内部解决叙利亚问题的四方会谈;发展同新兴大国关系,谋求加入金砖国家,这一系列眼花缭乱的外交活动,蕴含了穆尔西政府积极进取、努力开拓的新外交精神。而其目的,则是构建埃及的地区大国地位,并为埃及经济发展寻求机遇。

当然,埃及外交的开拓必须在确保不损害埃及的国家安全、经济利益的基础

---

① Michael Theodoulou, "Egypt's New Government Ready to Renew Country's Ties with Iran", The National, April 6, 2011, http://www.thenational.ae/news/world/middle-east/egypts-new-government-ready-to-renew-countrys-ties-with-iran, 最后登录日期: 2015 年 11 月 1 日。

② Joshua Haber and Helia Ighani, *A Delicate Balancing Act: Egyptian Foreign Policy after the Revolution*, George Washington University: The Institute For Middle East Studies, May, 2013, pp. 43 – 44.

③ "Egypt Suspends Tourism from Iran", Ma'an News Agency, April 9, 2013, http://www.maannews. net/eng/ViewDetails. aspx? ID = 583618, 最后登录日期: 2016 年 1 月 1 日。

上进行。这就决定了埃及在外交开拓的过程中，不得不"平衡"同美国、以色列和西方的关系。收放有度、在"开拓"之中寻求"平衡"，穆尔西始终秉持实用主义的外交实践，使得埃及在地区和国际关系中显得游刃有余。埃以关系也因此从后穆巴拉克时期难以预测的不稳定状态中走了出来。

四 "7·3"事件与欧洲态度

2013年4月，5个20多岁的埃及年轻人发起塔姆路德运动（Tamarod Campaign），旨在推翻民选总统穆尔西。该运动在自己的网站上列举了穆尔西的诸多"罪状"，并制作出签名表在街道上或百姓家门口寻求人们签字支持。塔姆路德运动很快得到众多政治反对派和社会团体的支持，其中包括救国阵线、肯法亚运动、四月六日青年运动等。另外，前国家民主党成员沙菲克等也加入进来。2013年6月26日，塔姆路德运动声称已收集到2200万民众的签名，并开始筹备6月30日的大规模示威游行。6月30日晚，示威游行在开罗、亚历山大等地上演。埃及军方随即于7月1日向总统穆尔西发出通牒，称如果穆尔西48小时内不满足示威者诉求，军方将介入当前局势。7月2日，穆尔西发表讲话拒绝了军方的最后通牒，并宣称"用生命捍卫民选政府的合法性，永不妥协"。7月3日，军方领导人阿卜杜勒·塞西认为政府未能解决冲突、穆尔西未能建立一个团结的埃及，宣布取消穆尔西的总统职位，军方随即拘禁关押了穆尔西及其追随者。

从"6·30"示威游行到"7·3"事件，此过程中埃及军方行动之果决、迅速，完全出于欧洲和国际社会的预料之外。等到国际社会反应过来时，埃及政变已经尘埃落定了，以至于欧盟外长阿什顿7月18日访问开罗时只能"遗憾于未能见到穆尔西总统"。[①]

塞西政变在欧洲舆论界造成了一股风波，它似乎预示着自2011年"阿拉伯之春"以来中东民主化进程的可能中断。对埃及军方的指责之声，喧嚣在欧洲的媒体和政界之中。而随后塞西的行为，更进一步添加了欧洲社会的反感。

社会价值观的鸿沟是埃欧关系的障碍。在欧洲人的视野里，埃及以至于整个伊斯兰世界的人权、民主、法治、女性权利、极端思想等诸多方面，是需要仔细审视或警惕的。而历史自豪感则使得埃及人对欧洲人高高在上的心态极度

---

① "EU Calls for Morsi Release Amid Protests"，Al Jazeera English，July 18, 2013, http://www.aljazeera.com/news/middleeast/2013/07/2013717124459915328.html，最后登录日期：2017年3月6日。

不满，他们批评欧洲的新殖民主义、人权干涉、文化霸权、经济侵略，对欧美入侵阿富汗、伊拉克、利比亚耿耿于怀，更对欧洲报刊污蔑伊斯兰教而愤怒不已。① 历史建构而来的社会价值观差异，以及基于这种价值观的自我感知和对他者认知的鸿沟，是双方社会互动和相互认知的最大障碍，也是欧埃关系更进一步通往美加、美澳模式的绝对阻碍。2011 年埃及革命后，由于埃及的政治转型进程开始，这种阻碍有显著的松动迹象，但 2013 年的"7·3"事件则打断了这一进程。

2013 年 7 月 3 日，埃及发生军方罢黜民选总统穆尔西的政治事件。7 月和 8 月的军方暴力镇压造成超过 1550 人死亡、数千人受伤，埃及监狱人满为患。2014 年 4 月 28 日，埃及一地方刑事法庭更是判处 683 名穆兄会成员及支持者死刑。这些使得长期关注埃及的欧洲舆论一片哗然，民主和人权等价值观问题重新成为埃欧关系争论的焦点。此时，价值观因素仿佛成为凌驾欧埃合作其他议程的至高存在，埃欧关系全面趋冷，欧洲开始使用一切可使用手段介入埃及内政。

"7·3"事件后不久，欧盟外长阿什顿即两次（7 月 17 日和 29 日）访问埃及，以期调停埃及的政治冲突。阿什顿还在开罗成功会晤了被拘禁中的穆尔西，但军方与伊斯兰主义者巨大的裂痕和残酷的政治冲突使阿什顿无功而返，血腥镇压随即开始，而镇压行为又遭到欧盟的强烈反对。2013 年 8 月 18 日，欧洲理事会赫尔曼·范龙佩和欧盟委员会主席杜朗·巴罗佐发表联合声明，呼吁埃及结束暴力、恢复和解对话、回归民主。8 月 19 日，欧盟召开紧急会议讨论发生在埃及的"极度令人担忧"的事变，并重新评估欧盟与埃及的关系。为了向埃及军方施压，欧盟宣布对原先的近 50 亿欧元贷款和捐助进行"持续评估"，从而事实上终止了 2012 年开罗经济大会上达成的几乎所有合作或援助项目。② 同时，法

① 其中最典型的例子可能要属"查理周刊事件"。2012 年 9 月，法国漫画杂志《查理周刊》发表了一系列讽刺伊斯兰教先知穆罕默德的漫画，这激起了法国穆斯林团体的强烈不满，而这种不满又迅速蔓延到伊斯兰世界。2015 年 1 月，《查理周刊》继续以"法国还未遇袭"为题发布了讽刺漫画。该月 7 日便发生了对《查理周刊》巴黎总部的袭击事件，包括漫画主笔沙博尼耶（Stéphane Charbonnier）在内的 9 名《查理周刊》工作人员、1 名清洁员、2 名保安和 1 名访客死亡，另有 11 人受伤。袭击者系阿尔及利亚裔法国人兄弟赛义德·卡拉奇（Saïd Kouachi）和谢里夫·卡拉奇（Chérif Kouachi）。类似的还有美国籍科普特人导演纳库拉·巴塞利（Sam Bacile）拍摄的电影《穆斯林的无辜》（*Innocence of Muslims*），也引发了伊斯兰世界的极度不满。

② Radoslaw Fiedler, "Financial and Trade Instrument in the European Union's Policy Towards", in Anna Potyrala, Beata Przybylska-Maszner, and Sebastian Wojciechowski eds. , *Relations between the European Union and Egypt after 2011-Determinants*, *Areas of Cooperation and Prospects*, Berlin, Logos Verlag Berlin GmbH, 2015, p. 51.

国政府向沙特阿拉伯和卡塔尔施压，希望两国帮助督促埃及当局停止镇压穆尔西支持者和游行示威民众，但遭到两国拒绝。

　　欧洲几乎是立刻使用旅游警告来打击埃及经济，以迫使埃及政府让步。自英国外交和联邦事务部 2013 年 8 月颁布对埃旅游警告后①，意大利、法国、德国、西班牙、爱尔兰、丹麦等多国相继出台旅游警告。此举使得逐渐回暖的埃及旅游业瞬间受挫。2010 年访埃游客总计 1470 万人，2011 年因政治混乱跌至 980 万，2012 年旅游业开始复苏后游客达 1150 万人，2013 年上半年访埃游客持续增加，但旅游警告后游客暴跌，导致全年游客只有 950 万人。2014 年，访埃游客总数继续走低，全年只有约 700 万人次。2013 年旅游业税收只有 59 亿美元，不足 2012 年的六成。② GDP 贡献率达 11% 的旅游业受创，使埃及经济雪上加霜。

　　2014 年 5 月塞西脱下军装参选埃及总统并成功后，也丝毫没有改变欧洲舆论和政界对埃及军方的厌恶之情。2014 年 11 月 24—27 日塞西首访欧洲的旅途也并不愉快，所到之地都遇到示威游行和抗议活动。在与意大利总理伦齐和法国总统奥朗德会晤时，两人都不断强调埃及的"人权"问题。2015 年 6 月 3 日，塞西访问德国遭到一片嘘声，绿党、德国左翼党及多个人权组织纷纷向默克尔施压，反对其接见塞西。德国联邦议院议长诺贝特·拉默特则表示拒绝与塞西会晤。而在总理府大楼门前，大批示威者举行抗议示威，他们手举"停止死刑判决"和"反对军事政变"横幅标语，高喊着"儿童杀手塞西"的口号。

　　总的来看，"7·3"事件之后的国内政治动荡制约着埃及外交，使得埃欧关系双方话语权极度不平衡。埃及明显是弱势的一方，其唯一的筹码是"埃以和平"，但在内部不稳的情况下任何动摇"埃以和平"的尝试都有可能直接造成对塞西政权本身的冲击。与此同时，埃及有求于欧洲，无论是来自欧洲的外部直接投资，还是前来金字塔和尼罗河观光的欧洲游客，都是埃及经济不可或缺的助力。塞西多次向欧洲示好，并顶着压力出访德国等，都是埃及迫于国内经济形势的无奈之举。而对欧洲国家和欧盟而言，埃及既不属于自己的势力范围，对自身

①　"Egypt Travel Warning To 40,000 British Tourists", Sky News, UK, August 16, 2013, http://news.sky.com/story/egypt-travel-warning-to-40000-british-tourists-10437104，最后登录日期：2017 年 9 月 6 日。

②　Matt Smith, "Egypt Tourist Numbers to Rise 5 – 10 pct in 2014-minister", Reuters, September 11, 2014, https://www.reuters.com/article/2014/09/11/egypt-tourism-idUSL5N0RC3CF20140911，最后登录日期：2017 年 9 月 17 日。

的利益干涉也不大，它不像土耳其那样可以帮助欧洲抑制难民危机，也不似突尼斯那样可以为欧洲宣传"民主还是有用的"口号，更没有利比亚那样丰富的石油。正是埃及－欧洲关系中的这种不平衡，使得两者关系难以恢复到 2011 年以前的程度，更遑论深入发展了。

相反，欧洲在舆论道义和经济上对埃及的不断压制，促使塞西不断寻找来自东方的支持，俄罗斯和中国的分量在开罗不断强化，"向东看"成为后政变埃及最重要的外交转型。2014 年 12 月，塞西上任 6 个月后即率庞大的代表团访华。2016 年 9 月 G20 杭州峰会，塞西总统也受邀参加。随着埃欧关系持续走冷，未来埃及"向东看"趋势明显加强。

第四节 欧洲国家与利比亚问题

北非变局之中，利比亚是欧洲战略介入最首要的试验场。打着"保护之责任"的旗号，以法国为首的欧美国家对弱小的阿拉伯国家打了又一场力量悬殊的现代战争。2011 年 3 月 10 日，法国正式承认利比亚全国过渡委员会为利比亚的"合法代表"，3 月 17 日，联合国安理会投票通过制裁卡扎菲政权、在利比亚设立"禁飞区"的 1973（2011）号决议。决议生效两天后，法国带头对利比亚政府军发动空袭，颠覆卡扎菲政权的军事介入正式开启。10 月 31 日，北约宣布取得对卡扎菲政权的胜利。

卡扎菲政权被推翻后，利比亚进入过渡时期，政治转型随之开启。但好景不长，2013 年 8 月 8 日，"刚满一岁"的新利比亚就陷入政治混乱。2014 年 6 月，利比亚再次陷入内战并分裂成两个政治实体："利比亚黎明"支持的西部的黎波里"救国政府"，世俗军事力量"尊严行动"和利比亚国民军支持的东部托卜鲁克政府。值此之时，恐怖组织"伊斯兰国"见缝插针，先后在东部德尔纳和中部苏尔特地区攻城略地。"伊斯兰国"的威胁促使欧洲再次介入利比亚危机。2016 年 5 月开始，受西方支持组建、囊括东西部两个政权的利比亚民族团结政府开始组织力量进攻苏尔特，"伊斯兰国"节节败退，被迫撤出领土据点。

一 法国介入利比亚内战的原因

2007 年，萨科齐热情地在巴黎欢迎卡扎菲，因为卡扎菲喜欢住帐篷而特意破天荒地让他将帐篷扎在总统府爱丽舍宫的草坪上。萨科齐对卡扎菲交出利比亚发展核武器设备、图纸这一积极配合的态度十分赞赏，并亲切地称卡扎菲为"朋友"。

萨科齐就任总统后，决意以"有影响力的外交"重塑法国在欧洲和全球的大国地位，并为此采取了一系列积极主动的外交实践，包括：促成《里斯本条约》在欧盟成员国中全部通过和最终签署，推动欧盟一体化进程；改善法美关系，实现法国全面重返北约组织；积极实施"峰会外交"，倡导金融监管和全球经济治理；争取多方支持，构建 G20 机制下国际经济新秩序；等等。[①] 东欧剧变后欧盟东扩，吸纳了为数众多的中欧和东欧国家加入欧盟。中东欧国家数量的增加，极大地增强了德国在欧盟中的话语权和地位。且 2007 年经济危机发生并波及欧洲后，相比于法、英所受的冲击，德国未显颓势，其通过经济支援中东欧国家的能力不降反升。德国话语权的上升冲击了欧盟的根基——法德联合，而法国的应对则是"重提和重建伟大法国"。2007—2008 年，萨科齐在欧盟邻国政策的基础上推动"地中海联盟"计划，该计划极大地提升了法国在中东和北非的影响力，以及其在欧盟内部的地位。地中海联盟是萨科齐提升法国政治话语权以重置法德力量对比、稳固欧盟基础结构的战略选择，而卡扎菲却成为地中海政策最主要的外部阻力，他多次拒绝与法国和欧盟的合作，并反对法国提出的建立地中海经济共同体计划。[②] 萨科齐的"大国主义"情结，及其提升法国政治话语权的战略选择，是法国果断介入利比亚革命的前提条件。

如果说突尼斯茉莉花革命在人们眼中还仅仅是一国革命的话，埃及解放广场的斗争则将之推到一个新的高度。突尼斯和埃及的成功，感染了阿拉伯人和整个伊斯兰世界。2011 年 2 月 15 日，利比亚第二大城市班加西的民众就开始走上街头抗议示威，要求卡扎菲下台。政府随即开始武力镇压，2 月 18 日卡扎菲发表电视讲话明确拒绝抗议者的要求，并表态要将示威民众消灭。统治模式决定反抗模式，卡扎菲的讲话和随之而来的政府军暴力镇压，使得示威民众拿起武器开始反抗。2 月 27 日，各反对派在班加西成立"利比亚全国过渡委员会"（National Transitional Council of Libya），前司法部部长穆斯塔法·阿卜杜勒·贾利勒（Mustafa Abdul Jalil）担任主席，33 名委员会代表来自利比亚各主要城市和乡镇。利比亚形成了两个政权，内战由此爆发。

---

① 陈新丽：《萨科齐外交政策研究》，博士学位论文，武汉大学，2011，第 I 页。
② 丁一凡：《法国为何要积极推翻卡扎菲政权》，《欧洲研究》2011 年第 3 期。

国际社会介入利比亚内战最重要的标志是 2011 年 3 月 17 日的联合国安理会 1973（2011）号决议。稍前 2 月 26 日通过的联合国安理会 1970（2011）号决议，其首要目的只是实施武器禁运，以防止利比亚国内冲突的扩大化。在中东历次冲突中，武器禁运是抑制冲突升级的最基本也是效力较低的手段，它本身只代表国际社会对冲突的"关注"，而不代表国际社会的"倾向"和"态度"。1973 号决议则明确表达了"决心保护平民和平民居住区，确保人道援助迅速和无阻碍地通过……目前在利比亚发生的针对平民人口的大规模、有系统的攻击可构成反人类罪……在利比亚领空禁止一切飞行是保护平民及保障运送人道援助通道安全的有效方法，是促进利比亚境内停止敌对行动的一个果断步骤"。① 该决议不同于 1970 号决议，透露出两个关键性信息：一是联合国认定"卡扎菲政权有罪"，二是联合国宣布"相关国家有干涉的义务和保护的责任"。第一条信息具有极强烈的"倾向性"，从客观上否定了卡扎菲政权的合法性，第二条则基于人道主义援助和保护的责任，授予了外部武装干涉以合法性。决议出台的第三天，法国即带头发动对利比亚的空袭，英国、美国、意大利、加拿大紧随其后。

从 1970 号决议到 1973 号决议，标志着联合国安理会对利比亚政策的转变，即从"危机应对"转变为"授权干涉"政策，而这个转变是多个国家和相关人士一系列利益互动的结果。

联合国安理会"授权干涉"政策最积极的推动者是法国政府，而法国积极态度的推动者则是时任总统萨科齐和被称为"法国当代知识分子之首"的贝尔纳－亨利·雷维（Bernard-Henri Lévy）。2011 年 2 月末，62 岁的雷维正在开罗解放广场跟进埃及革命的后续事宜。2 月 27 日，他打电话给总统萨科齐，询问他"是否有兴趣同利比亚的反对派接触"。② 萨科齐给予了肯定的回复，雷维随后在一名助手和一名摄影师的伴随下，从马沙马特鲁（Marsa Matrouh）穿越埃及－利比亚边境。3 月 3 日，雷维一行抵达班加西并会晤了利比亚全国过渡委员会主席

---

① Security Council（United Nations），"Security Council Approves 'No-Fly Zone' over Libya, Authorizing 'All Necessary Measures' to Protect Civilians, by Vote of 10 in Favour with 5 Abstentions", March 17, 2011, http：//www. un. org/press/en/2011/sc10200. doc. htm，最后登录日期：2016 年 12 月 6 日。

② Steven Erlanger, "By His Own Reckoning, One Man Made Libya a French Cause", The New York Times, April 1, 2011, http：//www. nytimes. com/2011/04/02/world/africa/02levy. html? _ r = 1，最后登录日期：2016 年 12 月 3 日。

贾利勒。① 雷维询问反对派是否愿意前去会晤总统萨科齐，贾利勒答复"十分乐意"，但前提是有法国的"正式邀请"。雷维通过卫星电话联系总统萨科齐，得到肯定的答复。3 月 5 日，法国政府发表了一个极其低调的声明，欢迎利比亚全国过渡委员会访问巴黎。3 月 10 日，萨科齐在爱丽舍宫会见了马哈茂德·吉卜利勒（Mahmoud Jibril）率领的过渡委代表团。会谈中，萨科齐确认了反对派作为"利比亚合法政府"的地位，允诺将派遣大使。

萨科齐之所以在利比亚问题上主动出击，首要因素是出于国内政治利益的考虑，他希望通过对外行动来挽回其不断下跌的民众支持。② 2012 年是法国总统大选年，萨科齐有明确地争取连任的意向。但法国国内报纸显示，萨科齐的国内支持率是一路下跌的。2010 年 5 月其国内支持率为 38%，6 月跌至 34%，到 2010 年 12 月突尼斯危机前夕只有 24%。2012 年 3 月 8 日，萨科齐的支持率低至 21%，低于反对派领导人勒庞（Jean-Marie Le Pen）的 23%，与奥布里（Martine Aubry，他的支持率也达到 21%）并列第二。③ 在北非变局发生后，法国舆论开始批判政府政策没有远见，突尼斯动乱前法国外交部部长米谢勒·阿利奥 – 玛丽（Michèle Alliot-Marie）正在该地度假，而差不多同一时间法国总理弗朗索瓦·菲永（François Fillon）则在埃及度假。舆论的压力，迫使萨科齐改组政府，重新任命朱佩（Alain Juppé）担任外交部部长。

法国总统历来有从外交上挽回个人形象和民意的习惯，萨科齐对此驾轻就熟。2008 年萨科齐在俄罗斯和格鲁吉亚冲突中的介入和调解，就为其带来了巨大的声誉。卡扎菲在西方民主世界的印象可以用"声名狼藉"来形容，其对民主的抨击和诸如洛克比空难等事件，在法国以至欧洲人的记忆中留下深刻印象。3 月 23 日的一份调查显示，66% 的受调查民众支持法国政府干预利比亚危机。④ 在此之前，法国的多个在野党就已发表声明支持介入利比亚危机，并且在军事干

---

① Robert Marquand, "How a Philosopher Swayed France's Response on Libya", *The Christian Science Monitor*, March 28, 2011.

② 庄宏韬、曾向红：《多元启发理论视角下的萨科齐对利比亚空袭决策》，《国际论坛》2015 年第 2 期；丁一凡：《法国为何要积极推翻卡扎菲政权》，《欧洲研究》2011 年第 3 期。

③ 数据转引自庄宏韬、曾向红《多元启发理论视角下的萨科齐对利比亚空袭决策》，《国际论坛》2015 年第 2 期。

④ "Sondage：Marine Le Pen arrive devant Sarkozy, DSK et Hollande", Le Parisien, 8 mars 2011, http：//www.leparisien.fr/une/sondage-marine-le-pen-arrive-devant-sarkozy-dsk-et-hollande-08-03-2011-1348346.php，最后登录日期：2016 年 12 月 7 日。

预问题上几乎不存在争议。萨科齐的政敌之一、前总理德维尔潘曾声明军事干预将"不辜负法国的理想"。法国前外长贝尔纳·库什内（Bernard Kouchner）则指出："萨科齐的确希望阻止在班加西的屠杀……但他是个政治人物，他希望赢得大选，这是法国（对利比亚）外交政策路线变更的原因。"①

但是，促使萨科齐军事介入利比亚危机的决定性因素是卡扎菲政权失道寡助和利比亚军事力量的弱小。卡扎菲政权的虚弱表现在外交和国内政治两个方面。卡扎菲执政多年，因其乖戾的性格得罪了为数众多的他国政要。在法国推动禁飞区过程中，阿拉伯联盟2011年2月22日的紧急会议上拒绝利比亚政府的参与，会后阿盟秘书长穆萨发布申明谴责利比亚政府。随后的联合国大会上，利比亚被剥夺联合国人权理事会成员资格。曾遭到卡扎菲侵略的乍得、受利比亚指手画脚的周边国家如阿尔及利亚、摩洛哥等，对卡扎菲的倒台乐见其成，只要不引起自身的连锁反应就好。当卡扎菲政权遭遇危机时竟然没有一个阿拉伯国家为其背书，除了非盟没有一个有影响力的国际组织为之说好话。可见卡扎菲政权在外交上有多虚弱。卡扎菲政权的虚弱还体现在国内政治方面，班加西人民的示威游行是最有力的证据，而内战中无数高官的"叛逃"也证明了卡扎菲的"众叛亲离"。

卡扎菲执政中期，曾致力于发展独立核力量，但最后因为国际社会的批判和卡扎菲自己的观念转变而终止。在其统治中后期，利比亚国内发生了几次叛乱，导致卡扎菲不再信任国民军，转而着力培养效忠自己的部族武装、私人卫队和非洲雇佣军。利比亚动乱前夕，利比亚正规军总数只有7.6万人②，其武器装备较差。而部落武装和私人卫队也缺乏正面作战能力。正规军实力的极度衰弱，是法国毫无顾忌发动军事介入的基础前提。

最后，不得不考虑到价值观和社会舆论的因素。突尼斯革命和埃及革命均以不流血的方式推翻了威权主义政权，本·阿里和穆巴拉克最后选择妥协并放弃政权。卡扎菲则不然，无论是言辞上公然声称要消灭示威民众，还是实际行动中武力进攻示威平民，都公然挑战了国际社会有关"政府之责任是保护公民而非迫害"的主流价值观。卡扎菲的肆无忌惮，经过身为"法国大知识分子"的雷维

---

① "French Foreign Policy: Sarkozy's Wars", The Economist, May 12, 2011, http://www.economist.com/node/18683145，最后登录日期：2016年12月9日。

② International Institute for Strategic Studies（IISS），*Military Balance 2011*, Taylor & Francis Ltd, 2011, pp. 7, 320.

的揭露和传播，引起欧洲舆论的一片哗然。班加西无助民众和断壁残垣的一组照片，引发了欧洲民众的愤怒。如果说雷维是这股舆论风潮的旗手，萨科齐则是真正的诱发者。当舆论风潮席卷欧美亚非之时，给萨科齐的选择是"要么当一个积极主动的人去引领舆论，顺便达成自己的一点小心思"，"要么就站在一边，仅仅满足于摇旗呐喊"。很显然，萨科齐选择了前者。

二　国际社会的推动与 1973 号决议的出台

2011 年 3 月 14 日，美国国务卿希拉里·克林顿前往巴黎参加八国集团外长会议。吉卜利勒与希拉里在巴黎进行了会晤，而他没有成功地说服希拉里支持利比亚过渡政府。① 但是，萨科齐做出了保证，很显然他对说服美国站在自己这边充满了自信。萨科齐的信心来自法英联手。

3 月 10 日，萨科齐与英国首相卡梅伦联合致信欧洲理事会主席范龙佩（Herman Van Rompuy），指出卡扎菲政权武力镇压利比亚平民，且不吝于使用战斗机、直升机、坦克等军用装备进攻无辜平民，实际上已经构成反人类罪。他们呼吁欧盟和联合国密切关注利比亚的人道主义形势，同时支持国际刑事法庭的调查行动。② 联名信还提出，"为了立即终止卡扎菲政权对平民的攻击，法英两国愿意提供支持，采取措施将包括建立禁飞区及其他抵御空中袭击的选择"。③ 很显然，在设立禁飞区、军事介入利比亚问题上，萨科齐与卡梅伦已经达成了一致。

"禁飞区"的设想最早即由卡梅伦提出，2011 年 2 月 28 日他公开提议设立禁飞区以"阻止卡扎菲使用战斗机和武装直升机攻击利比亚平民"。2011 年 3 月 8 日，利比亚全国过渡委主席贾利勒向国际社会明确提出划定"禁飞区"的请求。两天后，萨科齐与卡梅伦就向欧盟正式提交"禁飞区"设想。

英国的立场受到欧洲舆论的影响甚大。英国国家安全战略（National Security Strategy of UK，NSS）针对利比亚问题的研究显示，对利比亚军事介入并非理所当然的选项，因为它不仅可能触发"15 个威胁英国利益的风险因素"中的半数

① Steven Erlanger, "By His Own Reckoning, One Man Made Libya a French Cause", The New York Times, April 1, 2011, http://www.nytimes.com/2011/04/02/world/africa/02levy.html?_r=1, 最后登录日期：2016 年 12 月 3 日。
② 2011 年 3 月 3 日，国际刑事法庭首席检察官奥坎波在海牙总部宣布，对卡扎菲当局武力镇压和平示威民众而可能犯下的危害人类罪正式予以立案侦查。
③ "Joint Letter from Prime Minister David Cameron MP and President Nicolas Sarkozy", March 10, 2011, www.voltairenet.org/article168898.html, 最后登录日期：2016 年 12 月 9 日。

之多，而且在解决方案的优先级序列中只能排在第二和第三位之间。① "军事介入利比亚"的决策，并非通过正常程序到达首相卡梅伦的办公桌上，而是"自上而下"的领袖战略决策的结果。它更多地像是一种"公共危机应对"，是来自民众、媒体和国际舆论的巨大压力造成了一个政府必须面对的民众运动，"外交事件"泛化为"国内政治事件"和"国内公关危机"。

面对这一情况，卡梅伦的反应是迅速而果断的。卡梅伦 2011 年 3 月初在与萨科齐的交流中宣称："绝不能放任班加西成为另外一个斯雷布雷尼察②，至少自己无法做到视而不见。"③ 2012 年 6 月 1 日，英国议会有关利比亚问题的辩论上，卡梅伦继续重申"英国不能保持沉默"的态度。很明显，在"摇旗呐喊"还是"积极主动"两个选项上，卡梅伦做出了与萨科齐一致的选择。

作为欧盟三巨头之一，德国则有不同的想法。3 月 17 日安理会关于在利比亚设立禁飞区的 1973 号决议表决中，德国与中国、俄罗斯、印度和巴西一同投了"弃权票"，并表示"应当和平解决利比亚冲突，并警告军事介入可能带来不可预测的后果"。这一表态是默克尔政府一系列外交决策的结果，德国的行为似乎令人难以理解。早在 2 月 27 日，德国外长韦斯特韦勒就表示，对利比亚采取进一步行动是可能的，其中并不排除设立禁飞区的可能性。④ 德国对这种可能性设置了前提条件，即阿拉伯联盟的同意和联合国出台相关决议。⑤ 但是，当预设的一系列条件已经达成时，德国却最终还是选择了"弃权"。

---

① Michael Clarke, "The Making of Britain's Libya Strategy", in Adrian Johnson and Saqeb Mueen (eds.), *Short War, Long Shadow: The Political and Militaty Legacies of the 2011 Libya Campaign*, Royal United Services Institute, 2012, pp. 7 – 13.

② 斯雷布雷尼察大屠杀（Srebrenica Massacre）：1995 年 7 月 11 日，波黑塞族军警以及南联盟政府派出的军警突袭并攻占了斯雷布雷尼察。在接下来的 11 天时间里，政府军对当地 8000 多名穆斯林男子和男孩进行了杀戮。波黑政府一直否认发生在斯雷布雷尼察的屠杀事件，直到 2004 年 6 月才终于承认。国际刑事法庭和国际法庭将此次屠杀定性为种族灭绝。

③ "David Cameron's Libyan War: Why the Prime Minister Felt Qadhafi Had to be Stopped", Guardian, October 2, 2011, https://www.theguardian.com/politics/2011/oct/02/david-cameron-libyan-war-a-nalysis，最后登录日期：2016 年 12 月 9 日。

④ "Minetenprotokoll: Gaddafi wird zum Diktator ohne Land", Spiegel-Online, February 2, 2011, http://www.spiegel.de/politik/ausland/minutenprotokoll-gaddafi-wird-zum-diktator-ohne-land-a-747957.html，最后登录日期：2016 年 12 月 9 日。

⑤ Artur Ciechanowicz and Justyna Gotkowska, "Germany and the Revolution in North Africa", OSW (im, Marka Karpia), March 9, 2011, https://www.osw.waw.pl/en/publikacje/analyses/2011-03-09/germany-and-revolution-north-africa，最后登录日期：2016 年 12 月 9 日。

　　早在 2 月 22 日的阿拉伯联盟紧急会议上，阿盟就已经事实上暂停了利比亚的成员国地位。3 月 12 日，阿盟再次通过决议，提请联合国安理会立即对利比亚军用飞机实施禁飞，并在遭到轰炸的地区设立安全区。海合会也紧随其后提交了申请。3 月 19 日的 1973 号决议表决，显然将达成肯定的意见，即出台联合国的最终态度。也就是说，在德国设置的前提条件均已达成的情况下，默克尔政府却最终否定了军事干预的选项，德国将"作壁上观"。

　　德国常驻联合国大使彼得·维特 2011 年 3 月 17 日表示："德国完全支持经济制裁……但做出军事介入的决定常常是极其艰难的……我们看到巨大风险。不能低估大规模丧生的可能性……因此，德国不支持决议中的军事选项。此外，德国将不会把自己的军事力量投入这场军事行动中去。"① 随后德国总理默克尔表示德国"无限制地"赞同联合国 1973 号决议的目标。② 很显然，她赞同的是 1973 号决议的目标和法国人的美好愿望——保护利比亚平民免受卡扎菲的野蛮伤害，但不赞同萨科齐的手段——军事介入。3 月 29 日的伦敦利比亚问题国际会议上，德国外交部部长当着 40 国外交部部长和联合国、北约、欧盟、阿盟等国际组织代表的面，重申了德国支持政治解决利比亚问题的态度。

　　德国的态度，引发了广泛的质疑和争议。这无疑使人质疑德国正在走上一条"德国道路"，而"欧洲人"对此最为忧虑，因为欧盟框架的根基就是法德联合——法国掌握政治话语权，德国管着财政权。法德政策的不协调，将导致欧盟无可避免地内部纷争甚至分裂。

　　德国拒绝军事介入的政策，最主要的是基于其自我克制的文化，而这种文化最终归根于世界舆论和德国自我认知中的德国二战形象。德国二战形象，是德国当代政治文化的基轴，也是世界对德国舆论的第一印象。故而，针对国际事务中的军事介入问题，德国历届政府都小心翼翼地塑造和维持着德国"知错能改"的形象，这就慢慢养成了自我克制的外交文化。面对利比亚问题的态度，德国自我克制的选择是顺其自然的结果，这一选择也得到了德国民众的支持。2011 年

① Peter Witting, "Explanation of the Vote by Ambassador Witting on the Security Council Resolution on Libya", March 17, 2011, http://www.new-york-un.diplo.de/Vertretung/newyorkvn/en/__pr/speeches-statements/2011/20110317_20Explanation_20of_20vote_20-_20Libya.html，最后登录日期：2016 年 12 月 10 日。

② "Pressestatement von Bundeskanzlerin Angela Merkel zur aktuellen Entwicklung in Libyen", March 18, 2011, https://www.bundeskanzlerin.de/ContentArchiv/DE/Archiv17/Mitschrift/Pressekonferenzen/2011/03/2011-03-18-statement-merkel-libyen.html，最后登录日期：2016 年 12 月 10 日。

以来，德国多次民调均显示民众在"在 1973 号决议上弃权""不出兵"等克制主义选项占绝大多数，其政治反对派也大多持和平主义取向，甚至法英等国也能理解并包容德国政府的态度。①

当然，为了避免被指责为"不作为""坐视人道主义危机的发生"，德国政府也做出一些努力以讨好盟友、避免舆论攻击。德国政府允许美国在介入利比亚危机期间使用德国基地，同时愿意加强在阿富汗的维和投入，德国议会在 3 月25 日就"德国士兵参加北约在阿富汗预警行动（AWACS）"做出决议。而针对利比亚问题，德国致力于推动"欧盟利比亚维和部队"，以通过"特殊手段"保障难民安全地流动和撤离，支援人道救援组织的活动。但是德国的这一计划因卡扎菲的迅速倒台而从未付诸实施。

欧盟虽然作为欧洲国家的集合，从未以"强硬的"姿态示人，而更多的是从外交和经济援助入手，隐晦地干预利益相关的事件，利比亚危机中也不例外。早在 2 月 28 日，欧盟理事会即已对联合国安理会 1970 号决议进行讨论，并以"前所未有的"速度决定实施对利比亚的武器禁运，禁止向利比亚输送一切可用于内部镇压的武器，同时对卡扎菲及其家人、追随者实施签证和财产冻结。3 月10 日，欧盟将经济制裁扩大到针对利比亚所有的主要金融机构。接到萨科齐与卡梅伦联名信的第二天（3 月 11 日），欧盟即召开首脑会议讨论利比亚问题。成员国一致认可卡扎菲政权已失去合法性，但却对法英的军事介入提议无法达成共识。德国主张政治解决，意大利最初反对干预，并倾向于采取"谨慎的立场"，对在北约框架外独立实施军事介入持保留态度。马耳他抵制干预，担心潜在的难民潮。中东欧国家则大多保持沉默，它们更愿意看到欧盟支持它们的直接邻国，如乌克兰和格鲁吉亚，而不是与它们毫不相干的利比亚。会后，欧盟颁布对地中海的新伙伴关系文件，显然是延续一直以来的逻辑，希望从经济和外交入手推动利比亚问题的解决，而不支持法英的军事介入。

法英带有大国主义色彩的强硬干涉路线，与欧盟谨小慎微、众口难调的行为方式，有本质的冲突。好在自欧盟委员会主席巴罗佐推动欧盟结构调整以来，②

---

① 郑春荣：《利比亚危机以来德国安全政策的新动向》，《德国研究》2013 年第 2 期。

② 若泽·曼努埃尔·杜朗·巴罗佐（Jose Manuel Durao Barroso），2004 年 11 月 22 日至 2014 年 11月担任欧洲联盟委员会主席，致力于推动欧盟内部的制度建设和权力结构调整。欧盟结构调整的标志性事件是 2009 年 12 月《里斯本条约》的签署生效。

欧盟作为一个整体的行动力有所加强（外交领域上主要表现为俗称"欧盟外长"的欧盟外交和安全政策高级代表职位的设立），故而能够自行其是地贯彻自己的路线。早在利比亚危机之初，欧盟就已经全面规划对利比亚的援助，计划提供6700万欧元左右的人道主义援助，而在5月19日又将数额追加到1亿欧元。欧盟代表参加了3月29日的伦敦利比亚国际会议。4月，欧盟通过一项正式决议启动代号为"欧盟利比亚行动"（EU For Libya）的军事行动，旨在为人道主义救援提供保护，但事实上为地面军事行动提供了制度依据。5月22日，欧盟外交与安全政策高级代表凯瑟琳·阿什顿（Catherine Ashton）代表欧盟27个成员国，在利比亚反对派大本营班加西设立欧盟办事处，并表示欧盟在机构建设、经济和政治体制改革等诸多领域长期支持反对派。

总而言之，欧盟机构（而非成员国）在设立禁飞区的选项上，更多考虑的是邻国政策和地中海联盟的维持，以及"保护的责任"，而非军事介入。[①] 也就是说，对以往政策和行为方式的维持，加上对国际舆论"保护平民，推翻卡扎菲"的反应，是欧盟应对利比亚危机的两个核心。欧盟政策没有实质性的转型，只是进行了一定程度的调整。

如果说在设立禁飞区的博弈中，萨科齐幕后操控、欧盟台前摇旗呐喊的话，阿盟则是在台上自由发挥。2011年3月12日，阿盟再次召开紧急会议。会前，阿盟秘书长穆萨在接受采访时就表示自己"支持建立禁飞区，并将会递交建议给联合国和非盟讨论……联合国、阿盟、非盟和欧洲人都可能领导禁飞区计划的实施，他会向阿盟领导人提议让阿盟在其中扮演重要角色……（利比亚变局）是革命，而非内战。不为利益，不为石油，我们的核心目标是保护利比亚平民"。[②]

会议当中，部分阿盟成员国担心禁飞区的设立会形成一个不好的先例，从而为以后在本国实施禁飞区提供合法性基础，进而威胁到本国政权。沙特阿拉伯、叙利亚和阿尔及利亚三国对此最为谨慎，他们担心"下一个禁飞区会议就轮到

---

① Timo Behr, "After the Revolution: The EU and the Arab Transition", Notre Europe Policy Paper 54, December 1, 2016, https://institutdelors.eu/wp.../01/eu_arabtransition_t.behr_ne_april2012.pdf, 最后登录日期：2016年12月9日。

② Arab League Secretary-General Amr Moussa, "The Beginning of an Epochal Development", Der Spiegel, March 16, 2011, http://www.spiegel.de/international/world/arab-league-secretary-general-amr-moussa-the-beginning-of-an-epochal-development-a-750969.html, 最后登录日期：2016年12月9日。

针对自己"。① 但是，22 个成员国最终的投票结果是多数赞同，阿盟随后向联合国安理会请求就"在利比亚设立禁飞区"进行讨论和表决。这个结果极大地鼓舞了在欧盟峰会上受挫的萨科齐和卡梅伦，因为阿盟的决议和 3 月 8 日利比亚全国过渡委设立禁飞区的请求，将为军事介入利比亚提供最有说服力的"合法性"来源。

2011 年 3 月 17 日，联合国安理会就法英设立禁飞区的提案进行了表决，法国、英国、美国、黎巴嫩、哥伦比亚、波斯尼亚和黑塞哥维那、葡萄牙、尼日利亚、南非、加蓬十国投票赞同，俄罗斯、中国、德国、印度、巴西五国弃权，最终通过了在利比亚设立"禁飞区"的 1973 号决议。② 2 天后，法国根据禁飞区决议带头发动空袭，外部势力介入利比亚革命的大幕正式拉开。

三 军事介入利比亚的指挥权之争

不同于小布什时期美国单边主义军事行动，此次外部势力介入利比亚革命，是一种典型的联盟作战。自 2011 年 3 月 19 日空袭开始到 10 月 31 日北约宣布取得对卡扎菲政权的胜利，共计有 19 个北约和阿拉伯国家参与其中，包括：美国、英国、法国、意大利、加拿大、丹麦、荷兰、挪威、西班牙、瑞典、希腊、克罗地亚、比利时、罗马尼亚、保加利亚、土耳其、卡塔尔、约旦、阿联酋。此次多国介入利比亚革命可分为两个时期：一是从 3 月 19 到 3 月 31 日，由法、美、英主导的"奥德赛黎明"（Odyssey Down）行动；二是从 4 月 1 日到 10 月 31 日北约主导的"联合保护者"（Unified Protector）行动。前者采取"志愿者联盟"的形式，后者是在北约框架下执行，两者之间最大的区别就在于联合行动的指挥权问题。

此次介入利比亚的联合作战，是一场高科技、深度协调配合的现代战争。据北约对"联合保护者"行动的统计数据显示，联军 19 国最高峰时的参战兵力达8000 人，出动各型先进飞机 260 多架、舰船 21 艘。其间，作战飞机总计出动近2.7 万架次，摧毁了利比亚政府军 400 余门火炮或火箭炮、600 余架坦克和装甲

① Ethan Bronner and David E. Sanger, "Arab League Endorses No-Flight Zone Over Libya", The New York Times, March 12, 2011, http://www.nytimes.com/2011/03/13/world/middleeast/13libya.html? pagewanted = all, 最后登录日期：2016 年 12 月 9 日。

② Security Council (United Nations), "Security Council Approves 'No-Fly Zone' over Libya, Authorizing 'All Necessary Measures' to Protect Civilians, by Vote of 10 in Favour with 5 Abstentions", March 17, 2011, http://www.un.org/press/en/2011/sc10200.doc.htm, 最后登录日期：2016 年 12 月 6 日。

车以及 5900 个军事目标。① 在行动过程中，联军既要处理好各国军队中的协调问题，也要充分发挥军事强国（美、法）的作用，还要兼顾弱国（如卡塔尔、约旦和阿联酋）的参与。为了让没有远程作战经验的卡塔尔、约旦和阿联酋发挥应有的作用，联军投入了大量的人力物力，包括向三国空军传授空中加油技术、派出数十名军官赴三国空军基地承担协调指挥工作。作为联军中的阿拉伯国家，该三国"实质性地"参与军事行动，将直接提升军事介入利比亚的合法性。另外，各主要参与国光语言就有英语、法语、阿拉伯语、土耳其语、西班牙语等，情报共享和协调指挥任务艰巨。② 如法国空军作战飞机无法从采用美军保密通信系统的美国预警机中获得作战信息，只能在法国预警机升空后才开始执行任务。③

军事介入利比亚，虽然由法国萨科齐政府推动，但欧美各国均不甘落后，这是欧美各国舆论和民意的要求，也是各国政府刷新自己政绩的机会。基于中东战略收缩的考虑，美国对军事介入利比亚既不积极，也不愿意承担"领导者角色"。战前美国的一些共和党人士就告诫奥巴马，美国在利比亚没有战略利益，美国的核心利益在太平洋，应当尽快从中东撤军以加强"亚太再平衡"战略的实力，而不是把军队又投向中东的烂泥塘。④ 时任美国国防部部长的盖茨和美国许多战略家也在公开场合表示"不应当在中东同时发起第三次战争"，他们认为美国至今仍未打赢阿富汗战争和伊拉克战争，介入利比亚战争只会是又一场灾难。盖茨甚至说："只有白痴才会鼓动总统进行这场战争。"2011 年 3 月 4 日，奥巴马就利比亚事件表示："美国和整个世界就卡扎菲政权针对利比亚人民所做的骇人听闻的暴力事件感到愤怒……美国正努力防止进一步暴力行为的发生，计划对卡扎菲政府实行前所未有的制裁以满足利比亚人民的愿望。"⑤ 3 月 7 日，奥巴马即表示为了应对利比亚危机，北约正在考虑包括军事干预在内的"所有选

---

① "Operation Unified Protector Final Mission Stats", NATO, November 2, 2011, http://www. nato. int/ nato_ static/assets/pdf/pdf_2011_11/20111108_111107-factsheet_ up_ factsfigures_ en. pdf，最后登录日期：2016 年 12 月 15 日。

② M. S. Tillyard, "Airpower over Libya: Coercion's Finest Hour?", *Defence Research Paper*, Joint Services Command and Staff College, 2012, p. 22.

③ James H. Drape, "Building Partnership Capacity: Operation Hartmattan and Beyond", *Air and Space Power Journal*, September-October, 2012, p. 75.

④ "Europe Feels Strain as US Changes Tack on Libya", *Financial Times*, April 6, 2011, p. 5.

⑤ "Analysis: Obama Refines Talk of Libya Intervention (Time. com)", Rocket News, March 4, 2011, http://www. rocketnews. com/2011/03/analysis-obama-refines-talk-of-libya-intervention-time-com/，最后登录日期：2016 年 12 月 15 日。

项"。尽管吉卜利勒并未在 3 月 14 日说服希拉里·克林顿公开承认和军事支持利比亚全国过渡委,但萨科齐和卡梅伦在欧盟、阿盟和联合国的一系列行动,使得美国不得不顺着这两个传统盟友的路线走。3 月 17 日的安理会 1973 号决议表决上,美国驻联合国代表苏珊·赖斯(Susan Rice)表示"美国站在利比亚人们一边",并投了赞成票。3 月 19 日,美国紧随法国开始发动空袭。

不同于萨科齐追求法国的大国地位、致力于提升法国在地中海世界的话语权,奥巴马的中东政策既不是"增强"也不是"保持"美国在中东的主导地位,而仅是"减缓"美国在中东主导地位的衰落速度。[①] 因为美国权势下降太快,必然会使得奥巴马遭到国内的诸多批评。而军事介入利比亚对美国而言,无论是实际利益还是国际声誉,都难有收获。故而,在军事介入利比亚看上去已成定局之时,奥巴马能做的就是极力避免美国成为阿拉伯世界的众矢之的,即再次成为对阿拉伯国家战争的"领导者"。3 月 20 日,空袭利比亚的第二天,盖茨公开表示美国不会在干预利比亚的军事行动中扮演"领导角色",未来几天美军会将在利比亚领空实施禁飞区的主要责任交出,由法国、英国或者北约指挥。

在这种情况下,英国主张在北约框架下实施军事行动。但法国持不同态度,萨科齐认为北约早已被阿拉伯世界视为强权政治的工具,在北约的框架下实施介入会降低军事介入的合法性,会遭到阿拉伯人民的激烈反对。另外,作为军事介入利比亚的倡议者,萨科齐认为法国必须在军事行动中扮演重要角色。自地中海联盟政策出台以来,法国在欧盟中占据话语权方面的优势地位,故而萨科齐希望借助欧盟及其地中海政策作为军事介入的政治载体。但欧盟成员国之间对军事介入问题本身就存在质疑,更别说协调成员国军事力量了。萨科齐不得不退而求其次,推动"志愿者联盟"作为军事介入的政治载体。"志愿者联盟"采取国家自主加入的原则,美国、法国、英国、意大利和加拿大各国自主实施军事打击行动,这一阶段联军的行动大体上是一种各自为政的状态。[②] 萨科齐抵制北约指挥权的另一个主要原因是为了保障法军的行动自由,因为此时期他的政策核心就是为了保障利比亚反对派的生存,而为此法军不得不大肆攻击利比亚政府军陆军和坦克。但除英国外,意大利、卢森堡、挪威、土耳其等国力主以北约作为行动框架。

---

① 阎学通:《奥巴马发动利比亚战争的动因》,《欧洲研究》2011 年第 3 期。

② "Odyssey Dawn: Phase One of Libya Military Intervention", *The Epoch Times*, March 19, 2011.

从 3 月 19 日到 3 月 31 日，"志愿者联盟"阶段的盟军行动，说到底其实就是一种"各自为政"。美国拥有能力协调作战却不愿充当"领导者"，法国有野心而没能力领导全局，英国人忧心忡忡极力寻找解决方案。3 月 24 日，法国放弃了自己的主张，法国外交部部长朱佩在电话谈判中表示同意北约最迟于 3 月 29 日接管所有针对利比亚的军事行动，并且同意了土耳其有关从北约接管日起禁止打击卡扎菲陆军部队的要求。① 3 月 25 日，北约 28 个成员国在布鲁塞尔开会并做出参与"志愿者联盟"行动的决定。会后北约秘书长拉斯穆森宣布北约将在数天内从美国手中接过对利比亚军事行动的指挥权。

3 月 27 日，北约成员国大使再度举行会议，决定由北约全面接管联合国安理会决议授权的所有针对利比亚的军事行动，并将之命名为"联合保护者"行动。② 加拿大空军中将查尔斯·布沙尔将军被任命为统一行动指挥官，驻地在位于意大利那不勒斯的北约盟军联合部队指挥部。北约内部也实行自愿参与原则，美、法、英、意、加拿大、丹麦、挪威、比利时直接参与了空袭，另有十多个国家提供了军事资源方面的支持。国际标准时间 3 月 31 日早上 6 时（突尼斯当地时间 31 日早上 8 时），北约正式接过所有针对利比亚军事行动的指挥权，"联合保护者"行动正式实施。

四　"保护责任"：是神话还是现实？

联合国安理会 1973 号决议是利比亚革命中的转折点，它改变了利比亚革命的格局，授予了外部势力介入利比亚革命的合法性。该决议也得到了全球舆论和"保护之责任"倡议者们的大声称赞，他们认为国际社会在国家利益分歧的现实面前如此高效而果断地采取直接行动以履行"保护平民"的国际义务，是一个历史性的突破。"保护责任全球中心"的执行总裁西蒙·亚当斯宣称 2011 年是"保护责任之年"，以突出欧美介入 2011 年利比亚革命的重要意义。

---

① Ian Traynor, and Nicholas Watt, "Libya No-Fly Zone Leadership Squabbles Continue within Nato-Turkey Calls for an Alliance-Led Campaign to Limit Operations While France Seeks a Broader 'Coalition of the Willing'", The Guardian, March 23, 2011, https://www.theguardian.com/world/2011/mar/23/libya-no-fly-zone-leadership-squabbles, 最后登录日期：2016 年 12 月 17 日。

② 叶江：《从北约对利比亚军事行动透视美欧跨大西洋联盟新走势——兼谈西方军事同盟对外干预的新趋势》，《国际问题研究》2012 年第 1 期。

　　围绕"保护责任"与利比亚变局，国内外很多学者进行了争论。① 争论的焦点，一是军事介入利比亚是否合法。二是北约的行动是否超越了联合国 1973 号协议的授权，即为何"保护平民"的结果竟然变成了"推翻政权"。三是北约的行动到底有没有保护好平民，因为联合国事后调查发现北约的 5 次空袭造成 60 名平民死亡、55 人受伤。②

　　首先，可以肯定，多国部队和北约对利比亚的军事打击具有相当的合法性。由于卡扎菲对和平示威者的屠杀，和平手段已经不能解决问题。2011 年 3 月 18 日，即 1973 号决议的第二天，时任利比亚外交部部长穆萨·科萨（Moussa Koussa）宣布"希望根据联合国解决方案立即停火"。③ 但米苏拉塔（Misrata）、艾季达比耶（Ajdabiya）仍在被卡扎菲的大炮轰炸，而政府军继续向班加西推进。④ 3 月 19 日，政府军步兵和坦克开进班加西，炮兵和迫击炮部队向该城开火。⑤ 在此之前，卡扎菲多次叫嚣要消灭反对派。由此可知，利比亚卡扎菲政权不仅在话语上，而且在行动上用军队进攻国内示威民众，"大屠杀"的可能性确实存在，

---

① 讨论这一问题的主要学者文章包括：Saleh El Machnouk, "The Responsibility to Protect After Libya", *Kennedy School Review*, Vol. 14, 2014, p. 88; Alex J. Bellamy, and Paul D. Williams, "The New Politics of Protection？Côte d'Ivoire, Libya and the Responsibility to Protect", *International Affairs*, 2011, 87 (4), pp. 825 – 850; Alex J. Bellamy, "Libya and the Responsibility to Protect：The Exception and the Norm", *Ethics & International Affairs*, 2011, 25 (03), pp. 263 – 269; Spencer Zifcak, "Responsibility to Protect after Libya and Syria", *The Melb. J. Int'l L*, 2012, 13, p. 59; Aidan Hehir, "The Permanence of Inconsistency：Libya, the Security Council, and the Responsibility to Protect", *International Security*, 2013, 38 (01), pp. 137 – 159; Thomas G. Weiss, "RtoP Alive and Well after Libya", *Ethics & International Affairs*, 2011, 25 (03), pp. 287 – 292; Marie-Eve Loiselle, "The Normative Status of the Responsibility to Protect after Libya", *Global Responsibility to Protect*, 2013, 5 (03), pp. 317 – 341; Aidan Hehir, and Robert Murray, *Libya*, *The Responsibility to Protect and the Future of Humanitarian Intervention*, Springer, 2013; 朱文奇：《北约对利比亚采取军事行动的合法性研究》，《法商研究》2011 年第 4 期；李伯军：《从军事打击利比亚看国际干预的法律标准》，《法治研究》2011 年第 7 期；杨永红：《论保护责任对利比亚之适用》，《法学评论》2012 年第 2 期；程卫东：《对利比亚使用武力的合法性分析》，《欧洲研究》2011 年第 3 期。
② "Report of the International Commission of Inquiry on Libya", A/HRC/19/68, March 2, 2012, pp. 163 – 170.
③ "Libya：Foreign Minister Announces Immediate Ceasefire", BBC News, 18 March 2011, http：//www. bbc. com/news/world-middle-east-12787056, 最后登录日期：2016 年 12 月 19 日。
④ Tarek Amara and Mariam Karouny, "Gaddafi Forces Shell West Libya's Misrata, 25 Dead", Reuters, March 18, 2011, http：//uk. reuters. com/article/2011/03/18/us-libya-misrata-bombard-idUKTRE72H4L520110318, 最后登录日期：2016 年 12 月 19 日。
⑤ "Libya：Gaddafi Forces Attacking Rebel-Held Benghazi", BBC News, March 19, 2011, http：//www. bbc. com/news/world-africa-12793919, 最后登录日期：2016 年 12 月 20 日。

而且外交手段和国际和平努力确实无法动摇卡扎菲的意志。

德国一直坚持军事介入必须先取得阿拉伯联盟的认可和联合国安理会的相关决议，正是基于这两点的考虑。所以从程序的角度上看，3月12日阿拉伯联盟紧急会议后所做的相关声明，和3月17日联合国安理会有关在利比亚设立禁飞区的决议，两者为欧、美、阿拉伯国家联军介入利比亚提供了"合法性"。有鉴于此，从程序上看，不能否定3月19日之后19国军事介入利比亚以执行联合国设立"禁飞区"行动的合法性。

其次，有关"授权设立禁飞区以保护平民"和"颠覆政权"，两者无法等同，但又无法截然分开。利比亚示威民众转化为"武装反对派"，是卡扎菲政权不妥协态度和镇压政策的结果，是利比亚政府错误政策的产物。利比亚平民和武装反对派，两者虽然有逻辑上的区别，但没有实质性的差别。保护利比亚民众与保护利比亚武装反对派，两者的关系十分微妙。而武装反对派与卡扎菲政权天然敌对，两者属于交战方，矛盾无法调和。保护利比亚反对派，必然导致反对卡扎菲政权。在安理会1973号决议出台之时，欧美阿联军、国际社会、联合国都已经站到卡扎菲的对立面。

再次，有关北约军事行动攻击了平民的舆论，主要是因为政治需要。对该事件的原始报道，主要来自两个方面：一是2011年3月31日天主教的黎波里主教马蒂内利（Giovanni Innocenzo Martinelli）宣称亲眼所见"西方轰炸导致40多名利比亚平民死亡"[①]；二是人权观察组织2012年发布的调查报告《无法确认的死亡者：北约利比亚作战中的平民伤亡》宣称"北约利比亚行动总计造成了72名利比亚平民丧生，其中包括20名妇女和24名儿童"。[②] 北约自己则宣称没有误伤平民的相关数据。[③]

媒体报道往往存在"以小见大""以偏概全"的想象。我们也很难评估"如果外部力量不介入利比亚"的情况下，卡扎菲的镇压活动可能造成的平民伤亡情况。但至少从现有的数据上看，北约等军事力量的攻击目标不是利比亚平民，

---

① "Airstrikes Killed 40 Civilians in Tripoli", March 31, 2011, https：//af. reuters. com/article/libyaNews/idAFLDE72U0W320110331，最后登录日期：2016年12月20日。

② "Unacknowledged Deaths：Civilian Casualties in NATO's Air Campaign in Libya", Human RightsWatch, May 14, 2012, http：//reliefweb. int/report/libya/unacknowledged-deaths-civilian-casualties-nato% E2% 80% 99s-air-campaign-libya，最后登录日期：2016年12月20日。

③ "Coalition Targets Gadhafi Compound", CNN. 16, March 2011, http：//edition. cnn. com/2011/WORLD/africa/03/20/libya. civil. war/，最后登录日期：2016年12月20日。

存在误伤情况但数量不大。而且，媒体报纸中对"北约轰炸造成平民伤亡"的报道，首先是西方舆论自己发起的。但因为政治需要，这些报道在转载中不断夸大，很容易让人形成"北约轰炸造成很多平民伤亡"的印象，这是传媒的放大效益在起作用。

最后，只要稍微考察 2011 年之后五年来利比亚的发展情况，就很难有人会为萨科齐的"果决"和国际社会的行动所鼓舞了。之后利比亚的混乱一直存在。2014 年 6 月以来，利比亚陷入二次内战，伊斯兰主义者、合法政府、各方军阀你方唱罢我登场。该年 10 月，恐怖组织"伊斯兰国"开始插手利比亚。与此同时，卡扎菲时期积累的大量武器流入民间和邻国，导致了萨赫勒地区恐怖主义开始甚嚣尘上。另外，卡扎菲时期的非洲雇佣军们失去了政治管控，开始兴风作浪，发生在马里的图阿雷格人武装反叛就是直接受利比亚革命溢出的影响。

除了外部势力介入利比亚的合法性问题，对利比亚更为重要的是"军事介入推翻卡扎菲后的权力真空及其影响"的问题。权力真空问题，归根到底是因为欧美联军的"胆小"，他们在利比亚革命中作为重要力量参与其中，但在战后"急流勇退"。在战斗中他们树立了自己的"权威"，但战争一结束就选择离开，利比亚因此完全失去了"权威"。此时，各路军事力量没有了"权威"的压制，其进行军事冒险的成本太低、收获又太大，决策者进行军事冒险的可能性也就大增。欧美国家急流勇退的原因，要追根到在阿富汗战争和伊拉克战争中的经验，一句话概括就是"军事占领得不偿失——无论是在实际利益上，还是世界舆论方面"。

假设欧美阿拉伯联军在协助摧毁卡扎菲政权后，与利比亚全国过渡委员会和随后的利比亚大国民议会达成一个有时间限制的、致力于政权稳定的临时军事协调协议，或保持联军—利比亚政府准联盟状态，从军事、政治、经济（而不仅仅关注石油产业的重建）全方位地参与利比亚重建的话，想必至少能压制利比亚各路军阀的野心。2016 年年初，面对"伊斯兰国"在苏尔特的攻城略地，国际社会确实再次站出来支持利比亚民族团结政府，以"石油安保力量"的方式给予政府军以军事支持，并一度稳定了利比亚的态势。但是，这种支持来得太晚了。

第五节 叙利亚危机中的大国博弈

叙利亚危机起源于北非变局的蔓延，更由于多方势力的角逐而复杂化。2011

年 3 月，德拉抗议示威爆发。6 月，政府镇压导致士兵抗命，危机开始暴力化。2011 年年末，利比亚战争尘埃落定，种种迹象表明欧美的目光开始转向叙利亚。2012 年年初阿萨德政权幸免于北约军事干预，一是因为俄罗斯的抵制；二是因为在经历了一次利比亚战争之后，欧美国家再一次军事介入阿拉伯国家的意愿降低。借着民主化危机和教派冲突的掩护，"伊斯兰国"崛起。"伊斯兰国"在叙利亚与反政府武装、政府军和库尔德武装展开混战，来自伊拉克的重武器助其攻城略地。叙利亚的内乱导致产生了大量难民，造成欧洲"难民危机"。而与此同时，俄罗斯高举"打击恐怖主义"军事介入叙利亚危机。

一　欧美军事干涉的缺失与阿萨德政权的幸存

早在 2011 年 5 月，欧盟就实施了一系列针对巴沙尔政权的敌视政策，包括：暂停欧盟邻国政策在叙利亚的双边合作项目、冻结欧盟－叙利亚联盟协议、暂停叙利亚当局在欧盟环地中海地区项目中的代表权、暂停欧洲投资银行的贷款和技术援助、对叙利亚施加其他单方面限制性措施、向叙利亚派遣观察团（后于 2012 年 12 月因安全原因而撤离）。面对欧盟的敌视政策，叙利亚外交部部长于 2011 年 6 月表态称："我们将忘记地图上还有个'欧洲'，我将建议叙利亚退出地中海联盟，我们将冻结与欧洲建立伙伴关系的对话，我们将向东看、向南看、向一切对叙利亚伸出援助之手的方向看。世界并非只有欧洲。"[①] 叙利亚的表态，立即引起了俄罗斯和中国的关注。2011 年 8 月 18 日是欧盟叙利亚政策的转折点，发生在代尔祖尔、哈马和拉塔基亚的政府镇压惹恼了西方，欧盟官方公开宣布"总统（巴沙尔）的改革承诺失去了可信度，意识到阿萨德政权在叙利亚人民心目中已经丧失了可信度。现在唯一的问题是巴沙尔需要下台"。[②] 18 日当天，法国总统萨科齐、英国首相卡梅伦、德国总理默克尔和美国总统奥巴马均发表声明要求巴沙尔·阿萨德下台。

2011 年 10 月，叙利亚革命开始呈现明显的国际化趋势。此时，法美牵头的

---

①　Rim Turkmani and Mustafa Haid, "The Role of the EU in the Syrian Conflict", Security in Transition, February 2016, London, https：//www.fes-europe.eu/fileadmin/public/editorfiles/events/Maerz＿2016/FES＿LSE＿Syria＿Turkmani＿Haid＿2016＿02＿23.pdf，最后登录日期：2017 年 3 月 4 日。

②　Rim Turkmani and Mustafa Haid, "The Role of the EU in the Syrian Conflict", Security in Transition, February 2016, London, https：//www.fes-europe.eu/fileadmin/public/editorfiles/events/Maerz＿2016/FES＿LSE＿Syria＿Turkmani＿Haid＿2016＿02＿23.pdf，最后登录日期：2017 年 3 月 4 日。

北约对利比亚空袭已接近尾声，叙利亚巴沙尔政权是否将成为北约的下一个目标，成为世界舆论关注的焦点。10月4日，利比亚战局趋于结束之时，法、英、德、葡在美国支持下向联合国安理会提交决议草案，呼吁联合国安理会对叙利亚政府进行制裁。①11月16日，沙特牵头终止了叙利亚的阿盟成员国资格。同时，阿盟通过了对叙利亚当局的制裁决议，包括冻结叙在阿拉伯国家资金、终止对叙出资项目、终止与叙金融交易、取消飞叙航班等。②11月27日，欧盟开始经济制裁叙利亚政府。2011年11月28日，联合国人权理事会调查委员会的报告称：叙安全部队在全国各地持续严重有系统地镇压和平示威者的行为已构成危害人类罪。2011年12月19日，联合国大会通过了谴责叙利亚政府持续使用武力的决议，其中133个国家投票赞成，中国、俄罗斯、朝鲜和古巴等11个国家投票反对，43个国家弃权。

2011年12月，反恐专家、美国中情局军事情报官员菲利普·吉拉尔迪（Philip Giraldi）宣称："未标记的北约飞机已抵达土耳其－叙利亚边境，空投了来自卡扎菲军火库的武器和利比亚全国过渡委下属的士兵，以帮助（叙反对派）对抗叙利亚政府军。同时，法、英特种部队已抵达叙利亚协助反对派，美国中情局和特种部队为叙反对派提供了通信工具和情报支持。"吉拉尔迪还宣称："中情局分析师早就得出结论——战争已经来临，因为据报道阿萨德已经造成了3500名叙公民死亡，放任不管只会造成另一个利比亚式镇压，且严重得多。"③

对比2011年10月前后的叙利亚危机和2011年3月时的利比亚，欧美国家的行事逻辑惊人地相似。

表3-4 国际多方在利比亚、叙利亚问题上的行为逻辑

利比亚危机：2011年2月15日至2011年3月19日		叙利亚危机：2011年3月6日至2012年2月4日	
2月15日	班加西发生群众示威游行活动	3月6日	德拉15名学生因反政府涂鸦而被捕，随后爆发德拉起义

---

① Security Council (United Nations, SC/10403), "Security Council Fails to Adopt Draft Resolution Condemning Syria's Crackdown on Anti-Government Protestors, Owing to Veto by Russian Federation, China", Security Council 6627th Meeting (Night), October 4, 2011, https://www.un.org/press/en/2011/sc10403.doc.htm，最后登录日期：2017年3月2日。

② 汤瑞芝：《沙特阿拉伯介入叙利亚危机政策探析》，《国际研究参考》2016年第4期。

③ Philip Giraldi, "NATO vs. Syria", The American Conesrvative, December 19, 2011, http://www.theamericanconservative.com/articles/nato-vs-syria/，最后登录日期：2017年3月2日。

续表

利比亚危机：2011 年 2 月 15 日至 2011 年 3 月 19 日		叙利亚危机：2011 年 3 月 6 日至 2012 年 2 月 4 日	
2 月 27 日	利比亚全国过渡委员会成立	8 月 18 日	美国、英国、法国、德国、加拿大以及欧盟等西方多国领导人发表声明，一致要求巴沙尔下台
3 月 3 日—10 日	法国与过渡委接触，并承认其为利比亚"合法代表"	8 月 23 日	叙利亚全国委员会成立
3 月 12 日	阿盟紧急会议终止利比亚成员国资格，宣布对卡扎菲政权进行制裁，并提请联合国安理会立即在利比亚设立"禁飞区"	11 月 19 日	阿盟终止叙利亚成员国资格，宣布制裁叙利亚当局
3 月 17 日	联合国安理会通过 1973（2011）号决议，宣布在利比亚设立"禁飞区"	2012 年 1 月 23 日	联合国安理会讨论了阿拉伯国家联盟与西方国家提出的一项新决议草案。新决议草案要求叙利亚总统巴沙尔转交权力给副总统，保证其在过渡阶段履行职责，在两个月内组建民族联合政府。俄罗斯常驻联合国代表丘尔金拒绝了新决议草案中的部分内容，但表示仍愿意继续参与磋商，并致力于就解决叙利亚危机达成一致
3 月 19 日	法、英、美开始武装介入利比亚内战	2012 年 2 月 4 日	联合国安理会 6711 次会议投票表决叙利亚问题决议草案，13 票赞成，俄罗斯、中国 2 票否决，0 票弃权。草案被否决

资料来源：Security Council（United Nations），"Security Council Fails to Adopt Draft Resolution on Syria as Russian Federation，China Veto Text Supporting Arab League's Proposed Peace Plan"，February 4，2012，http：//www. un. org/press/en/2012/sc10536. doc. htm，最后登录日期：2017 年 2 月 28 日。

　　西方学者和媒体对利比亚和叙利亚两个革命的不同结局，有极大的心理落差。两国的示威游行相差不到一个月，卡扎菲和巴沙尔的行为逻辑基本一致，而在坚持"保护的责任"方面欧盟自认为没有搞"双重标准"。在 2014 年以前，利比亚虽然步履蹒跚，但走在"光明的道路上"，而叙利亚却步入"黑暗的泥潭"中无法自拔。"保护的责任"在 2011 年的利比亚大放异彩，却在 2012 年的叙利亚暗淡无光。西方学者、媒体和政客们认为这不是民主价值观和"民主保护者"的错失，责任自然就在其他国家身上。而他们的矛头直指俄罗斯和中国。2012 年 1 月 23 日，俄罗斯常驻联合国代表丘尔金拒绝了阿拉伯国家联盟与西方国家提出的有关叙利亚问题新决议草案中的部分内容。2012 年 2 月 4 日的联合国 6711 次会议讨论修改后的决议草案，俄罗斯和中国投了否决票。会后声明中，英国代表马克·莱尔·格兰特（Mark Lyall Grant）"震惊"于俄罗斯和中国对广受支持的决议草案的否决。美国代表苏珊·赖斯感到"恶心"。德国代表彼得维蒂希表示："面对 5000 人的死亡（包括 400 名儿童）、非法拘禁、酷刑和虐待，安理会再次未能履行自己所承担的责任和义务。叙利亚人民和中东人民再次失望，这是我们的耻辱。"摩洛哥代表默罕默德·卢利什基（Mohammed Loulichki）表达了失望和遗憾。葡萄牙代表何塞·菲利浦 - 莫拉卡布拉尔质问："多少人死亡，才能迫使安理会采取行动？"① 显然，俄罗斯和中国的否决票，触动了西方世界的敏感神经。而 2012 年巴沙尔政权得以幸存，被归咎于俄罗斯和中国。2011 年 10 月至 2012 年 7 月，俄罗斯和中国在联合国安理会上 3 次否决了阿拉伯联盟和西方国家提出的有关叙利亚问题的草案。

表 3 - 5　有关叙利亚危机的安理会决议表决（2011 年 10 月至 2012 年 7 月）

2011 年 10 月 4 日	俄罗斯、中国反对	联合国安理会就法国、英国等提交的叙利亚问题决议草案进行表决。俄罗斯、中国反对，印度、南非、巴西、黎巴嫩弃权，法国、英国、德国、葡萄牙、美国等赞成，决议草案未能获得通过
2012 年 1 月 23 日	俄罗斯反对	联合国安理会讨论了阿拉伯国家联盟与西方国家提出的一项新决议草案。新决议草案要求叙利亚总统巴沙尔转交权力给副总统，保证其在过渡阶段履行职责，在两个月内组建民族联合政府。俄罗斯常驻联合国代表丘尔金拒绝了新决议草案中的部分内容，但表示仍愿意继续参与磋商，并致力于就解决叙利亚危机达成一致
2012 年 2 月 4 日	俄罗斯、中国反对	联合国安理会表决叙利亚问题决议草案，表决结果为 13 票赞成、2 票反对、0 票弃权，俄罗斯、中国两个安理会常任理事国行使否决权否决了这一决议草案

资料来源：Security Council（United Nations，SC/10403），"Security Council Fails to Adopt Draft Resolution Condemning Syria's Crackdown on Anti-Government Protestors, Owing to Veto by Russian Federation, China", Security Council 6627th Meeting（Night），October 4, 2011, https：//www. un. org/press/en/2011/sc10403. doc. htm，最后登录日期：2017 年 3 月 2 日。

---

① Security Council（United Nations），"Security Council Fails to Adopt Draft Resolution on Syria as Russian Federation, China Veto Text Supporting Arab League's Proposed Peace Plan", February 4, 2012, http：//www. un. org/press/en/2012/sc10536. doc. htm，最后登录日期：2017 年 2 月 28 日。

事实上，叙利亚革命与利比亚革命的不同结果，完全是因为时间上的微妙差别。利比亚起义只提前不到一个月，但这一个月造成了巨大的影响。某种程度上，是利比亚动乱"拯救了"巴沙尔。2011 年 3 月至 8 月的五个月内，北约忙于利比亚而忽视了叙利亚。等到利比亚军事干涉尘埃落定，北约视线转向东方之时，俄罗斯已经开始意识到"西方国家借人道主义危机之名，行政权更替之实"的策略，决定同中国一起进行制衡。

欧美介入叙利亚危机的企图遭遇失败，并非完全是因为俄、中两国阻扰。事实上，原因是双重的，站在欧美的角度上，俄中的阻挠是原因之一；而欧美自身"意愿不足"也是重要原因，源于欧美国家对军事介入叙利亚"边际成本过高、边际收益太低"的战略考量。

事实上，失去联合国安理会授权的保护伞，法、美依然可以绕过联合国军事介入叙利亚。早在利比亚危机中，法国总统萨科齐就乾纲独断。他为军事介入利比亚设定了两套方案，首先是寻求国际支持和联合国安理会框架内的解决方案；若不成功，萨科齐则与卡梅伦寻求欧盟、阿拉伯联盟或者非盟的授权，作为 B 方案。① 而在叙利亚危机中，法国人退缩了，奥朗德并未继续萨科齐的执政风格和外交政策，选择"随大溜"的策略，"我将解决一切"般大包大揽的法国模式一去不复返，"保护之责任"在叙利亚遭遇冬天。

从边际成本和边际收益上看，对法国总统奥朗德而言，再发动一次"侵入阿拉伯国家的战争"，成本过高而收益太低。利比亚战争已经足够彰显了法国在欧盟、北非、环地中海中的大国地位；击败独裁者卡扎菲、拯救利比亚人民已经为法国赢得了足够的国际声誉；萨科齐自己也付出了代价，发动利比亚战争并未为他带来选举的胜利。叙利亚与利比亚的地缘战略位置重要性相差悬殊，叙利亚局势关系着以色列的安全和阿以和平问题，其周边大国包括土耳其、沙特、伊朗、埃及和以色列，俄罗斯也在此有重要利益，叙利亚可谓牵一发而动全身。在叙利亚军事介入，承担的风险是在利比亚的无数倍，而收获可能寥寥。有鉴于此，法国人的战略退缩也就不难理解了。

另外，仔细对比有关利比亚的联合国安理会 1973 号决议和有关叙利亚问题的安理会 2011 年 10 月 4 日会议、2012 年 1 月 23 日会议、2 月 4 日第 6711 次会

---

① Steven Erlanger, "By His Own Reckoning, One Man Made Libya a French Cause", The New York Times, April 1, 2011, http://www.nytimes.com/2011/04/02/world/africa/02levy.html?_r=1, 最后登录日期：2016 年 12 月 3 日。

议，其所采取的制裁措施有其微妙的差别。在 1973 号决议中，"禁飞区"是重点，而对利比亚卡扎菲政权的敌视是公开而鲜明的，军事介入选项被涵盖其中。而对叙利亚问题三次会议的决议草案中，均未涉及任何"禁飞区"的问题，有关经济制裁的措施很多，但其中并未存在授权北约或欧洲国家军事介入叙利亚的可能选项。也就是说，相比于 1973 号决议，阿盟和欧洲国家提供的第 6711 次会议有关对叙利亚制裁的决议草案，本身就不是为北约或欧美国家武装介入叙利亚提供授权。很显然，在叙利亚问题上，欧美国家（尤其是法国）军事介入的意愿是很低的。它们更倾向于在国际社会瓦解阿萨德政权的合法性，通过代理人战争的方式来廉价地赢取胜利，即只为叙利亚反对派提供武器装备、外交支持。

最后，叙利亚显然并非欧盟施展外交影响力的合适"场域"，欧盟在军事硬实力方面的不足在此暴露无遗。叙利亚政府军人数超过 40 万，军队人数和坦克数量均超过利比亚卡扎菲政权的五倍以上，如果美国不愿武力介入，欧盟整体或欧盟大国武力干涉叙利亚均没有成功的可能。在欧盟内部，德国在利比亚战争期间即对英法两国鼓吹军事干预的外交行为心存疑虑，在联合国安理会第 1973 号关于在利比亚设立禁飞区决议中同俄罗斯和中国一起投了弃权票。在叙利亚危机中，英国卡梅伦政府虽然同法国站在一起，但在叙利亚化学武器风波发生后，英国下院于 2013 年 8 月投票否决了英国政府对叙利亚进行军事干预的动议。联合国关于叙利亚问题的决议被否决具有重要转折意义，此后不仅包括法国、英国在内的欧洲国家再未制订不经联合国同意即武力干涉阿拉伯国家内政的计划，而且它直接影响到美国奥巴马政府对阿萨德政府动武的决策。奥巴马虽然在 2012 年画下阿萨德使用化武、美国就会与欧洲盟友直接干预的红线，但英国下院的表决促使其下决心收手，转而同意俄罗斯的建议，以阿萨德政权交出所有化学武器，将化武置于国际监督之下结束了这一风波。在欧盟外部，最紧密的安全盟友美国的犹豫和退缩，连带损害了欧盟以及法英等欧盟成员国所鼓吹的"阿萨德下台"的战略目标的可信性。[①]

所以，2012 年阿萨德政权得以幸存，从逻辑上看，一方面源于俄罗斯的背后支持，其原因是俄罗斯对欧美再一次"借人道干预为名，成颠覆政权为实"的抵制；另一方面是因为基于边际成本和边际收益，欧美国家和北约再一次军事介入阿拉伯国家的意愿不足。

---

① 赵晨：《叙利亚内战中的欧盟：实力、理念与政策工具》，《欧洲研究》2017 年第 2 期。

　　假设叙利亚危机爆发于利比亚之前，历史可能完全不同。萨科齐的国际野心和国内竞选压力，很大可能会促使他对叙利亚做出同样的选择。此时，俄罗斯可能还没意识到"西方国家借人道主义危机之名，行政权更替之实"的策略，其反对阿盟和西方提议的可能性非常低。而叙利亚内战中政府军的软弱，预示着法国牵头介入叙利亚的成本很低，战争胜利所要付出的代价可能还要低于在利比亚。而在收益方面，推翻阿萨德政府、获得新叙利亚对法国和欧盟的完全依靠，其战略利益绝对高于在利比亚的收获。新叙利亚将能左右阿拉伯国家对以色列的态度，引领阿以和平、巴以问题向更积极的趋势演变，同时制衡在中东民主化浪潮的脚步。如果干预叙利亚成功，势必将影响到2013年7月发生在埃及的塞西政变，以叙利亚为跳板的制衡，将极有可能在某种程度上制约埃及军方发动政变的野心。同时，新叙利亚将和伊拉克连成一片，加上北方属于北约成员国的土耳其，整个中东北层将成为欧美势力范围，其前景将再现二战刚刚结束时"北层联盟"和"巴格达条约组织"的盛况。同时，介入叙利亚将有效制衡伊朗的地区影响力，迫使伊朗在核武器问题上做出更大让步。

二　地区大国对叙利亚内战的干涉

　　早在2012年夏末，美国就开始转变对叙利亚反对派的态度。在那之前，他们对反对派充满信心，认为大规模的示威游行和民众抗议，加上国际社会的压力，就足以迫使巴沙尔·阿萨德屈服。"巴沙尔已经时日无多"，是最常出现的话语。而事实上，美国政府低估了巴沙尔维持政权的决心。2012年叙反对派多次进攻叙核心城市的失败，开始让美国警醒，政府高层开始重新评估叙利亚局势，开始认识到"美国支持叙利亚反对派的重要性"。[①] 努斯拉阵线等极端组织在叙利亚的崛起，更是引起美国军方和情报部门的警惕，中情局前局长、时任国防部部长的帕内塔（Leon Panetta）多次讲道："外来圣战武装介入叙利亚局势才是最值得有关部门关注和警惕的。"[②] 2012年8月底，国务卿希拉里向总统提交了一份美国在叙利亚开展行动的方案，用支持叙利亚"温和反对派"的方式来排挤激进组织的生存空间。因担心按照此方案执行美国最终会卷入另一个战争泥潭，故而希拉里的方案最终被搁浅。但是在另一方面，有关组建叙利亚反对派武

---

① 〔美〕乔比·沃里克：《黑旗：ISIS 的崛起》，钟鹰翔译，中信出版社，2017，第297—299页。
② 〔美〕乔比·沃里克：《黑旗：ISIS 的崛起》，钟鹰翔译，中信出版社，2017，第302页。

装"南部战线"的计划却得以顺利实施，而约旦也因此实质上地卷入叙利亚内战之中。

早在 2011 年秋天，叙利亚危机还未完全扩大成大规模内战之时，约旦国王阿卜杜拉二世就曾打电话给叙利亚总统巴沙尔。在面对西亚北非变局时，阿卜杜拉二世的策略相当灵活。国王罢免前首相，任用倾向改革的前将军马鲁夫·巴基特（Marouf Bakhit）担任政府首脑，启动一系列政治改革，加强地方自治，同时加速国家和地方的选举进程，并准备将权力过渡给首相和内阁。阿卜杜拉二世的危机处理方式，与摩洛哥默罕默德六世国王相映生辉，两国均顺利度过"阿拉伯之春"。阿卜杜拉二世希望将约旦的经验介绍给叙利亚，但总统巴沙尔却不以为然，两人的谈话不欢而散。自此之后，随着极端分子在叙利亚的扎根，约旦国内对叙利亚危机的担忧越来越重。

从 2012 年下半年开始，欧美盟国督促约旦仿照土耳其经验，在边境上设立叙利亚反对派的前进基地。当时巴沙尔的军队正在北方和东方防守叙利亚自由军的进攻，约旦的前进基地将直接威胁到叙政府军的腹地，从边境出发的反对派武装可以直扑首都大马士革。2013 年年初，在欧美盟友的压力下，以及出于对叙利亚战争蔓延的忧虑，阿卜杜拉二世批准了该计划，"南部前线"（Southern Front）进入准备期。2014 年 2 月 13 日，"南部前线"正式成立并发动进攻，到 2015 年 6 月控制了德拉省 70% 的地区。① 自此，叙利亚东部、北部和南部，全部陷入内战。北部的反对派武装，从 2011 年 10 月开始就受到土耳其的支持；"南部前线"的后方基地在约旦，沙特阿拉伯、卡塔尔、阿联酋等国是其背后金主，支持者还包括美国、法国等西方国家；在东方，来自伊拉克的努斯拉阵线正攻城略地，库尔德人也骚动不已。

沙特介入叙利亚的目的，一是抑制伊朗什叶派在叙利亚的地位，二是因为其中东地区领导地位的诉求。基于教派原因，自叙利亚危机爆发，沙特一直是巴沙尔·阿萨德政权的强烈反对者，也是叙多个反对派武装的背后金主。2011 年 8 月 1 日发生在哈马和代尔祖尔的叙政府军对逊尼派平民的屠杀，遭到沙特时任国王阿卜杜拉的强烈谴责。2011 年 11 月，沙特牵头阿盟终止了叙利亚的阿盟成员

① Hugh Naylor, "Moderate Rebels Take Key Southern Base in Syria, Dealing Blow to Assad", The Washington Post, June 10, 2015, https://www. washingtonpost. com/world/middle_ east/moderate-rebels-take-key-southern-base-in-syria-dealing-blow-to-assad/2015/06/09/9d6ff9c2-0ea5-11e5-a0fe-dc cfea4653ee_ story. html? utm_ term = . ad4d0f76c395，最后登录日期：2017 年 3 月 3 日。

国资格。2012 年 2 月，沙特又关闭了驻叙利亚大使馆，从而切断了与巴沙尔政权的外交往来。阿卜杜拉曾表示，在叙利亚问题上磋商毫无作用，武装推翻巴沙尔政权才是叙冲突的唯一出路。[①] 2012 年 11 月，叙利亚全国委员会与多个叙反对派组织在卡塔尔联合成立了"反对派和革命力量全国联盟"（简称叙"全国联盟"）。沙特为首的海合会国家随即承认该组织为合法政府和叙利亚人民的合法代表。2013 年 2 月，沙特又将一批武器装备送给在约旦和叙南部的反对派武装。沙特对叙反对派武装的支持，是它们保证生存、不断发展壮大的重要原因。2013 年 7 月，沙特还希望通过大量购进俄罗斯的武器装备，来换取普京在叙利亚问题上的让步、在安理会上就叙利亚问题不再投否决票，遭到普京的拒绝。

2012 年年初在排除了北约军事介入叙利亚的选项后，欧盟开始主导了欧洲对叙利亚政策。而欧盟所能选择的策略只有两个：对叙利亚进行经济制裁，外交上支持叙反对派。2012—2013 年，欧盟秉持"巴沙尔必须下台"的态度，连续 18 次颁布对叙当局的经济制裁，同时不断在联合国安理会上发表评论督促安理会"有所作为"。同时，在武器流入、反对外国力量介入、石油经济制裁等方面，欧盟毫无顾忌地使用"双重标准"。2013 年 4 月 22 日，在石油产地落入叙利亚反对派手中后，欧盟打起"为了帮助叙利亚人民"的口号立即解除了对叙利亚石油经济的制裁。5 月，欧盟颁布新政策文件，允许成员国出于保护"叙利亚革命力量联盟"和"叙利亚人民"而向叙国内供应武器装备，从而使得一直以来暗地里对叙反对派武器供应的行为合法化。2013 年 6 月，欧盟公布了"欧盟对叙利亚危机综合应对战略"的文件，指明了其对叙利亚政策的细节，其中的核心就是使用经济制裁和外交舆论来打击巴沙尔政权。

2013 年 8 月 21 日，叙利亚爆发"化武危机"。反对派人士指控叙利亚政府军在大马士革郊区使用了沙林毒气，导致上千人死亡。此举越过了奥巴马总统为叙利亚危机设置的"不得使用化学武器"的红线。24 日，反对派要求西方干预此次事件。美国、法国、英国、沙特等多个各家发表声明谴责叙利亚巴沙尔政权。美法开始考虑军事介入叙利亚的选项。值此之时，俄罗斯总统普京提出"化武换和平"倡议，即叙利亚政府将化学武器交由国际社会监管和销毁，以换取国内和平。随后，巴沙尔发表声明赞同此方案。随着联合国代表团抵达叙利亚

---

① Satoru Nakamura，"Saudi Arabian Diplomacy during the Syrian Humanitarian Crisis：Domestic Pressure，Multilate Ralism，and Regional Rivalry for an Islamic State"，July 2013，http：//www. ide. go. jp/Japanese/Publish/Download/Seisaku/pdf/201307_mide_13. pdf，最后登录日期：2017 年 3 月 2 日。

核查和销毁叙利亚化物库的不断进行，"化武危机"最终偃旗息鼓。

2013 年，各方势力在叙利亚战场登场。沙特、土耳其、约旦、美国、欧盟旗帜鲜明地支持叙利亚反对派的同时，巴沙尔也为自己争取到同盟者。2013 年 5 月中旬，叙政府军突然加强对中部重镇卡绥尔的攻势后，关于真主党派出武装人员入叙协助政府军的消息就从未停止。据媒体报道，参与卡绥尔战役的真主党武装人员可能接近 1700 人，是其总兵力的约 1/3。5 月 25 日，真主党总书记纳斯鲁拉在黎巴嫩发表演说，向支持民众表示真主党将全力支持叙利亚总统巴沙尔·阿萨德。

真主党在叙利亚政府困难之际"伸出援手"并不令人惊讶。自 1982 年在伊朗扶持下成立以来，真主党便与叙利亚和伊朗这两个地区内主要什叶派政权保持着密切的联系。2000 年以色列从黎巴嫩撤军后，叙利亚仍然保持在黎巴嫩的军事存在，正是在这段时间真主党的军事力量显著提升。叙利亚在其占据黎巴嫩的三十年左右的时间内，曾给予真主党大量资金、武器以及其他援助，两方关系非常紧密。而在叙利亚陷入乱局之时，真主党反哺自己的盟友完全是情理之中。

但是，真主党有限的能力决定了它不可能成为叙利亚危机的"终结者"，相反会让本已一团乱麻的危机更加复杂，同时真主党介入叙利亚内战也将黎巴嫩社会置于风险之中。2013 年 6 月 1 日，真主党总部所在地黎巴嫩巴尔贝克市遭受多达 18 枚导弹和迫击炮弹的袭击，造成大面积房屋损毁，黎巴嫩安全官员称这些炮弹来自叙利亚境内。而此前，叙利亚反对派曾声明将攻击真主党在黎境内目标，以报复其协助叙政府军的行为。6 月 2 日晚，在黎巴嫩北部主要城市的黎波里，支持和反对叙利亚政府的派别爆发武装冲突，一天之内造成 6 人死亡，38 人受伤。①

为了报复真主党在叙利亚的攻势，"伊斯兰国"也展开对黎巴嫩的袭击和网络恐怖。2014 年 9 月 6 日，黎巴嫩士兵阿拔斯·麦德勒（Abbas Medlej）被"伊斯兰国"斩首的照片流传网络，引起黎巴嫩人的愤怒。麦德勒系真主党士兵，在叙利亚参加阿尔萨战役被"伊斯兰国"武装力量捕获，试图从其看守者手中逃脱未果后被斩首。另外，2015 年 11 月 12 日，巴黎暴恐事件前一天，贝鲁特南郊发生爆炸案，造成 43 人死亡、200—240 人受伤。"伊斯兰国"随后声称对此事件负责，并宣布这是对黎巴嫩真主党介入叙利亚内战的报复。

---

① 刘阳：《真主党出兵叙利亚乱上加乱》，《国际先驱导报》2013 年 6 月 9 日。

国际社会和黎巴嫩国内均一直担忧叙利亚危机是否会因为真主党的行为而蔓延到黎巴嫩。这种担忧在 2014 年达到顶峰，直到 2015 年俄罗斯军事介入叙利亚内战使得战局逆转，才慢慢消去。真主党也认识到这种担忧，这就是在 2015 年之前其官方对外发言人一直否定"真主党参与叙内战"的原因。

土耳其在叙利亚问题上的态度与库尔德人所带来的隐患密切相关。[①] 2016 年 3 月，继组建叙利亚民主联军（SDF）后，叙库尔德人又主导成立了北叙利亚罗贾瓦联邦。随后，叙利亚民主联军兵锋西进，6 月跨过幼发拉底河，开始围攻战略城市曼比季，大有在整个叙利亚北部建立库尔德联邦之势。与此同时，在伊拉克北部抗击"伊斯兰国"过程中，伊拉克库尔德人武装也在不断积蓄力量。来自美欧的军事援助和外交支持和打击"伊斯兰国"所获得的道义支持，使得库尔德人风生水起，而土耳其国内的库尔德人也骚动不已。值此之时，一旦叙利亚的国家解体，叙利亚库尔德人必将独立建国，土耳其库尔德人就会群起响应，这必然威胁到土耳其的国家利益。对于库尔德人的崛起，美欧持鼓励态度，而普京和巴沙尔因为鞭长莫及而任其发展。故而，埃尔多安不得不改变土耳其的地区战略，主动出击介入叙利亚乱局。2016 年 8 月 24 日，土耳其"7·15"未遂政变的一个月后，土耳其军队发起了代号"幼发拉底河盾牌"的军事行动，以报复"伊斯兰国"袭击加济安泰普、炮击土叙边界地区。土耳其动用空军、炮兵、坦克、特种部队直接跨境作战，支援亲土耳其的叙利亚反对派打击"伊斯兰国"，攻占了土叙边境小镇杰拉布卢斯（该城 2014 年落入"伊斯兰国"之手）。

三　俄罗斯的介入与叙利亚内战局势的转变

2011 年突尼斯和埃及的革命开启了叙利亚的潘多拉魔盒，利比亚战争吸引了北约的目光而让巴沙尔政权幸存下来，"伊斯兰国"引入极端恐怖主义，远在乌克兰和克里米亚的事件带来了普京的战略介入，土耳其 2016 年发生未遂军事政变之后埃尔多安就决定军事介入叙利亚。时至今日，叙利亚的局势走向早已脱出了叙利亚人自己的掌控。

普京发动叙利亚介入战争，名义上是为了打击恐怖主义，但其真实目的路人皆知。2013 年 11 月乌克兰发生的危机，其背后是俄罗斯和欧盟在乌克兰影响力

---

① 《中国刚介入叙利亚 土耳其为何也用兵叙利亚》，中华网，2016 年 8 月 29 日，http://military.china.com/important/11132797/20160829/23410667_all.html，最后登录日期：2017 年 3 月 18 日。

的角逐。2014年2月22日，乌克兰议会罢黜了亲俄总统亚努科维奇，修改了宪法，并批准图奇诺夫作为临时代总统。面对乌克兰变局，普京迅速应对。3月11日，克里米亚议会通过了克里米亚独立宣言。3月17日，克里米亚全国公投，96.6%的选民赞成克里米亚加入俄罗斯。俄罗斯随即同意克里米亚加入俄罗斯联邦。4月7日，乌克兰顿涅茨克亲俄者宣布"独立拟公投入俄"。4月30日，乌克兰代总统图尔奇诺夫宣布，乌武装力量进入全面战备状态，开始全国征兵。乌克兰和俄罗斯进入准战争状态。

克里米亚事件使得普京被架在风口浪尖，西方政界、媒体和舆论中一片指责之声，美欧国家对俄罗斯如此野蛮地吞并他国领土感到万分震惊。俄罗斯在国际社会被孤立。2014年和2015年，欧美先后对俄罗斯进行了五轮经济制裁。石油天然气成为西方制裁俄罗斯的重要武器，沙特坚持不减产，欧美切断与俄罗斯的能源联系，低迷的油价挫伤了俄罗斯的经济和财政，卢布汇率持续走低。与此同时，八国集团暂停了俄罗斯的成员国地位。奥巴马直截了当地宣布美国将动员国际社会支持乌克兰，以让俄罗斯因其在乌克兰的举动而被孤立。甚至在体育领域，俄罗斯也遭到打压，美国联邦调查局介入国际足联反腐，此举被证明是刻意针对俄罗斯。随着反腐的进行，俄罗斯获得的2018年世界杯举办权遭到质疑。①与此同时，对奥运会上俄罗斯运动员使用兴奋剂行为的披露，也极大地降低了俄罗斯的国家声誉。虽然俄罗斯政府随后发动了反击，披露出西方国家同样以"药物"的方式使用兴奋剂的行为，但难以弥补国家荣誉的损失。

为了走出被孤立的状态，普京选择了在叙利亚问题上转移视线，即通过军事介入叙利亚来完成"战略突围"。在叙利亚危机中，俄罗斯军队支持的巴沙尔政权，因为其对叙利亚普通民众的残酷镇压，遭到国际社会的敌视。2012年2月4日联合国安理会对叙利亚的制裁决议草案，除了俄罗斯和中国的否决票，其他国家均选择赞成，13国中没有任何一个国家弃权。普京借"打击恐怖主义"之名，行"支持叙利亚巴沙尔政权"之实，不仅不能改变国际舆论对俄罗斯的看法，反而更进一步给俄罗斯套上了"蛮横"的标签。

尽管战略决策存在疑虑，但俄罗斯介入叙利亚危机在军事层面上似乎是成功的，它扭转了叙利亚战场形势。叙利亚是普京中东战略的重要支点，但到2015年夏，在"伊斯兰国"、努斯拉阵线、叙自由军、"南部前线"的多重夹击下，

---

① 毕洪业：《叙利亚危机、新地区战争与俄罗斯的中东战略》，《外交评论》2016年第1期。

叙利亚政府军节节败退，巴沙尔政权实际控制的区域缩小到国土面积的 20%，仅包括以首都大马士革至霍姆斯市公路为轴的中部地区以及拉塔基亚省沿海地区。但俄罗斯的介入扭转了叙利亚内战的局势。截至 2016 年年末，根据俄罗斯国防部的战略总结，俄罗斯在叙利亚累计出动战机 18800 架次，执行了 71000 次反恐空袭任务，摧毁了 725 座训练基地、405 座生产武器弹药的工厂和 1500 套重武器装备。俄军成功抑制住了叙政府军的战略颓势，并协助叙政府军和真主党武装发动反攻。到 2016 年年底，巴沙尔政权不仅顺利将反政府武装赶出了大马士革城区，而且在北部多条战线取得较大军事进展，彻底控制了拉塔基亚省，赢得了阿勒颇会战的胜利，稳定了战场形势。可以说，俄罗斯的介入使得叙利亚内战各方力量对比发生转折，从而挽救了濒临崩溃的巴沙尔政权。

叙利亚危机使得俄罗斯与美国的关系更加复杂。借助军事介入叙利亚，俄罗斯看上去摆脱了被孤立的局势。为了明确俄罗斯出兵叙利亚的战略意图，保证双方不在伊拉克和叙利亚发生直接冲突，美国不得不与俄罗斯对话。2015 年 10 月双方达成关于在叙利亚飞行安全备忘录，美国事实上"默许"了普京的军事行动。

在密集空袭的同时，普京积极展开多点外交，寻求启动政治解决叙问题的进程。叙总统巴沙尔、叙自由军甚至库尔德工人党代表相继到访莫斯科，俄罗斯逐步掌握了叙利亚危机解决的主动权。在 2015 年 11 月 13 日巴黎恐怖袭击事件爆发后，法国开始与俄罗斯在叙利亚展开反恐合作。迫于形势，美国不得不正视俄罗斯的国际地位。而随着叙利亚局势的变化，美国不得不放弃了巴沙尔必须下台的预设前提，接受了俄方提出的巴沙尔命运和叙利亚前途由叙人民来决定的主张。2015 年 12 月 18 日，联合国安理会以 15 票赞成一致通过第 2254 号决议，就政治解决叙利亚问题达成一致意见，并为推动叙利亚和平进程确定了一个为期六个月的时间表。[①] 而针对乌克兰危机，美国也转而强调没有对俄罗斯执行孤立政策，希望俄早日执行"新明斯克协议"，同时承诺随后将尽早解除制裁。到 2016 年 2 月 22 日，俄美更是发表联合声明，宣布叙利亚冲突各方就停火达成协议并自 2 月 27 日起正式生效。2016 年 3 月 14 日，有关叙利亚问题的日内瓦多方会谈开始之日，普京突然宣布了俄罗斯的撤军计划。

---

① UN Security Council（SC/12171），"Security Council Unanimously Adopts Resolution 2254（2015），Endorsing Road Map for Peace Process in Syria, Setting Timetable for Talks", December 18, 2015, https：//www. un. org/press/en/2015/sc12171. doc. htm，最后登录日期：2017 年 3 月 18 日。

没有后顾之忧的叙政府军，于 2016 年 9 月 22 日发动了新一轮对阿勒颇的攻势，以夺回仍被反对派武装占据的城区。到 12 月 15 日，政府军夺回了阿勒颇城的大部分地区，仅有 5% 的街道还保留在反对派武装之手。随后的停火保证了平民和剩余的反对派武装分子安全撤离，到 12 月 22 日，叙利亚巴沙尔政府宣布完全夺回了阿勒颇。① 持续 4 年零 5 个月的阿勒颇会战，最终以政府军的胜利而结束，该会战也被认为是叙利亚战局的转折点。在会战中，俄罗斯空军给予了政府军不遗余力的支持。而作为代价，美国政府 10 月初暂停了与俄罗斯就叙利亚问题的谈判。② 2016 年 12 月 28 日，俄罗斯和土耳其领衔在哈萨克斯坦阿斯塔纳举行和谈。12 月 31 日，联合国安理会一致通过了俄、土两国提出的有关叙利亚停火的 2336 号协议，该协议将"伊斯兰国"、努斯拉阵线两个恐怖组织排除在停火协议之外。

2017 年 2 月 12 日，基地组织叙利亚分支"解放沙姆"组织和努斯拉阵线策划使用两辆自爆卡车袭击叙利亚南部德拉市中的叙政府军营地。这两个组织均被视为恐怖组织，且未被纳入停火协议当中。两辆自爆卡车均被政府军拦截摧毁，"解放沙姆"组织随后的进攻也被击退。2 月 25 日，混乱平息，但已有近万市民逃离该地。叙利亚真正的和平仍然遥遥无期。

---

① "Syrian Army Announces Victory in Aleppo in Boost for Assad", Reuters, December 22, 2016, http://www.reuters.com/article/idUSKBN14B1NQ, 最后登录日期：2017 年 3 月 18 日。

② "Syria's War：US Suspends", Al Jazeera, October 4, 2016, http://www.aljazeera.com/news/2016/10/syria-war-aleppo-hospital-hit-time-161003154906472.html, 最后登录日期：2017 年 3 月 18 日。

第四章
北非变局对欧洲的影响和冲击

北非变局引起了一系列灾难性的后果，对欧洲产生了巨大的政治、经济和安全方面的冲击。利比亚和叙利亚内战造成了数百万计的难民流离失所，这些难民不但流向约旦、土耳其等周边国家，也通过地中海大量地流向欧洲，形成欧洲难民危机。伴随叙利亚内战而兴风作浪的"伊斯兰国"恐怖组织，与北非和撒赫勒地区的恐怖组织勾连，不但恶化了西亚、北非和西非的安全局势，而且在欧洲制造了大量的恐怖袭击事件，形成了"9·11"事件以来欧、亚、非三洲面临的第二次恐怖主义袭击高潮。北非地区是欧洲重要的能源供应地，地中海地区安全局势的恶化，破坏了北非与欧洲的能源联系，也对欧洲与北非地区经济合作关系的发展产生了不利影响。面对北非变局带来的一系列负面冲击，欧盟与欧洲国家不得不纷纷出台应对之策，以图将这种冲击造成的不利影响降到最低，环地中海地区的国际关系也相应地发生了变化。

第一节 难民危机的冲击与欧洲的应对

北非中东变局催生了地区动荡，威胁到普通民众的生活。战争迫使民众大规模流亡国外以躲避战乱，而发达的西欧则是他们理想的目的地。从 2015 年 3 月开始，来自叙利亚、伊拉克和阿富汗等地的难民大规模涌入欧洲，到年底总计超过 100 万人，是 2014 年的近 4 倍之多。难民大量涌入，引发了"欧洲难民危机"。

一 欧洲难民危机：来源国、路线、趋势

世界各地的难民申请前往欧洲国家避难，是一直以来司空见惯的现象。早在冷战期间，东欧国家的人民就向西欧、中欧国家大规模寻求避难，1983—1990年间总人数超过 170 万。① 冷战结束至今，在欧洲临近地区发生的局部战争或地

---

① Klaus J. Bade, *Europa in Bewegung*, *Migration vom spaeten 18*, *Jahrhundert bis zur Gegenwart*, Muenchen: Verlage, C. H. Beck, 2002, S. 368 – 369.

区冲突，如科索沃、伊拉克、阿富汗和北非地区，也造成了大规模涌入欧洲的难民潮。仅 1992 年一年进入欧洲的难民就达到 76 万人，其中约 2/3 向德国提出避难申请。[①]

2011 年北非中东地区发生政治动荡，利比亚、叙利亚先后陷入内战，由于地缘政治原因，越来越多的来自阿富汗、叙利亚、利比亚、厄利特利亚等西亚北非的难民通过各种渠道，前赴后继地穿越地中海，奔向经济富庶的欧洲国家寻求庇护，导致欧洲境内始终存在着数以百万计的难民，并呈现出急剧上升的趋势。自 2011 年 3 月内战爆发以来，估计有 1100 万叙利亚人逃离家园。其中有 480 万人逃往土耳其、黎巴嫩、约旦、埃及和伊拉克，660 万人在叙利亚境内流离失所。与此同时，约有 100 万人向欧洲申请庇护，其中德国和瑞典是主要难民接收国。[②] 很多难民与移民通过土耳其抵达希腊和马其顿，然后前往匈牙利等欧洲其他更富裕国家。2015 年涌入马其顿的非法移民每天达 1500—2000 人。[③] 联合国难民署高级专员在其报告中称，2014 年至少有 21.9 万移民通过地中海到达欧洲。[④] 2015 年，有 1015078 名非法移民或难民越过地中海到达欧洲。[⑤] 仅 2015 年 7 月，涌入欧盟的难民人数达到约 10.7 万人，创下了历史高峰。2016 年 1—5 月，通过地中海到达欧洲的非法移民和难民有所下降，但也达到 190785 人，其中 155975 人到达希腊，33907 人到达意大利，903 人通过直布罗陀海峡到达西班牙。[⑥] 在希腊的科斯岛和莱斯博斯岛，由于难民越来越多，引起了当地居民的不满，关系一度紧张。2015 年 9 月，大批难民同匈牙利警察发生冲突，出现扭打场面。

从利比亚到欧洲的移民也在飙升，通过这里的移民的目的地是意大利和马耳

① 宋全成：《欧洲难民危机：进程、特征及其近期发展前景》，《山东社会科学》2016 年第 2 期，第 121 页。
② "The Syrian Refugee Crisis and Its Repercussions for the EU", September 2016, http://syrianrefugees.eu/，最后登录日期：2019 年 9 月 13 日。
③ 《奥地利卡车内现数十具非法移民尸体欧洲难民危机愈演愈烈》，央广网，2015 年 8 月 29 日，http://china.cnr.cn/ygxw/20150829/t20150829_519702633.shtml，最后登录日期：2017 年 3 月 18 日。
④ United Nations High Commissioner for Refugees, "UNHCR Calls for Urgent Action as Hundreds Feared Lost in Mediterranean Boat Sinking", News Stories, April 20, 2015, http://www.unhcr.org/5534dd539.html，最后登录日期：2017 年 4 月 18 日。
⑤ UNHCR, "Refugees/Migrants Emergency Response-Mediterranean. Regional Overview", May 20, 2016, http://data.unhcr.org/mediterranean/regional.php，最后登录日期：2017 年 3 月 18 日。
⑥ 数据来源于联合国难民事务高级专员官网，http://data2.unhcr.org/en/situations/mediterranean/location/5179。

他。2014 年到达欧洲的移民中，将近有 17 万名移民通过利比亚和突尼斯，然后利用各种各样的海上通道到达意大利和马耳他。[①] 欧洲边境署（Frontex）将其确认为地中海中央线路，是世界上最为繁忙也最为致命的移民路线。数以十万计的难民不断冲击着欧洲国家脆弱的边防线，南欧、东欧到处充斥着成群结队的难民队伍。欧洲公众舆论和领导人开始认识到，环地中海地区出现的移民和难民危机将会对欧洲形成冲击。地中海地区的难民危机已经形成。

　　然而，地中海移民与难民危机不仅表现在数量方面，更重要的是，大量的移民或难民死于前往欧洲的旅途中。自 2000 年以来，2.2 万多名移民在前往欧洲的途中丧生。[②] 2015 年，有 3771 人死于海上。2016 年前 5 个月有 1361 人死于海上。[③] 地中海上漂泊的移民不断发生沉船事故，灾难中的死亡人数不断上升。[④] 2015 年 4 月，在利比亚外海发生的偷渡船翻覆事件中，有约 800 人死亡，成为近年来死亡人数最多的沉船悲剧。[⑤] 2015 年 8 月 27 日，奥地利警察在一辆被遗弃的卡车上发现了 70 多具移民遗体，这些移民被推断是在运输过程中窒息而死。海上获救的人数每一天都在快速地增长，2015 年 5 月的两天内约有 6771 人获救。[⑥] 非洲和中东移民越过地中海前往欧洲的人数以及在此过程中的死亡人数达到了空前规模，形成了巨大的人道主义危机。全球机构和公民社会谴责欧盟不作为和无法实施一个高效统一的欧洲移民和庇护政策。对比图 4 - 1 和图 4 - 2 可以看出，2015 年、2016 年、2017 年和 2018 年前往欧洲难民的死亡和失踪比例分别是 1.3%、0.5%、1.7% 和 0.79%。四年内总的死亡和失踪比例约为

① Frontex, "Annual Risk Analysis 2015", April, 2015, http://frontex. europa. eu/assets/Publications/Risk_ Analysis/Annual_ Risk_ Analy-sis_2015. pdf, 最后登录日期：2017 年 3 月 18 日。

② Tara Brian and Frank Laczko, "Counting Migrant Deaths: An International Overview", in Tara Brian and Frank Laczko (eds.), *Fatal Journeys: Tracking Lives Lost during Migration*, Geneva, IOM, 2014, p. 20,

③ UNHCR, "Refugees/Migrants Emergency Response-Mediterranean. Regional Overview", May 20, 2016, http://data. unhcr. org/mediterranean/regional. php, 最后登录日期：2017 年 3 月 18 日。

④ Fabrizio Tassinari and Hans Lucht, "Fortress Europe: Behind the Continent's Migrant Crisis," Foreign Affairs, April 29, 2015, https://www. foreignaffairs. com/articles/western-europe/2015-04-29/for-tress-europe.

⑤ International Organization for Migration, "Migrant Deaths Soar as Mediterranean Sees Worst Tragedy in Living Memory," April 19, 2015, http://www. iom. int/news/migrant-deaths-soar-mediterranean-sees-worst-tragedy-living-memory, 最后登录日期：2017 年 3 月 18 日。

⑥ Nikolaj Nielsen, "EU Rescue Mission Yet To Receive Extra Cash or Boats," EU Observer, May 4, 2015, https://euobserver. com/justice/128566, 最后登录日期：2017 年 3 月 26 日。

0.75%，亦即在 400 个偷渡难民中约有 3 人死于海难或失踪。其中意大利路线海难比率最高，历年海难死亡和失踪比均在 2% 左右，亦即 20 个偷渡者中即约有 1 人死亡或失踪。

图 4 - 1　通过地中海的难民死亡、失踪人数

资料来源：UNHCR，https://data2. unhcr. org/en/situations/mediterranean/location/5226。

穆斯林难民的大量涌入也使欧洲面临更加严重的安全挑战。"伊斯兰国"的附属机构在利比亚海岸建立，增强了人们对来自利比亚海岸的非法移民对欧洲安全构成威胁的看法。"伊斯兰国"发表声明对罗马帝国宣战，恐怖分子能够控制移民网络的威胁四处扩散。[①] 对于大批难民来说，他们的穆斯林身份也使他们遭到不公正待遇，这种歧视和不公正很容易在他们当中滋生极端主义思想。难民中那些带有极端主义情绪的人易被极端组织招募，并从事恐怖主义活动。难民的涌入确已导致暴力、排外事件不断增多，特别是当难民与恐怖分子联系起来时，这种情况就变得更加严重。[②] 2015 年 11 月巴黎系列恐怖袭击案、2016 年年初德国科隆性侵案等的发生，严重影响了欧洲公民的生命财产安全，使更多的欧盟公民将难民问题与恐怖主义联系起来。

大量穆斯林难民的涌入还抢占了欧洲人的就业机会和社会福利。难民进入欧洲后，欧洲各国需要为他们解决食品、住房问题，甚至要为他们提供就业。为了安置难民，欧洲国家必须花费相当部分的财政支出，而且这是一项长期的支出。

---

① "The Islamic State's（ISIS, ISIL）Magazine," September 10, 2014, http://www. clarionproject. org/news/islamic-state-isis-isil-propaganda-magazine-dabiq，最后登录日期：2017 年 3 月 2 日。

② 汪波、许超：《穆斯林难民危机对欧洲社会的影响》，《阿拉伯世界研究》2017 年第 3 期，第 71 - 72 页。

100 多万难民的涌入也不可避免地会对欧洲国家的社会福利系统带来冲击，给各国的教育、医疗卫生、住房和社会保障系统带来压力，这无疑也要以牺牲本国居民的社会福利为代价。

自 2015 年年中以来，欧洲难民危机开始在各种媒体上持续发酵，有关该主题的媒体报道数不胜数。然而，欧洲绝不是 2011 年西亚北非变局以来受到难民冲击的最主要国家和地区。从数据上看，以叙利亚为例，联合国人道主义事务办公室估计总计约有 1350 万叙利亚人因为战争原因而需要人道主义救助，其中超过 600 万人属于国内难民，滞留叙利亚国内，超过 630 多万人流散国外（其中480 万进行了难民登记）。[①] 对流散国外的叙利亚人，欧盟 28 国总计接纳不超过100 万人，占总数不到 1/6，不及土耳其、黎巴嫩、约旦三国中的任何一个（见图 4 - 2）。

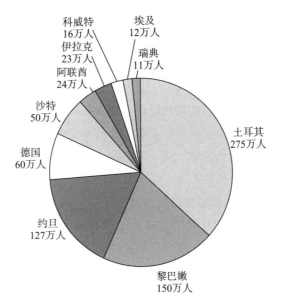

图 4 - 2　叙利亚难民在各国人数

资料来源：UNHCR，"Regional Refugee and Migrant Response Plan for Europe（January to December 2017）"，December 2016。

---

① UNHCR，"Regional Refugee and Migrant Response Plan for Europe（January to December 2017）"，December 2016；"Life and Death in Syria-Five Years into War，What Is Left of the Country?"，BBC News，March 15，2016，https://www.bbc.co.uk/news/resources/idt-841ebc3a-1be9-493b-8800-2c04 890e8fc9，最后登录日期：2017 年 8 月 18 日。

但是，话语权才是决定事件重要性的尺度，而非事件本身。2015 年 11 月 13 日巴黎恐怖袭击事件使世人为之震撼，而同一时刻发生在黎巴嫩贝鲁特南郊的恐怖袭击，却鲜有媒体和记者诉诸笔端。[①] 欧洲难民危机也不例外。因为欧洲的媒体众多，且其国际舆论影响力巨大，故而原本应被称为"叙利亚难民危机"的事件，被巧妙地泛化为"欧洲难民危机"，从而直观上夸大了欧洲援助难民的作用，而忽略了土耳其、约旦、黎巴嫩等国的巨大付出。土耳其、约旦、黎巴嫩付出的更多，却被忽视；欧洲只付出了 1/6 的努力，便抱怨之声此起彼伏。

要理解欧洲难民危机的本质，首先需要一系列的数据来说明。欧洲难民危机成为世界舆论的关注点，是在 2015 年年中之后。前往欧洲的难民主要来源于中东、西非和东非，有三条线路可以到达欧洲：地中海东线的希腊路线、地中海中线的意大利路线、地中海西线的西班牙路线。地中海西线一直不是问题，2017 年以前该路线通过难民人数从未超过 2 万，2017 年才增至 2.8 万，2018 年因意大利路线遭到管控而跃升到 6.5 万。[②] 意大利路线的跨海起点是利比亚，因为早在 2014 年 3 月突尼斯就与欧盟达成了《人员流动伙伴关系联合宣言》的协定，其真实目的就是阻止难民通过突尼斯—意大利路线前往欧洲。而在利比亚，内战和无政府状态使得欧盟找不到能对难民流动进行有效控制的合法政府，更别谈达成相关的协定了。缺乏管制使得利比亚成为难民非法前往欧洲的主要集散地，而随着利比亚二次内战的继续升级，这一趋势将越发明显。

地中海东线，即从土耳其出发、以希腊为跳板前往欧洲的路线。从 2015 年 3 月到 2016 年 3 月，欧洲难民危机持续发酵。2015 年度，希腊路线总计通过难民86.2 万人，占该年前往欧洲总数的 83%（见图 4 - 3）。而图 4 - 4 显示，2015 年度近 102 万前往欧洲的难民中，来自叙利亚、伊拉克和阿富汗的难民占到总数的89%。这两组数字吻合度较高，意味着造成 2015 年欧洲难民危机的主要原因，是来自叙利亚、伊拉克和阿富汗的难民，其中，叙利亚难民占绝大多数。这些难民的通过路线是"土耳其—希腊—欧洲"。

2016 年 3 月之后，希腊路线通过难民数量锐减（见图 4 - 3），这是因为经过三次正式会谈后欧盟与土耳其在 2016 年 3 月 18 日最终达成难民控制协议。经过

---

① 巴黎恐袭造成 132 人，300 多人受伤；贝鲁特恐怖袭击造成 43 人死亡，240 多人受伤。ISIS 均表示对两起恐怖袭击负责。

② 数据来源于联合国难民事务高级专员官方数据库，http：//data2. unhcr. org/en/situations/mediter-ranean，最后登录日期：2018 年 8 月 25 日。

图4-3　2014年以来前往欧洲难民路线分布

资料来源："The 2015 Refugee Crisis Through Statistics", European Stability Initiative, October 17, 2015; UNHCR, "Regional Refugee and Migrant Response Plan for Europe (January to December 2017)", December 2016; UNHRC 官网, https://data2.unhcr.org/en/situations/mediterranean/。

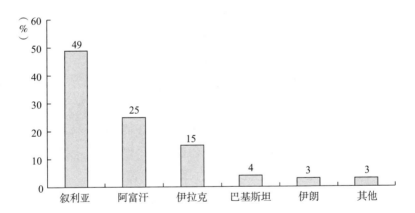

图4-4　2015年由地中海东线到达欧洲难民的来源国

资料来源：UNHCR, "Regional Refugee and Migrant Response Plan for Europe: Eastern Mediterranean and Western Balkans Route", May 2016, p.8, https://www.unhcr.org/577220cf7.pdf。

多次谈判，2015年10月，《欧盟-土耳其联合行动方案》签署，双方同意共同采取措施解决经土耳其进入欧洲的叙利亚难民问题。[1] 2016年3月18日，欧盟与土耳其最终达成一项难民危机解决方案，土耳其政府同意接回所有非法进入希

---

[1]　European Commission, "EU-Turkey Joint Action Plan", Brussels, October 15, 2015, http://europa.eu/rapid/press-release_MEMO-15-5860_en.htm，最后登录日期：2017年3月18日。

腊的难民；相应地，欧盟则直接从土耳其接纳叙利亚难民，但上限为 7.2 万人。欧盟还将给予土耳其更多资金以安置境内难民，并承诺对土耳其开放免签证旅行、加快土耳其加入欧盟的谈判进程。这一协议旨在鼓励难民通过正式途径申请庇护，减少因经海路偷渡而酿成的悲剧。① 协议达成的第二个月，通过土耳其前往欧洲的难民数量锐减，剥削移民和难民的商业走私模式被完全破坏。2015 年 10 月过境土耳其的难民人数日均 1 万人，协议实施两个月后日均过境人数下降到约 43 人，2015 年爱琴海上的死亡人数为 1145 人，协议实施后减少到每年 80 人。协议签订一年之后，大约有 100 万人避免了通过危险的路线前往欧盟。② 可见欧盟通过与土耳其的合作，使难民问题得到了有效解决。而从趋势上看，2017 年途经希腊的难民人数将继续保持低位。欧洲难民危机，事实上已经终结。未来若还存在难民危机，将只可能是因为利比亚的混乱状态及其难以管控的海上人口偷运。

无论是意大利路线还是希腊路线，前往欧洲最好的时间是地中海温暖的时候，即每年 5 月开始到 11 月结束。2015 年发生的三起大海难均发生在地中海中线的 1—3 月，所造成的死亡人数占到了该路线该年度的近九成。纵观三年来意大利路线的难民船海难，事发地点均在利比亚沿岸或马耳他岛附近。2014 年 9 月，意大利暂停了自 2001 年以来的海岸巡逻和难民救助，因为意大利和欧盟政府认为这种救援助长了难民偷渡的风气。在 2015 年 1—3 月发生的三起大海难后，这一决定遭到了欧洲学界和媒体的大量批评。2015 年 9 月 2 日艾兰事件持续发酵之后，意大利政府取消了这一决定，恢复了海岸巡逻。

2015 年欧洲难民危机起因于叙利亚内战和难民流散是没有疑义的。而为什么叙利亚难民在 2015 年涌入欧洲，而不是 2014 年、2013 年或 2016 年？本书希望基于基于时间线和逻辑相关性，对此问题进行初步的分析。

二 欧盟的难民危机治理结构

来自中东地区的移民与难民对欧洲的政治、经济、社会产生了巨大的冲击，

---

① European Commission, "EU-Turkey Statement: Questions and Answers", Brussels, March 19, 2016, http://europa. eu/rapid/press-release_MEMO-16-963_en. htm, 最后登录日期：2017 年 5 月 18 日。

② European Commission, "EU-Turkey Statement One Year On", https://ec. europa. eu/home-affairs/ sites/homeaffairs/files/what-we-do/policies/european-agenda-migration/background-information/eu _ turkey_ statement_17032017_en. pdf, 最后登录日期：2018 年 8 月 25 日。

移民/难民问题的治理是欧盟与欧洲国家的当务之急。欧盟的移民与难民治理在结构上分为三个层次：首先是在欧盟的主导下欧洲各国对难民的接收与安置；其次是欧盟边界管理的加强；最后是与难民来源国加强合作，从源头上减少和消除难民。

1. 欧洲国家对难民的接收与安置

在艾兰事件之前，欧洲对是否接收难民问题的态度是存在严重分歧的。西欧国家尽管原则上同意接收难民，但是各国之间的态度差异十分明显。在2015年，欧盟成员国接受了125.564万个首次庇护申请，这一数字是前一年的两倍多。首次申请人数在德国登记最多（有44.18万名申请者，占在欧盟国家所有申请者的35%），其次是匈牙利（17.44万人，占14%）、瑞典（15.61万人，占12%）、奥地利（8.55万人，占7%）、意大利（8.32万，占7%）和法国（7.06万，占6%）。① 另外在费用分摊问题上，德国也展现出慷慨的一面。截至2017年2月，德国对叙利亚人道主义援助总额为9.27亿美元。艾兰事件发生后，2015年9月7日，德国执政联盟即宣布在原有的基础上为2016年公共预算追加60亿欧元，以应对涌入境内的难民潮。英国是对叙利亚人道主义援助第二大的国家，自2011年以来通过正式渠道共计援助了11亿美元，超过德法，仅次于美国（29.7亿美元），占世界援助总数（97.8亿美元）的11.25%。② 但在接收难民问题上，英国政府模棱两可、态度摇摆，其策略更倾向于"出钱不出力"。

2015年三四月间，难民大量涌入欧洲，难民危机爆发。欧盟迅速做出反应，提议各成员国能够主动承担接收义务，但各国的态度消极。2015年4月，德国总理默克尔提出欧盟成员国分摊非欧盟国家的寻求庇护者的新配额建议。③ 2015年5月，欧盟讨论后颁布"配额政策"，即欧盟各成员国按照国土面积、人口和经济指标对4万名难民进行配额分配，并落实相关的难民救济和援助政策。然而，配额政策一开始就遭到质疑甚至抵制。法国政府态度消极，英国也不太情愿接受配额制度，而是主张根据本国情况自愿接收难民。

另外，接收和安置难民的费用分担也困扰着欧盟各国。意大利等国坚持认为

---

① European Statistics, "Record Number of over 1.2 Million First Time Asylum Seekers Registered in 2015", March 4, 2016, https://ec.europa.eu/eurostat/web/products-press-releases/-/3-04032016-AP, 最后登录日期：2017年2月18日。

② UNOCHA, "Syrian Arab Republic 2016", https://fts.unocha.org/countries/218/donors/2016? order = total_funding&sort = desc, 最后登录日期：2017年2月22日。

③ Justin Huggler and Andrew Marszal, "Angela Merkel Calls for New Rules for Distributing Asylum Seekers in Europe", *The Daily Telegraph*, April 24, 2015.

欧盟应当对难民接收和分配提供补贴，然而这一倡议并未得到其他国家的积极回应。为此，意大利暂停了自 2014 年 9 月开始的海岸巡逻和就近接收难民的政策。此举间接影响到了 2015 年发生在马耳他和意大利沿岸的多起海难事故，缺乏及时有效的救援使得难民死亡人数陡升。经媒体报道后，欧洲舆论和民众对意大利的举措极为不满，同时对其他国家的不作为、拖后腿现象十分愤怒。如何分摊对难民人道主义救援和紧急救助的费用，成为欧盟和各成员间发生争执的又一核心问题。欧盟委员会主席容克就曾指出："欧盟各国相互指责对谁都没有好处，现在到了欧洲各国团结一致的时候了。"① 然而，基于不同的利益需求和战略考量，欧洲各国间分歧很难弥合。

欧洲各国的政策转变，是外力推动下发生的，来自舆论和公共媒体的声音促使政府做出回应。这事实上是一次典型的为应对公共舆论危机而做出的政府政策改变，它是一种公共危机灵活应对策略，而非政府根本意愿上的政策转型。

2015 年 9 月 3 日，艾兰事件被媒体披露。9 月 4 日，联合国难民事务高级专员古特雷斯呼吁欧洲"扩大正规渠道，接纳更多逃避战乱的难民"。随后，欧洲（特别是西欧）国家先后政策跟进，相继表示愿意接纳更多的难民。英国首相卡梅伦同日表示："面对日益严重的难民危机，英国决定再接收数千名难民。"他认为英国有"道义上的责任"接收更多难民，但是不会加入欧盟难民配额计划，并且只接收来自叙利亚的战争难民，而非来自非洲、为了更好的生活条件的经济难民，他承诺英国将在 5 年间安置 2 万名难民。西班牙首相拉霍伊也表示了对欧盟难民配给政策的支持。德国执政联盟 9 月 7 日宣布，将为 2016 年公共预算追加 60 亿欧元，以应对涌入境内的难民潮。法国政府的难民政策也变得积极，总统奥朗德 9 月 7 日宣布准备在未来 2 年内接收 2.4 万名难民。奥朗德表示他与默克尔达成了共识，欧盟国家应支持"持久的、强制性的"难民份额分配方案，他认为是艾兰的照片改变了自己在接收难民问题上的态度。②

2015 年 9 月 10 日，欧盟委员会主席容克提出了应对难民危机的"一揽子"

---

① Jean-Claude Juncker, "State of the Union 2015: Time for Honesty, Unity and Solidarity", EU Commission, September 9, 2015, http://europa.eu/rapid/press-release_ SPEECH-15-5614_ en. htm, 最后登录日期: 2017 年 5 月 18 日。

② "Refugee Crisis: UK Will Resettle 20, 000 Syrian Refugees over Five Years as It Happened", The Guardian, September 7, 2015, https://www.theguardian.com/world/live/2015/sep/07/refugee-crisis-pushes-un-agencies-towards-bankcruptcy-live-updates, 最后登录日期: 2017 年 2 月 23 日。

方案：22 个欧盟成员国共同分担 16 万名难民（5 月的配额 4 万人，新增配额 12 万人），加快难民申请速度，建立经济难民遣返机制，并从根源上解决难民问题。容克随后指出，几乎每一个欧洲人都曾是难民，给难民庇护权是维护他们基本人权的一部分。① 卢森堡外交部部长阿瑟伯恩呼吁建立欧洲难民署，调查每一个欧盟成员国是否采用同样的标准，给予庇护移民的权力。德国外交部部长弗兰克－瓦尔特·施泰因迈尔说，欧盟成员国不愿意接受配额，可以通过多数票否决："如果没有别的办法，那么我们就应该认真考虑使用特定多数的工具。"② 但是，各成员国难民配额推行得相当艰难。截至 2017 年 2 月，只有德国、瑞典、丹麦、荷兰、匈牙利等国完成了配额计划，法国、英国、西班牙、意大利等国甚至连自己承诺的难民接收计划都未完成。法国共计只接收了 1.4 万名叙利亚难民，西班牙接收了 1 万人，英国接收了 1 万人，意大利只接收了 2500 名叙利亚难民。③

2. 海上救援与外部边境的管控

由于大量的难民在前往欧洲的途中死于地中海，意大利和欧盟外部边境管理署（FRONTEX）展开了积极的营救行动。2013 年 6 月 18 日，意大利政府开始实施为期一年的玛勒诺斯特行动（Operation Mare Nostrum），该行动由意大利海军、空军执行，主要在地中海中线进行难民船只搜索和救援。行动实施后，至少 15 万名来自非洲和中东地区的难民安全抵达了欧洲。④ 欧盟委员会从外部边界基金之中对该行动提供了 180 万欧元的财政支持。⑤ 意大利政府认为不应该由意大利

①　Jean-Claude Juncker，"State of the Union 2015：Time for Honesty，Unity and Solidarity"，EU Commission，September 9，2015，http：//europa. eu/rapid/press-release_ SPEECH-15-5614_ en. htm，最后登录日期：2017 年 5 月 18 日。

②　"Eastern European Countries May Be Forced Accept Quotas for Migrants"，*The Daily Telegraph*，September 18，2015.

③　"Syria Regional Refugee Response-Europe"，UNHCR Syria Regional Refugee Response，https：//data2. unhcr. org/en/situations/syria，最后登录日期：2017 年 10 月 5 日；"10538 Syrian Refugees Have Relocated to UK，New Figures Show-Sky News"，February 22，2018，https：//news. sky. com/story/amp/we-are-overwhelmed-lebanons-plea-for-help-with-syrian-refugee-crisis-11261282，最后登录日期：2018 年 8 月 25 日。

④　"IOM Applauds Italy's Life-Saving Mare Nostrum Operation：'Not a Migrant Pull Factor'"，October 31，2014，http：//www. iom. int/news/iom-applauds-italys-life-saving-mare-nostrum-operation-not-migrant-pull-factor，最后登录日期：2018 年 8 月 25 日。

⑤　European Commission，"Frontex Joint Operation 'Triton' —Concerted Efforts to Manage Migration in the Central Mediterranean"，Brussels，October 7，2014，http：//europa. eu/rapid/press-release _ MEMO-14-566_ en. htm，最后登录日期：2018 年 8 月 25 日。

一个国家承担此项行动，要求欧盟其他成员国提供更多的资金支持，但其他成员国没有答应意大利的要求。① 玛勒诺斯特行动于 2014 年 10 月结束，取而代之的是欧盟边境署的海螺行动（Operation Triton）。与玛勒诺斯特行动相比，海螺行动的搜索和救援能力要小得多，它只专注于边境保护，而不是搜索和救援，其行动范围只是意大利附近海岸。外界批评玛勒诺斯特行动的终止增加了地中海移民的死亡率。2015 年 4 月一个星期内发生了两起移民沉船灾难，共有 1000 多人丧生，舆论要求恢复玛勒诺斯特行动。

欧盟外部边境管理署自 2005 年成立以来，一直是欧盟进行地中海难民治理的重要工具。它除了协调欧盟各国边防军的行动以外，还利用自己直接指挥的"快速干预边境部队"执行许多行动，从而为欧盟外部边界的安全做出了贡献。"阿拉伯之春"之后，尤其是 2015 年之后，欧盟外部边境管理署执行的许多行动成为应对难民危机的工具。这些行动包括负责监控意大利与北非之间的地中海水域的赫姆斯联合行动（Operation Hermes，2011—2013 年）、负责意大利地中海沿岸水域监控的海螺行动（Operation Triton，2014 年至今）、监控土耳其与欧盟边界的波赛顿联合行动（Joint Operation Poseidon，2015 年更名为"波赛顿快速干预行动"）、监控地中海人口走私与贩卖的索菲亚行动（Operation Sophia，2015 年至今）。欧盟边境署的海上救援只是零星的，其边境巡逻也是为了将移民与难民挡在欧洲之外，因此引起了国际社会与媒体的批评，认为其行为不符合相关的难民法和国际人权法。

欧盟外部边境管理署的局限性阻碍了其有效解决难民危机的能力：它依赖于成员国的自愿捐款，没有自己的执法人员，在成员国的请求之下才能实施边境管理行动，没有成员国明确的授权也无法进行搜救行动。为加强欧盟外部边境管理署在应对难民危机问题方面的作用，欧盟委员会于 2015 年 12 月 15 日提出，扩大外部边境管理署的职能，把它改造成一个不折不扣的欧洲边境和海岸警卫署。改革后的机构在上述方面的职权将得到加强。2016 年 7 月 10 日，欧洲议会通过成立欧洲边境和海岸警卫队的决议，而 2016 年 10 月 6 日，欧洲边境和海岸警卫队正式在土耳其与保加利亚边境成立，直接归欧盟边境和海岸警卫署指挥。为了使边境与海岸警卫署能够完成任务，欧盟委员会逐渐增加对它的财政预算，首先

---

① Alice Speri, "Italy Is about to Shut Down the Sea Rescue Operation That Saved More than 90,000 Migrants This Year", October 4, 2014, https：//news. vice. com/article/italy-is-about-to-shut-down-the-sea-rescue-operation-that-saved-more-than-90000-migrants-this-year，最后登录日期：2018 年 8 月 27 日。

由 2015 年的 1.43 亿欧元增加到 2016 年的 2.38 亿欧元，2017 年增加到 2.81 亿欧元，2020 年将达到 3.22 亿欧元。该机构的工作人员将逐渐从 2016 年的 402 人增加到 2020 年的 1000 人。① 根据欧洲委员会的说法，外部边境地区的日常管理仍然是成员国的责任，新欧洲边境和海岸警卫署只是在需要时为成员国提供支持援助，并协调欧洲外部边界的整体边境管理。保护和巡逻欧盟的外部边界是警卫署和各国边境当局的共同责任。② 新成立的边境与海岸警卫署除继续实施海螺行动等地中海救援行动外，还加强了以下职能。（1）建立监测和风险分析中心，有权进行风险分析并监测进入欧盟和欧盟内部的人口流动。风险分析包括跨境犯罪和恐怖主义，处理涉嫌参与恐怖主义行为的个人数据，并与其他联盟机构和国际组织合作预防恐怖主义。（2）如果将成员国边境管理系统的缺陷评估为强制脆弱性，则该机构将有权要求成员国及时采取纠正行动。在申根地区的边境管理面临风险或缺陷得不到补救的紧急情况下，即使没有成员国援助请求，该机构也将采取行动进行干涉。（3）派遣联络官并与邻近的第三国开展联合行动，包括在其领土上开展活动。（4）成立遣返办公室，通过部署由护送人员、监督员和处理相关技术方面的专家组成的回归干预工作队，遣返非法居住在欧盟的移民。③

3. 欧盟与地中海国家在难民问题上的合作

欧盟与非欧盟国家在移民与难民问题上合作的政策框架主要是 2005 年出台的《全球移民与流动方案》（Global Approach to Migration and Mobility，GAMM）。该方案是欧盟外部移民和庇护政策的总体框架，旨在通过与非欧盟国家的伙伴关系，以比较综合的方式在移民问题上与非欧盟国家进行对话与合作。此后，欧盟的外部移民政策主要在该方案框架之下制定与执行。④ 2011 年上半年，欧盟委员

---

① European Commission，"European Agenda on Migration：Securing Europe's External Borders"，Strasbourg，December 15，2015，http：//europa. eu/rapid/press-release_ MEMO-15-6332_ en. htm，最后登录日期：2017 年 8 月 5 日。

② European Commission，"A European Border and Coast Guard to protect Europe's External Borders"，December 15，2015，http：//europa. eu/rapid/press-release_ IP-15-6327_ en. htm，最后登录日期：2017 年 8 月 5 日。

③ European Commission，"European Agenda on Migration：Securing Europe's External Borders"，December 15，2015，http：//europa. eu/rapid/press-release_ MEMO-15-6332_ en. htm，最后登录日期：2017 年 8 月 5 日。

④ Migration and Home Affairs of European Commission，"Global Approach to Migration and Mobility"，April 13，2015，http：//ec. europa. eu/dgs/home-affairs/what-we-do/policies/international-affairs/global-approach-to-migration/index_ en. htm，最后登录日期：2017 年 8 月 5 日。

会对该方案进行了修订。修改的重点是将更多的人力和物力集中于预防和减少非法移民和人口贩卖。具体措施主要包括：（1）向欧盟以外的第三国转让技术、设备和信息，加强这些国家在预防人口贩卖和减少非法移民走私方面的能力，提高这些国家的综合边界管理能力；（2）加强国际旅行文件方面的合作，为伙伴国的经常旅行者提供签证便利；（3）为国际难民和贩卖人口的受害者提供更好的保护。①

人口流动伙伴关系（MPs）是《全球移民与流动方案》的具体化，目的在于将移民问题与第三国的发展联系起来，并促进欧盟政策的有效性和连贯性。欧盟委员会认为，人口流动伙伴关系是管理欧盟与周边邻国之间的移民问题的最全面的工具。难民危机开始后，为了阻止移民与难民踏上前往欧洲的危险旅程，欧盟加强了与地中海南岸国家在难民问题上的合作。2011 年 10 月，欧盟与突尼斯和摩洛哥开始了关于移民、人口流动与安全方面的谈判。2012 年 12 月，欧盟与约旦开始了同类谈判。2013 年 6 月，欧盟与摩洛哥经过多次对话后签署了《人口流动伙伴关系协议》。摩洛哥承诺建立国家庇护制度，协议签字国也承诺相互合作以阻止和打击人口走私并保护受害者。2013 年 11 月，欧盟与突尼斯在人口流动伙伴关系协议问题上谈判最后完成并签订了《突尼斯与欧盟及其成员国之间关于人口流动伙伴关系的联合宣言》，根据宣言，2014 年 3 月双方正式建立人口流动性伙伴关系。双方同意在人口流动方面进行密切合作，加强在诸如庇护和人口走私、签证便利化等方面合法的和制度性的框架，加强移民管理方面的人员培训，建立反对排斥移民的综合政策。②

利比亚是欧洲难民的主要来源国和过境国，加强与利比亚在难民治理方面的合作对解决欧洲难民问题非常关键。虽然利比亚政治动荡，欧盟还是在移民、边境管理、国际保护等方面对利比亚提供了支持。2013 年 5 月 22 日，欧盟决议在边界管理方面援助利比亚。1000 万欧元的撒哈拉 - 地中海项目的设立就是为了加强利比亚的边界管理。2016 年 8 月 23 日，欧盟和利比亚签署了一份谅解备忘

---

① "Communication on the Global Approach to Migration and Mobility（GAMM）", https：//ec. europa. eu/anti-trafficking/eu-policy/communication-global-approach-migration-and-mobility-gamm_ en，最后登录日期：2017 年 8 月 7 日。

② European Commission，"EU and Tunisia Establish Their Mobility Partnership"，Brussels，March 3，2014，http：//europa. eu/rapid/press-release_IP-14-208_en. htm，最后登录日期：2018 年 8 月 5 日。

录（MoU），根据该备忘录，欧盟将向利比亚海岸警卫队提供培训。由于政局动荡导致的边界管理缺失，对将利比亚作为跳板前往欧洲的大多数移民和难民的治理来说，军事化措施仍然是唯一的选择。欧盟与利比亚签署的新协议是欧盟2015年6月启动的欧盟海军部队索菲亚行动军事化进程的延伸，合作打击人口走私与海上难民救援是该协议的主要目标。① 2017年2月，欧盟宣布了一项阻止难民从利比亚前往欧洲的计划，该计划决定为脆弱的利比亚政府提供2亿欧元，帮助其提高海岸警卫能力，阻止难民船从利比亚前往欧洲；支持在利比亚建立"安全"的难民营，并为自愿回国的难民提供帮助；为利比亚海岸警卫队提供训练和设备。② 由于上述措施落实到位，从2017年下半年开始，通过利比亚前往欧洲的难民数量锐减。

土耳其是难民从东线进入欧洲的主要中转国，与土耳其的合作对治理东线难民非常关键。2015年10月签署的《欧盟—土耳其联合行动方案》是解决东线难民入欧问题的关键转折点，协议签署的第二个月，东线难民入欧人数即已大幅度缩减。协议签署一年后，地中海东线难民入欧问题基本得到有效解决。

此外，因为与摩洛哥有关农产品和渔产品自由贸易的协定涉及西撒哈拉，欧洲法院于2015年12月取消该协定。摩洛哥则于2016年2月25日宣布中断与欧盟的一切联系。叙利亚危机爆发后，欧盟取消了所有在政治层面上与叙利亚的合作，在移民问题上的合作也停止了。然而，欧盟与其成员国在难民危机中为叙利亚人民和叙利亚的邻国提供了大量的人道主义和发展援助。

"阿拉伯之春"以来，欧盟的地中海移民和难民治理政策明显具有以欧洲为中心的倾向，除了接受和安置少量的难民，欧盟的所有难民治理工具中，阻止非法移民进入欧洲和日益严格的边境控制始终处于欧盟的优先考虑之中。欧洲和第三国相互合作的集体解决方案一直受到忽视，第三国的当务之急和需求一直被忽视，从而打击了非欧盟国家在移民与难民问题上与欧盟合作的积极性。人口流动伙伴关系是不对称关系的典型，即欧盟利用这种关系在难民危机的治理中维护欧

---

① Nachiket Khadkiwala, "EU-Libya Migrant Deal", July-September, 2016, https: //idsa. in/africa-trends/eu-libya-migrant-deal_ nkhadkiwala，最后登录日期：2018年8月11日。

② "EU Leaders Ink Deal to Stem Refugee Flow from Libya", Feb. 4, 2017, https: //www. aljazeera. com/news/2017/02/eu-leaders-ink-deal-stem-refugee-flow-libya-170203151643286. html，最后登录日期：2018年8月11日。

洲的利益，却不愿提供签证便利化之类的激励措施，也不情愿提高人员合法流动的机会。

三　国际组织与欧盟在地中海难民问题上的合作

联合国难民署和国际移民组织一直在倡导更人道的解决地中海难民危机的方法。国际移民组织声称，目前的情况不是移民危机而是治理危机。因此，对国际移民组织的欧洲负责人来说，"移民的主要挑战不是移民的数量，相反，这是一个记忆和视角危机，是平衡和政治意愿危机，如果视角和政治意愿得到了修正，我们将会看到一个更有效地管理欧洲及欧洲之外的移民的更好图景"。[①] 国际移民组织认为欧盟主导的难民治理是失败的，他们提出了自己的难民治理理念。联合国移民人权问题特别报告员弗朗索瓦·克雷博（Crepeau）说："因为欧洲的不作为，人们会继续横渡地中海并继续死亡。"他呼吁欧洲国家和国际社会"制定新的和协调一致的战略方法"。[②] 国际组织设计的关于欧盟政策的议题主要是改善移民与难民进入欧洲的安全路线以及打击人口贩卖和走私等。[③]

国际组织在倡导为难民和移民开辟到达欧洲的安全通道方面尤为活跃。在一份联合声明中，联合国秘书长国际移民与发展问题特别代表彼得·萨瑟兰、联合国难民事务高级专员安东尼奥·古特雷斯、国际移民组织总干事威廉·斯温和联合国高级人权专员扎伊德·拉阿德·侯赛因呼吁，有必要"为安全和正常地移民建立有效的渠道，并使他们在需要时可以获得保护，有了这些安全渠道，他们就不会求助于人口走私者"，并提供使他们安全地到达欧洲的合法措施。[④] 拓宽合法的庇护通道是联合国难民署特别提倡的一个重要措施。关于叙利亚的难民，难民署一直恳求欧盟增加劳动力移民计划和学生签证机会，并做了很多工作推动

---

① Eugenio Ambrosi, "Our Sea", New Europe, February 18, 2015, https://www.iom.int/oped/our-sea, 最后登录日期: 2018 年 8 月 11 日。

② UN, "'Turning Blind Eye Not a Solution' to Mediterranean Migrant Crisis-UN Rights Expert", December 5, 2014, http://www.un.org/apps/news/story.asp? NewsID = 49526, 最后登录日期: 2017 年 8 月 23 日。

③ 难民专员办事处中央地中海倡议（CMSI）提供了 12 个相互关联的具体步骤，例如欧盟内海上救援的综合战略政策，涉及解决登陆问题、接收设施和寻求庇护者的程序，也包括与过境国和第一庇护国、原籍国的合作。

④ António Guterres et al., "Joint Statement on Mediterranean Crossings", April 23, 2015, http://www.unhcr.org/5538d9079.html, 最后登录日期: 2017 年 5 月 23 日。

难民安置。联合国难民署的专业技术和知识在影响欧盟的法律框架和通过欧盟联合安置方案方面已经发挥了作用。[①]

打击人口贩卖和偷渡是欧盟和国际组织的中心议题。中东和北非地区则深受人口贩卖之苦。海上保护高层对话已经建立了一个为期两年的全球海上保护倡议。这一举措有助于减少海上死亡、剥削、虐待和暴力。这种对话受到了若干国际组织的支持。联合国难民署、国际移民组织、国际海事组织（IMO）、联合国禁毒办和联合国高级人权专员办公室（人权高专办）发布了21世纪海上保护联合声明。声明指出，目前人们将通过海路旅行的人作为罪犯看待和讨论，这种叙述和看法需要在全球范围内改变。[②]

在过去的二十年里，国际组织已成为愿意就全球人口流动寻找集体解决方案的国家的主要合作伙伴。国际劳工组织、联合国难民署以及后来的国际移民组织等三大国际组织的建立，是该领域的历史性创举，这三大组织在某种程度上推动了各国在劳工移民、难民和后勤服务等方面更加积极主动。

欧盟边境署已经越来越多地与国际机构进行合作，与许多国际组织签署了合作协议，其中包括武装部队民主控制（DCAF）、国际民航组织（ICAO）、国际移民政策发展中心（ICMPD）、移民和难民问题政府间磋商会议、国际劳工组织、国际刑警组织、国际移民组织、欧安组织、联合国难民署和禁毒办等。这些组织大多提供综合边界管理、阻止贩运人口以及项目合作等方面的培训。一些国际组织已经在联合行动和风险分析方面进行了合作，虽然这种合作不是太多。2010年作为对非法儿童移民为期一个月的实况调查的"阿革拉俄斯联合行动"，在42个欧洲国家的机场实施，国际移民组织和联合国难民署在三个机场担任观察员，每个机场观察一个星期，并在规划和准备阶段对项目团队提出建议。

另一个重要的结构性贡献是联合国难民署和国际移民组织的专家参与开发了欧盟边境署主办的培训欧盟边防军的共同核心课程。此外，他们与欧盟成员国的专家、欧洲警察学院、欧洲司法协调机构、联合国儿童基金会和欧安组织一起对

---

① Adele Garnier, "Migration Management and Humanitarian Protection", *Journal of Ethnic and Migration Studies*, Vol. 40, No. 6, 2014, p. 947.

② UNHCR, IOM, IMO, UNODC and OHCHR Joint Statement on Protection at Sea in the Twenty-First Century, December 10, 2014, http://www.unhcr.org/548825d59.html, 最后登录日期：2016年6月21日。

欧盟边境署的反贩卖人口手册的开发做出了贡献。① 但是，最显著的进步之一是欧洲理事会、联合国难民署、国际移民组织以及非政府组织与欧盟机构对欧盟边境署协商论坛的参与。

国际移民组织和联合国难民署也已证明能够通过欧盟项目的实施来推进它们的目标。在非欧盟国家中有许多声誉良好的移民组织，它可以依靠其本地网络架设与布鲁塞尔沟通的桥梁。因此，在欧盟资助项目的实施管理中，它们也能塑造政策，因此特别是在欧盟的东部和南部地区，它们被视为"欧化的经纪人。"②

事实表明，国际组织一直在努力形成在地中海地区移民、人口流动和国际保护方面的话语。这项工作主要是针对欧盟，国际组织可以依靠它们的网络和专业知识建立与地中海合作伙伴的沟通桥梁。

当然，国际组织在鼓吹替代欧盟的地中海政策时，面临着一系列制约因素的困扰。它们在经济上依赖于欧盟成员国和美国等其他捐助者。联合国机构一直在呼吁筹集更多的钱为中东、非洲和欧洲的难民提供人道主义援助，联合国难民署一直要求成员国向主要主管机构定期提供款项。为此，国际移民组织和联合国难民署实施的政策经常会受到捐赠者的限制。国际组织在欧盟资助的项目中的作用就说明了这一点。例如，"混合移民潮"话语的形成为联合国难民署提供了一个新的影响欧盟难民政策的入口。但实际上，联合国难民署在摩洛哥的难民案例中，"混合难民潮"被用来将"边境控制的完善"合法化。③ 联合国难民署批评欧盟实施的边境管制"无法保证（难民和寻求庇护者）能够得到有效保护，避免被驱逐到阿尔及利亚"。④ 同样，一些人认为，难民署在土耳其的业务将有助于"边境的控制和移民管制"。⑤ 难民署和国际移民组织都参与了由欧盟资助的

---

① Frontex, "Anti-trafficking Training for Border Guards Trainers' Manual", September 2012, https://frontex. europa. eu/media-centre/focus/combating-human-trafficking-at-the-border-training-for-eu-border-guards-rRzpfI，最后登录日期：2016 年 6 月 11 日。

② Daniel Wunderlich, "Europeanization through the Grapevine: Communication Gaps and the Role of International Organizations in Implementation Networks of EU External Migration Policy", *Journal of European Integration*, Vol. 34, No. 5, 2012, p. 500.

③ Stephan Scheel and Philipp Ratfisch, "Refugee Protection Meets Migration Management: UNHCR as a Global Police of Populations", *Journal of Ethnic and Migration Studies*, Vol. 40, No. 6 (2014), p. 933.

④ Stephan Scheel and Philipp Ratfisch, "Refugee Protection Meets Migration Management: UNHCR as a Global Police of Populations", *Journal of Ethnic and Migration Studies*, Vol. 40, No. 6 (2014), p. 934.

⑤ Stephan Scheel and Philipp Ratfisch, "Refugee Protection Meets Migration Management: UNHCR as a Global Police of Populations", *Journal of Ethnic and Migration Studies*, Vol. 40, No. 6 (2014), p. 930.

关于东非和西非路线的两个试点项目的宣传活动。联合国难民署和国际移民组织在刚果、布隆迪、尼日尔和萨赫勒地区同时开发了移民管理培训课程。然而，这些宣传活动在过去都被看作支持移民控制和鼓励人们"待在家里"的宣传。①

国际组织如何影响欧盟从而促使其在尊重国际法的基础上提供高效、有效的移民和避难政策？国际组织怎样才能从制定议题转变为对实际政策施加影响？

首先，欧盟很少有移民或庇护方面的专家，国际组织可以利用自身的专门技术和知识，缓解欧盟人员方面的不足。在欧盟总部和欧盟国家培训官员也有助于更加广泛地传播这些专业知识。国际组织也应该扩大同欧盟边境署在边境管理、培训和审查边防军等方面的合作。其次，国际组织可以突破局限并广泛开展机构间的合作。由于移民与难民的人流是混合的，非法移民、被迫移民与经济移民都混在一起，因此欧盟总部和国家就需要更多的跨机构协作。再次，国际组织在促进跨区域的行动方面有所作为。也就是说，国际组织应促进欧盟与地中海相邻地区的合作，尤其是在萨赫勒－撒哈拉危机之弧，国际组织和欧盟需要与地中海合作伙伴一起工作，开发次区域战略。最后，危机并不仅仅涉及欧洲及其相邻的中东北非地区。国际组织可以利用其广泛的成员国从海湾国家甚至美国推动不同的政策。

第二节 "伊斯兰国"在叙利亚的崛起及其对欧恐怖主义行动

"伊斯兰国"的前身是约旦人扎卡维于 2003 年建立的"统一圣战组织"。"伊斯兰国"成为众所周知的恐怖"明星"，是在 2014 年攻克伊拉克摩苏尔之后。其中有三个因素对"伊斯兰国"的崛起起到了至关重要的作用，分别是：2011 年 3 月开始的叙利亚内乱、2011 年 12 月美国从伊拉克撤出最后一支军队、阿布·伯克尔·巴格达迪上台后该组织内部"伊拉克人势力"崛起而引发的政治转型——从恐怖组织到"准国家政权"的内部变革。从意识形态和内部因素上看，"伊斯兰国"的兴起得益于基地组织的声誉、扎卡维的思想和实践、萨达姆的遗产、阿布·伯克尔·巴格达迪的力量整合。"伊斯兰国"崛起之后，对环

---

① Antoine Pécoud, "Informing Migrants to Manage Migration? An Analysis of IOM's Information Campaigns", in Martin Geiger and Antoine Pécoud (eds.), *The Politics of International Migration Management*, London and New York, Palgrave Macmillan, 2010, pp. 184 – 201.

地中海政治格局、地区安全、经济和社会民生、文化遗产造成了多维度、深层次的冲击，成为环地中海地区治理的一大顽疾。

地中海自古几近坦途，"伊斯兰国"的威胁于欧洲而言，早已近在咫尺。除了利用难民潮混入恐怖分子以发动对欧恐怖主义袭击外，"伊斯兰国"还在网络上发动了一波接一波的攻击——"网络恐怖主义"。"伊斯兰国"在社交媒体上发布的公开斩首视频，引起了欧洲以至世界的震惊。但国际社会在反对"伊斯兰国"网络恐怖主义时，并未形成类似于"国际反恐联盟"那样的国际性恐怖主义治理框架和联盟。基于互联网的特性，网络安全治理也成为当下欧洲和环地中海国家所面临的难题。而面对"伊斯兰国"的"圣战"式恐袭、网络恐怖主义和在难民潮中掺杂恐怖分子的诸多行为，欧洲也开始主动应对，欧盟反恐战略开始从"纸面文件"逐渐演变成切实行动。随着国际反恐联盟打击"伊斯兰国"的不断推进，欧洲反恐局势不断更新，适时推出"后伊斯兰国时代环地中海安全治理治理"和"后伊斯兰国时代反恐战略"，于欧盟而言殊为必要。

一 "伊斯兰国"在叙利亚的崛起与恐怖统治

"伊斯兰国"的前身是伊拉克激进的伊斯兰逊尼派游击组织网络——"统一圣战组织"。该组织的创始人阿布·穆萨布·扎卡维曾是美国在伊拉克悬赏最高的恐怖分子。扎卡维 1966 年生于约旦北部城镇扎卡（Zarqa），原名艾哈迈德·法迪勒·哈莱伊拉（Ahmad Fadil al-Khalayleh）。1989 年，扎卡维前往阿富汗参加对苏联占领军的"圣战"，但此时苏军已经撤离。虽然没有战斗，但他在此时收获了本·拉登的友谊。"9·11"事件后，美国发动对阿富汗塔利班和基地组织的军事打击，扎卡维在阿富汗协助本·拉登抵抗阿富汗"北方联盟"和美军。2003 年，美国发动伊拉克战争，扎卡维回到伊拉克建立了"统一圣战组织"，向美军发动"圣战"。2004 年 9 月，扎卡维宣布效忠"基地"组织和本·拉登，"统一圣战组织"成为"基地组织伊拉克分支"。2004—2006 年，该组织在伊拉克发动了一系列恐怖袭击，仅 2004 年就造成超过 200 名士兵和平民死亡，成为美军在伊拉克最大的敌人。2006 年 6 月 7 日，扎卡维在巴格达以北的巴古拜城（Baqubah）参加一次会议时被美军两架 F16C 战斗机空袭而死。

2006 年年初时，扎卡维就将五个伊拉克极端主义武装与自己的"基地组织伊拉克分支"整合成"穆贾希丁舒拉委员会"（Mujahideen Shura Council）。他死后，阿布·奥马尔·巴格达迪（Abu Omar al-Baghdadi）成为"穆贾希丁舒拉委员会"的新领袖，该组织在 2006 年 10 月更名为"伊拉克伊斯兰国"（ISI, Islamic State of Iraq）。但是，舒拉委员会中势力最大的"基地组织伊拉克分支"掌握在埃及人阿布·阿尤布·马斯里（Abu Ayyub al-Masri）手中。2010 年 5 月 18 日，马斯里和阿布·奥马尔·巴格达迪被伊拉克安全部队和美军击毙，原本无名的伊拉克博士阿布·伯克尔·巴格达迪成为新的领袖。由此，"伊拉克伊斯兰国"的内部转型进入完成期。

叙利亚内战成为"伊拉克伊斯兰国"命运的转折点。2011 年 8 月，巴格达迪派遣祖拉尼越过伊叙边境进入叙利亚组建"努斯拉阵线"。2013 年年初，巴格达迪再次派军进入叙利亚。2013 年 4—12 月，"伊拉克伊斯兰国"收回了对努斯拉阵线的绝大部分投入，从它手中夺得了叙东部代尔祖尔和拉卡省。正是在叙利亚，"伊拉克伊斯兰国"积蓄力量，不仅武装部队发展到超过万人，而且拥有大批精良武器装备，为反攻进入伊拉克做足了准备。

2014 年年初"伊拉克伊斯兰国"在伊拉克发起了"一月攻势"，此时美军早已撤离，而伊拉克政府军缺乏战斗力，且伊拉克正因全国性的教派冲突而陷入混乱，给了"伊拉克伊斯兰国"以可乘之机。6 月，"伊拉克伊斯兰国"又发动了"夏季攻势"，一路势如破竹，占领了伊拉克半壁江山。到 2014 年 8 月 8 日为止，"伊拉克伊斯兰国"不仅向西打通了伊拉克与叙利亚的边境，向南占领了伊拉克最大的炼油厂拜伊吉炼油厂，直抵巴格达近郊，还在伊拉克北方击败了库尔德武装，从而迫使库尔德人全面备战。6 月 29 日，阿布·伯克尔·巴格达迪在摩苏尔自称哈里发，并正式宣布成立"伊拉克与沙姆伊斯兰国"。①

在叙利亚内战中，"伊斯兰国"的武装力量发展十分迅速，而且拥有大批精良武器装备。"伊斯兰国"注重军队建设，在军中设立伊斯兰政委，大肆给士兵灌输伊斯兰"圣战"思想。在实战中，"伊斯兰国"武装力量经常采用"农村包围城市"的策略，并且对游击战、非对称作战有丰富的经验。巴格达迪也致力于整合"伊斯兰国"的权力和政治系统。他先在 2013 年 4 月 9 日试图将努斯拉阵线重新并入"伊斯兰国"中，虽遭该阵线领袖祖拉尼的抵制和"基地"组织扎瓦希里的干涉，但成功收回了曾投入该阵线中的很大部分力量，同时成功夺取了努斯拉阵线在叙东部代尔祖尔和拉卡省的地盘。之后巴格达迪通过调整军队领

---

① "What Is Islamic State?", BBC News, September 26, 2014, https://www.bbc.com/news/world-middle-east-29052144，最后登录日期：2019 年 9 月 14 日。

导层来笼络、整合组织内不同派别的武装分子，巩固了自己的权威。另外，巴格达迪还建立了一个小型内阁，内阁中明确设置了各部"部长"和各省"省长"，其中尤以"财政部部长"阿布·萨拉赫最为知名。

"伊斯兰国"最令人诟病的罪恶就是其在控制区域内的一系列暴政。如前文所述，"伊斯兰国"在其控制区域内执行宗教净化政策，强制执行伊斯兰沙利阿法，迫害包括雅兹迪人、亚述人基督徒、塞巴人的非穆斯林，以及包括土库曼人、沙巴克什叶派和库尔德人在内的伊斯兰什叶派。

"伊斯兰国"的极端恐怖更体现在对伊拉克雅兹迪人的"种族屠杀"上。两者的恩怨要追溯到 2007 年 4 月，当时一名雅兹迪少女与一名伊斯兰教逊尼派男子私奔后被雅兹迪族人投石虐杀。"伊斯兰国"的前身"基地组织伊拉克分支"随后发动了对雅兹迪人的血腥报复，2007 年 8 月的货车连环自杀式袭击造成超过 400 名雅兹迪人死亡。2014 年"伊斯兰国"得势之后，更加变本加厉。他们在伊拉克北部辛贾尔地区大肆处决雅兹迪人，斩首、活埋、钉十字架无所不用其极。许多雅兹迪妇女被奸杀，超过 300 名妇女与女童被虏。数万雅兹迪教徒被围困在辛贾尔山，至少 56 名儿童脱水而死。"伊斯兰国"的"种族灭绝"迫使大批雅兹迪人背井离乡，离开伊拉克沦为难民。

"伊斯兰国"最强盛时，控制着叙利亚东部和伊拉克西部的大部分领土，统治面积达 27 万平方千米。即使在其遭受多方围攻的当下，其统治区中的叙利亚和伊拉克人口合计仍超过 800 万人。

2014 年 10 月 4 日，巴基斯坦塔利班发表声明，宣布效忠于"伊斯兰国"，并称将为"伊斯兰国"提供一切可能的支持，助其"建立全球性的哈里发国家"。2014 年 4 月，极端武装"伊斯兰青年舒拉委员会"在利比亚东部德尔纳地区竖起"伊斯兰国"的黑旗，10 月又正式宣布效忠"伊斯兰国"领袖巴格达迪，"伊斯兰国利比亚省"成立。自 2016 年 1 月初起，"伊斯兰国"武装大举进攻距离苏尔特不远的锡德尔和拉斯拉努夫两个油港，抢占了"石油新月地带"，从而控制利比亚接近 60% 的石油产量。

2014 年 11 月 10 日，埃及西奈的恐怖组织"圣殿守护者"（Ansar Bait al-Maqdis）宣布效忠"伊斯兰国"。11 月 14 日，也门多支武装力量宣布效忠巴格达迪，"伊斯兰国也门省"得以建立。在西非，臭名昭著的恐怖组织"博科圣地"也于 2015 年 3 月 7 日宣布效忠。另外，在阿尔及利亚、中亚、东非索马里、加沙等地，"伊斯兰国"的支持者此起彼伏。"伊斯兰国"之火，已经呈燎原之势。

北非、中东变局以来，"伊斯兰国"已经成为环地中海区域一个重要的恐怖组织，成为环地中海区域治理的"毒瘤"。它对区域治理的冲击最主要体现在三个维度上：制造恐怖袭击威胁各国国内安全、公开斩首制造"网络恐怖"以恐吓世界、控制区域内暴虐统治引发人道主义危机和难民潮。

二 "伊斯兰国"对环地中海地区国际安全的危害

2003 年欧洲参加美国入侵伊拉克的战争以前，欧洲遭遇的伊斯兰极端分子制造的恐怖袭击事件数量极少。伊拉克战争之后，基地组织主导发起了两次成功的对欧袭击，分别为 2004 年马德里"三一一"爆炸案和 2005 年伦敦"七七"爆炸案。

2014 年"伊斯兰国"崛起之后，对欧洲国家"圣战袭击"数量和强度开始猛增。"伊斯兰国"于 2015 年 1 月制造了法国巴黎《查理周刊》杂志社恐怖袭击案；2015 年 11 月 13 日制造了巴黎暴恐事件；2016 年 3 月 22 日制造了布鲁塞尔自杀式袭击事件。截至 2016 年年底，确认应由"伊斯兰国"负责的 4 起大规模恐怖袭击，已造成总计 272 人死亡、1198 人受伤。在这个数据背后，还有数十起影响较小的恐怖袭击和被成功阻止的未遂袭击。

"伊斯兰国"策划的这些对欧洲的恐怖袭击，主要有两个模式：一是从欧洲国家前往中东参加"圣战"者回到所在国发动袭击，二是"伊斯兰国"收买在欧洲本土的伊斯兰激进分子发动独狼式攻击。2015 年涌入欧洲的难民潮，为激进分子回到欧洲提供了掩护，故而几起策划周密的恐怖袭击均发生在 2015 年年末之后，此时正值难民涌入欧洲之时（有关在欧洲发生的伊斯兰极端主义袭击，详见表 4-1）。

表 4-1　21 世纪以来欧洲遭受的伊斯兰极端主义袭击

时间	事件	死伤人数	责任者/袭击方	事件描述
2004 年 3 月 11 日	马德里"三一一"爆炸案	191 人死亡，2050 人受伤	基地组织	袭击者在马德里 4 列火车上布置了 13 个土制炸弹，使用手机引爆，其中 10 个成功爆炸，将火车车厢炸得面目全非
2005 年 7 月 7 日	伦敦"七七"爆炸案	56 人死亡，784 人受伤	基地组织	4 名受基地组织指使的英国人在伦敦三辆地铁和一辆巴士上引爆自杀式炸弹，造成巨大伤亡。伦敦地铁交通网一度因之中断

续表

时间	事件	死伤人数	责任者/袭击方	事件描述
2015 年 1 月 7 日	法兰西岛枪击案（包括"查理周刊袭击事件"）	20 人死亡，22 人受伤	基地组织阿拉伯半岛分支	3 名嫌疑人均是在法国出生的穆斯林，伊拉克战争爆发后都企图前往中东参加"圣战"而蹲了监狱，后被放出。袭击地点系其中 1 名嫌疑人生活的社区附近。基地组织阿拉伯半岛分支声称此次袭击早已计划数年
2015 年 11 月 13 日	2015 巴黎暴恐事件	137 人死亡，368 人受伤	伊斯兰国	9 名犯罪嫌疑人中，大多数是法国或比利时公民，是前往中东的穆斯林"圣战"者，包括小队首领阿巴欧德（Abaaoud）。另外两人来自伊拉克。他们充分利用了 2015 年涌入欧洲的难民潮作掩护，回到了熟悉的土地上作恶。在此之后，欧洲返乡"圣战"者成为恐怖袭击的主要执行者
2016 年 3 月 22 日	布鲁塞尔自杀式袭击	35 人死亡，340 人受伤	伊斯兰国	5 名袭击者中 3 人当场死亡，2 人随后被捕。他们均牵涉 2015 年巴黎暴恐事件中，充当组织者或行动者
2016 年 7 月 14 日	尼斯卡车袭击案	88 人死亡，434 人受伤	伊斯兰国	卡车司机布哈勒（Lahouaiej-Bouhlel）系突尼斯人，2005 年来到法国尼斯，结婚后因为暴力倾向导致夫妻分居，随后生活糜烂，且同突尼斯的家人联系很少。袭击前，布哈勒委托数位朋友走私 10 万欧元给他在突尼斯的家人，这批资金很有可能就是"伊斯兰国"的"安家费"
2016 年 12 月 19 日	柏林圣诞市场袭击	12 人死亡，56 人受伤	伊斯兰国	嫌疑人阿尼斯·阿姆尼（Anis Amri）来自突尼斯，申请德国难民庇护但遭失败。"伊斯兰国"宣称阿姆尼受自己指派，并公布了阿姆尼向"哈里发"巴格达迪宣誓效忠的视频

资料来源：笔者采集于网络，来源包括 BBC、Times、Ahram online、Al-Monitor、Al Jazeera 等。

"伊斯兰国"进行暴力和恐怖输出，加剧了地中海地区的不稳定，威胁了欧洲的安全。"伊斯兰国"在西亚北非地区和欧洲制造了骇人听闻的暴力恐怖事件，导致地区动荡和动乱，威胁国际安全与稳定。"伊斯兰国"积极介入叙利亚内战和利比亚内战，在西亚北非地区国家治理失效和管理薄弱的地方进行政治渗透和武装干预，确立实际统治，甚至与反政府武装相互借重，导致战乱频发。①

① 刘乐：《"伊斯兰国"兴起与国际安全新挑战》，《国际政治研究》2016 年第 3 期，第 75 页。

恐怖袭击的最大危害在于其舆论影响，恐怖被媒体传播所放大，其对欧洲民众的心理和日常生活造成巨大影响。但是，必须认识到的是，"伊斯兰国"发动恐怖袭击的目标并不仅仅是欧洲国内，在中东的欧洲游客也是他们重点袭击的对象。2015年5月18日和6月26日发生在突尼斯的巴尔多国家博物馆袭击案、苏斯海岸枪击案，2015年10月31日俄罗斯A321航班事件，2016年1月和2017年1月在土耳其伊斯坦布尔的两起针对西方游客的袭击案（详情见表4-2），这些都是"伊斯兰国"有目的性攻击西方游客的行为。

当然，受到"伊斯兰国"恐怖袭击危害最深的还是伊拉克和叙利亚，图4-5中展示了自2013年以来"伊斯兰国"策划恐怖袭击造成的死伤人数，其中接近一半发生在伊、叙两国。2013年在伊拉克发生了多起恐怖袭击，造成了3262人死伤。此处还只记载了恐怖袭击所造成的死伤，不包括"伊斯兰国"在控制区内的暴行。据美联社统计报道，截止到2016年8月30日，"伊斯兰国"在伊拉克和叙利亚制造了72个万人坑，其中17个在叙利亚，55个在伊拉克，超过15000个尸骨埋藏其中。[1] 2017年3月21日，伊拉克收复摩苏尔东部城区，发现了一处有24具尸体的乱葬岗。[2]

除了针对外国游客，"伊斯兰国"恐怖袭击的目标还包括西亚北非地区的什叶派和基督徒，如雅兹迪人、亚述人基督徒、塞巴人、土库曼人、沙巴克什叶派、库尔德人等。针对基督徒和什叶派的袭击，是自"圣战者酋长"扎卡维以来"伊斯兰国"的恐袭特色之一，也是扎卡维领导时期"伊斯兰国"与"基地组织"最大的不同。对什叶派穆斯林的袭击是在"伊斯兰国"伊拉克期间解构伊拉克政府权威的首要战略，其目的是煽动逊尼派来反对美国占领军扶持的什叶派政府，针对什叶派的恐怖袭击势必造成什叶派的反击，从而人为地造成教派冲突，"伊斯兰国"就可以以"逊尼派保卫者"自居。扎卡维还将他不分青红皂白的暴虐加诸雅兹迪人、亚述人等"异教徒"身上。而在阿布·伯克尔·巴格达迪领导"伊斯兰国"后，这种扎卡维式暴虐进一步延伸到库尔德人身上。

---

① "Forces in Iraq and Syria Discovers 72 Mass Graves in Areas Freed from ISIS", Iraqi News, August 30, 2016, http://www.iraqnews.com/iraq-war/forces-in-iraq-and-syria-discovers-72-mass-graves-areas-freed-from-isis/，最后登录日期：2017年3月17日。

② 《摩苏尔收复战被收复区发现乱葬岗，里面多为童尸》，中国军事网，2016年3月20日，http://military.china.com/jctp/11172988/20170320/30342313_all.html，最后登录日期：2016年3月21日。

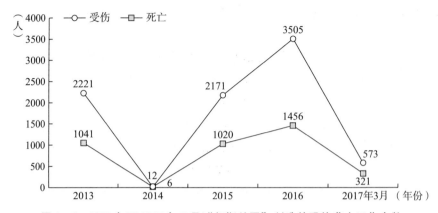

图 4-5 2013 年至 2017 年 3 月 "伊斯兰国" 制造的恐怖袭击死伤人数

表 4-2 "伊斯兰国" 宣称负责的恐怖袭击事件（2014 年至 2017 年 3 月 14 日）

（欧洲、伊拉克、叙利亚之外）

时间	被袭击国	事件	死伤人数	相关描述
2015 年 3 月 20 日	也门	萨那清真寺爆炸案	什叶派穆斯林 142 人死亡，351 人受伤	"伊斯兰国" 也门分支宣称对此次事件负责
2015 年 5 月 18 日	突尼斯	巴尔多国家博物馆袭击案	24 人死亡，50 多人受伤，其中很多为来自欧洲的游客	ISIS 宣称负责，但政府认为是基地组织马格里布分支策划了袭击①
2015 年 6 月 26 日	突尼斯	苏斯海滩枪击案	38 人死亡（其中 30 人为英国游客），39 人受伤	枪手亚库比（Seifeddine Yacoubi）携带 AK - 47 袭击了苏斯海滩附近一酒店的外国游客
2015 年 6 月 26 日	科威特	科威特什叶派清真寺爆炸案	27 人死亡，227 人受伤	死伤者均为什叶派穆斯林
2015 年 7 月 20 日	土耳其	苏鲁奇爆炸案	33 人死亡，104 人受伤	死伤者为参加集会的土耳其左翼和亲库尔德人士
2015 年 10 月 31 日	埃及	俄罗斯 A321 航班事件	224 人死亡，绝大多数是俄罗斯游客	俄联邦安全部门 11 月 17 日证实客机上载有爆炸装置。ISIS 宣布对此次事件负责
2015 年 10 月 10 日	土耳其	安卡拉中央火车站爆炸案	103 人死亡，500 多人受伤	死伤者多为土耳其左翼和亲库尔德人士
2015 年 11 月 12 日	黎巴嫩	贝鲁特南郊爆炸案	43 人死亡，200 - 240 人受伤	发生在巴黎暴恐事件前一天，ISIS 的目的是报复黎巴嫩真主党介入叙利亚内战并帮助巴沙尔政权

续表

时间	被袭击国	事件	死伤人数	相关描述
2015 年 11 月 26 日	突尼斯	总统车队遭袭	15 人死亡，20 人受伤	突尼斯政府随即宣布国家进入紧急状态
2015 年 12 月 6 日	也门	贾法尔·穆罕默德·萨阿德遇刺事件	6 人死亡（包括贾法尔的 5 位随从）	贾法尔系也门政府军少将，2015 年领导政府军成功抵御了胡塞武装对亚丁的攻击，后被任命为亚丁地方首长
2015 年 12 月 2 日	美国	圣贝纳迪诺（San Bernardino）枪击案	14 人死亡，24 人受伤	一对夫妇在市区中心持枪向市民扫射，其中妻子在脸谱上向"哈里发"巴格达迪宣誓效忠
2016 年 1 月 12 日	土耳其	伊斯坦布尔苏丹艾哈迈德街袭击案	外国游客 13 人死亡，14 人受伤	ISIS 叙利亚成员纳比尔·法德里（Nabil Fadli）实施了袭击
2016 年 7 月 23 日	阿富汗	喀布尔爆炸案	什叶派哈扎拉人 97 人死亡，260 人受伤	ISIS 宣称对此次事件负责
2017 年 1 月 1 日	土耳其	伊斯坦布尔贝西克塔斯街枪击案	39 人死亡，70 多人受伤	贝西克塔斯街一家夜总会遭枪击，死伤者多为外国游客和土耳其人

注：① "Thousands of Tunisians, leaders march after Bardo attack", *Washington Post*, 29 March 2015, https://www. washingtonpost. com/world/world-leaders-thousands-of-tunisians-march-in-response-to-bardo-attack/2015/03/29/3e64303c-d652-11e4-ba28-f2a685dc7f89_ story. html. 最后登录日期：2017 年 3 月 17 日。

资料来源：数据系笔者采集于网络，来源包括 BBC、Times、Ahram online、Al-Monitor、Al Jazeera 等。

从本·拉登到扎卡维，从基地组织到"伊斯兰国"，伊斯兰极端恐怖主义的模式已经发生转变，在恐袭数量上与日俱增，袭击目标也开始多元化。这种转变，对环地中海地区造成了更大的负面冲击和影响，从而成为一种治理"顽疾"。

随着"伊斯兰国"不断发展壮大，国际社会也开始形成新的反恐同盟，由此开始了新一轮国际反恐力量的组织和调整。巴黎袭击之后，法国为了联合多国力量进一步打击"伊斯兰国"，在美俄之间进行协调，积极寻求建立国际反恐联盟。同时，德国、英国以实际行动积极加入打击"伊斯兰国"的国际行动。这表明欧洲力量在"伊斯兰国"问题上的作用日益突出。对于美国来说，为了应对"伊斯兰国"的挑战和威胁，华盛顿曾一手主导建立了一个包含 60 多个国家在内的反恐联盟。①

　　许多人认为，随着国际反恐联盟的不断战略推进，"伊斯兰国"开始丧城失地、不断退守，吉哈德式恐怖袭击将会渐渐成为过去式。但是，一旦考虑到"伊斯兰国"中有为数众多来自欧洲和中东国家的"圣战"者，并认识到他们回归出生国后可能的行为，我们没有理由乐观。如图4-6，法国、德国、英国前往伊拉克和叙利亚加入"伊斯兰国"的"圣战"者数量均在全球排名前十以内，总计近3300人。一旦"伊斯兰国"真正解体并消亡，回到欧洲国家将是这些"圣战"者最首要的选择。他们有的会选择安分守己度过余生，但多数可能只是暂时潜伏以待时机。政府对他们的处置选项，温和的是居家监视，稍重的便是监禁，最严重的便是处决。有鉴于"圣战"分子之多，大规模处决难以办到，也没有效果。监禁也不是一个可以持久的好方法。对抗伊斯兰"圣战"倾向的恐怖袭击，仍任重而道远。

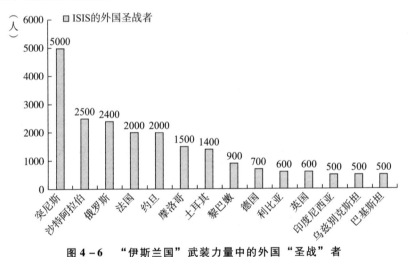

图4-6　"伊斯兰国"武装力量中的外国"圣战"者

　　资料来源："Global Terrorism Index 2015", Institute For Economics and Peace, October 2015, pp. 46 - 47。

第三节　利比亚"伊斯兰国"的特点、危害与未来趋势

　　目前国内外学术界对伊拉克和叙利亚"伊斯兰国"的研究已经有了大量的成果，相比之下，对利比亚"伊斯兰国"的研究则不是太多，主要集中在利比

---

　　① 刘乐：《"伊斯兰国"兴起与国际安全新挑战》，《国际政治研究》2016年第3期，第81页。

亚"伊斯兰国"兴起的原因、扩张的模式与特点、对利比亚国内政治及对地区安全的影响三个方面。关于利比亚"伊斯兰国"兴起的原因,学者们认为主要是"阿拉伯之春"以来利比亚国内的无政府状态以及整个西亚北非地区的政治动荡,特殊的地理位置也是"伊斯兰国"积极经营利比亚的重要原因;关于利比亚"伊斯兰国"的扩张模式与特点,国内外学者们认为主要表现为依赖外籍极端分子、挑拨和利用当地部落矛盾、训练和向外输送恐怖分子等;关于利比亚"伊斯兰国"的影响,学者们认为它加剧了利比亚的政治混乱和无政府状态,增加了利比亚政治转型的困难,对北非和欧洲的安全形成了实质性的威胁。也有学者对利比亚"伊斯兰国"扩张的制约因素进行了分析,认为部落因素和财政问题制约了该组织在利比亚的进一步扩张。①

当前对利比亚"伊斯兰国"的战争虽然取得了重大胜利,但并没有消灭"伊斯兰国",不排除其在政局混乱的情况下东山再起的可能性。本节主要应用全球化理论和社会运动理论,对利比亚"伊斯兰国"的特点、对地区安全的危害及其未来发展趋势进行分析。

一　利比亚"伊斯兰国"的特点

全球化理论认为全球化与恐怖主义之间存在着因果联系。西方国家主导的全

---

① 关于利比亚"伊斯兰国"兴起的原因,请参考郭强《"伊斯兰国"在利比亚的扩张初探》,《国际研究参考》2016 年第 7 期,第 37 - 39 页;张金平:《从安全环境分析"伊斯兰国"在北非的扩张》,《山东警察学院学报》2015 年第 6 期,第 7 - 9 页;国外学者的观点请参考:"ISIS in Libya: A Major Regional and International Threat",The Meir Amit Intelligence and Terrorism Information Center,January 20th,2016,http://www. terrorism-info. org. il/Data/articles/Art_20943/E_209_15_1076923854. pdf,最后登录日期:2017 年 3 月 2 日。关于利比亚"伊斯兰国"的行为模式与特点,请参考王晋《"伊斯兰国"组织在利比亚的扩张及其制约因素》,《阿拉伯世界研究》2016 年第 3 期,第 96 - 99 页;王金岩:《利比亚已成为"伊斯兰国"的"新中心"》,《当代世界》2016 年第 6 期,第 44 页;Alice Fordham,"Derna,The Sleepy Town of Islamist Extremism",The National,September 22,2012。关于利比亚"伊斯兰国"的影响,请参考江涛《利比亚"伊斯兰国"的威胁及应对之策》,《中东问题研究》2016 年第 1 期,第 85 - 87 页;王金岩:《利比亚已成为"伊斯兰国"的"新中心"》,《当代世界》2018 年第 5 期,第 44 - 45 页;Geoffrey Howard,"ISIS' Next Prize,Will Libya Join the Terrorist Group's Caliphate?",Foreign Affairs,March 1,2015,https://www. foreignaffairs. com/articles/libya/2015 - 03 - 01/isis-next-prize,最后登录日期:2017 年 5 月 2 日;Shaul Shay and Av Baras,"The Islamic State in Libya:Challenge and Response",in Yoram Schweitzer and Omer Einav(ed.),The Islamic State:How Viable Is It? Tel Aviv:Contento Now,2016,pp. 203 - 210。关于利比亚"伊斯兰国"扩张的制约因素,请参考王晋《"伊斯兰国"组织在利比亚的扩张及其制约因素》,《阿拉伯世界研究》2016 年第 3 期,第 100 - 102 页。

球化进程虽然给发展中国家带来了一定的好处，但它加剧了发达国家与发展中国家之间的贫富差距，从而在发展中国家产生了对全球化的反弹或抵抗，这种反弹或抵抗以恐怖袭击形式对全球化进程的最前沿的国家发动攻击，以此表达对西方主导的现代化的不满。① 巴伯将恐怖主义看作由"综合现代化"和"进攻性的经济和文化全球化"的扩张所造成的"破碎部落文化"（Disintegral Tribalism）和"反动原教旨主义"（Reactionary Fundamentalism）。② 现代化和全球化将所有的国家融入全球一体化的经济互动网络，威胁到发展中国家的地方权威及其地位，引发了发展中国家民众的"本体"不安全感，结果引起防御性的、反全球化的动员，表现为当今的恐怖主义。利比亚"伊斯兰国"表现出的许多特征可以从全球化的视角加以解释。"伊斯兰国"控制领土、建立政权式的机构，目的是建立以沙里阿治国的萨拉菲原教旨主义国家。这可以看做在意识形态和文化领域以及发展道路选择方面对西方主导的现代化和全球化的反抗。从意识形态的角度看，大多数当代恐怖组织的目标都是建立"纯粹"的伊斯兰国家，实现完全以沙里阿治国的"理想"，反对西方文化和西方制度便成为包括"伊斯兰国"在内的许多恐怖组织的特征，袭击西方国家的设施、企业、平民以及被视为西方代理人的当地政府机构便成了顺理成章的使命。此外，经济全球化的推进促进了恐怖分子的流动以及恐怖袭击事件的扩散，提高了恐怖主义的国际化程度。③ 利比亚"伊斯兰国"不但在组织结构上建立了国际性的恐怖网络，而且其骨干成员的组成、物质资源和人力资源的动员都具有国际化的特征。

1. 建立领土根据地

利比亚是"伊斯兰国"在伊拉克和叙利亚之外唯一成功地建立了广泛的领土控制的国家，它不仅对当地人口实行综合管制，而且接管了占领区的各种基础设施。除伊、叙两国和利比亚之外，"伊斯兰国"势力在其他国家的活动基本上是突然袭击和游击式的，无法控制人口和基础设施，领土控制成为利比亚"伊斯兰国"的显著特点。

正如不承认伊拉克、叙利亚和中东其他国家一样，"伊斯兰国"也不承认利

---

① Stanley Hoffmann, "Clash of Globalizations", *Foreign Affairs*, Vol. 81, 2002, pp. 104 – 115.

② Benjamin Barber, *Jihad versus McWorld: Terrorism's Challenge to Democracy*, New York: Ballentine Books, 2001, p. vii.

③ Albert J. Bergesen and Omar Lizardo, "International Terrorism and the World-System", *Sociological Theory*, Vol. 22, No. 1, 2004, pp. 38 – 51.

比亚是一个独立的国家，试图在巴格达迪领导之下在利比亚设立三个"伊斯兰国"省份，即东部的巴尔克省、西部的黎波里省以及南部的费赞省。

"伊斯兰国"在利比亚首先看中了德尔纳这一伊斯兰激进组织最为活跃的地区。2014年4月，约有300名"伊斯兰国"的战斗人员从叙利亚返回德尔纳，建立了"伊斯兰国"在利比亚的第一个领土据点。2014年10月5日，以德尔纳为中心的利比亚东部被宣布为"伊斯兰国的巴尔克省"。2015年下半年，利比亚政府军队与当地的"基地"组织分支"舒拉穆加希丁委员会"结成联盟，发动了对德尔纳的进攻，驱逐了"伊斯兰国"武装。"伊斯兰国"大多数战斗人员逃到了德尔纳以南的法塔赫（Al-Fataih）山区。2015年11月，反"伊斯兰国"联盟对法塔赫山区发动进攻，共击毙30名"伊斯兰国"武装分子。[1] 尽管遭受了巨大损失，但"伊斯兰国"作战人员并没有被赶出法塔赫地区。目前，"伊斯兰国"已经加强了在法塔赫山区的防御，伺机重新夺取德尔纳。

苏尔特是的黎波里和班加西之间的利比亚中北部沿海城市，加上周边农村，有10万多人。卡扎菲政权垮台后，萨拉菲"圣战"组织"教法捍卫者"（Ansar al-Sharia）迅速控制了苏尔特。2015年年初，"伊斯兰国"成员分批到达苏尔特，没有遭到任何抵抗就接管了该城，宣布成立"伊斯兰国"的"的黎波里省"。此后，苏尔特成为"伊斯兰国"在利比亚分支机构的领土基地。随着"伊斯兰国"在德尔纳和利比亚东部的实力逐渐下降，苏尔特重要性开始上升。

"伊斯兰国"武装控制了出入苏尔特的沿海公路，造成了苏尔特与的黎波里和班加西的隔离。"伊斯兰国"力图利用苏尔特建立的强大基地将自己的控制范围延伸到首都的黎波里，并控制苏尔特西南部的油田和石油设施。2016年5月，利比亚民族团结政府军队夺取苏尔特的战斗打响。8月1日开始，美军战机在苏尔特实施多次空袭。12月5日，利比亚政府军队完全占领苏尔特，"伊斯兰国"残余武装逃到南部山区负隅顽抗。

2. 控制方式的政权化

同在伊拉克与叙利亚的情形一样，利比亚的"伊斯兰国"也在自己控制的领土上建立起政权机构，力图从军事和行政两个方面建立对领土基地的控制，并以此作为建立沙里阿国家的尝试。

---

[1] "ISIS in Libya: A Major Regional and International Threat", The Meir Amit Intelligence and Terrorism Information Center, January 20th, 2016, p. 33, http://www.terrorism-info.org.il/Data/articles/Art_20943/E_209_15_1076923854.pdf, 最后登录日期：2017年3月2日。

2014 年 4 月 10 日，德尔纳的"伊斯兰国"成员宣布成立"伊斯兰青年舒拉委员会"，作为巴尔克省的最高领导机构。之后，"伊斯兰国"在德尔纳街头进行了武力示威，蒙面战斗人员驾驶皮卡车，举着"伊斯兰国"的旗帜在街道上巡游。他们宣称要为德尔纳提供安全保障，并执行伊斯兰法律。恐怖主义还需要借助意识形态和话语资源为自身的行动和诉求进行话语构架，赋予其行动以"合理性"甚至"正义性"。① 严格贯彻实施沙里阿法是"伊斯兰国"治理模式的核心。一个月后，"伊斯兰青年舒拉委员会"建立沙里阿委员会作为司法机构，负责在德尔纳及其周边地区实施严格的萨拉菲伊斯兰法律。其中包括禁止饮酒、禁止出售香烟、没收毒品并按照伊斯兰法进行惩罚。"伊斯兰国"还在德尔纳建立了道德警察部队，完全按照伊斯兰法的规则建立新秩序。"伊斯兰国"在德尔纳建立了一系列行政机构。"伊斯兰青年舒拉委员会"组建了教育部、宗教基金会（瓦克夫）、伊斯兰道德警察部队、伊斯兰刑事警察部队、伊斯兰法院、公共事务办公室，甚至建立了广播电台。

在苏尔特，"伊斯兰国"接管了当地银行，没收了数千万美元；征用了逃离居民的房屋和财产，作为"战利品"分发给包括外国"战士"在内的"伊斯兰国"成员。"伊斯兰国"还在苏尔特建立了行政与司法机构，对人民施加严格的萨拉菲伊斯兰法典，"违法者"在城市的广场被公开斩首；互联网和当地媒体受到监督和限制；男女同校的大学教育被禁止，各级学校被强制推行伊斯兰宗教课程；妇女被强制蒙面纱；吸食水烟的咖啡屋被关闭；普通咖啡屋在礼拜的时候也被关闭；销毁毒品、香烟和含酒精饮料；经常组织古兰经知识竞赛之类伊斯兰宗教的活动。

接管苏尔特十个月后，"伊斯兰国"发布了"城市宪章"（wathiqat al-madinah），规范苏尔特居民的日常生活及其与"伊斯兰国"的关系。② 居民被要求在日常生活中严格遵守萨拉菲法典和"伊斯兰国"的命令。根据"城市宪章"，"伊斯兰国"为苏尔特居民提供政府服务；对贫困家庭提供各种生活用品；为儿童分发学习用品；在斋月期间为有需要的家庭提供食物。伊斯兰国还为苏尔特居

---

① 曾向红：《恐怖主义的整合性治——基于社会运动理论的视角》，《世界经济与政治》2017 年第 1 期，第 78 页。

② "ISIS in Libya: A Major Regional and International Threat", The Meir Amit Intelligence and Terrorism Information Center, January 20th, 2016, p. 44, http://www.terrorism-info.org.il/Data/articles/Art_20943/E_209_15_1076923854.pdf，最后登录日期：2017 年 3 月 2 日。

民提供了安全保障，建立了伊斯兰警察部队监督法律和秩序，对城市各个社区进行安全巡逻，并就部落和家庭之间的纠纷协商解决方案。可见，"伊斯兰国"为平民提供了国家体制所提供的大部分东西，而且监督力度更强。

"伊斯兰国"在苏尔特成立了政府机构，履行城市管理职责。它同时接管了现有的机构，如寻求庇护中心、伊本希纳医院和苏尔特大学等。此外，它还建立了包括伊斯兰道德警察部队、伊斯兰法院、税务局和包括广播电台和电视台在内的媒体机构。"伊斯兰国"还在苏尔特任命当地人担任领导职务，其中一些是宗教人士，一些是卡扎菲时期的行政人员。苏尔特最著名的神职人员哈桑·卡拉米被任命负责苏尔特中央清真寺的事务。

"伊斯兰国"的治理模式大体上能维持城市正常运转，得到了当地居民的默许。在冲突和不稳定的大背景下出台这些治理措施，使当地平民更容易接受其苛刻的规范准则。

3. 袭击目标主要为政府军警、外国使领馆和石油设施

科林·白克认为，在具有宗教和意识形态动机的恐怖主义中，文化因素起着关键的作用。文化因素（宗教使命）可以用来解释表面上看起来不合理的恐怖手段，也可以使针对平民的暴力行为具有正当性。[①] 社会运动理论认为，恐怖组织可以通过恐怖行为创造和维持集体认同，从而加强恐怖组织的吸引力和凝聚力，获得更多的同情和支持。[②] 利比亚"伊斯兰国"的反西方性质决定了其袭击目标主要是的黎波里政府及其下属的民兵、托卜鲁克政府和哈夫塔尔指挥的政府军、外国使领馆和外交官、油田和石油设施。其军事行为模式可分为两大类，一类是游击式的突然袭击；另一类是自杀式爆炸和定点引爆自制炸弹。

"伊斯兰国"在利比亚的大多数恐怖袭击是对民用和政府目标引爆自制炸弹和自杀炸弹的袭击事件。2015 年 1 月 27 日，对的黎波里科林西亚酒店的恐怖袭击，2015 年 2 月 20 日在库巴市对国家安全局和加油站的汽车炸弹袭击，2016 年 1 月 7 日在兹利坦政府军事营地的汽车炸弹袭击，都是这种攻击的典型案例。2014—2015 年，"伊斯兰国"对阿尔及利亚、伊朗、西班牙、韩国和摩洛哥等国驻利比亚使馆进行了一系列攻击，也属于这种爆炸式袭击。由于利比亚动乱以来

---

① Colin J. Beck, "The Contribution of Social Movement Theory to Understanding Terrorism", *Sociology Compass*, Vol. 2, Issue 5, September 2008, p. 1571.

② Mark Juergensmeyer, *Terror in the Mind of God: The Global Rise of Religious Violence*, Berkeley, C. A.: University of California Press, 2003, pp. 80 – 85, 158 – 166.

大多数大使馆的人员已经撤离，袭击造成的伤亡不大。

对利比亚政府军和军事基地，"伊斯兰国"则主要采取突然袭击和远程射击的方式实施攻击。例如，2015 年 2 月 13 日，"伊斯兰国"在苏尔特以东约 160 千米处击落了一架利比亚陆军直升机；2015 年 2 月 21 日，向利比亚东部阿卜拉克（Al-Abraq）国际机场发射了几枚火箭弹；2015 年 4 月 20 日，对班加西附近的萨布里地区利比亚陆军实施攻击，袭击方式是自杀式炸弹和机枪射击；2016 年 1 月 4 日，用肩扛式导弹击落了一架利比亚陆军战斗机。

"伊斯兰国"试图分享利比亚石油和天然气行业的利润，以解决其财政问题，提升其在利比亚的军事能力和管理能力；它也试图阻止托卜鲁克和的黎波里政府、利比亚军队和各种民兵从石油工业中得到收入，从而削弱他们的政治和军事能力。为此，2015 年和 2016 年年初，"伊斯兰国"多次尝试接管或破坏石油设施和石油港口。2015 年 10 月 1 日和 2016 年 1 月 4 日，"伊斯兰国"武装人员两次用汽车炸弹袭击了利比亚最大的石油出口码头西德尔港（Sidre），并与保安人员发生冲突，双方伤亡重大。2015 年 10 月底，"伊斯兰国"又两次引爆汽车炸弹对利比亚的大型石油城拉斯兰诺夫（Ra's Lanuf）实施袭击，保卫港口的政府部队击退了袭击者。

"伊斯兰国"还对利比亚大型油田实施了许多攻击。2015 年 11 月 20 日，"伊斯兰国"武装人员入侵了苏尔特东南部的扎尔坦油田（Zaltan）。2015 年 3 月 4 日，袭击了西德尔港以南的马布鲁克（Mabrouk）、扎哈拉（Zahra）和巴哈伊（Al-Bahi）油田。"伊斯兰国"一度占领巴哈伊油田和马布鲁克油田，并处死了至少 7 名油田工人。

为实施恐怖活动，"伊斯兰国"在利比亚各地设立了许多训练营。最初在利比亚东部建立的训练营，训练了几百名恐怖分子。后来，主要训练营转移到苏尔特及其周围地区。在的黎波里西面，"伊斯兰国"也设立了一个营地，以便向突尼斯派遣和部署恐怖分子。这些训练营除了训练自愿加入"伊斯兰国"的激进分子外，还对当地青少年进行强制训练。训练课程主要是武器射击、汽车驾驶、炸弹制造等。为了具备劫持飞机的技能，苏尔特的"伊斯兰国"成员还进行模拟民用飞机和模拟战斗机飞行训练。

4. 骨干成员的国际化

人员组成的国际化成为利比亚"伊斯兰国"的明显特征，也是全球化进程的典型负面表现。利比亚"伊斯兰国"的骨干成员主要来源于地理上相近同时文化上相似的周边阿拉伯国家，这些国家本来人员流动频繁、语言相同、历史联系紧密，恐怖主义极易在地区内部迅速扩散。另外，这些国家治理能力虚弱，无法对边界进行有效的控制，恐怖分子在区域内流动就变得容易。利比亚"伊斯兰国"成员最初主要由从叙利亚和伊拉克返回的 300 多名利比亚激进分子组成。后来，不断地有来自西亚、北非和撒哈拉以南非洲国家的激进分子加入，到2016 年 4 月，其作战人员人数估计在 4000—6000 人。① "伊斯兰国"在利比亚的骨干人员主要有以下三类。

首先是利比亚籍的伊斯兰激进分子，特别是来自德尔纳和的黎波里的"圣战者"。他们曾在叙利亚战斗，并于 2014 年开始返回利比亚。在德尔纳和苏尔特的战斗人员中，尽管许多指挥官是非利比亚人，但从叙利亚返回的利比亚的激进分子构成了战斗人员的核心。

其次是来自利比亚周边阿拉伯国家的激进分子。埃及、突尼斯、阿尔及利亚、摩洛哥、沙特阿拉伯、也门和巴勒斯坦的激进分子由于受到"伊斯兰国"的蛊惑宣传，通过海路或陆路不断地来到利比亚，加入"伊斯兰国"武装。外籍战士成为"伊斯兰国"在利比亚分部的重要组成部分。据估计，外籍人员占到了"伊斯兰国"武装人员的 70%。② 自 2015 年年底以来，由于国际社会加强了打击力度，许多叙利亚和伊拉克籍的"伊斯兰国"恐怖分子开始转入利比亚。在德尔纳建立领土立足点后，"伊斯兰国"在伊拉克的总部派出了多名高级人员到利比亚，其中有沙特阿拉伯人阿布·哈比布·贾扎维里、伊拉克人阿布·纳比尔·安巴里（Abu Nabil al-Anbari）等。③ 他们的到来，加强了德尔纳与"伊斯兰国"总部的联系，对托卜鲁克政府和当地民兵形成了真正的威胁。

最后是来自撒哈拉以南非洲国家的伊斯兰激进分子，他们通过沙漠到达利比亚。其中包括已经承诺忠于巴格达迪的尼日利亚"博科圣地"的数百名成员。这些人员一度集中于苏尔特，接受"伊斯兰国"的训练，在利比亚从事各种恐

---

① Courtney Kube, "Number of ISIS Fighters in Libya Has Doubled", April 7, 2016, https://www.nbcnews.com/storyline/isis-terror/number-isis-fighters-libya-has-doubled-n552476，最后登录日期：2017 年 8 月 14 日。

② Gabriel Gatehouse, "Top IS Commanders 'Taking Refuge' in Libya", February 3, 2016, http://www.bbc.com/news/world-africa-35486158，最后登录日期：2017 年 2 月 2 日。

③ 阿布·纳比尔成为"伊斯兰国"在利比亚的最高司令官，2015 年 11 月被美国飞机打死。

怖活动。也有许多来自苏丹的激进分子来到利比亚加入"伊斯兰国"。①

5. 受到当地激进组织和部落武装的支持

克雷格认为，几乎所有社会运动都需要动员物质资源和人力资源，人力资源的动员能力是任何社会运动发展壮大的基本要件。② 恐怖主义组织要经常实施恐怖行动，就需要不断动员物质资源和人力资源。自杀式爆炸是包括"伊斯兰国"在内的所有恐怖组织惯常采用的战术，这种战术的实施需要付出高额的人力资源成本，因此，只有愿意为恐怖主义牺牲的激进分子不断地加入进来，恐怖组织及其恐怖袭击才能持续存在。③ 利比亚"伊斯兰国"利用自己的资源动员能力，将利比亚的各种激进组织聚集在自己周围，从而壮大了自己的力量。利比亚"伊斯兰国"的兴起与当地伊斯兰激进组织的泛滥有着密切关系，这些激进组织的存在为利比亚"伊斯兰国"的兴起提供了丰富的物质资源和人力资源储备。当地激进组织的支持是"伊斯兰国"在利比亚迅速崛起的重要原因与特征。

"伊斯兰国"最初在利比亚的建立就与本地激进分子有直接关系。利比亚的激进分子从 2012 年开始陆续到叙利亚加入"伊斯兰国"，并在那里成立了一个名为"巴特尔营"（Al-Battar Battalion）的军事单位。2014 年 4 月，约有 300 名"巴特尔营"的战斗人员返回德尔纳并建立了"伊斯兰国"在利比亚的第一个领土据点。卡扎菲时期，德尔纳长期是反政府"圣战"人员的温床，"伊斯兰国"组织的建立得到了德尔纳当地激进组织的支持。2014 年 11 月 10 日，"伊斯兰青年舒拉委员会"在德尔纳集会，当地许多激进组织的代表出席会议，共同宣布加入"伊斯兰国"，宣誓效忠巴格达迪。

对"伊斯兰国"支持力度最大的当地激进组织是教法捍卫者（Ansar al-Sharia）。最初，班加西的"伊斯兰国"力量薄弱，但在 2015 年随着当地激进分子的加入，其地位得到了一定程度的加强。2015 年 4 月，班加西"教法捍卫者"的高层领导人阿布·阿卜杜拉·里比（Abu Abdallah al-Libi）率领部分成员加入"伊斯兰国"。里比在班加西的"圣战"运动中有巨大影响力，被视为班加西的

① Gabriel Gatehouse, "Top IS Commanders 'Taking Refuge' in Libya", February 3, 2016, http://www.bbc.com/news/world-africa-35486158, 最后登录日期：2017 年 9 月 18 日。

② J. Craig Jenkins, "Resource Mobilization Theory and the Study of Social Movements", *Annual Review of Sociology*, Vol. 9, 1983, pp. 527–553.

③ Colin J. Beck, "The Contribution of Social Movement Theory to Understanding Terrorism", *Sociology Compass*, Vol. 2, Issue 5, September 2008, p. 1568.

"圣战"宗教权威。他加入"伊斯兰国"后担任宗教法官，并利用社交网络发布文章和费特瓦支持"伊斯兰国"。

"伊斯兰国"到来之前，"教法捍卫者"一直管理着苏尔特城市的日常生活。"伊斯兰国"来到之后，"教法捍卫者"的大多数成员转向"伊斯兰国"，并向巴格达迪宣誓效忠。许多曾支持卡扎菲的苏尔特居民也加入了"伊斯兰国"。当地激进组织和居民认为"伊斯兰国"是卡扎菲失利之后在利比亚拥有权力获得庇护的唯一途径，因此不断加入该组织，极大地加强了"伊斯兰国"在苏尔特的势力，并帮助"伊斯兰国"夺取了苏尔特和利比亚西部的其他城镇。① "伊斯兰国"的一小撮核心成员通过与当地部落民兵和强大的地方武装的合作控制了苏尔特。在苏尔特加入"伊斯兰国"的部落分别是福尔建部落（Furjan）、卡达法部落（Qadhadhfa）、阿玛姆拉部落（al-Amamra）和瓦法拉部落（Warfalla）。

获得当年卡扎菲所在的卡达法部落的支持对"伊斯兰国"尤为重要。该部落居住在苏尔特及其周边地区。"伊斯兰国"接管苏尔特后，许多部落领袖为其提供支持。卡扎菲的表弟、曾在卡扎菲政权中身居高位的阿赫迈德·卡达夫·阿丹姆（Ahmed Qaddaf al-Dam）于 2015 年 2 月宣布支持"伊斯兰国"。② 苏尔特当地一些著名的宗教权威也宣布支持"伊斯兰国"。苏尔特最著名的神职人员哈桑·卡拉米（Hassan Karami）被"伊斯兰国"任命负责苏尔特中央清真寺的星期五宣教。

"伊斯兰国"在夺取米苏拉塔（Misrata）和萨布拉塔（Sabratha）的战斗中，与当地居民和强大的民兵组建联盟。在这两个城市支持并加入"伊斯兰国"的组织主要是"教法捍卫者"和"伊斯兰之光"（Nur al-Islam）。但"伊斯兰国"并没有完全占领这两个城市。2015 年年底，艾季达比耶市（Ajdabiya）的民兵领袖穆罕默德·扎维（Mahhammad al-Zawi）及其战斗人员宣誓效忠巴格达迪。

二 利比亚"伊斯兰国"对非洲与欧洲安全的危害

从社会运动的视角看，社会网络是国际恐怖主义通常采取的组织结构形式，在这种网络内，独立行动的单元通过少数几个关键积极分子联结起来，从

---

① Ruth Sherlock and Sam Taring, "Islamic State: Inside the Latest City to Fall under Its Sway", The Telegraph (UK), March 10, 2015, http://www.telegraph.co.uk, 最后登录日期：2016 年 7 月 8 日。

② Farouk Chothia, "Islamic State Gains Libya Foothold", February 24, 2015, http://www.bbc.com/news/world-africa-31518698, 最后登录日期：2017 年 4 月 2 日。

而极大地加强了恐怖组织在更大的范围内实施恐怖袭击和人员征招的能力。①
利比亚"伊斯兰国"正是利用网络形式，将埃及、突尼斯以及萨赫勒地带的
恐怖组织联结起来。在欧洲，利比亚"伊斯兰国"则主要通过联系人将存在
于欧洲各国的独狼式的恐怖分子纳入自己的网络。通过广泛的国际网络，利比
亚"伊斯兰国"将其安全危害推送到了利比亚之外的其他北非国家、撒哈拉
以南非洲国家和欧洲。

1. 向欧洲输入难民并发动恐怖袭击

利比亚地理位置的便利、政府管理职能的解体、边境巡逻的松懈，为人口
走私网络的成功创造了近乎完美的条件。"阿拉伯之春"以来，每年都有大量
的非洲和阿拉伯国家难民流动到利比亚，利比亚成了典型的无序移民枢纽。
"伊斯兰国"将走私移民视为重要利润来源，有计划、分批次地组织来自阿拉
伯国家和撒哈拉以南非洲国家的非法移民向欧洲偷渡，加剧了欧洲难民危机。
由于控制了利比亚漫长的海岸线和国家海事设施，走私移民与难民对它来说轻
而易举。

许多"伊斯兰国"恐怖分子伪装成难民穿越地中海到达欧洲，尤其是从土
耳其和希腊进入欧洲的线路因严格管制而日益困难之时，"伊斯兰国"更加看重
利用利比亚向欧洲输送恐怖分子，对欧洲安全构成威胁。② "伊斯兰国"曾经发
出威胁表示，如果欧洲在利比亚对他们进行军事干预，他们将用数百艘船只将
50 万移民运送到海上。③ 2015 年 5 月 17 日，利比亚政府情报部门表示，"伊斯兰
国"正在使用向欧洲走私难民的船只运送其积极分子。④

利比亚"伊斯兰国"经常向意大利发出恐怖主义威胁。2015 年 2 月 12 日，
"伊斯兰国"的"推特"账户张贴了一张地图，标明了苏尔特距离罗马和西西里

① Ami Pedahzur and Arie Perliger, "The Changing Nature of Suicide Attacks: A Social Network Perspective", *Social Forces*, Vol. 84, No. 4, 2006, pp. 1983 – 2004.

② Nick Paton Walsh, "ISIS on Europe's Doorstep: How Terror Is Infiltrating the Migrant Route", May 26, 2016, http://edition.cnn.com/2016/05/26/middleeast/libya-isis-europe-doorstep/index.html, 最后登录日期：2017 年 4 月 13 日。

③ "The Islamic State's (ISIS, ISIL) Magazine", The Clarion Project, September 10, 2014, http://www.clarionproject.org/news/islamic-state-isis-isil-propaganda-magazine-dabiq, 最后登录日期：2017 年 1 月 13 日。

④ "ISIS in Libya: A Major Regional and International Threat", The Meir Amit Intelligence and Terrorism Information Center, January 20th, 2016, p. 20, http://www.terrorism-info.org.il/Data/articles/Art_20943/E_209_15_1076923854.pdf, 最后登录日期：2017 年 3 月 2 日。

的距离，并表示飞毛腿导弹可以打到意大利。2015 年 8 月 22 日，"伊斯兰国"的"推特"账户张贴了"哈里发士兵"征服罗马的呼吁，以及题为"通向罗马的门户"的利比亚北部地图。2015 年 8 月 23 日，它又在"推特"账户发表声明称，如果真主愿意，利比亚是"通向欧洲的钥匙和通往罗马的门户"。同时，"伊斯兰国"月刊《达比克》（Dabiq）发布了一张"伊斯兰国"旗帜在梵蒂冈上空飘扬的照片。①

利比亚的"伊斯兰国"对欧洲国家发起了多起恐怖袭击。2016 年 12 月 19 日晚，德国柏林一个市场发生货车冲撞人群事件，造成 12 人死亡、48 人受伤。2017 年 5 月 22 日，英国曼彻斯特体育场发生自杀式爆炸案，造成 22 人死亡、59 人受伤。这两起恐怖袭击都是利比亚"伊斯兰国"策划实施的。②

2. 向突尼斯输出恐怖主义

新生的突尼斯政权非常虚弱，"伊斯兰国"的黎波里省与突尼斯之间的接近以及那里激进分子的存在，都使突尼斯成为利比亚"伊斯兰国"首先输出恐怖主义的目标。"伊斯兰国"向突尼斯输送恐怖分子，其目的是破坏突尼斯政权的稳定，袭击在突尼斯的西方公民。利比亚"伊斯兰国"将其成员送往突尼斯协助突尼斯的激进分子，同时许多突尼斯的恐怖分子到利比亚接受训练后返回突尼斯，实施恐怖主义袭击。突尼斯发生的许多恐怖袭击事件与利比亚的"伊斯兰国"有关。2015 年 3 月 18 日，隶属"伊斯兰国"的武装恐怖分子在突尼斯议会大厦附近的巴尔多国家博物馆进行了大规模恐怖袭击，造成 23 人遇难，其中大多数是游客。2015 年 6 月 26 日，曾在利比亚的"伊斯兰国"训练营受过训练的恐怖分子在突尼斯旅游胜地苏斯酒店海滩的发动袭击，造成 39 名游客死亡。2015 年 11 月 24 日，"伊斯兰国"的一名自杀炸弹手在突尼斯总统卫队的巴士旁引爆炸弹，造成总统卫队 12 名成员遇害。

突尼斯安全部门还发现了数起"伊斯兰国"正在策划的恐怖袭击，成功地阻止了这些恐怖袭击的实施。2015 年 11 月下旬，突尼斯当局逮捕了一个计划同

---

① "ISIS in Libya: A Major Regional and International Threat", The Meir Amit Intelligence and Terrorism Information Center, January 20th, 2016, pp. 20, 21, http://www.terrorism-info.org.il/Data/articles/Art_20943/E_209_15_1076923854.pdf, 最后登录日期: 2017 年 3 月 2 日。

② Tim Lister, "Under Pressure in Syria, ISIS Looks to Libya to Plot Terror Attacks", May 25, 2017, http://edition.cnn.com/2017/05/25/middleeast/isis-looks-to-libya-to-plot-terror-attacks/index.html, 最后登录日期: 2017 年 11 月 21 日。

时攻击一些酒店、基础设施的恐怖主义小组。这个组织在利比亚接受了培训，其拥有的步枪、爆炸物均来自利比亚。同月，突尼斯内政部宣布拘留26名参与名为"富尔坎营"（Al-Furqan Battalion）的嫌犯。该组织由曾参加过叙利亚的"伊斯兰国"后返回突尼斯的人员组成，并且与利比亚的"伊斯兰国"保持着密切联系。被拘留者承认他们一直在等待从利比亚萨布拉塔（Sabratha）的"伊斯兰国"人员那里接收爆炸物。①

3. 与西奈半岛的"伊斯兰国"分支合作

利比亚的"伊斯兰国"与埃及的"伊斯兰国"分支机构遥相呼应，并为其提供了大量的先进武器，加强了埃及恐怖组织的力量，恶化了埃及的安全形势，使埃及安全部队和埃及政府面临着比以前更加艰巨的反恐任务。

利比亚的"伊斯兰国"经常向西奈半岛的"伊斯兰国"分支走私武器。埃及"伊斯兰国"在与埃及安全部队的战斗中能够持续不断地获得胜利，一个重要原因是它能够不断获得优质武器。在卡扎菲被杀之前，利比亚的恐怖组织"教法捍卫者"就与"伊斯兰马格里布基地组织"保持着密切联系，并向其走私了许多武器。但更多的武器被走私到动荡的埃及，落入西奈半岛的恐怖主义组织手中。2014年11月，圣殿守护者（Ansar Bait al-Maqdis）对巴格达迪和"伊斯兰国"宣誓效忠，成为"伊斯兰国"在西奈半岛的分支，利比亚"伊斯兰国"更是加紧了向其走私武器的行动。许多尖端武器被"伊斯兰国"从利比亚走私到西奈半岛，其中包括格拉德导弹、反坦克火箭弹、防空斯特雷拉（Strela）导弹、最新的卡拉什尼科夫步枪、奥地利斯太尔狙击步枪、俄式重机枪等。

塞西上台后，埃及安全部队在与利比亚接壤的边界地区实施安全行动，加大了对恐怖分子的打击力度，试图切断利比亚"伊斯兰国"与埃及恐怖组织的联系。2015年12月，埃及安全部队在边境地区阻止了试图进入利比亚的650名埃及人。2015年12月底至2016年1月初，埃及安全部队拘留了300多名与"伊斯兰国"有联系的人员。这些人在互联网上受到招募，计划去叙利亚、伊拉克和利比亚参加"伊斯兰国"。同时，埃及与哈利法·哈夫塔尔将军领导的利比亚国民军加强合作，在反恐行动中共享情报，加紧边境巡逻，有效地打击了恐怖分子在边界地区的活动，使其武器走私的规模与频率大为缩小。

---

① Tarek Amara, "Tunisia Says It Prevented Major Islamist Attack This Month", November 17, 2015, http://www.reuters.com/article/us-tunisia-security/tunisia-says-it-prevented-major-islamist-attack-this-month-idUSKCN0T60R420151117，最后登录日期：2017年11月20日。

利比亚"伊斯兰国"的兴起不但鼓励了埃及恐怖组织的嚣张气焰，而且通过武器走私实质性地加强了埃及"伊斯兰国"的力量，使其成为埃及安全的重大威胁。2016 年年底以来，"伊斯兰国"多次发动针对科普特基督徒的袭击。2017 年 4 月 9 日，"伊斯兰国"在埃及坦塔市和亚历山大市制造了两起针对科普特教堂的恐怖袭击事件，造成至少 45 人死亡、100 余人受伤。2017 年 5 月 26 日，"伊斯兰国"在埃及明亚省袭击了科普特基督徒乘坐的两辆大巴车，导致 29 人身亡、24 人受伤。埃及的"伊斯兰国"利用已经得到的先进武器攻击埃及军队的检查站和巡逻队，给埃及军队造成了巨大困难。2014 年 7 月，"伊斯兰国"恐怖分子在法拉夫拉（Farafra）绿洲对军队哨所的突击袭击造成 27 名士兵死亡。2015 年 7 月，圣殿守护者对谢赫·祖维德（Sheikh Zuweid）进行了全面的攻击，埃及安全部队 21 名士兵丧生。西奈半岛的"伊斯兰国"仍然从利比亚不断获得武器。2017 年年初，埃及军队在边界地区一个地下仓库发现了足够的生产 1000 吨炸药的材料。在边界的另一边，利比亚部队也发现了一个地下仓库，藏有 70 袋重量近半吨的炸药。[①]

4. 加强了尼日利亚"博科圣地"的力量

萨赫勒地区的马里、尼日利亚也是"伊斯兰国"觊觎的国家。在利比亚拥有了领土基地之后，"伊斯兰国"可以方便地与"博科圣地"等恐怖组织建立联系。"博科圣地"在尼日利亚和西非地区制造了大量导致重大伤亡的恐怖袭击事件，成为当前萨赫勒地区最大的恐怖组织。为了将自己的势力扩大到西非，"伊斯兰国"将"博科圣地"作为拉拢对象。2015 年 3 月 7 日，"博科圣地"领导人阿布巴卡尔·谢考（Abubakar Shekau）承诺效忠巴格达迪，他还向撒哈拉以南非洲国家的所有伊斯兰激进组织发出呼吁，要求它们加入"伊斯兰国"。[②]几天后，"伊斯兰国"发言人穆罕默德·阿德那尼（Mohammad al-Adnani）宣布接受"博科圣地"作为"伊斯兰国"在西非的正式省份。"伊斯兰国"头目巴格达迪表态支持"博科圣地"，号召非洲"圣战"人员就地加入"博科圣地"。同年 10

① Zvi Mazel, "ISIS in Sinai: The Libyan Connection," The Jerusalem Post, February 21, 2017, http://www.jpost.com/Middle-East/ISIS-in-Sinai-the-Libyan-connection-482149，最后登录日期：2017 年 11 月 17 日。

② Lizzie Dearden, "Isis Increasing Co-operation with Boko Haram-the World's Most Horrific Terrorist Group'," April 21, 2016, http://www.independent.co.uk/news/world/africa/isis-increasing-co-operation-with-boko-haram-the-worlds-most-horrific-terrorist-group-a6994881.html，最后登录日期：2017 年 5 月 19 日。

月，谢考发布视频称"博科圣地"控制领域为"伊斯兰国"领土的一部分，此后，"博科圣地"逐渐引入"伊斯兰国"的旗帜、"国歌"等意识形态元素。

之后，利比亚的"伊斯兰国"与"博科圣地"开始了多方面的合作，数百名"博科圣地"的成员前往利比亚，在米苏拉塔、苏尔特等地的"伊斯兰国"训练营接受训练之后，一部分返回尼日利亚，大多数则留在利比亚参加"伊斯兰国"在苏尔特和其他地方的军事行动，与利比亚政府军作战。美国驻非洲特种部队指挥官唐纳德·波尔杜克将军认为，"博科圣地"和利比亚的"伊斯兰国"明显在分享"战术、技术和程序"，从伏击方式到设置简易爆炸装置，以及如何对酒店进行袭击，两个恐怖组织的行动模式越来越具有相似性。① 利比亚的"伊斯兰国"还向"博科圣地"提供武器和医疗援助。乍得当局在从利比亚通往"博科圣地"的途中拦截了一批武器。这些武器是从"伊斯兰国"在利比亚的沿海据点运出的。

"伊斯兰国"的援助增强了"博科圣地"的实力。2015 年上半年，在多国部队围剿和尼日利亚政府的强力打击之下，"博科圣地"控制区域迅速减少，活动范围被挤压至边远丛林地区。但"伊斯兰国"的援助使"博科圣地"战斗人员和武器得到了补充，骨干成员得到了训练，一定程度上恢复了"博科圣地"的力量，使其能够有能力再次实施重大恐怖袭击。随着利比亚"伊斯兰国"与"博科圣地"在意识形态、暴恐战术、资金和人员方面交流的增多，势必导致萨赫勒地区恐袭高发。

5. 向本地区的各种非政府武装走私武器

社会运动理论（Social Movement Theory）认为，恐怖主义作为一种社会运动需要动员物质资源以达到其战略目标。这里所说的物质资源主要是指恐怖分子为达到其目标而使用的各种武器、交通工具、各种硬件设施和资金等。② 卡扎菲政权被推翻后遗留的大量武器，为利比亚"伊斯兰国"拥有各类武器资源提供了便利条件，而且"伊斯兰国"通过走私武器获得财政收入。这些物质资源的获

---

① Lizzie Dearden, "Isis Increasing Co-operation with Boko Haram-the World's Most Horrific Terrorist Group'," April 21, 2016, http://www. independent. co. uk/news/world/africa/isis-increasing-co-operation-with-boko-haram-the-worlds-most-horrific-terrorist-group-a6994881. html, 最后登录日期：2017 年 5 月 19 日。

② David Boyns and James David Ballard, "Developing a Sociological Theory for the Empirical Understanding of Terrorism", *The American Sociologist*, Vol. 35, No. 2（Summer, 2004）, pp. 5 – 25

得极大地加强了利比亚"伊斯兰国"的行动与控制能力。据估计，卡扎菲的军队遗留下的武器达 25 万至 70 万件，其中包括小武器及弹药、肩扛 SA－7 型导弹、反坦克导弹和火箭弹。这些武器大多数被用于利比亚内战，一部分被走私到利比亚境外。据估计，后卡扎菲时期利比亚军火贸易的市值为 1500 万到 3000 万美元。① 从事武器走私的主要是犯罪团伙、民兵和恐怖主义组织。利比亚"伊斯兰国"是从事武器走私的主要组织。这些武器流入北非、西非和西亚许多国家的各种各样的反政府武装手中，尤其是落入了恐怖组织手中，被用来进行恐怖主义和颠覆活动，严重恶化了西亚、北非和萨赫勒地区的安全形势。从利比亚走私的武器在 2012 年引发了马里的叛乱，并激化了其内部争斗。

"伊斯兰国"利用利比亚的无政府状态及其与埃及、突尼斯、苏丹、尼日尔、阿尔及利亚和乍得的开放边界，成为在北非、西非和中东走私武器的最主要的组织，而且其走私对象主要是激进的伊斯兰组织。利比亚的"伊斯兰国"与尼日利亚的"博科圣地"、西奈半岛的圣殿守护者的合作也包括走私武器。

"伊斯兰国"不仅将利比亚的武器走私到周边国家，而且将欧洲的武器走私到利比亚，然后转卖给中东与非洲的各种激进组织，从中获取利润。利比亚"伊斯兰国"曾多次用在利比亚盗窃的文物与意大利南部的黑帮组织交换火箭炮等武器。② 随着"伊斯兰国"在利比亚势力的巩固和扩大，其对北非和萨赫勒地区恐怖主义组织的武器走私也在增加。

三　利比亚"伊斯兰国"的未来发展趋势

由于利比亚混乱的安全和政治局势，在伊拉克和叙利亚遭受了毁灭性的打击之后的"伊斯兰国"极有可能利用利比亚作为复兴之地。逃离武装分子和其他激进分子依然对利比亚的安全构成严重威胁，使利比亚处于分裂和混乱之中。

1. 苏尔特战役并没有消灭利比亚"伊斯兰国"

丢掉苏尔特后的"伊斯兰国"，在利比亚境内不再拥有控制区。但苏尔特战

---

① "Libya：A Growing Hub for Criminal Economies and Terrorist Financing in Trans-Sahara", May 11, 2015, The Global Initiative against Transnational Organized Crime, p. 3, http://globalinitiative. net/wp-content/uploads/2015/05/2015-1. pdf，最后登录日期：2017 年 3 月 4 日。

② Paddy Agnew, "Isis and Italian Mafia in Artefacts for Arms Investigation", Oct. 20, 2016, https://www. irishtimes. com/news/world/europe/isis-and-italian-mafia-in-artefacts-for-arms-investigation-1. 2837261，最后登录日期：2017 年 10 月 18 日。

役并没有完全消灭利比亚"伊斯兰国"。被赶出苏尔特之后，利比亚"伊斯兰国"的残余势力转移到了南部山区和农村地区，尤其是在距离突尼斯边界仅有60英里的萨布拉塔的活动仍然存在。恐怖主义分析家罗伯特·沛尔顿（Robert Pelton）认为，当前利比亚"伊斯兰国"的"大部分战斗力来自突尼斯，所以萨布拉塔也是一个不断增长的中心"。①

"伊斯兰国"武装分子也在的黎波里和班加西发动攻击。2016年11月之后，由于在摩苏尔和拉卡军事上的不断失利，"伊斯兰国"总部呼吁战斗人员回到利比亚，利比亚"伊斯兰国"的战斗能力一度得到加强。2016年12月，"伊斯兰国"领导人谢赫·穆哈吉尔表示，"穆斯林战士"仍分布在利比亚各地，利比亚"伊斯兰国"武装人员依然很多，他们隐蔽地分散在利比亚境内，迂回在东西方沙漠之间，他们将使敌人"尝到苦头"。② 2017年7月，米苏拉塔军事情报机构发现，有60—80名"伊斯兰国"的残余武装分子在苏尔特以西170千米附近的吉尔扎（Girza）一带活动，另外一个约100人的小组距离苏尔特东南约300千米的扎拉（Zalla）和马布鲁克油田周围出没，第三股势力在阿尔及利亚边界附近活动。③ 利比亚"伊斯兰国"于2017年9月底发布视频称，他们在利比亚南部山区和河谷地带建立了训练营。由于恐怖分子所处地区多为山区丘陵地带，加上他们采取化整为零的游击方式行动，利比亚政府军很难采取有效行动彻底消灭他们。目前外界仍不清楚"伊斯兰国"在利比亚还有多少武装分子。根据美国国务院发布的《2016年恐怖主义国家报告》，估计约有4300名"伊斯兰国"的武装人员逃到利比亚的西部和南部沙漠、国外或邻近的城市。④

在利比亚南部等政府军防守较差的地区，"伊斯兰国"及其同盟可能具有抵制

---

① Hollie McKay, "ISIS, Squeezed Out of Iraq and Syria, Now 'Regrouping' in Libya", July 30, 2017, http://www.foxnews.com/world/2017/07/30/isis-squeezed-out-iraq-and-syria-now-regrouping-in-libya-analysts-say.html, 最后登录日期：2017年11月8日。

② Thomas Joscelyn, "Islamic State Has Lost Its Safe Haven In Sirte, Libya", December 7, 2016, https://www.longwarjournal.org/archives/2016/12/pentagon-islamic-state-has-lost-its-safe-haven-in-sirte-libya.php, 最后登录日期：2017年6月9日。

③ Aidan Lewis, "Islamic State Shifts to Libya's Desert Valleys after Sirte Defeat", February 10, 2017, https://www.reuters.com/article/us-libya-security-islamicstate/islamic-state-shifts-to-libyas-desert-valleys-after-sirte-defeat-idUSKBN15P1GX, 最后登录日期：2017年10月4日。

④ Thomas Joscelyn, "How Many Fighters Does the Islamic State Still Have in Libya?", July 20, 2017, https://www.longwarjournal.org/archives/2017/07/how-many-fighters-does-the-islamic-state-still-have-in-libya.php, 最后登录日期：2017年11月18日。

任何可能的敌对力量的军事能力。2017 年 10 月初，该组织在米苏拉塔发起的自杀式炸弹袭击中，4 名安全人员死亡，21 名安全人员受伤。10 月 25 日，又袭击了东部武装力量"国民军"在艾季达比耶的一个检查站，造成两名"国民军"士兵死亡、3 名士兵受伤。这说明，已溃逃至利南部沙漠地区的"伊斯兰国"残余势力目前虽无力攻占大城市，但仍在不断通过制造恐袭显示其存在，并积蓄力量随时准备反攻。

由于利比亚混乱的安全和政治局势，在伊拉克和叙利亚遭受了毁灭性的打击之后的"伊斯兰国"极有可能利用利比亚作为复兴之地。许多人认为"伊斯兰国"会在利比亚的南部重组，并可能通过游击战来破坏西方利益和利比亚的石油设施。① 逃离武装分子和其他激进分子依然对利比亚的安全构成严重威胁。

2."伊斯兰国"再次建立领土控制的可能性很小

未来"伊斯兰国"在利比亚进行领土扩张的选择是有限的，找到一个可以替代苏尔特设立总部的地方也不容易。转移到南部地区后，"伊斯兰国"显然要与已经占领利比亚西南边界地区几十年的其他激进组织展开竞争，同时面临强大和不断增长的法国和美国部署于尼日利亚边界的反恐部队的压力。② 尽管如此，"伊斯兰国"可以利用南部最大的城市萨巴（Sabha）附近部落和民族之间的持续冲突找到自己的生存空间。萨巴地区存在着利润丰厚的走私网络，"伊斯兰国"可以利用这个网络获得资金。

在利比亚境内，再次控制大片领土对"伊斯兰国"来说可能性不大。2017年 7 月 5 日，哈夫塔尔宣布从"伊斯兰国"手中全面解放班加西。"伊斯兰国"会尝试在西部城市萨布拉塔及其周边地区重建训练中心，从而在靠近突尼斯的地方为来自突尼斯的外国战士提供基地。然而，鉴于美国的空袭打散了"伊斯兰国"在该城的组织，并引发了全社会团结起来反对"伊斯兰国"，该组织很难在萨布拉塔重新建立。"伊斯兰国"以前在艾季达比耶有一个小组，但哈夫塔尔的部队已经夺取了这个城市的大部分地区，并进行军事化管理，并在城市周边建造了壕沟。最后，"伊斯兰国"可能会设法在米苏拉塔西南 135 千米的巴尼瓦利德

① "ISIS Digs Its Claws into Libya: Terror Group 'Is Using Chaotic Country as a Platform for Its Resurgence' after Being Chased of Iraqi and Syrian Strongholds", July 31, 2017, http://www.dailymail.co.uk/news/article-4747018/ISIS-using-chaotic-Libya-platform-resurgence.html, 最后登录日期：2017 年 11 月 23 日。

② Emma Farge, "The US Military Is Building a $100 Million Drone Base in Niger", Reuters, September 30, 2016, http://uk.businessinsider.com/us-military-building-a-100-milliondrone-base-in-niger-2016-9, 最后登录日期：2017 年 6 月 19 日。

（Bani Walid）重组。据相关报告，民族团结政府发起进攻之后，苏尔特的许多武装分子逃到巴尼瓦利德。总部设在巴尼瓦利德的瓦法拉（Warfalla）部落传统上并没有受到伊斯兰激进思想的影响。该部落长期支持卡扎菲政权，不论在卡扎菲时期还是卡扎菲之后都是坚定的反伊斯兰主义者。[①] 另外，巴尼瓦利德远离海岸，不会像苏尔特那样对欧洲构成象征性的威胁。它也远离东部油站和油田，对这些重要资产的威胁较小。

由于无法获得支持国家式治理结构所需的资金，"伊斯兰国"在利比亚保持领土控制也很困难。利比亚"伊斯兰国"早在 2016 年 5 月下旬被发动致命攻击之前就已经停止扩张，到 2016 年 6 月，该组织已经出现财政危机。[②] 利比亚石油和走私路线的财富，对"伊斯兰国"来说从未变成现实。虽然阿布·纳比尔·安巴里宣布利比亚有着"不会干枯的资源"，但由于缺乏与世界石油市场的联系，"伊斯兰国"从来没有从利比亚的石油资源中获利。[③] 财政问题限制了"伊斯兰国"在利比亚占领和维持领土控制的能力。

3."伊斯兰国"可能会以另一种形式重建

面对不利的地理因素和军事环境，"伊斯兰国"正在采取分散和重塑战略，在的黎波里、班加西和利比亚南部化整为零、分散潜伏。有关对"伊斯兰国"武装分子社交媒体报道的研究表明，许多激进分子在"伊斯兰国"被打散之后，仍然会各自为政地继续以自己的方式进行所谓的"圣战"，他们也可以加入其他恐怖组织。重组后"伊斯兰国"可能会以其他名称出现。在可预见的将来，"伊斯兰国"以另一种形式继续存的可能性更大。

世界各地的"伊斯兰国"在所有主要战线上遭受失败和挫折之后都有认同危机。该组织可能会面临广泛的重组，其许多附属机构可能会消失。然而，它在利比亚的"省份"可以在休眠状态下生存下来。[④] 曾在伊拉克和叙利亚战斗过的

---

① Wolfram Lacher, "The Rise of Tribal Politics", in Jason Pack, ed., *The 2011 Libyan Uprisings and the Struggle for the Post-Qaddaf Future*, New York: Palgrave Maclillan, 2013, pp. 163 – 167.

② James Roslington and Jason Pack, "Who Pays for ISIS in Libya", Hate Speech International, August 24, 2016, https://www. hatespeech. org/who-pays-for-isis-in-libya/, 最后登录日期：2017 年 5 月 14 日。

③ Jon Donnison, "Sirte and Misrata: A Tale of Two War-torn Libyan Cities," BBC News, December 20, 2011, Http://www. bbc. co. uk/news/world-africa-16257289, 最后登录日期：2017 年 3 月 10 日。

④ Clint Watts, "When the Caliphate Crumbles: The Future of Islamic State's Afliates", War on the Rocks, June 13, 2016, http://warontherocks. com/2016/06/when-the-caliphatecrumbles-the-future-of-the-islamic-states-afliates/, 最后登录日期：2017 年 8 月 9 日。

战斗人员构成利比亚"伊斯兰国"战斗人员的很大一部分，这使他们与该集团在黎凡特的主要领导人有更加紧密的联系。这些联系可能意味着将来利比亚"各省"会优先获得"伊斯兰国"总部的财政支持。这也可能意味着"伊斯兰国"的精神领袖被逐出伊拉克和叙利亚之后，会迁往利比亚，从而加强利比亚作为激进分子哈吉拉（迁徙）的首选之地的吸引力。如果哈夫塔尔和他的支持者在利比亚更广大的地区占据上风，那么对伊斯兰组织的镇压可能会使更多的年轻人转向"伊斯兰国"阵营。如果民族团结政府破裂或不能全面地统一，"伊斯兰国"重组的可能性会极大增强。

4. 政治与经济重建是解决问题的根本办法

"伊斯兰国"在利比亚的存在是后卡扎菲时代蹂躏利比亚的广泛社会问题的表现。利比亚问题的根源是持续的政局动荡、政府软弱、安全措施不力、经济停滞、法治缺乏、民兵横行，同时国际社会对利比亚合法政府的支持也非常不力。如果不解决这些根源性的问题，只是在苏尔特地区打败"伊斯兰国"并不能从根本上解决恐怖主义的问题，苏尔特的胜利只是把问题推到了其他地方。只要利比亚民兵继续不负责任，拒绝纳入官方机构，"伊斯兰国"将受益于相伴而来的不稳定。"伊斯兰国"和其他"圣战者"将会继续利用利比亚作为经营、恢复和重组之地。

现在利比亚政府已经宣布了对"伊斯兰国"战斗的胜利，国际上对利比亚的关注将会褪色。当前，位于首都的黎波里、得到国际社会承认的利比亚民族团结政府与支持它的武装力量控制着利比亚西部地区，包括的黎波里、米苏拉塔、苏尔特等主要城市；位于托卜鲁克的国民代表大会与班加西世俗势力代表哈夫塔尔领导的"国民军"联盟，控制着东部和中部地区、南部主要城市及部分西部城市。缺乏国际社会的支持，可能导致利比亚民族团结政府的崩溃。2016 年 8 月 22 日，托卜鲁克国民代表大会否决了民族团结政府提出的政府成员名单。2017 年 3 月，支持民族团结政府的部队与哈夫塔尔领导的支持托卜鲁克政府的"国民军"为争夺锡德尔湾地区石油设施爆发冲突后，国民代表大会不再承认民族团结政府。5 月底，民族团结政府及其联盟民兵在对峙中占据了上风，把他们的对手从首都的关键阵地驱赶出去。

在国际社会的斡旋之下，2017 年 5 月初，民族团结政府总理萨拉吉（Serraj）和哈夫塔尔在阿拉伯联合酋长国举行会谈。然而，随后双方部队对峙的升级冲击了这种和解努力。① 7 月下旬，萨拉吉和哈夫塔尔在法国总统马克龙的安排下在巴黎会谈，双方签署《联合十点计划》，同意停止冲突，许诺只在对付恐怖分子和保卫利比亚边界时才使用武力，并答应尽快举行全国选举。② 2017 年 9 月，冲突各方在联合国特使加桑·萨拉姆的监督下在突尼斯举行了会谈。萨拉姆为解决利比亚问题提出"三步走"行动计划：修订《利比亚政治协议》有争议条款、召开全国大会并进行宪法公投、2018 年 9 月选举产生总统和议会。③

然而，利比亚政治对话困难重重，各方互信依然不足；安全局势脆弱，武装冲突时常升级，武器扩散严重。重建国家秩序有赖于各政治派别的妥协与合作。利比亚冲突多层叠加，部落、地区、世俗与宗教势力之间的矛盾相互交织，各方仍坚持自身利益诉求不妥协，不时还将分歧升级到军事冲突。如果利比亚和平进程没有取得重大进展，强有力的全国性政府及其武装力量没有建立，任何纯粹军事性的国际反恐努力都注定要失败，各派民兵继续混战造成的政治权威真空，将会为"伊斯兰国"再次兴盛提供机会。

第四节　北非变局对环地中海能源关系的冲击

欧洲的繁荣和安全极度依赖于能源进口的稳定和充裕，而地中海对欧洲能源安全的重要性不容忽视。北非变局以前，地中海南北能源关系是一种非对称的相互依赖，地中海国家对能源贸易的依赖程度要远远高于欧洲。进口多元化和内部市场整合是欧洲经济优势的关键。2009 年 1 月，乌克兰天然气危机引发了欧盟对能源安全的忧虑，地中海的重要性与日俱增。始自突尼斯的北非变局为欧洲能源安全带来了新的风险，虽然在供应量上看北非变局对欧洲能源安全的影响不大，但变局引发的全球能源市场价格波动却使欧洲损失惨重。

---

① "Eye on ISIS in Libya", The Anti-ISIS Coalition, January 31, 2017, http://eyeonisisinlibya.com/the-anti-isis-coalition/libyapolitical-dialogue-agrees-amendments-to-lpa/，最后登录日期：2017 年 11 月 1 日。

② Raf Sanchez, "Libya Rivals Agree to Ceasefire and Elections after Peace Talks Hosted by Emmanuel Macro", http://www.telegraph.co.uk/news/2017/07/25/draft-statement-says-libya-rivals-have-agreed-ceasefire-election/，最后登录日期：2017 年 12 月 20 日。

③ Elvis Boh, "Libyan Rival Parties Hold Peace Talks in Tunisia", September 26, 2017, http://www.afri-canews.com/2017/09/26/libyan-rival-parties-hold-peace-talks-in-tunisia/，最后登录日期：2017 年 12 月 18 日。

一 变局前环地中海能源关系：一种非对称的相互依赖

欧盟委员会2014年的《欧盟能源安全战略》文件中对欧盟28国（以下简称欧盟）的能源消费结构进行了梳理，其中石油产品、天然气和固体燃料仍占能源消费的绝大部分。[①] 冷战结束后欧洲能源逐渐发生变化，天然气和可再生能源消费占比不断增长，石油产品和煤消耗不断萎缩（如表4-3所示）。环境压力和环保需求是导致这种变化的主要原因之一，欧盟各成员国均制订了中期和长期的可再生能源发展计划，并力图实现可再生能源替代化石燃料的宏伟目标。

目前来看，欧盟首要能源消费的一半以上依赖进口（见表4-4），且这种趋势有增无减。在这些能源进口中，石油和天然气领域最有可能受能源安全风险的威胁。欧盟的煤炭资源相对丰富，进口依赖度较低，而且它在2030年规划中是需要加以缩减使用的部分。核燃料属于战略资源，获取难度虽然较高，但国际市场的稳定性也相对较高。可再生能源主要来自风能、太阳能和水力发电，鉴于电力传输的技术难度，其进口需求也不大。

表4-3 欧盟28国首要能源消费结构

单位：%

年份	石油产品	天然气	固体燃料（煤）	核能	可再生能源
2030年（预测）	—	30	—	—	20
2011年	35	24	17	13	10
1995年	39	20	22	14	5

资料来源：European Commission, "EU Energy Security Strategy", May 2014, https：//ec. europa. eu/ energy/sites/ener/files/publication/European_ Energy_ Security_ Strategy_ en. pdf，最后登录日期：2017年4月28日。

表4-4 欧盟28国首要能源进口比例

单位：%

年份	原油进口	天然气进口	固体燃料进口	核燃料进口	总计
2014	90	66	42	40	53

[①] European Commission, "EU Energy Security Strategy", May 2014, https：//ec. europa. eu/energy/ sites/ener/files/publication/European_ Energy_ Security_ Strategy_ en. pdf，最后登录日期：2017年 4月28日。

续表

年份	原油进口	天然气进口	固体燃料进口	核燃料进口	总计
2011	86	67	47	—	54
2005	82	59	45	—	52
1995	75	44	25	—	43

资料来源：European Commission，"EU Energy Security Strategy"，May 2014，https：//ec. europa. eu/energy/sites/ener/files/publication/European_ Energy_ Security_ Strategy_ en. pdf，最后登录日期：2017 年 4 月 28 日；Mehdi P. Amineh and Wina H. J. Crijns-Graus，"Rethinking EU energy security considering past trends and future prospects"，*Perspectives on Global Development and Technology* 13，2014，pp. 757－825。

石油和天然气的全球储量总体而言相对充裕，其安全风险主要来自市场变化和价格波动。石油进口受垄断和价格干扰的影响极大，自 20 世纪 70 年代欧佩克（OPEC）主导全球石油市场开始，石油价格和产量已成为一种战略武器。国际能源署（IEA）对"能源安全"的定义中，能源资源的供应量、可支付范围内的价格、供应的稳定性和替代方案是三大要素。[①] 石油能源的可存储性较强，欧盟各国均有石油储备计划。2014 年 5 月欧盟委员会统计成员国石油储备总量可满足所有成员国 120 天的消费需求（标准线为 90 天），即在完全丧失所有能源供应的情况下欧洲也能支撑 4 个月。[②] 易存储性还可以对冲石油市场的价格波动，低位购进的策略将极大地减少买家的经济损失。另外，易存储和易运输使得石油市场全球化程度相对较高，一国停止供油后的可替代国为数众多，能源安全风险也就相对较低。进口的可替代性导致欧洲进口多元化战略易于有效贯彻，俄罗斯、挪威、波斯湾、高加索和北非均是欧盟石油的进口来源地（如表 4－5），且每个

表 4－5 欧盟 28 国首要能源进口来源国及进口比（2011 年）

单位：%

原油进口		天然气进口		固体燃料进口	
俄罗斯	39. 9	俄罗斯	33. 9	俄罗斯	27. 4

① Lana Dreyer and Gerald Stang，"What Energy Security for the EU"，European Union Institute for Security Studies，November 2013，https：//www. iss. europa. eu/sites/default/files/EUISSFiles/Brief_39_ Energy_ security. pdf，最后登录日期：2017 年 4 月 28 日。

② European Commission，"EU Energy Security Strategy"，May 2014，https：//ec. europa. eu/energy/sites/ener/files/publication/European_ Energy_ Security_ Strategy_ en. pdf，最后登录日期：2017 年 4 月 28 日。

续表

原油进口		天然气进口		固体燃料进口	
挪威	14.5	挪威	30.7	哥伦比亚	24.9
沙特阿拉伯	9.3	阿尔及利亚	14.6	美国	18.9
尼日利亚	7.1	卡塔尔	12.3	澳大利亚	9.3
伊朗	6.7	尼日利亚	4.9	南非	8.3
哈萨克斯坦	6.6	埃及	1.3	印度尼西亚	5.3
阿塞拜疆	5.6	特立尼达和多巴哥	1.2	加拿大	2.3
伊拉克	4.1	利比亚	0.8	乌克兰	2.4
利比亚	3.2 （2010 年占比 10%）	也门	0.2	挪威	0.6
阿尔及利亚	3.0	土耳其	0.2	委内瑞拉	0.6

资料来源：Lana Dreyer and Gerald Stang, "What Energy Security for the EU", European Union Institute for Security Studies, November 2013, https：//www. iss. europa. eu/sites/default/files/EUISSFiles/Brief_39_Energy_security. pdf, 最后登录日期：2017 年 4 月 28 日；Mohammed Yousef Reham, "European-Egyptian Energy Dynamics Post-2011：Why a New European Approach in Energy Cooperation Is Opportune?", *EMSP Occasional Paper Series*, Paper No. 1, April 2016。

地区都有短时间内大幅提升产量和出口量的能力。

不同于石油进口，天然气进口是欧盟能源安全的最大短板，重要性也更高。根据欧盟委员会的预测，2014—2030 年欧盟能源总需求将增加 27%，其中天然气消费比重将继续增加到约 30%，届时进口量将占到消费总量的 80%（因为英国和荷兰天然气生产的衰退）。[1] 这意味着 2014—2030 年欧盟天然气消费年度总量将增加 58.8%，进口总量增加 92.4%。

欧盟天然气进口依赖两种渠道：天然气管道运输和液化天然气进口。以2012 年为例，欧盟天然气进口的 19% 为液化天然气，其来源主要是卡塔尔和尼日利亚，因技术和运输问题而成本高昂。[2] 管道运输成本低廉，是天然气运输

---

[1] Lana Dreyer and Gerald Stang, "What Energy Security for the EU", European Union Institute for Security Studies, November 2013, https：//www. iss. europa. eu/sites/default/files/EUISSFiles/Brief_39_Energy_security. pdf, 最后登录日期：2017 年 4 月 28 日。

[2] Paul Belkin, Jim Nichol and Steven Woehrel, "Europe's Energy Security：Options and Challenges to Natural Gas Supply Diversification", Congressional Research Service, August 20, 2013, No. 7 - 5700, http：//www. ourenergypolicy. org/wp-content/uploads/2014/02/crs. pdf, 最后登录日期：2017 年 4 月28 日。

的最佳途径，但地理因素往往限制了管道铺设，管道长度则是难以回避的成本难题，这使得一些国家往往更多地依靠液化天然气进口。西班牙和英国就是典型例子，两国 2015 年分别进口 131 亿、128 亿立方米的液化天然气，占本国进口天然气总量的比例分别为 46% 和 31%，是欧盟液化天然气进口最多的两个国家。①

欧盟天然气管道进口依赖于三大核心：俄罗斯、挪威和阿尔及利亚。三国天然气供应占欧洲进口的 90%，是欧洲天然气消费总量的六成。其中，挪威是欧盟天然气和原油进口来源国中最稳定的伙伴，与欧盟已经签订了很强的双边协定。挪威虽非欧盟成员国，但在经济和民生领域共享了近 75% 的欧盟法律，共享范围囊括欧洲经济圈、申根协议、欧洲自由贸易组织等诸多方面。② 而与之相对的，俄罗斯虽是欧洲最大的首要能源供应者，却也是最不稳定的伙伴，它的一举一动都可能影响到欧洲能源供给和能源安全。2009 年 1 月，俄罗斯天然气公司（Gazprom）因为乌克兰国家油气公司（Naftogaz）拖欠巨额债务和过境费用问题，而全面停止过境乌克兰的天然气供应，使得欧盟东部和中部成员国两周内天然气供应完全中断。③ 莫斯科在欧 – 俄能源关系中的巨大优势一直是布鲁塞尔最大的忧虑。

地中海在欧盟能源安全中占有重要的地位，具体体现在三个方面：利比亚的石油、阿尔及利亚的天然气、苏伊士运河和土耳其两海峡（达达尼尔和博斯布鲁斯）的水运枢纽作用。

利比亚一直是欧盟石油进口的重要来源之一，2015 年已探明储量 484 亿桶，且潜力巨大（估计未探明储量超过 1000 亿桶）。革命前利比亚产量超过每天 160 万桶，其出口欧盟占欧盟进口总量的 10%，是意大利、爱尔兰和奥地利进口的约 20%，法国和希腊的 15%。但在 2011 年，利比亚石油产量从 165.6 万桶每天

① BP, "BP Statistical Review of World Energy 2016", June 2016, p. 28, http://www.bp.com/en/global/corporate/energy-economics/statistical-review-of-world-energy.html, 最后登录日期：2017 年 5 月 2 日。

② Nicolò Sartori, "The Mediterranean Energy Relations after the Arab Spring: Towards a New Regional Paradigm?", *Cahiers de la Méditerranée* 89, 2014, pp. 145 – 157.

③ Simon Pirani, Jonathan Stern and Katja Yafimava, "The Russo-Ukrainian Gas Dispute of January 2009: A Comprehensive Assessment", Oxford Institute for Energy Studies, NG 27, February 2009, https://www.oxfordenergy.org/wpcms/wp-content/uploads/2010/11/NG27-TheRussoUkrainianGasDisputeofJanuary2009AComprehensiveAssessment-JonathanSternSimonPiraniKatjaYafimava-2009.pdf, 最后登录日期：2017 年 5 月 28 日。

跌至 47.9 万桶每天，其中轻原油产量从每天 130 万桶跌至每天 6 万桶。[①] 2011 年，利比亚石油供应占欧盟石油进口比跌至 3.2%，跌幅超过 213%。

阿尔及利亚是欧盟天然气供应的重要一极，它对南欧市场的影响力十分巨大。阿尔及利亚的天然气储量居世界第九位（2012 年探明储量 4.5 万亿立方米），产量居世界第十位（2012 年 815 亿立方米）。另据美国能源信息管理局（EIA）估计，阿尔及利亚的页岩气潜力巨大，远超想象，只是目前限于技术问题而成本高昂。[②] 欧盟约 15% 的天然气来自阿尔及利亚，其中葡萄牙的 50%、西班牙的 41%、意大利的 23% 和法国的 11% 天然气进口依赖阿尔及利亚。[③] 途经摩洛哥前往西班牙的马格里布 - 欧洲天然气管道和途经突尼斯、西西里的跨地中海天然气管道，是南欧国家进口阿尔及利亚天然气的生命线。[④]

除此之外，利比亚的绿溪天然气管道（Greenstream）也十分关键，2011 年以前它向意大利供气量占该国天然气总进口量的 13%，是欧洲总进口量的 3%。[⑤] 2012 年以前埃及也向欧盟出口液化天然气，但只占欧盟进口总量的 1%，而随着埃及产量的减少和国内需求的不断递增，其进出口形势已经逆转。2013 年埃及天然气已经需要从以色列进口，且这一情况将一直延续到 2015 年勘探发现的祖哈勒（Zohr）天然气田投产出气之后。[⑥] 总的来看，北非变局以前地中海南岸向欧盟供气比例接近 19%，仅次于俄罗斯和挪威，是欧盟能源进口多元化战略的重要一极。

---

① Shiraz Maher, *The Arab Spring and Its Impact on Supply and Production in Global Markets*, European Centre for Energy and Resource Security (EUCERS), 2014, p. 7.

② Paul Belkin, Jim Nichol and Steven Woehrel, "Europe's Energy Security: Options and Challenges to Natural Gas Supply Diversification", Congressional Research Service, August 20, 2013, No. 7 - 5700, http://www.ourenergypolicy.org/wp-content/uploads/2014/02/crs.pdf, 最后登录日期：2017 年 4 月 28 日。

③ Nicolò Sartori, "The Mediterranean Energy Relations after the Arab Spring: Towards a New Regional Paradigm?", *Cahiers de la Méditerranée* 89, 2014, pp. 145 - 157.

④ Gabriele Quattrocchi, "Energy Security: Challenges and Priorities in the Mediterranean (Part 3)", September 26, 2014, http://mediterraneanaffairs.com/energy-security-challenges-and-priorities-in-the-mediterranean-part-3/, 最后登录日期：2017 年 5 月 2 日。

⑤ Paul Belkin, Jim Nichol and Steven Woehrel, "Europe's Energy Security: Options and Challenges to Natural Gas Supply Diversification", Congressional Research Service, August 20, 2013, No. 7 - 5700, http://www.ourenergypolicy.org/wp-content/uploads/2014/02/crs.pdf, 最后登录日期：2017 年 4 月 28 日。

⑥ Mohammed Yousef Reham, "European-Egyptian Energy Dynamics Post-2011: Why a New European Approach in Energy Cooperation Is Opportune?", *EMSP Occasional Paper Series*, Paper No. 1, April 2016.

地中海对欧盟能源安全的重要性还体现在关键水运枢纽上，苏伊士运河、达达尼尔和博斯布鲁斯两海峡控扼着石油进口的生命线。2012 年，苏伊士运河每日通行石油约 297 万桶，占全球石油海运总量的 7%。其中约 166 万桶来自波斯湾，北向去往欧洲和北美市场，另 131 万桶南向前往亚太市场。2008 年通过苏伊士运河北向去往欧洲的液化天然气总计为 88 亿立方米，2012 年则达到了 350 亿立方米，占全球液化天然气运输总量的 13%。[①] 2004 年是土耳其两海峡石油运输的高峰，该年通过石油平均 340 万桶每天。而随着俄罗斯转向波罗的海出口石油，以及巴库—第比利斯—杰伊汗（土耳其）输油管道的开通，两海峡的石油流量持续降低。[②] 2013 年，通过土耳其两海峡的石油为 300 万桶每天，加上苏伊士运河北向石油运输，两者总量可占欧洲进口原油总量（约为 900 万桶每天）的约 50%。两海峡的国际自由通行并非绝对，第一次世界大战时土耳其海峡就曾对协约国关闭，而 1956 年第二次中东战争时期埃及总统纳赛尔为了抵抗英法以三国联军也用沉船的方式阻塞中断了苏伊士运河，迫使波斯湾油轮绕道好望角前往欧洲，并一度引发了英国石油危机。[③] 水运枢纽所在地的稳定和安全对欧盟能源安全的影响，由此可见一斑。

尽管地中海是欧洲重要的能源供应区，是欧盟能源安全战略的重要一极，但地中海国家在能源贸易中并不占有优势地位。这是因为，相对于欧盟对北非国家能源的依赖程度，地中海能源出口国对能源出口的依赖程度更高。如表 4-6 所示，能源出口在阿尔及利亚、利比亚的财政收入中占比极高，而财政支出在两国经济活动中占据至关重要的地位（阿尔及利亚 2015 年财政支出的经济贡献率占 GDP 总量的 43%）。即使如资源并不丰富的埃及和叙利亚，能源出口也对两国政府收入十分重要。

一直以来，能源出口收入对维持地中海国家威权主义政权有十分重要的作用，它是政府保持权力和社会经济稳定的压舱石，也是欧洲 - 地中海外交关系的

---

① Shiraz Maher, *The Arab Spring and Its Impact on Supply and Production in Global Markets*, European Centre for Energy and Resource Security (EUCERS), 2014, p. 31, Suez Canal Authority Official website, http://www.suezcanal.gov.eg/English/Pages/default.aspx. 最后登录日期：2017 年 5 月 2 日。

② Nicolò Sartori, "The Mediterranean Energy Relations after the Arab Spring: Towards a New Regional Paradigm?", *Cahiers de la Méditerranée* 89, 2014, pp. 145 - 157.

③ 钱磊：《霸权的危机：苏伊士运河危机的起因及其影响》，刘云主编《非洲与外部世界关系的历史变化》，世界知识出版社，2014，第 85 - 94 页。

表4-6 能源产业在地中海国家经济结构中的地位

单位：%

能源产业比重	利比亚 2006 年	阿尔及利亚	埃及 2011 年	叙利亚 2008 年	突尼斯 2008 年	摩洛哥 2008 年
能源出口占商品出口比例	97.7	96（2015 年），97.3（2002 年）	29.8	49.9	14.4	1.1
能源产业占 GDP 比重	50	20（2015 年），33（2002 年）	7	22	—	—
能源财政占政府财政比重	75	49（2015 年），70（2002 年）	—	23	—	—

资料来源：Shiraz Maher, "The Arab Spring and its impact on supply and production in global markets", p. 18；世界银行数据库，http://data. worldbank. org/；非洲发展银行官网，https://www. afdb. org/en/countries/north-africa/algeria/；"African Economic Outlook 2003/2004", African Development Bank and Development Centre of the OECD, Paris, pp. 55－64；美国能源信息管理局（U. S. energy information administration），https://www. eia. gov/。

基石。威权统治是地中海国家的普遍特点，党和国家领导人终身制长期存在，选举制度形同虚设而无法代表人民意愿，政府换届无序也没有固定机制和制度。而为了维持威权统治，这些领导人普遍使用能源收入作为"福利政治"的资金来源[1]，从而使得能源出口不仅仅成为国家经济的最主要成分，还演变为国家政治稳定的压舱石。为了维持权力并最大化石油利益，地中海威权主义领导人们一直致力于同欧盟建立更紧密的、长期的双边合作协议。而欧盟往往将民主和人权等特殊要求纳入经济谈判的议程中，增加自己的谈判筹码，同时迫使北非国家不得不勉强地满足欧洲消费者的一些特殊要求。这种携带附加条件的经济合作协议，归根到底是源于地中海南北能源关系的这种"非对称相互依赖"模式。

在"非对称相互依赖"模式中，地中海国家的劣势在于本国经济和政府财政对能源出口的高依赖和威权主义体制，而欧盟的优势在于自身的能源安全策略。早在1994 年欧盟就同诸多能源供应国签订了《欧洲能源宪章》，以期保障欧盟的能源供应、价格和稳定性，并规定了纠纷解决机制。但尽管在宪章上签了

---

[1] 2011 年"阿拉伯之春"后沙特和海湾诸国就投入1500 多亿美元到社会福利领域，以增加能源补贴、健康和教育支出、公共部门工资，这对缓解政治风波的冲击力起到了一定的效果。Shiraz Maher, *The Arab Spring and Its Impact on Supply and Production in Global Markets*, European Centre for Energy and Resource Security（EUCERS），2014，p. 34.

字，俄罗斯从未认真对待过这份协议。① 2009 年 1 月乌克兰天然气纠纷导致东部成员国集体"缺气"之后，欧盟就开始十分重视自身的能源安全。危机当时，欧盟利用原本自东向西输送天然气的东部管道群，"逆向"自西向东为东部成员国传输天然气，此时的天然气主要来自挪威的临时增产。② 这一临时手段后来发展成为"内部能源市场整合"策略，即通过成员国石油、天然气管道间互联互通，以便在内部某区域发生能源危机之时可以通过其他管道快速获取紧急能源供应。将马格里布 - 欧洲天然气管道从西班牙延伸到法国并沟通中欧天然气管道的计划，就是此策略在地中海的实践之一。

表 4 - 7 南欧三国天然气进口多元化数据（2015 年）

单位：亿立方米

意大利		西班牙		法国	
俄罗斯	240	阿尔及利亚	157	挪威	172
挪威	70	尼日利亚	36	俄罗斯	95
阿尔及利亚	66	卡塔尔	29	荷兰	47
利比亚	65	挪威	21	阿尔及利亚	43
荷兰	60				
卡塔尔	58				
其他	3	其他	40	其他	68
总计：562		总计：283		总计：425	

资料来源：BP, "BP Statistical Review of World Energy 2016", June 2016, p. 28, http://www. bp. com/en/global/corporate/energy-economics/statistical-review-of-world-energy. html, 最后登录日期：2017 年 5 月 2 日。

除了内部市场整合，进口多元化策略也是欧盟预防能源安全危机的重要策略之一。表 4 - 5 显示了欧盟三大化石燃料进口的来源数据，其中欧盟一直致力于削减俄罗斯在欧洲能源供应中的优势地位。表 4 - 7 则可以清晰地看出南欧三国能源多元化战略的执行情况，阿尔及利亚和利比亚虽是制衡俄罗斯能源优势的重要一极，

---

① Paul Belkin, Jim Nichol and Steven Woehrel, "Europe's Energy Security: Options and Challenges to Natural Gas Supply Diversification", Congressional Research Service, August 20, 2013, No. 7 - 5700, http://www. ourenergypolicy. org/wp-content/uploads/2014/02/crs. pdf, 最后登录日期：2017 年 4 月 28 日。

② Lana Dreyer and Gerald Stang, "What Energy Security for the EU", European Union Institute for Security Studies, November 2013, https://www. iss. europa. eu/sites/default/files/EUISSFiles/Brief_39 _Energy_ security. pdf, 最后登录日期：2017 年 4 月 28 日。

但即使在这两国间，欧盟的多元化战略也无孔不入。如表 4 - 7 所示，西班牙不惜从尼日利亚进口液化天然气，以制衡阿尔及利亚的能源优势。而在意大利，2015年天然气进口供应中，阿尔及利亚占比 11.7%，利比亚占比 11.6%，来自卡塔尔的价格更高的液化天然气占比 10.3%，其进口多元化策略实施的非常彻底。[①]

相对而言，阿尔及利亚和利比亚的石油天然气出口虽然也存在多元化政策，但其主要出口对象均在欧盟之内，而源于欧盟对成员国能源政策的协调作用，两国出口多元化政策形同虚设。2015 年阿尔及利亚出口天然气总计 412 亿立方米（其中管道出口 250 亿立方米、液化天然气出口 162 亿立方米），输往欧盟（意、法、西、英）总计 313 亿立方米，占比 76%。石油方面，2015 年北非出口欧洲原油达 4840 万吨，占北非总出口 6150 万吨的 78.7%，但只占欧洲进口原油总量的 9.9%。2015 年北非出口欧洲成品油为 650 万吨，占北非总出口的 34.2%，只占欧洲进口总量的 3.5%。[②] 输往欧洲的原油和成品油，占到北非出口总量的 68%，欧洲市场对北非能源产业的重要性由此可见一斑。

欧盟 - 地中海能源相互依赖的非对称性还基于一个重要事实：全球能源储量相对充裕，且欧洲获取能源相对不难。截至 2015 年年末，全球已探明石油储量约 1.7 万亿桶（约合 2672 亿吨），按该年原油消费 43.3 亿吨计，可支撑 61.7年。而随着油田勘探的不断进行，全球石油储量仍在继续更新，1995—2005 年平均每年新增探明储量 39.6 亿吨，2005—2015 年平均每年新增 50.9 亿吨。新探明储量大于每年石油消费量，这意味着时下尚不能预测地球石油资源何时枯竭。天然气产业的情形也十分类似，截至 2015 年，全球探明储量为 186.9 万亿立方米，2015 年一年消费约 3.47 万亿立方米，按此计算，理论上可支撑 53.9 年。但1995—2015 年以来全球储量增加了 67 万亿立方米，平均每年新增 3.35 亿立方米，直到 2013 年全球消费量才高过新增储量。[③] 欧盟虽然自身能源资源相对匮

① BP, "BP Statistical Review of World Energy 2016", June 2016, p. 28, http://www.bp.com/en/global/corporate/energy-economics/statistical-review-of-world-energy.html, 最后登录日期：2017 年 5 月 2 日。

② BP, "BP Statistical Review of World Energy 2016", June 2016, pp. 28, 19, http://www.bp.com/en/global/corporate/energy-economics/statistical-review-of-world-energy.html, 最后登录日期：2017 年 5 月 2 日。

③ BP, "BP Statistical Review of World Energy 2016", June 2016, pp. 6 - 11, 20 - 23, http://www.bp.com/en/global/corporate/energy-economics/statistical-review-of-world-energy.html, 最后登录日期：2017 年 5 月 2 日。

乏，但其周边地区能源充足，俄罗斯和土库曼斯坦的天然气储量占世界 26.7%，中东石油和天然气储量分别占世界的 47.3% 和 42.8% 之多。可以说，只要欧盟经济能支付得起价格，其周边地区就能保证充足的能源供应。

全球能源的相对充裕提供了一个时代大背景，将能源出口国摆在了一个不利的位置。石油生产领域欧佩克尚能抑制生产者之间的竞争，而天然气出口国论坛（Gas Exporting Countries Forum，GECF）则无力得多，消费者的优势更为明显。[①] 在欧盟和地中海的能源相互依赖关系中，北非和叙利亚因为经济结构对能源出口的依赖和威权主义体制问题，先天处于劣势地位。这种非对称的相互依赖，是欧盟地中海政策的一个重要筹码。

二　北非变局对欧洲能源进口供应量的影响

北非变局对欧洲能源安全的影响主要体现在供应量和价格两个方面。供应量的变化，在发生战乱的利比亚和叙利亚表现得极为明显（见图 4 - 7 和图 4 - 8）。

阿尔及利亚因为种种原因而平稳渡过席卷阿拉伯世界的政治变局，2011—2015 年其天然气和石油产量均未发生明显变化。变局中埃及的石油天然气产量也保持平稳，但其国内消费持续增长，故而在 2010 年埃及国内石油消费就已高于其总产量[②]，而在 2013 年则开始需要从以色列进口天然气以弥补国内产量的不足。[③]

叙利亚石油出口虽然对本国财政极端重要，但其出口量对于欧洲而言微不足道。2010 年该国总产量不过 40.6 万桶/天，其中大部分还要用于国内消费，只有约 15 万桶可以用于出口，是欧盟 2008 年进口总量的 1.07%（而事实上叙利亚石

---

① 天然气出口国论坛在地中海的成员国包括阿尔及利亚、埃及和利比亚，该组织天然气产量占全球年产量的 36%，出口占全球交易市场 47% 的份额，俄罗斯是该组织的主导者。但是，全球最大天然气生产国美国不在该组织内，另外如澳大利亚、阿塞拜疆、挪威等天然气出口大国均非其成员国，从而降低了它的全球影响力。见 Paul Belkin, Jim Nichol and Steven Woehrel, "Europe's Energy Security: Options and Challenges to Natural Gas Supply Diversification", Congressional Research Service, August 20, 2013, No. 7 - 5700, http://www.ourenergypolicy.org/wp-content/uploads/2014/02/crs.pdf, 最后登录日期：2017 年 4 月 28 日。

② Shiraz Maher, *The Arab Spring and Its Impact on Supply and Production in Global Markets*, European Centre for Energy and Resource Security (EUCERS), 2014, p.16.

③ Mohammed Yousef Reham, "European-Egyptian Energy Dynamics Post-2011: Why a New European Approach in Energy Cooperation Is Opportune?", EMSP Occasional Paper Series, Paper No.1, April 2016, www.euromedstudies.net/en/emsp/EMSP_OPS.pdf.

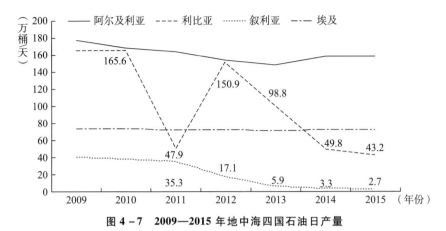

图 4 - 7　2009—2015 年地中海四国石油日产量

资料来源：BP，"BP Statistical Review of World Energy 2016"，June 2016，p. 10，http:∥www. bp. com/en/global/corporate/energy-economics/statistical-review-of-world-energy. html，最后登录日期：2017 年 5 月 2 日。

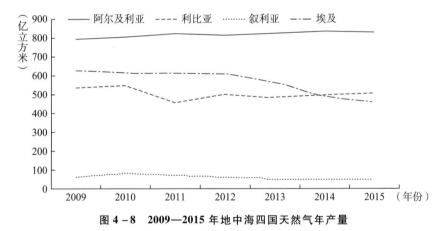

图 4 - 8　2009—2015 年地中海四国天然气年产量

资料来源：BP，"BP Statistical Review of World Energy 2016"，June 2016，p. 22，http:∥www. bp. com/en/global/corporate/energy-economics/statistical-review-of-world-energy. html，最后登录日期：2017 年 5 月 2 日。

油出口并非完全输往欧盟）。也门 2011—2014 年的石油减产是自身储量枯竭的结果，但 2015 年产量巨减则是战乱的冲击。最好年份也门对欧石油出口也不足欧盟进口总量的 0.5%，对欧洲能源安全的影响微乎其微。

利比亚方面，革命前该国石油日均产量超过 160 万桶，其出口欧盟占欧盟进口总量的 10%，是意大利、爱尔兰和奥地利进口的约 20%，法国和希腊进口的15%。2011 年内战爆发后，利比亚石油产量从 165.6 万桶/天跌至 47.9 万桶/天，其中轻原油产量从 130 万桶/天跌至 6 万桶/天。[①] 2011 年，利比亚石油供应占欧盟石油进口比跌至 3.2%。利比亚的绿溪天然气管道（Greenstream）也十分关键，2011 年以前它向意大利供气量占该国总进口量的 13%，是欧洲总进口量的 3%。[②] 战乱同样造成了利比亚天然气的大规模减产，并使绿溪管道成为摆设。

2011 年利比亚石油天然气出口中断导致了意大利的能源紧缺，但俄罗斯石油天然气公司为其填补了天然气供应缺额，中东其他国家则填补了石油缺口，从而使危机还未爆发即已消解。[③] 2012 年，新上台的阿里·扎伊丹政府快速恢复了利比亚的石油和天然气生产，该年产量基本恢复战前水平。[④] 但好景不长，2013 年 6 月利比亚陷入石油工人罢工的风潮，导致了石油产量直接暴跌 30%。争取加薪的罢工一直延续到 8 月，导致利比亚政府财政收入损失超过 16 亿美元。[⑤] 2013 年 10 月开始的政治危机和随后 2014 年的内战，更进一步挫伤了利比亚石油生产。尽管如此，考虑到利比亚石油产量最高峰时也只占世界总产量的 2.2%，出口量只占欧盟进口的 10%，就不能过分夸大利比亚石油减产对欧盟以至世界的影响。

除了图 4-7、图 4-8 中给出北非变局中动乱国家的产量信息，还有必要关注西亚北非整体能源产量的变化情况。2010—2015 年，虽然利比亚内战导致北非原油产量下跌，但整个西亚北非总体石油产量未见减少，反而整体上升了 2.7%。其中，2011 年西亚北非石油日总产量是 3671 万桶，比 2010 年的 3597 万桶/天增长了约 2%。天然气方面，2015 年西亚北非总产量 7592 亿立方米，比 2010 年的 6542 亿立方米增长了约 16%。沙特、卡塔尔、伊拉克、阿联酋等国的石油和天

① Shiraz Maher, *The Arab Spring and Its Impact on Supply and Production in Global Markets*, European Centre for Energy and Resource Security (EUCERS), 2014, p. 7.

② Paul Belkin, Jim Nichol and Steven Woehrel, "Europe's Energy Security: Options and Challenges to Natural Gas Supply Diversification", Congressional Research Service, August 20, 2013, No. 7 - 5700, http://www. ourenergypolicy. org/wp-content/uploads/2014/02/crs. pdf, 最后登录日期：2017 年 4 月 28 日。

③ Gabriele Quattrocchi, "Energy Security: Challenges and Priorities in the Mediterranean (Part 3)", September 26, 2014, http://mediterraneanaffairs. com/energy-security-challenges-and-priorities-in-the-mediterranean-part-3/, 最后登录日期：2017 年 5 月 2 日。

④ Nicolò Sartori, "The Mediterranean Energy Relations after the Arab Spring: Towards a New Regional Paradigm?", *Cahiers de la Méditerranée* 89, 2014, pp. 145 - 157.

⑤ Shiraz Maher, *The Arab Spring and Its Impact on Supply and Production in Global Markets*, European Centre for Energy and Resource Security (EUCERS), 2014, p. 21.

然气产量的增加，是 2010—2015 年西亚北非供应量整体上升的背后推手。

总的来看，北非变局对欧洲能源可获取的供应量影响并不大。利比亚、叙利亚、也门的减产和埃及出口能力的消退，被其他国家的增产计划所对冲。在欧洲大力介入中东变局从而引发西亚北非国家民众对欧洲强烈敌视的背景下，欧洲还能维持稳定的能源供应以保证欧洲经济的平稳和持续发展，这充分展示了欧洲能源安全战略的成功之处。

但是，与欧洲很多研究者的乐观估计不同，笔者认为北非变局对欧洲的冲击要远远超过预期。一个被普遍忽视的因素，就是全球能源市场的价格波动对欧洲造成的巨额间接损失。而其这种间接损失，成为之后欧盟中东政策整体性转向的主要诱因。

三　北非变局带来的石油价格上涨对欧洲经济的影响

能源进口价格是能源安全的核心三要素之一，能源价格波动则受全球市场供需变化和消费者心理预期双重因素的驱动。其中天然气价格还受到运输因素的影响，管道运输线路分布、供应国和途经国政局变化等都会影响市场预期。2010年年末全球石油天然气价格的暴涨与北非中东变局有直接关系，这种价格波动并非受市场供需变化的影响，而是消费者心理预期因素所决定的。

在北非变局之前，全球石油价格就因为 2007 年金融危机而经历了一次剧烈波动。早在 2007 年 4 月，美国第二大次级房贷公司新世纪金融公司的破产就敲响了美国次贷危机的警钟，但自该年 8 月开始，美联储向金融体系注入流动性以增加市场信心，此举在促进美国股市高位维持的同时使得世界能源价格一路推高。如图 4-9 所示，从 2007 年 8 月至 2008 年 7 月布伦特原油价格从 70.76 美元/桶一路飙升到 132.72 美元/桶，一年内上涨了近一倍。这种违反市场价格规律的政策泡沫终因 2008 年 8 月金融危机的爆发而破灭，此后全球石油价格急转直下。从 2009 年 6 月至 2010 年 12 月，即金融危机的影响衰退之后、北非变局发生之前，全球石油价格基本维持在一个稳中有升的状态，这是向市场正常价格的一种平稳回归。但源自突尼斯的北非政治动荡和随后的叙利亚危机带来了新一轮石油价格飙升，也造就了历史上第四个油价波峰。不同于金融危机挫伤世界消费市场最终引发油价崩盘（注意崩盘前的油价波峰是政策刺激的结果），此次危机挫伤的是卖方市场，而全球市场对中东产油国长期政治混乱的预期则持续推高着油价。

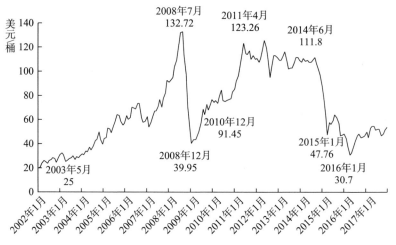

图 4 - 9　欧洲布伦特原油价格走势（2002 年 1 月—2017 年 1 月）

资料来源：U. S. Energy Information Administration，"Weekly Europe Brent Spot Price FOB"，https：//www. eia. gov/dnav/pet/hist/LeafHandler. ashx？n = pet&s = rbrte&f = w，最后登录日期：2017 年 9 月 27 日。

　　2010 年 12 月前布伦特原油价格的上升尚属正常波动，在这之后，价格上涨的趋势已经无法逆转并立刻超出市场预期。2011 年 3 月 19 日欧美国家开始军事介入利比亚之时，全球石油价格已接近波峰。这种高价格一直维持到 2014 年 6 月，即使利比亚在 2012 年、2013 年恢复了石油生产，也并未使价格回落。2014 年 6 月石油价格的走低，一是源于石油价格回归市场供需原则的自然过程，二是因为以沙特为首的欧佩克坚持不减产。学者们对沙特的这种不减产策略有多种解读，有的认为是为了对抗伊朗重归全球石油市场，有的认为是为了对抗俄罗斯，有的认为是为了击垮美国页岩油产业，还有的认为是为了维持沙特在全球能源市场的中心地位。[①] 但无论如何，它只是给因北非中东变局而飙升的油价之火浇了瓢水，已经造成的损失无法弥补。

　　基于数据分析，从 2009 年 6 月到 2010 年 11 月为全球石油价格的平稳期，

---

①　刘中民、王然：《沙特石油不减产政策与国际能源新格局》，《现代国际关系》2016 年第 5 期，第 55 - 61 页，Bassam Fattouh，"The Image of GCC Oil Policy in the Western Media,"*Oxford Energy Comment*，Oxford Institute for Energy Studies，April 30，2015；Mohammed Yousef Reham，"European-Egyptian Energy Dynamics Post-2011：Why a New European Approach in Energy Cooperation Is Opportune?"，*EMSP Occasional Paper Series*，Paper No. 1，April 2016，www. euromedstudies. net/en/emsp/EMSP_ OPS. pdf。

这期间的布伦特原油平均价格为 75.5 美元/桶。2011 年布伦特原油均价为 111.3 美元/桶，2012 年为 111.7 美元/桶，2013 年为 108.6 美元/桶，2014 年为 99 美元/桶。2011 年欧盟平均日进口原油约 1250 万桶，不考虑通胀因素，粗略估计该年欧盟因油价高企而每天间接损失 4.48 亿美元，全年间接损失约计 1635 亿美元。

同理，2011—2014 年的四年间，欧盟因油价高企间接损失总计 5867 亿美元，相当于法国 2015 年 GDP 总量（2.422 万亿美元）的 24.2%[①]，是欧盟 GDP 总量（2015 年为 16.3 万亿美元）的 3.6%。[②] 再考虑到 2011—2014 年欧洲债务危机对欧洲能源消费增长的负面作用，原本造成的损失可能更大。

石油之外，欧盟天然气价格也受到西亚北非变局的冲击。对比图 4-9 和图 4-10，可以发现全球石油价格波动和欧洲天然气进口价格波动的趋势吻合度很高。2007 年金融危机对两者的影响均十分巨大，而 2011 年北非变局也清晰地反应在欧洲平均天然气进口价格曲线上。国际天然气市场与石油市场的最大区别，一是垄断程度不同，二是受管道距离和运输成本的影响而没有确定的全球统一价格。基于这种差别，西亚北非变局对全球各区域天然气市场的冲击是不同的。如图 4-11 所示，北美的加拿大和美国完全不依赖于中东天然气，其天然气进口价格基本不受西亚北非变局的影响。欧洲受到的影响十分明显，而天然气消费严重依赖进口的日本也受影响。2015 年日本进口液化天然气总计 1180 亿立方米（其 2015 年国内消费量为 1134 亿立方米），其中 321 亿立方米来自西亚北非，占比 27.2%。2009 年日本液化天然气进口平均价格只有 9.06 美元/百万英热，2011 年升为 14.73/百万英热，2012—2014 年则长期保持在 16 美元/百万英热之上。

根据同样的计算方法，以 2010 年的天然气进口价格为基准，2011—2014 年欧盟平均每年进口天然气 3800 亿立方米计，不考虑通胀因素，2011 年因价格高企欧盟间接损失 296.8 亿美元。2011—2014 年，欧盟在天然气进口领域总计间接

---

① "France, World Economic Outlook Database, April 2016", International Monetary Fund, http://www.imf.org/external/pubs/ft/weo/2016/01/weodata/weorept.aspx? pr. x = 53&pr. y = 8&sy = 2014&ey = 2015&scsm = 1&ssd = 1&sort = country&ds = . &br = 1&c = 132&s = NGDPD% 2CNGDPDPC% 2CPPPGDP% 2CPPPPC&grp = 0&a = ，最后登录日期：2017 年 5 月 14 日。

② "IMF World Economic Outlook Database, October 2016", International Monetary Fund, http://www.imf.org/external/pubs/ft/weo/2016/02/weodata/weorept.aspx? sy = 2015&ey = 2020&scsm = 1&ssd = 1&sort = country&ds = . &br = 1&c = 998&s = NGDPD% 2CPPPGDP% 2CPPPPC&grp = 1&a = 1&pr. x = 72&pr. y = 29，最后登录日期：2017 年 5 月 14 日。

图 4 - 10 2005 年以来欧洲平均天然气进口价格

资料来源：Quandl，"COM/WLD_ NGAS_ EUR"，https：//www. quandl. com/data/COM/
WLD_ NGAS_ EUR-Natural-gas-Europe-mmbtu，最后登录日期：2017 年 10 月 10 日。

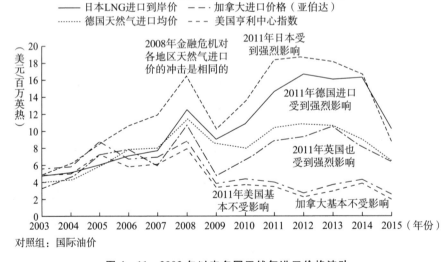

图 4 - 11 2003 年以来多国天然气进口价格波动

资料来源：BP，"BP Statistical Review of World Energy 2016"，June 2016，p. 27。

损失 1430. 4 亿美元，是法国 2015 年 GDP 总量的 5. 9%。

总的来看，2011—2014 年这 4 年间，欧盟因为石油天然气的价格暴涨而间接
损失总计 7297. 4 亿美元，相当于法国 2015 年 GDP 总量的 30. 1%，是欧盟 2015
年 GDP 总量的 4. 3%。也就是说 2011—2014 年，欧盟每年都要多花本国总 GDP

的约 1.1% 来为中东变局的溢出效应买单，而这一数据与 2011—2014 年欧盟名义 GDP 增速放缓的数据非常吻合。①

另外，如果把 2014 年 7 月之后的石油价格暴跌纳入计算，从 2011 年 1 月到 2017 年 9 月全球石油均价为 83.76 美元/桶，仍高于 2009—2010 年的平均水平（75.5 美元/桶），得出的 6 年 9 个月损失总计仍达 2544 亿美元。

通过以上数据，从能源价格所造成的间接经济损失来看，西亚北非变局对欧洲能源安全的冲击是十分巨大的。所幸的是，这种价格高位维持的局面在 2014 年年中迎来转机，其中石油价格跌速更快，而欧洲天然气进口价格跌速相对较缓。但是，当下舆论界大肆宣扬的"低油价""低气价"并非历史最低位，从趋势上看，当下的国际能源市场价格是向 2007 年金融危机前能源价格的理性回归，而中东地区的能源增产所造成的供大于求仅使基准价格更低了一点而已。

不同于 2007 年金融危机时能源价格高位只有 1 年左右，本次中东变局使得全球能源高价维持了近 4 年之久，这使得欧盟只能维持 4 个月的石油战略储备（天然气难以储备），根本无法对冲价格波动带来的损失。虽然目前的高油价、高气价风波已经过去，但已经造成的损失无法弥补。2017 年 1 月以来，国际油价和欧洲天然气开始趋稳，若无新的刺激性事件发生则将继续平稳波动，而中东变局从能源价格方面对欧盟能源安全的冲击将基本告一段落。

---

① 2010 年欧盟 28 国名义 GDP 增长率为 4.4%，2011 年下降到 3.0%，2012 年下降到 1.9%，2013 年下降到 0.8%。2014 年可能是因为欧债危机的解除，该年相对于上一年 GDP 增长了 3.0%。欧盟 GDP 数据来自 Edatasea，《欧洲经济数据中心：欧盟 GDP 2995 - 2014》，http：// www.edatasea.com/Content/eu/ID/12，最后登录日期：2017 年 9 月 27 日。

第五章
北非变局与欧盟地中海政策的两次调整

欧洲的繁荣与地中海的安全、稳定密不可分，地中海是欧盟对外政策的重要一环。2010 年年末以来，作为欧洲"后院"的西亚北非发生政治剧变，欧洲经济和安全利益受到直接冲击，欧盟地中海政策不得不做出重大调整，推动中东北非国家构建"深度、可持续的民主"成为核心战略目标，外交否定、军事介入则成为重要政策手段。但调整后的政策面对西亚北非变局中层出不穷的新危机进展乏力，2015 年 11 月 13 日巴黎暴恐事件更引发对欧洲安全的新忧虑，从而不得不做出第二次调整，此后"民主促进"让位于欧洲安全成为欧盟地中海战略的优先考虑，"稳定邻国"成为欧盟地中海政策的核心目标。

第一节　欧盟"民主促进"战略的出台与挫折

2011 年 5 月 25 日欧盟委员会和欧盟外交事务与安全政策高级代表联合发布的《对变局中邻国的新回应：欧洲邻国政策回顾》① （简称"2011 年邻国政策回顾"），被认为是欧盟地中海政策第一次调整的标志。文件中，推动政治变局中的西亚北非国家构建"深度、可持续的民主"成为欧盟在该地区的首要政策目标。而为了"民主推进"战略，阿什顿推出了"3M"计划（Money, Mobility, Market Access），旨在以"多做多得"为指导推进欧盟地中海政策。

总的来看，从对穆巴拉克的"外交否定"，到在利比亚的军事介入，最后到2011 年 5 月邻国政策回顾，欧盟及其成员国的地中海政策开始逐渐以"价值观"为政策导向，不切实际的理想主义色彩越发浓厚，舆论改变政策得到集中体现，而"民主推进"战略则走上台前。这种价值观导向的政策调整，在接下来的五年内遭遇了一系列突发性事件的冲击，取得了一定的成果，但在更多的领域无疑

---

① European Commission, "A New Response to a Changing Neighbourhood: A Review of European Neighbourhood Policy", Joint Communication by the High Representative of The Union For Foreign Affairs And Security Policy and the European Commission, COM (2011) 303 Final, Brussels, May 25, 2011, https://eeas.europa.eu/sites/eeas/files/review_en.pdf, 最后登录日期：2017 年 5 月 31 日。

受挫严重。

一　欧洲对地中海地区的"民主促进"战略

2010 年年底发生在突尼斯、埃及、利比亚、叙利亚等阿拉伯国家的政治剧变，推翻了本·阿里、穆巴拉克、卡扎菲等长期盘踞在阿拉伯政治舞台上的政治强人，对欧盟/欧洲与地中海国家的关系造成严重冲击，欧洲－地中海关系的双轨体系——欧洲邻国政策（ENP）和地中海联盟（UfM）——面临挑战。

1. 欧洲国家对"阿拉伯之春"的最初反应

自 1995 年欧洲－地中海伙伴关系（EMP）启动以来，欧盟一直致力于促进欧洲－地中海地区的区域一体化，欧洲邻国政策和随后的地中海联盟也服务于这一目标。欧盟和欧洲国家的政策制定者认为，地中海国家的繁荣与稳定是实现地区一体化目标的前提条件，地中海国家的政治稳定也符合欧洲的经济与安全利益。因此，长期以来，欧洲国家一直与地中海地区的强人政权保持着良好关系，并给他们提供了大量的财政援助和贸易优惠，目的是在地中海地区建立一个政权稳固的国家圈，从而达到地区稳定的效果。对维护地中海南部阿拉伯地区的秩序和稳定的关切超越了对民主和人权的关切。例如当哈马斯赢得巴勒斯坦选举时，欧盟却努力孤立哈马斯。[①] 正因为基于这样的政策倾向，"阿拉伯之春"初期，欧盟及其成员国想当然地认为游行示威和起义很快会被平息下去，因为民众示威游行及随之而来的政府镇压在中东北非曾多次出现。欧盟及其成员国以"稳定与地中海国家外交关系"为第一要务。

然而，本·阿里 2011 年 1 月 14 日流亡海外，穆巴拉克政权也岌岌可危，利比亚的群众示威因为政府镇压而演变成起义。"阿拉伯之春"的发生证明欧洲在地中海地区的政策完全失败，而不得不对其进行调整，"民主促进"战略走上前台。欧盟出台了一系列新政策，这些政策是针对不断变化的欧洲邻国的新战略。"阿拉伯之春"发生后，欧洲/欧盟对地中海地区的"民主促进"战略表现为两个层面：一是欧洲国家对阿拉伯强人政权的"外交否定"和对革命进程的武力干预；二是欧盟出台的一系列"民主促进"措施。

---

① Timo Behr, "What Future for the Union of the Mediterranean?", Helsinki: The Finnish Institute of International Affairs, No. 1, (2010), https://www.fiia.fi/sv/publikation/what-future-for-the-union-for-the-mediterranean, 最后登录日期：2017 年 9 月 27 日。

2. 欧洲国家对阿拉伯强人政权的"外交否定"和武力干涉

2011 年 2 月 2 日晚间，穆巴拉克政府利用被称为"巴塔基亚"的流氓团伙袭击了解放广场上和平示威的埃及民众，引发了广场的血腥混乱。结果掀起了欧洲和世界舆论的轩然大波，欧洲各国领导人纷纷谴责穆巴拉克。2011 年 2 月 3 日，英国首相卡梅伦、法国总统萨科齐、德国总理默克尔、意大利首相贝卢斯科尼、西班牙首相萨帕特罗发表的联合声明声称："埃及政治过渡必须立即开启。"[1] 欧盟委员会外交事务高级顾问托雷夫兰卡（José Ignacio Torreblanca）也表示："穆巴拉克总统才是障碍本身，是埃及不稳定的源泉。"[2] 欧盟多国领导人的联合声明成为对穆巴拉克政权的"外交否定"，瓦解了穆巴拉克政权在国际社会的影响力和合法性，使得埃及军方顺应时局发动政变的道德成本和国际风险降到极低。穆巴拉克最终被埃及军方赶下台。

在叙利亚问题上，欧洲国家的"外交否定"更是发挥得淋漓尽致。2011 年 5 月，欧盟实施了一系列针对巴沙尔政权的强硬政策，包括暂停欧盟邻国政策在叙利亚的双边合作项目、冻结欧盟－叙利亚联系协定、暂停叙利亚当局在欧盟环地中海地区项目中的代表权、暂停欧洲投资银行的贷款和技术援助、对叙利亚施加其他单方面限制性措施等。6 月 22 日，叙利亚当局自我停止了自己在地中海联盟的一切活动，并公开宣布退出地中海联盟。2011 年 8 月 18 日，欧盟公开宣布"总统（巴沙尔）的改革承诺失去了可信度，阿萨德政权在叙利亚人民心目中已经丧失了信誉。现在唯一的问题是巴沙尔需要下台。"[3] 同时，法国总统萨科齐、英国首相卡梅伦、德国总理默克尔和美国总统奥巴马均发表声明要求巴沙尔·阿萨德下台。10 月 4 日，法、英、德、葡向联合国安理会提交决议草案，呼吁联

①　"European Leaders Demand Immediate Egypt Transition", CBS News, February 3, 2011, http://www.cbsnews.com/news/european-leaders-demand-immediate-egypt-transition/，最后登录日期：2017 年 6 月 8 日。

②　Andrés Cala, "Europe Ups Pressure on Mubarak, Calling for Immediate Transition in Egypt", The Christian Science Monitor, February 3, 2011, http://www.csmonitor.com/World/Europe/2011/0203/Europe-ups-pressure-on-Mubarak-calling-for-immediate-transition-in-Egypt，最后登录日期：2017 年 6 月 8 日。

③　Andrés Cala, "Europe Ups Pressure on Mubarak, Calling for Immediate Transition in Egypt", The Christian Science Monitor, February 3, 2011, http://www.csmonitor.com/World/Europe/2011/0203/Europe-ups-pressure-on-Mubarak-calling-for-immediate-transition-in-Egypt，最后登录日期：2017 年 6 月 8 日。

合国安理会对叙利亚政府进行制裁。① 2011 年 12 月 19 日，联合国大会通过了谴责叙利亚政府持续使用武力的决议。12 月，"法、英特种部队已抵达叙利亚协助反对派，美国中情局和特种部队为叙反对派提供了通信工具和情报支持"。② 2012 年 1 月 23 日，联合国安理会开始讨论阿拉伯国家联盟与西方国家提出的新决议草案，该草案要求叙利亚总统巴沙尔转交权力给副总统，保证其在过渡阶段履行职责，并在两个月内组建民族联合政府。2012 年 2 月 4 日，安理会对修改后的叙利亚问题决议草案进行了表决，由于俄罗斯和中国两个常任理事国行使否决权，草案未获通过。

面对利比亚变局和叙利亚变局，欧洲国家主张强硬干涉的声音逐渐高涨，"保护的责任"被作为旗帜扛了出来。2011 年 3 月 10 日，萨科齐与英国首相卡梅伦联合致信欧洲理事会主席范龙佩（Herman Van Rompuy），指出卡扎菲政权武力镇压利比亚平民，已经构成反人类罪。提出"为了立即终止卡扎菲政权对平民的攻击，法英两国愿意提供支持，采取包括建立禁飞区及其他抵御空中袭击的措施"。③ 3 月 11 日，欧盟紧急召开首脑会议讨论利比亚问题。成员国一致认为卡扎菲政权已失去合法性。2011 年 3 月 17 日，联合国安理会通过了在利比亚设立"禁飞区"的 1973 号决议，宣布"相关国家有干涉的义务和保护的责任"。两天之后，法国根据禁飞区决议带头发动空袭，并且越过安理会授权直接攻击了利比亚政府军地面目标。军事介入利比亚，意味着欧盟不惜以武力手段在阿拉伯国家推行"民主"。

3. 欧盟"民主促进"战略的出台

在欧洲国家对北非旧政权进行"外交否定"和武装干涉之际，欧盟"民主促进"的新地中海政策正式出台。早在 2011 年 2 月 23 日，欧盟外交和安全政策高级代表凯瑟琳·阿什顿（Catherine Ashton）就决意调整欧盟地中海政策，她认为"旧式稳定"已经难以维持，对地中海国家的新政策必须趋向于促进"有可

① Security Council (United Nations, SC/10403), "Security Council Fails to Adopt Draft Resolution Condemning Syria's Crackdown on Anti-Government Protestors, Owing to Veto by Russian Federation, China", Security Council 6627th Meeting (Night), October 4, 2011, https://www.un.org/press/en/2011/sc10403.doc.htm, 最后登录日期：2017 年 3 月 6 日。

② Philip Giraldi, "NATO vs. Syria", The American Conesrvative, December 19, 2011, http://www.theamericanconservative.com/articles/nato-vs-syria/, 最后登录日期：2017 年 3 月 2 日。

③ "Joint Letter from Prime Minister David Cameron MP and President Nicolas Sarkozy", March 10, 2011, www.voltairenet.org/article168898.html, 最后登录日期：2016 年 12 月 9 日。

持续能力的稳定"和"深度民主"。① 为此，欧盟提出了三个旨在阐明更广泛的欧洲－中东战略的跨领域工具。第一是 2011 年 3 月欧盟高级代表与委员会关于"与南部地中海的民主与共同繁荣的伙伴关系"的联合公报。公报明确了"民主促进"的意图。内容包括民主变革、机构建设和加强公民社会的作用、经济发展、移民流动管理和边境安全等主题。该文件还表明欧盟一直关注南地中海的安全问题。第二，2011 年 5 月，欧盟高级代表和委员会提出了《对变局中邻国的新回应：欧洲邻国政策回顾》这一新欧洲邻国政策文件。在这份文件中，推动中东北非国家构建"深度、可持续的民主"成为欧盟在该地区首要的政策目标。② 欧盟不但在短期内而且要长期帮助伙伴国家建立"深刻的民主"，即不仅要制订民主宪法，进行自由公正的选举，而且要建立和维持独立的司法机构、发展新闻自由、建立充满活力的公民社会；欧盟要确保伙伴国家的包容性和可持续的经济增长和发展，从而使民主在地中海国家具备良好基础。③ 第三，为了实现"促进地中海国家民主化"的目标，阿什顿推出了"3M"计划。

阿什顿的"3M"计划实际上是"2011 年邻国政策回顾"的具体化。首先，在对地中海经济资助上，欧盟启动"伙伴关系、改革和包容性增长支持计划"（Support for Partnership, Reform and Inclusive Growth），在 2011—2013 年投入 3.5亿欧元用于支持地中海南岸国家的政治转型，并且以"多做多得"（More for More）原则支持地中海国家的民主改革。④

第二，人口流动方面，欧盟计划以欧盟与摩尔多瓦和格鲁吉亚的相关协议为模板，与埃及、突尼斯、摩洛哥三国展开"人口流动伙伴关系"（Mobility Partnership）的谈判。谈判的主要推动力来自意大利、西班牙、马耳他等南欧成员国，它们受中东北非变局带来的难民问题影响颇多。

---

① Timo Behr, "The European Union's Mediterranean Policies after the Arab Spring: Can the Leopard Change Its Spots", Amsterdam DLF4, 2012, pp. 76 – 88.

② European Commission, "A New Response to a Changing Neighbourhood: A Review of European Neighbourhood Policy", Joint Communication by the High Representative of The Union For Foreign Affairs And Security Policy and the European Commission, COM (2011) 303 Final, Brussels, May 25, 2011, p. 3, https: //eeas. europa. eu/sites/eeas/files/review_en. pdf, 最后登录日期：2017 年 5 月 31 日。

③ "The EU's response to the 'Arab Spring'", Brussels, December 16, 2011, http: //europa. eu/rapid/press-release_MEMO-11-918_en. htm, 最后登录日期：2016 年 12 月 4 日。

④ "The EU's response to the 'Arab Spring'", Brussels, December 16, 2011, http: //europa. eu/rapid/press-release_MEMO-11-918_en. htm, 最后登录日期：2016 年 12 月 4 日。

第三，加强欧盟与地中海国家的市场一体化进程。"2011 年邻国政策回顾"中仍明确提出了要与东邻国家和地中海伙伴开展全面自贸区谈判的计划。首批地中海谈判对象国包括突尼斯、摩洛哥、约旦、埃及①，但直到 2015 年 10 月 19 日欧盟与突尼斯和摩洛哥的谈判才正式开始。

总的来看，从对穆巴拉克的"外交否定"到在利比亚的军事介入，最后到 2011 年 5 月"邻国政策回顾"，欧盟及其成员国的地中海政策开始逐渐以"价值观"为政策导向，不切实际的理想主义色彩越发浓厚，"民主促进"战略走上台前。2011 年邻国政策回顾是这一阶段欧盟及其成员国政策变化的顶点，它的颁布是欧盟地中海政策第一次调整的标志。这种价值观导向的政策调整，在接下来的五年内遭遇了一系列突发性事件的冲击，几乎在所有领域都受到严重挫折。

二　变局之后的北非政治民主化趋势

此次西亚北非国家群众抗议运动的一个重要特征就是政治民主化的诉求非常明显。失业与贫困等经济原因并不是此次北非政局动荡的主要驱动力，群众运动的矛头实际上直接指向了独裁政体和独裁者。② 这次群众性的民主运动，对北非国家的政治现代化进程具有重要意义。政治变局之后，北非政治呈现出许多新特征，主要表现在：通过修订宪法限制了国家元首和政府首脑的任期与权力；许多新的政党走上政治舞台，北非政治开始呈现多党轮流执政或联合执政的景象；伊斯兰主义政治力量走上执政地位；外交上表现出更多的自主性与独立性。

通过新宪法限制国家元首与政府首脑任期与权力是变局之后北非各国政治的普遍特点。不但突尼斯和埃及制定了新宪法，甚至阿尔及利亚和摩洛哥也修改宪法。2011 年 2 月 26 日，埃及宪法修改委员会公布宪法修改草案，主要内容包括限制总统任期和放宽总统候选人条件。根据修改内容，今后埃及总统每届任期缩短至 4 年且只能连任一届。就总统候选人条件，草案规定：候选人年

---

①　Omono Eremionkhale，"Will The Current Dcfta Talks between Morocco and The Eu Create a Better Mo-roccan Economy?"，Ventures Africa，October 16，2015，http：∥venturesafrica. com/will-the-current-dcfta-talks-between-morocco-and-the-eu-create-a-better-moroccan-economy/，最后登录日期：2017 年 6 月 10 日。

②　Michele Penner Angrist，"Morning in Tunisia：The Frustrations of the Arab World Boil Over"，For-eign Affairs，January 16，2011，http：∥www. foreignaffairs. com/articles/67321/michele-penner-an-grist/morning-in-tunisia? Page ＝ show，最后登录日期：2016 年 10 月 17 日。

龄应不低于 40 岁且有埃及国籍；获得议会 30 名议员或全国大约半数省份 3 万名合格选民支持，或由一个已登记政党提名，但这一政党必须至少一名成员当选议会议员。修改内容还包括，总统和议会选举今后应接受司法监督；新当选总统应在就职后 60 天内任命副总统；限制使用紧急状态法。① 2011 年 3 月 19 日，埃及就宪法修正案举行全民公决。宪法修正草案获得 77.2% 的投票者支持，修正案获得通过。②

2011 年 6 月 17 日，摩洛哥国王穆罕默德六世发表全国电视讲话，宣布了由修宪委员会提交的新宪法草案修改条款。根据新宪法草案，首相将由在议会选举中领先的政党产生，首相作为"政府首脑"拥有解散议会，提名和罢免大臣、政府行政和公共部门负责人等多项重要权力。而原宪法中这些权力均为国王所有，且首相也由国王任命。新宪法还将议会的权限扩大，加强两院中众议院的主导地位。在新宪法草案中，摩洛哥国王仍为国家元首、武装部队最高统帅和宗教领袖。同时国王保留任命"关键部门"政府官员的权力，并担任新设立的"国家最高安全委员会"主席一职。7 月 1 日，摩洛哥就新宪法草案举行全民公投，结果以 98.49% 的赞成票获得通过。③

2011 年 4 月 15 日，阿尔及利亚总统布特弗利卡在国家电视台播出的讲话中宣布，一个包括宪法专家的委员会将对国家宪法进行修改。阿尔及利亚在关于总统是否可以连任及连任次数上，是经过几次反复的。2008 年，布特弗利卡两届总统任期届满之际，宪法修订为总统任期不受两届限制，布氏也因此顺利再次连任。这次修改宪法主要是对总统任期进行限制。布特弗利卡说，宪法修正案草案将视情况由议会通过或经全民公投通过。

在约旦，早在 2011 年 1 月时国王阿卜杜拉就已经采取措施进行政治改革，他罢免了前任首相，转而任命倾向于改革的退役军人马鲁夫·巴基特为政府首脑，同时加强地方自治，推进国家和地方选举，并准备将权力过渡给首相和内阁。阿卜杜拉曾表示，他对"阿拉伯之春"倒是颇为乐见，因为这股风波给了

---

① Constitutional Declaration 2011 （EGYPT），http：//www. egypt. gov. eg/english/laws/constitution/default. aspx，最后登录日期：2016 年 11 月 17 日。

② "Egypt Referendum Strongly Backs Constitution Changes"，https：//www. bbc. com/news/world-middle-east-12801125，最后登录日期：2016 年 11 月 17 日。

③ Marina Ottaway，"The New Moroccan Constitution：Real Change or More of the Same？"，Carnegie Endowment For International Peace，June 20，2012，http：//carnegieendowment. org/2011/06/20/new-moroccan-constitution-real-change-or-more-of-same，最后登录日期：2016 年 11 月 18 日。

国王大刀阔斧进行改革的理由，而这些理由势必会损害既得利益者的权势。约旦国王的主动出招，使该国顺利渡过了此次中东变局。

阿拉伯之春后，北非国家旧的政治势力退出政治舞台，各种新的政治力量顺势登场，尤其是发生了革命的突尼斯、埃及、利比亚更是如此。埃及的民族民主党、突尼斯的宪政民主联盟被解散，退出历史舞台，北非国家一党独大的现象消失，多党轮流执政的局面正在出现。另外值得关注的是，在多党制的条件下，伊斯兰主义政治势力在北非兴起，将在以后的政治生活中发挥重要作用。2012 年 1月，埃及议会选举结果揭晓，不论是人民议会还是协商议会选举中，穆斯林兄弟会的自由与正义党都独占鳌头。萨拉菲派的光明党成为人民议会第二大党，共获得 121 个席位，占总选举席位的 24.3%。自由与正义党总书记穆罕默德·萨阿德·卡塔特尼当选为人民议会议长。

2011 年 10 月 23 日突尼斯制宪议会选举举行。根据最终选举结果，伊斯兰复兴党在 217 个议会席位中获 89 席，成为得票最多的政党。虽然伊斯兰主义政治势力并没有在利比亚革命战争中发挥主导作用，但战争结束后，利比亚的伊斯兰主义势力的政治作用日益明显。2011 年 11 月 28 日，数十名利比亚著名伊玛目和伊斯兰人士要求利比亚以伊斯兰"沙里阿法"为基准，制定利比亚国家新宪法。利比亚过渡国民委员会主席穆斯塔法·贾利勒曾经借宣布利比亚全境解放之机发表讲话，指出伊斯兰"沙里阿法"将是新利比亚的主要立法来源。

伊斯兰主义政党在北非国家得势的原因，主要是民众对以前世俗派当政者的表现失望，转而寄希望于伊斯兰势力。伊斯兰政党上台后不会走极端路线，因为北非国家近百年的政治世俗化趋势已经难以逆转。埃及穆斯林兄弟会承诺会努力将埃及建设成一个现代民主国家，尊重个人自由、实行自由市场经济、遵守既定的国际条约，其中包括与以色列签订的和平条约。穆斯林兄弟会表示他们要促进埃及的民主，他们新组建的自由与正义党并不是宗教性的。穆斯林兄弟会前议会党团的主席莫哈迈德·卡塔尼曾言："我们反对宗教政府。"①

突尼斯伊斯兰复兴党强调自己的伊斯兰和阿拉伯属性，这与本·阿里政权否认突尼斯的阿拉伯属性、有意与伊斯兰宗教拉开距离截然不同。但民众选择它主

①　Mary Beth Sheridan，"U. S. to Expand Relations with Muslim Brotherhood"，The Washington Post，June 30，2011，https：//www. washingtonpost. com/world/national-security/us-to-expand-relations-with-mu-slim-brotherhood/2011/06/30/AGVgppsH_ story. html? utm_ term = . 5df2f3d43a3c&wprss = rss_ poli-tics，最后登录日期：2019 年 9 月 13 日。

要是因为它务实的施政纲领。必须看到，伊斯兰复兴党的绝大多数党员和突尼斯民众并不希望把国家拖入内战、暴力和恐怖之中。作为摩洛哥温和的伊斯兰政党，正义与发展党上台不会给摩洛哥带来大的变化。对该党而言，如何应对国内各种政治势力，同时兑现其包括降低失业率、改善民生和惩治腐败等竞选承诺，将给其执政能力和智慧带来严峻考验。在议会选举中获胜的伊斯兰政党将奉行务实温和的政策来解决国内面临的经济、社会和政治问题。

三 欧盟"民主促进"战略的挫折与失败

一年多以后，自埃及开始的西亚北非新一轮政治剧变——"阿拉伯之冬"，则从根本上挫伤了欧盟"民主推进"战略的根基。

1. 塞西政变与埃及威权统治的回潮

穆尔西政府的不恰当措施，最终导致了开罗新的抗议运动。2013 年 4 月 28 日，塞西在纪念西奈解放庆典上，发表了"伸向国家之手必被斩断"的演讲，被反穆尔西人士解读为以塞西为首的军方开始重新与穆尔西角力。① 同月，塔姆路德运动成立，在两个月内拥有自己的网站、获得众多政治明星的参与并有财力组织大规模人手收集签名。6 月 23 日，塞西发表声明警告军队不会允许国家陷入"冲突的黑暗隧道"。② 三天后塔姆路德便开始筹备大规模示威游行。2013 年 6 月 30 日晚，塔姆路德运动在开罗掀起了反对总统穆尔西的示威游行。军方声称使用直升机侦查统计全国示威人数，以佐证塔姆路德自称获取了 2200 万个签名的真实性。③ 但根据著名学者塔里克·拉曼丹（Tariq Ramadan）的研究，3000 万人走上街头并且签署了一项 1600 万人的请愿是一个巨大的谎言。④ 另外，保守派代表人物沙菲克也加入了塔姆路德运动，有人指责塔姆路德是"假托人民意

① "Al-Sisi: The Hand That Harm Any Egyptian Must Be Cut", http://www.youtube.com/watch? v = SSpNU7cxKKA，最后登录日期：2015 年 2 月 21 日。

② Hamza Hendawi, "Egypt Morsi Protests: Army Ready to Save Nation from 'Dark Tunnel', Defense Minister Says, June 23, 2013, https://resiliencesystem.org/egypt-morsi-protests-army-ready-save-nation-dark-tunnel-defense-minister-says.

③ Shaimaa Fayed and Yasmine Saleh, "Millions Flood Egypt's Streets to Demand Mursi Quit", Reuters, June 30, 2013, https://www.reuters.com/article/us-egypt-protests/millions-flood-egypts-streets-to-demand-mursi-quit-idUSBRE95Q0NO20130630，最后登录日期：2015 年 3 月 21 日。

④ Tariq Ramadan, "Egypt: A Tissue of Lies", August 17, 2013, http://www.abc.net.au/religion/articles/2013/08/16/3827174.htm，最后登录日期：2015 年 3 月 1 日。

志的穆巴拉克残余势力"。① 塔姆路德发动"6·30"示威游行后，埃及社会精英、媒体和前政权人士随后跟进，通过联名信、报纸、电视节目等方式为军方介入营造舆论氛围。随后军方迅速行动，派兵"守卫"总统府并要求穆尔西"满足人民的呼声"自己下台。在遭到穆尔西拒绝之后，军方果断出击，宣布罢免穆尔西。随后，军方通过一系列的血腥镇压和大规模监禁，压制反对的声音，以造成穆尔西下台的既成事实。②

政变胜利后，军方控制成立了第二届过渡政府，而塔姆路德的创始人马哈茂德·巴德尔（Mahmoud Badr）和穆罕默德·阿齐兹（Mohamed Abdel Aziz）被任命为 50 人宪法起草委员会成员。③ 12 月 25 日，埃及过渡政府将穆兄会定性为恐怖主义集团。这一结果实际是穆巴拉克政权的回归，只是换了新的舵手。塞西政府宣布穆斯林兄弟会非法，成千上万的埃及持不同政见者被逮捕和监禁。埃及的民主化进程宣告结束，西亚北非开始进入"阿拉伯之冬"和"逆民主化寒流"，欧盟的"民主促进"战略在埃及遭遇完全失败。

面对埃及突发的"民主危机"，欧洲束手无策，除了动用舆论批评、外交施压和威胁经济制裁外别无他法。欧盟的无所作为，也被诸多学者和政治家所批评。

2. 伊斯兰主义的崛起与突尼斯民主化的困境

埃及民选总统穆尔西遭军方罢黜，突尼斯国内媒体围绕此事做了大量报道和评论，并就突尼斯是否有可能成为第二个埃及展开讨论。埃及政变后，突尼斯复兴党高级领导人阿卜杜勒·马吉德·尼葛尔在一次接受采访时直言不讳地说："在埃及发生的事情深刻影响到了突尼斯……并使我们变得脆弱。开罗军事政变迫使我们进行协商，并做出妥协。"④ 与此同时，复兴运动舒拉委员会成员洛夫蒂·扎图尼也坦言："埃及军事政变使我们确信，应尽快找到和解之道以化解突

---

① "Video: Abdel Maged: 'Rebellion' of the Movement of Sabotage and the Assembly of 2 Million Signatures 'Lied' the Egyptians" ("كذب ملیونتوقیع 2 حركةتخریبیةوتجمیع" تمرد":عبدالماجد..فیدیو" "المصریون:"), Almesryoon, http://www.almesryoon.com/permalink/133659.html, 最后登录日期: 2015 年 3 月 1 日。

② "A Coronation Flop: President Abdel Fattah al-Sisi Fails to Bring Enough Voters to the Ballot Box", *The Economist*, May 31, 2014.

③ Sharif Abdel Kouddous, "What Happened to Egypt's Liberals after the Coup?", *The Nation*, October 1, 2013.

④ BH Lang, M. Awad, P. Juul, and Brian Katulis April (eds.), "Tunisia's Struggle for Political Pluralism after Ennahda", Center for American Progress, April 2014, pp. 11 – 12.

尼斯不断加剧的政治僵局。"8月6日，突尼斯世俗反对派组织起民众抗议示威活动，约4万名示威者在制宪大会大楼门前广场上集会，要求复兴党领导的政府下台并解散制宪议会。8月24日，突尼斯再次爆发万人游行，要求政府下台。阿里·拉哈耶德领导的复兴党政府已经陷入窘境之中。

2013年7月25日，突尼斯反对派领导人、人民阵线党的穆罕默德·布拉米遇刺身亡，被杀过程与2013年2月6日反对派统一爱国党领袖乔克里·贝拉伊德被刺案件如出一辙。外界普遍认为复兴党内的伊斯兰极端主义者是罪魁祸首，复兴党再次被推向风口浪尖。随后，60名制宪议会议员集体辞职，要求复兴党放弃权力，成立无党派人士领导的新政府。复兴党被迫妥协。2014年1月9日，无党派人士马赫迪·朱马正式履职成为过渡政府总理，复兴党政权被和平终结。

从埃及2013年军事政变开始，按照欧美标准进行民主化转型的国家一个个要么陷入危机，要么陷入更加灾难性的内战，"逆民主化"已经成为2013年年中以来北非中东国家政治走向的典型特色。2015年以来，"民主"突尼斯也遭遇危机，恐怖主义袭击进一步加深了该国本就困难的经济，从而使人们担心局势会发展成新一轮"革命"。2015年发生的四次大规模恐怖袭击，进一步损害了突尼斯早已疲软的经济。2015年突尼斯旅游收入损失了1/3以上，而旅游和客运收入占突尼斯GDP的7%，且贡献了全国就业总数的16%。2005—2010年，突尼斯GDP年增长率平均约为5%，2010—2014年下降为平均2%。2014年突尼斯GDP增长率为2.3%，但2015年的增长率只有0.8%。2016年，突尼斯15—29岁青年的失业率已经超过44%，而青年人口占全人口的数量达28%。面对突尼斯恐怖主义泛滥和经济困难，欧洲迅速做出反应，出台了一系列新援助政策来稳定突尼斯经济，包括2014年5月和2015年7月的两批宏观财政援助（总额8亿欧元）、欧洲投资银行对突尼斯2017—2020年发展计划追加的20亿欧元财政支持等。

欧洲不遗余力地支持突尼斯巩固民主，其政策目的一目了然。利比亚陷入内战瓦解了欧洲打着"保护之责任"军事介入利比亚的合法性，其环地中海战略的隐藏目的和有效性遭遇不断质疑。保卫突尼斯民主样板，既是保卫欧洲民主价值观的生死之战，也是挽救欧洲环地中海战略和邻国政策的必须作为。若任由突尼斯经济困难发酵从而导致政治混乱，抑或坐视恐怖主义分子在突尼斯扎根，欧洲在地中海的安全与利益将会受到巨大威胁，其地中海战略将无法实施。而从地缘上看，地中海南岸和东岸的伊斯兰世界与欧洲离得太近，这片大海几近坦途，没有地中海战略的欧洲，将沦陷于恐怖袭击、能源安全、难民危机等诸多问题之中，难以自拔。

在被视为"民主样板"的突尼斯，呼声党大权在握，囊括了总统（埃塞卜西）、总理（优素福·查赫德，2016 年 9 月 18 日继任）和议长（穆罕默德·纳赛尔）三大职位。呼声党是埃塞卜西于 2012 年 6 月聚集诸多前本·阿里政权高官而成立的，他本人也是前政权高级官员。2014 年后埃塞卜西领导的呼声党在突尼斯的声势，直追本·阿里威权主义时代的宪政民主同盟。若不是因为 2015 年 11 月 26 日发生的埃塞卜西之子事件①，突尼斯民主化之路是否会走回本·阿里的老路，都是存疑的。

而且，突尼斯现在的"民主"是伊斯兰主义政党主动妥协的结果。2014 年 1 月末复兴党最终的让步，是畏惧如埃及塞西政变那样的又一次"突尼斯政变"而自我让步的结果。有学者认为这说明了突尼斯良好的政治氛围，是一种政治妥协的智慧，② 但也有学者认为这是一种"软政变"。③

3. 利比亚与叙利亚内战的持续与民主幻想的破灭

武装干涉利比亚和叙利亚内战是欧洲在地中海地区"民主促进"战略的重要组成部分，其目的是推翻这些国家的强人政权，在这些国家建立西方式的"民主"制度，从而实现地中海地区的长治久安，保证欧洲在地中海地区的利益与安全。但利比亚与叙利亚的持续内战，打破了欧洲的梦想。推翻卡扎菲政权后，利比亚一直没有形成一个强有力的中央政府，革命期间出现的各种民兵和武装团体成为利比亚政治重建的重大障碍。2014 年 6 月，利比亚举行了新一届议会选举。世俗性的自由派在选举中占据了绝对优势，不甘失败的伊斯兰民兵组织"利比亚黎明"占领的黎波里，新当选的议会被迫迁往东部城市托卜鲁克。利比亚分裂成两部分："利比亚黎明"支持的的黎波里"救国政府"、哈夫塔尔领导的世俗军事力量"尊严行动"和利比亚国民军支持的托卜鲁克政府。第二次利比亚内战由此全面爆发。在"尊严"和"黎明"之间正在激烈战斗之时，"伊斯兰国"开始在利比亚兴风作浪，占领了德尔纳、苏尔特等大片土地。利比亚问

---

① 2015 年 11 月 26 日执政党呼声党内部发生矛盾，32 位呼声党议会成员不满总统埃塞卜西之子擅自干政而集体辞职，从而将议会第一大党的地位拱手送还给了复兴党。

② 曾向红、陈亚州：《政治妥协与突尼斯的和平政治过渡——基于对突尼斯"伊斯兰复习运动"的考察》，《外交评论》2016 年第 2 期。

③ Hardin Lang, Mokhtar Awad, Peter Juul, and Brian Katulis, "Tunisia's Struggle for Political Pluralism after Ennahda", Center for American Progress, April 2014, p. 17, https：∥www. americanprogress. org/wp-content/uploads/2014/04/Tunisia-report. pdf, 最后登录日期：2018 年 1 月 18 日。

题的根源是持续的政局动荡、政府软弱、安全措施不力、经济停滞、法治缺乏、民兵横行。如果不解决这些根源性的问题，奢谈民主是不现实的。军事介入利比亚，曾是欧洲应对中东北非变局的得意之作。但利比亚二次内战直接否定了欧美国家军事介入利比亚的合理性和有效性。如果外部力量"外交否定"和"军事介入"不能带来"深度、可持续的民主"，而只是造成持续不断的战乱，这显然是"民主促进"战略的最大失败。

叙利亚的情况同样如此。2011 年 3 月，叙利亚南部边境城市德拉爆发反政府示威游行，示威者与警方发生冲突。在地区大国以及欧美大国的干预下，叙利亚局势从示威游行发展到武装冲突，从"叙利亚自由军"出现到"伊斯兰国"异军突起，并最终形成叙政府军、反对派武装、极端组织武装等多方混战、抢占山头的局面。战争开始后，美国与欧洲国家支持"叙利亚自由军"。叙政府军四面受敌，节节败退，首都大马士革一度岌岌可危。2015 年 9 月底，在俄罗斯空军支援下，叙政府军转守为攻。内战使叙利亚成为中东最血腥的战场，使中东局势越发动荡。时至今日，美国与欧盟支持的叙反对派不但没有推翻阿沙德政权，而且使"伊斯兰国"恐怖势力一度甚嚣尘上，不但对中东局势而且对欧洲安全造成了巨大危害。在叙利亚建立民主政权的希望变得无影无踪。

4. 罢免班基兰与摩洛哥君主制的回潮

即使是和平过渡的摩洛哥，2016 年也陷入政治危机。2016 年 10 月，摩洛哥迎来宪法改革后的第二届议会选举，正义与发展党（简称正发党）遭遇对手真实性与现代党（Authenticity and Modernity Party，PAM）。两者激烈竞争的同时，摩洛哥王室也开始采取柔性策略制造议会的碎片化，以防止任何一个政党议席过半从而轻松修宪。诸多分析人士认为，王室的意图是使用真实性与现代党代替正发党领导下一届政府，数月间王室一直通过舆论来削弱正发党的公信力，同时改划选区以打乱选举格局。但是，正发党深厚的群众根基使得王室的策略未能奏效。

2016 年 9 月 4 日，摩洛哥正式开始地方性选举。到 10 月 7 日，摩洛哥内政部公布本次大选结果，正发党再次蝉联第一，获得议会 395 个席位中的 125 个席位。[①] 班基兰再次被国王任命为新一届政府首相，开始组建新政府。选举结果中

---

① 真实性与现代党获得 102 个席位，独立党（PI）获得 46 个席位，全国自由人士联盟党（RNI）获得 37 个席位，人民运动联盟党（MP）获得 27 个席位，人民力量社会主义联盟党（USFP）获得 20 个席位，宪法联盟党（UC）获得 19 个席位，进步与社会主义党（PPS）获得 12 个席位，其他政党获得 7 个席位。

正发党虽然获得席位最多，但因席位未达指定标准而需要组建联合政府。随后在国王的支持下，真实性与现代党和保皇派的全国自由人士联盟暗地里阻扰班基兰组建联合政府的努力，其他党派也坐地起价，在与班基兰的谈判中要求更多的政府高级职位。联合政府的组建陷入僵局。

2017 年 3 月 15 日，穆罕默德六世国王发布命令罢免班基兰，同时敦促正发党尽快挑选新的政府首相，理由是"政府首相五个月来与各政党协商无果，到目前为止还未能组建多党联合政府，并且没有迹象表明将要组建成功"。① 国王的命令在摩洛哥政坛引发地震，正发党最有影响力的领袖被罢免无疑将削弱该党的内部凝聚力，并将极大地制约该党未来在摩洛哥政治中的行动力。

此次罢免班基兰的政治危机，凸显了摩洛哥民主转型中保皇势力的力量，而"逆民主化"和君主制的回潮一直是 2011 年之后摩洛哥政治转型不可忽视的问题。欧洲一直对仅仅一海之隔的摩洛哥关注甚多，但面对摩洛哥不断演变的政治局势，他们也无能为力。而其即使有能力改变，来自利比亚、也门和埃及的经验也会压制那种不假思索就进行介入的欲望。

5. "伊斯兰国"恐怖组织对西方式民主的反动

"伊斯兰国"在欧洲和环地中海地区制造了大量的恐怖袭击事件，极大地危害了当地的安全。当代伊斯兰恐怖主义的兴起与西方长期以来在伊斯兰世界推行西方式的民主存在一定的因果联系。冷战结束以来，在西方国家的推动下，中东伊斯兰世界经历了一波又一波的民主化浪潮，但这些民主化浪潮不但没有解决中东国家的发展问题，反而加剧了贫富悬殊，造成了更多的社会问题。同时，伊斯兰世界与西方的差距也在扩大。结果，伊斯兰世界产生了对西方主导的全球化和民主化的反弹或抵抗，这种反弹或抵抗以恐怖袭击形式对西方目标发动攻击，从而形成了当代伊斯兰恐怖主义。② 另外，民主化意味着要在伊斯兰国家进行政治秩序的重新构建，这无疑会威胁到这些国家的地方权威及其地位，引发民众的"本体"不安全感，结果引起防御性的、反西方化与民主化的动员，表现为当今的恐怖主义。"伊斯兰国"兴起于"阿拉伯之春"后并非偶然，它在一定程度上是对欧盟在地中海地区实行的"民主促进"战略的反抗。"伊斯兰国"表现出的许多特征可以从西方化和民主化的视角加以解释。"伊斯兰国"控制领土，建立

---

① 加莫拉塔：《本·基兰告诫正发党成员当晚不要对皇宫消息作出任何形式的评论》，《中东研究通讯》（微信版），2017 年 3 月 18 日。

② Stanley Hoffmann, "Clash of Globalizations", *Foreign Affairs*, Vol. 81, 2002, pp. 104 – 115.

政权式的机构，目的是建立以沙里阿治国的萨拉菲宗教极端主义国家。这可以看作在意识形态和文化领域以及发展道路选择方面对西方主导的全球化和民主化的反抗。从意识形态的角度看，大多数当代恐怖组织的目标是建立"纯粹"的伊斯兰国家，实现完全以沙里阿治国的"理想"，反对西方文化和西方制度便成为"伊斯兰国"在内的许多恐怖组织的特征，袭击西方国家的设施、企业、平民以及被视为西方代理人的当地政府机构便成了顺理成章的使命。"伊斯兰国"的崛起及其对环地中海地区和欧洲发动的一系列恐怖袭击，是欧盟在地中海地区实施"民主促进"战略的恶果，也是"民主促进"战略失败的又一证明。

第二节　欧洲地中海政策转向的先行者：
德国调整对埃政策

自利比亚革命一直到 2014 年年末，法英两国一直掌控着欧盟在中东变局相关问题的话语权，从而事实上握有欧盟地中海政策的主导权。而在欧盟中同样具有强大影响力的德国，在欧盟地中海政策中的影响力则微乎其微。2011 年德国拒绝在军事介入利比亚的安理会 1973 号决议上与法英站在一边，事后遭到欧洲舆论的集体围攻。但这种情形在 2015 年发生转变，德国开始在地中海区域的影响力急剧提升。一般认为，默克尔的难民欢迎政策是德国地中海政策变化的转折点。但早在 2015 年 3 月，即难民危机刚刚成为一个"问题"之时，德国即做出了惊人的改变——接纳新上台的埃及总统阿卜杜勒·塞西于 6 月份访德。

德国埃及政策的调整，甚至带动了欧盟对埃及政策的整体转向。塞西访德一周之后，欧盟委员会在地中海联盟框架下成立了"欧盟地中海天然气合作平台"，并提到"尤其需要将东地中海海盆打造成为一个未来的天然气核心市场"，这是再明显不过的重启欧埃关系的暗示。2015 年 10 月，欧盟正式重启《欧埃联系协定》，从而为重新援助埃及经济发展打开大门。欧埃关系解冻成为既定事实。

一　德埃关系的历史回顾

德国与埃及的关系始自普鲁士埃及学家对古埃及文明的热情和憧憬，用贝鲁特美国大学教授约瑟夫·马龙（Joseph J. Malone）的话说就是对古埃及文明的

"罗曼蒂克"情怀。而这种情怀，来自德国文学杂志如《东方》（*Morgenland*）、《中东》（*Mittel-Ost*）和《苏丹》（*Sultan*）中塑造出的"东方的梦幻般形象"。[1] 著名的《埃及语言与遗存》杂志的创立者海因里希·布鲁格施（Heinrich Brugch，1827—1894）得到了普鲁士国王腓特烈·威廉四世（Friedrich Wilhelm Ⅳ）和普鲁士著名地理学家亚历山大·冯·洪堡（Alexander von Humboldt，1769—1859）的青睐。1864 年秋天，在腓特烈·威廉四世的弟弟威廉·腓特烈·路德维希（Wilhelm Friedrich Ludwig，即后来的德皇威廉一世）的支持下，布鲁格施建立了普鲁士驻开罗领事馆，从而正式开启了普鲁士与埃及的外交关系。北德意志联邦成立后不久，1867 年 12 月 3 日，布鲁格施被任命为北德意志邦联驻埃及总领事，授权进行外交活动。

1890 年 8 月 26 日，德国与奥斯曼土耳其帝国签署了《德国—土耳其友好、贸易与航运协定》，协定中奥斯曼帝国的属地也被纳入双边关系的范畴内，故而埃及也享受到此协定中德国给予的优惠待遇。1892 年，继德土协定后，德国与埃及签署《德埃贸易协定》（Deutsch-ägyptischer Handelsvertrag），从而开启了德埃经贸互动的黄金二十年（1892—1914 年）。

1892 年以前，德埃双边贸易和投资规模十分微小。1890 年德国出口埃及商品只占本国出口总量的 0.7%，同期埃及出口德国商品占埃及总出口的 0.2%，当时埃及出口创汇的主力棉花被德国拒绝进口。[2] 与此同时，1887 年以前埃及债券从未登陆过柏林债券交易所，而早在 19 世纪 60 年代埃及就已经从法国和英国的政府、企业、个人中募资或贷款数千万英镑。[3] 德埃协定之后，一大批德国企业开始落户埃及并开展业务。1895 年，奥伦斯坦和科佩尔公司（Orenstein & Koppel）已经在对埃出口铁路和轻轨器械、武器、卡车（尤其是自卸卡车和甘蔗货车）等领域取代法国德克维尔公司（Décauville），夺得市场垄断地位。1900 年，汉高（Henkelsche）和索林根（Solingen）在开罗设立分部并派遣代表。1904 年开始，弗林堡（Freiburg）的铁轨枕木和电线杆出口埃及。[4] 1906 年，德国东方银行创建于亚历山大和开罗，并在米尼赫（Minieh）、坦塔、达曼胡尔、贝尼苏韦

---

[1]　Joseph J. Malone, "Germany and the Suez Crisis", *Middle East Journal*, Winter 1966, Vol. 20, No. 1, pp. 20 – 30.

[2]　Karl Hron, *Ägypten und die Ägyptische Frage*, Wien: Rengersche Buchhandlung, 1894, S. 83.

[3]　杨灏城、江淳：《纳赛尔和萨达特时代的埃及》，商务印书馆，1997，第 154 页。

[4]　Mathilde Kleine, *Deutschland und die ägyptische Frage*, Diss. Münster, 1915, hier S. 24.

夫设立分行。到1914年，德国东方银行已经发展成为埃及三角洲地区最著名的存款银行，当地棉花收获期的存贷款业务基本上在该银行进行。与此同时，德国东方银行的伙伴林德曼公司（Lindemann），则开启了大规模进口埃及棉花的业务，从而使埃及对德出口量大增。到1914年德国已成为埃及第二大经济伙伴，仅次于埃及的宗主国英国。其中，德国对埃及出口总量已经排名第三，仅次于英法；而德国从埃及进口则仅次于英国；德国在苏伊士运河的交通量也上升到第二位，仅次于英国。

德埃经贸的黄金年代被战争所终结。第一次世界大战爆发后不久，奥斯曼帝国迅速站在德奥同盟国一边加入战争，英属埃及则站到了德国的对立面。1914年11月5日，英国正式向奥斯曼帝国宣战，同时宣布废黜滞留伊斯坦布尔、亲德的赫迪夫阿巴斯二世（Abbas Ⅱ，1892—1914年在位）。12月18日，英国进一步宣布埃及从奥斯曼帝国"独立"，随后"指导"埃及政府断绝了与德国的外交关系，并开始没收和清算德国公民和公司的财产。德国在埃及的投资瞬时化为乌有，领事裁判权被剥夺，经济协定被终结，"德国之家"这样的文化机构的资产和房屋都被剥夺。①

战争一结束，德埃经贸互动就开始快速复苏。第一次世界大战结束后，德国魏玛政府迅速谋求恢复对埃邦交和经济联系。1922年5月4日，德国与埃及建立大使级联系，第一任驻埃大使为约瑟夫·莫滕斯（Josef Mertens）。1925年4月，埃及驻德国大使馆也正式设立，塞夫勒·伊斯梅尔·尤斯里帕夏（Seifullah Ismail Yusri Pascha）被任命为第一任驻德大使。莫滕斯和塞夫勒一起促成了1925年6月16日的《德埃协定》和1929年福阿德一世国王（Fuad Ⅰ）的访德之旅。

1925年《德埃协定》之所以重要，是因为它解除了战争期间对德国人员进入埃及的限制，为德国公司重回埃及提供了基础保障。同年，德国—奥地利联合商会成立，而德国恢复成为埃及第四大进口对象国和第五大出口对象国。相对而言，福阿德之行虽然实现了威廉二世和赫迪夫阿巴斯二世那未曾实现的德埃首脑会晤，但它本身并未使德埃关系迈上一个新台阶，顶多只是加速了经贸交往的复苏进程而已。到1938年，德国重新成为对埃第二大出口国，占埃及总进口份额

① Hans Goedicke, "Ägypten-Dauer und Wandel: Symposium anlässlich", in Deutschen Archäologischen Instituts Kairo Hrsg, *75 jährigen Bestehens des Deutschen Archäologischen Instituts Kairo am 10. und 11. Oktober 1982*, Mainz am Rhein: von Zabern, 1985, p. 232。

的 10.2% ，同时其从埃及的进口也达到埃及总出口的 11.2% 。① 德国企业还在埃及的某些产业如氮肥领域形成垄断优势。②

第二次世界大战爆发后不久，1939 年 9 月 4 日，埃及与德国再次断绝外交关系，随后埃及对德国公民、企业和政府财产进行了清算。第二次世界大战中德国与埃及是敌对关系，尽管法鲁克国王（Farouk I，1936—1952 年在位）也曾希望借助德国的力量来终结大英帝国的殖民统治，但 1942 年 2 月 4 日开进阿布丁宫的英国坦克终结了他的幻想。③ 1945 年 2 月 24 日，埃及象征性地对德宣战。

经过第二次世界大战的冲击，1947 年德国向埃及出口只占埃及总进口的 1.9% ，德国从埃及进口商品只占埃及总出口的 0.2% ，整体经贸规模不足 1938 年的 1/10。④ 但自 1948 年开始，德埃经贸联系快速复苏。该年 9 月，埃及访欧贸易代表团与德国两区（西占区和东占区）占领当局就恢复德埃经贸联系进行了磋商，12 月 21 日达成了贸易支付协议，规定用美元作为贸易中介，并设立了双边贸易最高汇兑金额。这一协议后来由联邦德国政府所继承，从而成为双边经贸合作的起点。1951 年，德埃商会重建。同年 4 月 21 日西德与埃及签署棉花支付协议，从而解除了外汇限额对双边贸易的制约。⑤ 一年之后，双方互相给予贸易最惠国待遇。1953 年，德埃经贸互动已经基本恢复到二战前的水平，西德成为对埃第二大进口国，占埃及进口总额的 10.4% ，仅次于美国；同时西德是埃及第二大出口对象国，占埃及总出口的 6.3% ，仅次于英国。⑥

经济关系复苏的同时，外交关系也在重建。1952 年 10 月 10 日，在经过一系列谈判和磋商后，埃及与联邦德国重建大使级外交关系。10 月 14 日，第一任驻

---

① Cérès Wissa-Wassef， "Les relations entre l'Egypte et les deux Etats allemands depuis la Seconde Guerre mondiale"， *Politique étrangère*，1972，Vol. 37，Numéro 5，p. 628.

② 巴斯夫集团（BASF）、巴伐利亚氮农业经济协会（Bayerische Stickstoffwerke Wirtschaftliche Vereinigung）等德国氮肥企业自 1919 年开始进入埃及市场，在一系列价格战后他们成功地排挤了智利和欧洲其他竞争者，到 1939 年已经成功垄断了埃及市场。产品质量优良和自主销售渠道是德国成功的关键。

③ 此即为埃及近代史上著名的"阿布丁宫事件"（Abdeen Palace Incident of 1942），参见〔美〕詹森·汤普森《埃及史：从原初时代到当下》，郭子林译，商务印书馆，2012，第 287 页。

④ Cérès Wissa-Wassef， "Les relations entre l'Egypte et les deux Etats allemands depuis la Seconde Guerre mondiale"， *Politique étrangère*，1972，Vol. 37，Numéro 5，p. 628.

⑤ 根据该协议，德国允许埃及以棉花偿付进口德国工农业产品的款项，这使外汇紧张的埃及受益匪浅。

⑥ Cérès Wissa-Wassef， "Les relations entre l'Egypte et les deux Etats allemands depuis la Seconde Guerre mondiale"， *Politique étrangère*，1972，Vol. 37，Numéro 5，p. 629.

埃大使冈瑟·帕威克携少量随从抵达开罗就职。1953 年 10 月 16 日，埃及向波恩派遣了第一任大使艾哈迈德·萨若特贝伊（Ahmed Saroit Bey, 1900—1956）。

在冷战期间，德埃经贸关系开始稳步前进。在所有影响德埃关系的政治因素中，以色列问题是第一位的，它也是德埃关系挥之不去的阴霾。20 世纪 50 年代初，美国将联邦德国主权恢复问题与对以色列和犹太人赔偿问题绑定起来。[①] 1952 年 9 月 10 日，德埃复交的一个月前，西德政府签署了对以色列和世界犹太人进行赔偿的《卢森堡协议》，其中对以赔偿总额达 30 亿马克。[②] 埃及和阿拉伯世界认为联邦德国对以赔偿违背了中立原则，阿拉伯联盟随即向波恩派出了一个特别的代表团，以集体质问和批评波恩的政策，并威胁"如若条约签署，阿拉伯国家将与西德完全终止任何经济联系"。[③]

为了挽回阿拉伯世界的好感，联邦德国开启了对中东（尤其是埃及）的"援助＋投资"模式。1952 年 9 月和 1953 年 1 月，德国两次向开罗派遣高级别代表团，希望以经济援助换取埃及对《卢森堡协议》的宽容。1953 年 1 月达成的协议中，西德将向埃及提供价值 3 亿到 4 亿马克经济援助，并承诺帮助埃及政府设计和修建阿斯旺大坝。[④] 1958 年 5 月 7 日，西德和埃及再次达成总价 5.5 亿马克的援助协定，其中 4 亿分十年提供，1.5 亿分五年提供。[⑤] 与此同时，西德开始鼎力支持埃及的"鲁尔区"（即开罗南郊的赫勒万工业城），其中最大的项目就是西德企业德马格（Demag）援建的当时阿拉伯世界最大的熔炼和轧钢厂。[⑥] 除此之外，波恩还帮助埃及建立开罗和尼罗河三角洲的多座发电站、排水泵站、伊德费纳大坝（Edfina）、开罗至赫勒万的铁路、开罗和上埃及的多座跨尼罗河大桥。军事

---

① 吕蕊：《和解政治与联邦德国－以色列建交》，《欧洲研究》2013 年第 4 期，第 58 页；林国明：《犹太人世界对德国的战争索赔政策》，《世界历史》2005 年第 3 期，第 26 页。

② Frederick Honig, "The Reparations Agreement between Israel and the Federal Republic of Germany", *The American Journal of International Law*, Vol. 48, No. 4, 1954, pp. 564 – 578.

③ Cérès Wissa-Wassef, "Les relations entre l'Egypte et les deux Etats allemands depuis la Seconde Guerre mondiale", *Politique étrangère*, 1972, Vol. 37, Numéro 5, p. 612.

④ 〔英〕安东尼·纳丁：《纳赛尔》，上海人民出版社，1976，第 192 – 193 页；〔英〕罗伯特·斯蒂文斯：《纳赛尔传》，世界知识出版社，1992，第 135 页。

⑤ Cérès Wissa-Wassef, "Les relations entre l'Egypte et les deux Etats allemands depuis la Seconde Guerre mondiale", *Politique étrangère*, 1972, Vol. 37, Numéro 5, p. 632.

⑥ 1965 年西德与埃及发生断交风波，1967 年 1 月纳赛尔总统对赫勒万的钢铁工业进行国有化，该厂德企股份（占比 20%）被没收。Cérès Wissa-Wassef, "Les relations entre l'Egypte et les deux Etats allemands depuis la Seconde Guerre mondiale", *Politique étrangère*, 1972, Vol. 37, Numéro 5, p. 631.

方面，西德政府默许甚至帮助前纳粹军官和专家前往埃及帮助开罗对抗以色列。据托马斯·克雷默披露，当时的西德驻开罗大使馆经济顾问威廉海姆·沃斯博士（Dr. Wilhelm Voss，1896—1974）作为中间人，安排了超过 200 名德国军事、技术和经济专家前往埃及，以至于有学者惊呼纳粹要在金字塔下重建第三帝国。①

西德对埃援助因 1965 年危机而中断。危机起因于德国《明镜周刊》（Der Spiegel）1964 年 12 月披露的联邦德国对以色列高达 3.2 亿西德马克的秘密军事援助。美国《纽约时报》（The New York Times）紧随其后火上浇油，1965 年 1 月 31 日它披露出美国曾秘密批准西德向以色列输送美制装甲车。② 西德对以秘密军援案在埃及和阿拉伯世界引发轩然大波，作为报复，开罗邀请民主德国国务委员会主席瓦尔特·乌布利希（Walter Ulbricht）于 1965 年 2 月访问开罗。在此之后，波恩与开罗的关系急转直下。5 月 12 日，西德宣布与以色列正式建立外交关系。随后，包括埃及在内的绝大部分阿拉伯国家与西德断交。4 年之后，1969 年 5—7 月，自伊拉克开始一大批阿拉伯国家与东德正式建交，从而宣告波恩对东德进行外交围堵的"哈尔斯坦主义"最终失败。

1965 年危机造成的德埃关系封冻，一直到 1970 年埃及总统纳赛尔去世后才开始好转。继任的萨达特总统为实现自己对以色列的"以战促和"战略，开始在欧美进行外交穿梭。萨达特逐渐远离苏联的态度，也为重启西德与埃及关系带来了曙光。1972 年 6 月 8 日，埃及与西德正式恢复邦交。在这之后，西德与埃及的关系进入稳定期，并一直持续到 21 世纪初。在这期间，尽管存在东、西德在埃及的竞争，德埃经贸关系仍发展迅速。

1970 年时，西德从埃及进口达 2.07 亿马克，对埃出口则增至 4.49 亿马克，西德是埃及仅次于苏联的贸易伙伴。1974 年萨达特实行对外开放后，西德与埃及的经贸联系迅速加强。1974 年西德对埃及的投资只有 0.3 亿马克，1979 年则上升到 2 亿马克，1984 年更是超过 10 亿马克。贸易方面，1971 年双边贸易总额为 7.5 亿马克，1975 年达到 11.7 亿马克，1980 年上升到 23.4 亿马克，1985 年则达到 33 亿马克。1980－1990 年西德对埃及的发展援助逐年上升，1980 年为

①　"Karrieren eines Beraters-biografische Skizze zum Wirtschaftsprüfer Dr. Wilhelm Voss（1896－1974）－Teil 1"，Abgehört：Das Blog zur Geschichte der Wirtschaftsprüfung，http：//abgehoert. hypotheses. org/676，最后登录日期：2018 年 1 月 11 日。

②　Cérès Wissa-Wassef，"Les relations entre l'Egypte et les deux Etats allemands depuis la Seconde Guerre mondiale"，Politique étrangère，1972，Vol. 37，Numéro 5，p. 615.

1.9亿马克，1990年上升到5.6亿马克，11年间总计达38.6亿马克。[①]1985年后埃及经济陷入低迷，西德对埃投资和援助、双边经贸均有所下滑，但其仍是埃及第二重要的经济伙伴。

二 追随欧洲的德国埃及政策：2011—2014年

2011—2014年是埃及的多事之秋，先是"1·25"革命推翻穆巴拉克政权，而后是穆斯林兄弟会夺取议会选举和总统选举的双重胜利，后来又是军方废黜总统穆尔西的"7·3"事件和对穆兄会的暴力镇压，最后是阿卜杜勒·塞西脱下军装参选总统并获胜利。在这四年时间里，欧洲时刻关注着埃及政局的变化，先是在"1·25"革命中进行外交介入，随后一直力图充当埃及政治转型的"导师"，而后在"7·3"事件和镇压事件后使用外交、经济多种手段压迫埃及军方，"主人翁意识"十分强烈。[②] 在这一时期，德国一直追随着欧盟整体的对埃政策，具体表现在以下几个方面。

首先，在革命初期和穆巴拉克政权倒台后，无论是在对埃及民主转型的督促还是在对埃及经济援助领域，德国一直追随欧盟的对埃政策。其中比较重要的成果，一是2011年埃及过渡政府邀请包括多位德国人在内的欧盟"选举观察团"全程监督埃及2011年议会选举和2012年5—6月的总统选举，二是2012年11月14日召开的"开罗经济大会"上达成的近50亿欧元欧埃经济合作一揽子计划中，德国承担了很大部分。[③]

其次，在对埃及穆斯林兄弟会的态度上，德国也追随欧盟。2012年以前，

---

① Thomas W. Kramer, *Deutsch-ägyptische Beziehungen in Vergangenheit und Gegenwart*, p. 280; Malsch Thomas, "Investitions-und Management strategien deutscher Firmen in Ägypten", *Orient*, 1980, Jg. 21, Nr. 4, p. 549; Uhlig Christian, "Lange Michael, Deutshc-äagytische Produktionskooperation-Entwicklung und Formen", *Orient*, 1981, Jg. 22, Nr. 4, p. 574; Heidemann Strphan, "Ergebnisse der ägyptischen Politik zur Förderüng ausiändlicher Direktinvestitionen", Deutsche Unternehmensbeteiligungen in den achtziger Jahren, *Orient*, 1989, Jg. 30, Nr. 2, p. 221; Stenffen Wippel, "Réforme économique et investissements directs en Égypte: Le cas des relations égypto-allemandes", *Égypte/Monde arabe 12 – 13*, 31 mars 1993, pp. 49 – 71.

② 钱磊、〔埃及〕穆尼尔·宰亚达：《埃欧关系的历史建构与当下演变——从非对称到强相互依赖》，《欧洲研究》2017年第6期，第23 – 47页。

③ Beata Przybylska-Maszner, "The Political Dimension of European Union-Egypt Relations after 2012-between Necessity and Obligation", in Anna Potyrala, Beata Przybylska-Maszner, and Sebastian Wojciechowski eds., *Relations between the European Union and Egypt after* 2011-Determinants, *Areas of Cooperation and Prospects*, Berlin, Logos Verlag Berlin GmbH, 2015, p. 34.

德国外交部部长吉多·韦斯特维尔（Guido Westerwelle）就一直称穆兄会是"伊斯兰主义者"。① 但从 2012 年 1 月开始，韦氏在正式场合均改称穆兄会为"温和的伊斯兰政党"，并表达了希望穆兄会尽快向民主政党转型的愿望。加上"温和的"一词，代表了德国对穆兄会"民主属性"的承认，因为在传统的欧盟舆论和话语中"伊斯兰主义"与"民主"似乎是难以兼容的。韦氏在穆尔西政府倒台后，更是公开承认穆尔西治下的埃及是民主的。② 德国对穆兄会的态度，与当时欧盟对穆兄会态度友好的大背景是相一致的。

最后，2013 年"7·3"事件和 8 月埃及军方对穆尔西支持者的暴力镇压后，欧盟与埃及关系迅速走低。8 月 19 日，欧盟的紧急会议宣布对原先的近 50 亿欧元对埃贷款和捐助进行"持续评估"，从而事实上终止了 2012 年开罗经济大会上达成的几乎所有对埃援助和经济合作项目。③ 德国迅速追随了欧盟的政策，欧盟紧急会议后不久韦斯特维尔即发表声明称："（德国）与埃及的所有合作都将暂停以接受检验"，从而终止了 2012 年达成的所有对埃援助和经济合作计划。同时，他公开宣称"埃及军方从民选总统中夺取权力是一场政变"，是"民主的大倒退"。④

德国政府还多次拒绝阿卜杜勒·塞西的访德请求。2014 年 2 月 5 日，过渡政府时期的埃及外长纳比勒·法赫米（Nabil Fahmi）就曾访问德国并会见德国外长施泰因迈尔（Frank Walter Steinmeier）。之后的 9 月 2 日，时任埃及外长萨美赫·舒克里（Sameh Shoukry）再次访问德国会见施泰因迈尔，均未打开局面，塞西总统访德申请还未开始即已失败，人权问题成为德埃关系看似难以逾越的障碍。

---

① 欧美很多知识分子将伊斯兰主义等同于激进主义，如美国的伊恩·约翰逊（Ian Johnson）就将伊斯兰主义直接解释成"伊斯兰激进主义"。〔美〕伊恩·约翰逊：《慕尼黑的清真寺》，岳韦译，上海译文出版社，2017，第 3 页。

② Karolina Libront, "The Dilemma of Stabilisation versus Democratisation. German Policy towards Egypt before and after the Arab Spring", in Anna Potyrala, Beata Przybylska-Maszner, and Sebastian Wojciechowski eds. , *Relations between the European Union and Egypt after 2011-Determinants*, *Areas of Co-operation and Prospects*, Berlin, Logos Verlag Berlin GmbH, 2015, pp. 193 – 206.

③ Radoslaw Fiedler, "Financial and Trade Instruments in the European Union's Policy towards Egypt", in Anna Potyrala, Beata Przybylska-Maszner, and Sebastian Wojciechowski eds. , *Relations between the European Union and Egypt after 2011-Determinants*, *Areas of Co-operation and Prospects*, Berlin, Logos Verlag Berlin GmbH, 2015, p. 51.

④ Karolina Libront, "The Dilemma of Stabilisation versus Democratisation. German Policy towards Egypt Before and after the Arab Spring", in Anna Potyrala, Beata Przybylska-Maszner, and Sebastian Wojciechowski eds. , *Relations between the European Union and Egypt after 2011-Determinants*, *Areas of Co-operation and Prospects*, Berlin, Logos Verlag Berlin GmbH, 2015, p. 202.

从 2011 年对穆巴拉克政权的外交否定，到对第一过渡时期和穆尔西政府时期埃及政治转型的全力支持，再到"7·3"事件和暴力镇压后紧随欧洲冷冻德埃关系，默克尔政府四年里一直追随着欧盟整体对埃政策。这一时期的欧盟对埃政策，从根本上是以"民主促进"和"人权保护"为核心目标和原则的，它们与欧盟地中海政策的总体战略相一致。

北非变局发生以前，欧盟地中海政策一直以经济合作为核心。但北非变局引发多个阿拉伯国家政治变革，从而为欧盟和欧洲大国介入地中海彼岸、推进自身影响提供了契机。欧盟打算借"阿拉伯之春"推进"民主促进政策"。① 欧盟国家对埃及革命的外交介入只是在地中海地区实施"民主促进"政策的开始，法英以"保护之责任"为理由牵头军事介入利比亚则是本轮"民主促进"的重要步骤。欧盟还为了助推突尼斯、埃及等国加速民主转型而推出了大规模经济援助。在这一系列行动中，由法英两国力推的"保护之责任"和"民主促进"，成为欧盟地中海政策的核心道义准则。这些准则在欧洲舆论的不断发酵中成为强有力的政治压力，迫使欧盟各国不得不顺应民意，追随法英政策。这就是为什么德国尽管反对军事介入利比亚并在安理会 1973（2011）号决议上投票"弃权"后，仍推动成立"欧盟利比亚维和部队"（EU For Libya），以缓解舆论和他国对其"不作为""坐视人道主义危机发生"的指责。②

总的来看，2015 年以前德国依旧在埃及外交战略布局中被边缘化，尽管它本身对法英邻国在利比亚和叙利亚的行为模式存在异议，但依然不得不跟随英法主导下的欧盟地中海政策的总体战略。但是，2015 年年初，默克尔政府果断搁置人权和民主争议，接纳埃及总统塞西访德，并开启了德埃关系正常化进程。

三 德埃关系正常化及其对欧盟政策的影响

2015 年年初德国对埃及态度的突然转变，在德国国内和欧盟国家都引发了巨大争议。此时，虽然欧盟内部也出现了改变地中海政策的呼声，但德国无疑是最早

① European Commission，"A New Response to a Changing Neighbourhood：A Review of European Neighbourhood Policy"，Joint Communication by the High Representative of The Union For Foreign Affairs And Security Policy and the European Commission，COM（2011）303 Final，Brussels，May 25，2011，https：//eeas. europa. eu/sites/eeas/files/review_en. pdf，最后登录日期：2017 年 5 月 31 日。

② 该计划因卡扎菲的迅速倒台而从未付诸实施。Timo Behr，"After the Revolution：The EU and the Arab Transition"，*Notre Europe Policy Paper* 54，December 1，2016.

且最引人注目的行动派。2014 年 12 月，默克尔还拒绝接受塞西访德，但到 2015 年
3 月 4 日，德国外长施泰因迈尔与塞西远程通话确定了塞西 6 月访德事宜。① 2015
年 3 月 13 日沙姆沙伊赫举行的 "埃及经济发展大会" 上，在德国经济事务和能
源部部长西格玛尔·加布里尔（Sigmar Gabriel）的见证下，德国西门子公司与埃
及政府签署了合作发展埃及电力供应的备忘录，总价值高达 80 亿欧元。②

2015 年 6 月，塞西携庞大的代表团正式出访德国。访德期间，埃及政府除
与西门子公司正式签署订单外，还与多家德国企业达成合作协议，所有订单总额
高达 100 亿欧元（折合 111 亿美元），约为 2015 年埃及 GDP 总额（3308 亿美元）
的 3.36%，比 2012 年欧盟和欧洲国家对埃援助和投资的总额还多出一倍。③ 订
单中西门子将一次性出售 24 组 H 型燃气轮机（西门子数十年来总共才售出 48
组），并在贝尼苏韦夫、开罗新首都、布如勒斯（Burullus）建立三座超大天然气
电力工厂，其规模达世界之最。这个订单，使得西门子超过美国通用电气公司而
一跃成为埃及最大的能源合作商。④

德国对塞西访问的欢迎，被德国反对派批评为 "向欧洲发出错误的信号"。⑤
德国联邦议院议长、保守派联盟成员诺贝特·拉默特（Norbert Lammert）拒绝会
见塞西，他还曾致信埃及驻柏林大使要求其取消塞西的访德计划。⑥ 德国总统约
阿希姆·高克（Joachim Gauck）在柏林贝尔维尤宫以接见军人的仪式接见了塞
西，并且撤去了礼仪必备的红地毯，可谓对塞西作为军人干政的直接讽刺。德国

---

① Hélène Michou, "EU-Egypt Bilateral Relations: What Scope for Human Rights Advocacy?", Eu-roMed Rights and EuroMed Droits, June 2016, http://euromedrights. org/wp-content/uploads/2016/10/EuroMed-Rights-EU-Egypt-report-external-EN. pdf, 最后登录日期: 2017 年 9 月 26 日。

② Judy Dempsey, "Germany Welcomes Egypt's Sisi", Carnegie Europe, June 1, 2015, http://carne-gieeurope. eu/strategiceurope/60260? lang = en, 最后登录日期: 2017 年 9 月 26 日。

③ Raniah Salloum, "Berlin-Besuch von Ägyptens Staatschef Sisi: Der unangenehme Gast", SPIEGEL Online, 02 Juni 2015, http://www. spiegel. de/politik/ausland/abdel-fattah-el-sisi-in-berlin-der-unangenehme-gast-a-1036542. html, 最后登录日期: 2018 年 3 月 3 日。

④ "UPDATE 2-Siemens Signs 8 Billion Euro Power Deal with Egypt", Ruters, June 3, 2015, https://www. reuters. com/article/siemens-egypt-power/update-2-siemens-signs-8-billion-euro-power-deal-with-egypt-idUSL5N0YP41Z20150603, 最后登录日期: 2017 年 9 月 26 日。

⑤ Raniah Salloum, "Berlin Sends Wrong Message by Welcoming Sisi", Spiegel Online, June 3, 2015, http://www. spiegel. de/international/world/editorial-on-egyptian-president-sisi-and-his-visit-to-germa-ny-a-1036876. html, 最后登录日期: 2017 年 9 月 26 日。

⑥ "L'entrevue du président égyptien avec Merkel à Berlin maintenue", The Times of Israël, 20 mai 2015, http://fr. timesofisrael. com/lentrevue-du-president-egyptien-avec-merkel-a-berlin-maintenue/, 最后登录日期: 2018 年 3 月 3 日。

《明镜周刊》则直言塞西是"不受欢迎的客人"。[1] 包括人权观察和大赦国际在内的五家国际非政府组织联合致信默克尔，对其欢迎塞西表示不满，并呼吁她就人权问题向埃及政府明确施压。[2] 流亡的埃及自由派则据此指责"德国政府是塞西在埃及残忍行为的支持者和同谋"。[3]

但很显然，来自媒体、政界和国外的舆论压力丝毫没有改变默克尔的意志，而她的行动反而直接带动了欧盟对埃及政策的转变。2015 年 6 月 11 日，欧盟委员会在地中海联盟框架下成立了"欧盟地中海天然气合作平台"（EuroMed Platform for Gas），致力于促进北非和东地中海地区的能源开发和能源出口，其中提到"尤其需要将东地中海海盆打造成为一个未来的天然气核心市场"。[4] 而要建设东地中海天然气核心市场，不可避免地要重启与埃及的经济合作，因为埃及、以色列和塞浦路斯三国中只有埃及拥有完善的液化天然气出口产业链和健全的液化天然气生产和运输设备。在设想中的东地中海输气管道开通之前，埃及的地位无法取代。[5]

---

[1] Raniah Salloum, "Berlin-Besuch von Ägyptens Staatschef Sisi: Der unangenehme Gast", SPIEGEL Online, 02 Juni 2015, http://www.spiegel.de/politik/ausland/abdel-fattah-el-sisi-in-berlin-der-unangenehme-gast-a-1036542.html, 最后登录日期：2018 年 3 月 3 日。

[2] "Deutschland: Menschenrechtsverletzungen gegenüber al-Sisi klar ansprechen-Human Rights Watch", hrw.org, 02 Juni 2015, http://www.hrw.org/de/news/2015/06/01/deutschland-menschenrechtsverletzungen-gegenueber-al-sisi-klar-ansprechen, 最后登录日期：2018 年 3 月 3 日。

[3] Raniah Salloum, "Berlin-Besuch von Ägyptens Staatschef Sisi: Der unangenehme Gast", SPIEGEL Online, 02 Juni 2015, http://www.spiegel.de/politik/ausland/abdel-fattah-el-sisi-in-berlin-der-unangenehme-gast-a-1036542.html, 最后登录日期：2018 年 3 月 3 日。

[4] European Commission, "Commissioner Launches Euro-Mediterranean Gas Platform", June 2015, https://ec.europa.eu/energy/en/news/commissioner-launches-euro-mediterranean-gas-platform, 最后登录日期：2017 年 9 月 26 日。东地中海海盆天然气富集区位于以色列、塞浦路斯和埃及之间的三角地带，已发行的天然气田包括以色列的他玛（Tamar，发现于 2009 年，储量约 3070 亿立方米）、利维坦（Leviathan，2010 年，4700 亿立方米和约 6 亿桶深矿层石油）、塞浦路斯的阿佛洛狄特（Aphrodite，2011 年，2000 亿立方米和 37 亿桶石油）、埃及的祖哈勒（Zohr，2015 年 8 月，8500 亿立方米）。祖哈勒气田是截至目前地中海区域发现的最大天然气田，在世界天然气田储量排行榜中位列第二十，它的储量是埃及原有探明总储量的约 1/2。

[5] 规划中的天然气管道起自黎凡特海盆，东去以色列海法，北通塞浦路斯，向西经过克里特岛和希腊，连接跨亚得里亚海天然气管道，最后直抵意大利，全长 1880 千米。"The East Mediterranean Geopolitical Puzzle and the Risks to Regional Energy Security", IENE's SOUTH-EAST EUROPE ENERGY BRIEF-Monthly Analysis, Issue No. 103, July-August 2013, http://www.iene.eu/the-east-mediterranean-geopolitical-puzzle-and-the-risks-to-regional-energy-security-p20.html, 最后登录日期：2017 年 4 月 28 日。

到 2015 年下半年，欧埃关系重启成为既定事实。10 月，欧盟正式重启《欧埃联系协定》，从而为欧洲重新援助埃及经济发展打开大门。[1] 11 月 2 日，欧盟宣布注资 6800 万欧元投入 "埃及天然气互连工程" 以促进埃及天然气产业部门的可持续发展，法国发展署（French Development Agency）随后跟进了 7000 万欧元的贷款，世界银行也承诺给予 5 亿美元的贷款。[2] 与此同时，欧盟对埃及的中小微企业援助开始恢复，自 2015 年第四季度拨款 1500 万欧元，2016 年则拨款 6000 万欧元，从而达到 2013 年以前的峰值。德国经济合作和发展部 2015 年也向埃及提供 6800 万欧元援助，其中 5000 万系财政拨款，优先领域包括水资源和垃圾处理、可再生能源和可持续发展等。[3]

可见，在 2015 年 11 月 13 日巴黎暴力恐怖袭击事件促成欧盟对地中海总体政策再次转型之前，欧盟对埃政策已经发生根本性变化。[4] 到 2016 年，埃及已经全面恢复了在欧洲邻国政策中的核心地位。2016—2017 年接受经济援助拨款总额达 4.25 亿欧元，还获得来自欧洲金融机构或第三方的 3.6 亿欧元贷款，获援总额在欧洲邻国政策对象国中居第一位。[5] 德国和欧盟解冻对埃关系，贯彻了 "稳定邻国" 以保障 "欧洲安全" 的总体思路。可以说，它是 2015 年 11 月 18 日欧盟出台《邻国政策：2015》从而改变欧盟地中海政策核心战略的先兆。甚至可以说，即使不发生巴黎暴恐袭击这样的舆论风暴事件，欧盟地中海政策的改变也是势在必行的，只是速度会缓慢一些。北非变局的溢出效应对欧洲的冲击，及其引发的欧洲舆论风向和社会意识的整体改变，是这种必然性的内在根源。基于

① European Commission, "Joint Staff Working Document Report On Eu-Egypt Relations in the Framework of the Revised ENP", SWD (2017) 271 Final, July 13, 2017, p. 2.

② European Commission, "European Union and Partners Promote Egypt Gas Connection", November 2, 2015, http：//eeas. europa. eu/archives/delegations/egypt/press_ corner/all_ news/news/2015/2015110 2_ en. pdf, 最后登录日期：2017 年 9 月 28 日。

③ Hélène Michou, "EU-Egypt Bilateral Relations：What Scope for Human Rights Advocacy?", EuroMed Rights and EuroMed Droits, June 2016, p. 27, http：//euromedrights. org/wp-content/uploads/2016/10/EuroMed-Rights-EU-Egypt-report-external-EN. pdf, 最后登录日期：2017 年 9 月 26 日。

④ European Commission, "Review of the European Neighbourhood Policy", JOIN (2015) 50 Final, Brussels, November 18, 2015, at http：//eeas. europa. eu/archives/docs/enp/documents/2015/151118_joint-communication_ review-of-the-enp_ en. pdf, 最后登录日期：2017 年 10 月 1 日。

⑤ European Commission, "Commission Implementing Decision, of 20. 10. 2016, on the Annual Action Programme 2016 (Part 2) and Annual Action Programme 2017 (Part 1) in Favour of Egypt to be Financed from the General Budget of the European Union", Brussels, C (2016) 6633 Final, October 20, 2016.

此，默克尔果断抓住历史机遇，以西门子订单为引调整对埃政策，并成功将开罗变为德国追寻欧盟地中海政策主导权的有力外部支持者。德国对埃政策调整，与之后默克尔对难民的欢迎政策和科布莱尔的利比亚冲突治理，成为德国地中海政策的三驾马车，共同推动德国成为环地中海区域关键行为体。

默克尔政府为何要不顾舆论压力，率先调整对埃政策？是否真如德国和埃及媒体那样可简单化地解释为"为了利益而不顾道义"？为何德国转变政策后不久，欧盟就紧随其后，同样搁置人权和民主争议而重启欧埃关系？要想解答这些问题，必须深入分析德国地中海政策调整的原因及其与欧盟地中海政策的关系。

四 德国对埃及政策转变的动因

客观来说，默克尔对埃政策的变化，并非西门子订单单方面影响的结果，而是一系列内外因素交相作用的结果。首先，"伊斯兰国"的崛起对埃及科普特基督徒的伤害是一大诱因。2015 年 2 月 15 日，"伊斯兰国"哈亚特媒体中心（al-Hayat Media Center）在推特发布了名为"送给十字军的带血信息"的视频，视频显示 21 名科普特埃及人在的黎波里海边被斩首。[1] 该视频在埃及和欧洲迅速引发舆论的轩然大波。2 月 16 日，埃及军方迅速出击，发动空军进攻盘踞在利比亚东部德尔纳地区的"伊斯兰国"武装力量。[2] 随后，托卜鲁克的利比亚国民军也加入埃及的军事行动中。[3] 在埃及和托卜鲁克政府的联合打击下，"伊斯兰国"武装分子被迫转战利比亚中部的苏尔特。

可以说，自二月行动之后，埃及已经成为左右利比亚政治局势的重要外部力量，埃及军队为科普特人报仇的行动也赢来了西方难能可贵的好感。据一位与德国大使亲近的官员称，塞西访德的主要促成者是福尔克尔·考德尔（Volker Kauder），他是德国议会中基督教民主联盟议员集团的主席。基民盟对塞西保护埃及科普特人

① "ISIL Video Shows Christian Egyptians Beheaded in Libya", Al Jazeera, February 16, 2015, http://www.aljazeera.com/news/middleeast/2015/02/isil-video-execution-egyptian-christian-hostages-libya-150215193050277.html，最后登录日期：2018 年 1 月 18 日。

② "Egypt 'Bombs IS in Libya' after Beheadings Video", BBC News, February 16, 2015, http://www.bbc.com/news/world-middle-east-31483631，最后登录日期：2018 年 1 月 18 日。

③ "Libyan Air Force Loyal to Official Government Bombed Targets in Eastern City of Derna", Ynetnews, February 16, 2015, https://www.ynetnews.com/articles/0, 7340, L-4627076, 00.html，最后登录日期：2018 年 1 月 18 日。

行动的赞赏态度，才是考德尔力促默克尔政府改变对埃政策的首要诱因。[1] 2017 年 3 月默克尔访埃时，就特别会晤了亚历山大的科普特主教塔瓦德斯二世（Pope Tawadros Ⅱ），并赞扬了埃及政府 2016 年 12 月成功制止两起针对科普特教堂的恐怖袭击。[2] 由此可见科普特人因素在德埃关系正常化进程中的特殊作用。

中俄因素（尤其是中国因素）的影响也十分明显。由于欧美对塞西政府的不断排斥，2013 年后埃及外交开始明显地"向东看"，从而超越了穆尔西时期"东西方平衡外交"的设想。2014 年 12 月 23 日，塞西总统访问中国时，中埃建立"全面战略合作伙伴关系"。在随后发布的联合声明中，中方表示将支持埃及政府的经济振兴计划，特别是开发苏伊士运河走廊等国家重大项目和重要建设规划，同时承诺努力推动埃及苏伊士经贸合作区加快发展，继续鼓励和支持有实力的中国企业赴埃及投资兴业，并对 2015 年的埃及经济大会给予支持。[3] 中国和德国分别是埃及的第一、第二大贸易伙伴，2016 年与埃及的双边贸易分别是 109 亿美元（其中中国对埃出口达 104 亿美元）和 55.5 亿美元（其中德国对埃出口达 50 亿美元）。[4] 中德两国均有志向发展埃及的能源出口以对冲对埃贸易不平衡（因为两国均是石油和天然气净进口国）。

默克尔政府在"中埃全面合作伙伴关系"确立后迅速调整对埃政策，中国因素虽然对德国埃及政策调整的影响很大，但默克尔改弦更张的最根本原因，还是源于欧洲政界和社会对北非变局整体认识的转变。而这种转变，源于自埃及"7·3"事件后开启的中东"逆民主化危机"，以及北非变局的溢出效应对欧洲安全的直接威胁。"逆民主化危机"蔓延的第一站在突尼斯，最终导致了突尼斯复兴党政权被和平终结。突尼斯复兴党高级领导人阿卜杜勒·马吉德·尼葛尔事

① Hélène Michou, "EU-Egypt Bilateral Relations：What Scope for Human Rights Advocacy?", EuroMed Rights and EuroMed Droits, June 2016, http：∥euromedrights. org/wp-content/uploads/2016/10/EuroMed-Rights-EU-Egypt-report-external-EN. pdf, 最后登录日期：2018 年 1 月 18 日。

② "Egypt and Germany…New Phase of Partnership", State Information Service (SIS), Foreign Information Sector of Egypt, March 23, 2017, http：∥sis. gov. eg/UP/اصدارات/english. pdf, 最后登录日期：2018 年 3 月 1 日。

③ 《中华人民共和国和阿拉伯埃及共和国关于建立全面战略伙伴关系的联合声明（全文）》，新华社，12 月 23 日，http：∥www. gov. cn/xinwen/2014-12/23/content_2795621. htm，最后登录日期：2018 年 1 月 18 日。

④ 数据来自"经济复杂性观察站"（the Observatory of Economic Complexity, OEC）官方网站"Egypt"栏目，见 https：∥atlas. media. mit. edu/en/profile/country/egy/，最后登录日期：2018 年 1 月 18 日。

后接受采访时直言不讳地说："在埃及发生的事情深刻影响到了突尼斯……并使我们变得脆弱。开罗军事政变迫使我们进行协商，并做出妥协。"① 不同于突尼斯的和平转变，不甘心失去权力的利比亚伊斯兰主义者拼死反击。一系列妥协失败后，2014 年 6 月，伊斯兰民兵组织"利比亚黎明"占领的黎波里，利比亚随即分裂成两个政府（的黎波里的"救国政府"和东部托卜鲁克政府），逆民主化危机在利比亚演变成二次内战。

利比亚二次内战的爆发打击了欧洲的话语权和自信心态，对"欧洲瓦解卡扎菲政权导致利比亚走向黑暗时代"的批评之声骤起。而与此同时，北非变局的溢出效应也开始展现，能源价格危机和难民危机让欧洲苦不堪言。据笔者测算，2011—2014 年，北非变局导致的石油天然气价格暴涨让欧盟直接损失达7297.4 亿美元，相当于法国 2015 年 GDP 总量的 30.1%，是欧盟 2015 年 GDP 总量的 4.3%。这意味着，2011—2014 年欧盟每年都要多花本国总 GDP 的约 1.1%来为能源价格危机买单，而这一数据与 2011—2014 年欧盟名义 GDP 增速放缓的数据惊人吻合。②

难民危机方面，早在 2011 年利比亚难民就大规模涌入意大利，但危机真正的爆发开始于 2015 年年初。2015 年 1 月进入欧洲难民数量为 1694 人，是 2014 年的1.8 倍，环比增长 80%。2015 年 2 月，环比增长 190%；3 月环比增长 360%。而到2015 年 4 月，难民总数达到去年同期的 8 倍。之后数据一路跃升，2015 年 10 月到达顶峰，是 2014 年同期的 28.5 倍。2015 年全年涌入欧洲的难民总数超 100 万人，他们主要来自受"伊斯兰国"威胁的叙利亚和伊拉克（占总数比的 65%）。③

---

① Hardin Lang, Mokhtar Awad, Peter Juul, and Brian Katulis, "Tunisia's Struggle for Political Pluralism after Ennahda", Center for American Progress, April 2014, pp. 11 – 12, https://www. americanprogress. org/wp-content/uploads/2014/04/Tunisia-report. pdf, 最后登录日期：2018 年 1 月 18 日。

② 2010 年欧盟名义 GDP 增长率为 4.4%，2011 年下降到 3.0%，2012 年下降到 1.9%，2013 年下降到 0.8%。2014 年可能是因为欧债危机的解除和能源价格回落，该年相对于上一年 GDP 增长了 3.0%。欧盟 GDP 增速放缓与能源价格损失是否存在关系。欧盟 GDP 数据来自 http://www. edatasea. com/Content/eu/ID/12, 最后登录日期：2017 年 9 月 27 日。石油天然气价格走势来自 BP, "BP Statistical Review of World Energy 2016," June 2017, http://www. bp. com/en/global/corporate/energy-economics/statistical-review-of-world-energy. html, 最后登录日期：2017 年 5 月 2 日；U. S. energy information administration, "Weekly Europe Brent Spot Price FOB," https://www. eia. gov/dnav/pet/hist/LeafHandler. ashx? n = pet&s = rbrte&f = w, 最后登录日期：2017 年 9 月 27 日。

③ 数据系笔者从来源联合国人权理事会（UNHRC）官网统计而来，见 http://data2. unhcr. org/en/situations/mediterranean/location/5179, 最后登录日期：2017 年 9 月 27 日。

中东逆民主化危机、能源价格危机和欧盟难民危机，使法、英力推的"民主促进政策"和"保护之责任"面临检验，两国在欧盟地中海政策中的话语权和领导力遭受质疑。另外，曾作为法国在地中海影响力之象征的地中海联盟也遭遇危机，从而为德国获取欧盟地中海政策领导权扫清了障碍。2011年6月，面对欧盟的敌视政策和军事介入企图，叙利亚正式宣布退出地中海联盟，此为地中海联盟衰落的前兆。[①] 2012年年初，因欧债危机地中海联盟陷入缺乏资金的窘境，使得法国、西班牙等提议将欧洲邻国政策对东部邻国的资助部分转移到对地中海国家的资助上去。[②] 但德国和东欧国家的反对使地中海联盟遭遇不幸，它的功能遭到质疑，资金来源更是紧张，其"项目的集合体"的形象更加令人印象深刻。而后，2012年5月萨科齐在竞选中负于奥朗德而失去法国总统宝座，地中海联盟失去了最主要的推动力。2012年6月，地中海联盟法国-埃及联合主席体制让位于欧盟-约旦联合主席体制，法国失去了对地中海联盟和欧盟地中海政策的控制权，地中海联盟也最终被纳入欧洲邻国政策框架之中而失去了独立地位。

在外部危机和内部权力转移的背景下，2015年4月28日，欧盟委员会正式就欧洲邻国政策调整进行讨论，最后决定将欧洲邻国政策提到欧盟"共同外交和安全政策"的高度，同时不再强调对南地中海阿拉伯国家的"民主促进政策"。[③] 在欧盟内部对地中海国家态度转变的同时，默克尔果断行动，带头调整对埃政策，从而为德国在地中海影响力的提升打下基础。而随后默克尔对叙利亚战争难民的欢迎政策，及其在利比亚冲突治理中的积极作用，则奠定了德国在欧盟地中海政策中的话语权和领导地位，而对埃政策调整又成为利比亚冲突治理的成功伏笔。

2014年利比亚东西分裂后，"伊斯兰国"开始在此兴风作浪，引发了一海之

① Rim Turkmani and Mustafa Haid, "The Role of the EU in the Syrian Conflict", Security in Transition, February 2016, London, https：//www.fes-europe.eu/fileadmin/public/editorfiles/events/Maerz_2016/FES_LSE_Syria_Turkmani_Haid_2016_02_23.pdf, 最后登录日期：2017年3月4日。

② French Foreign Ministry, "Non-Papier: Action de l'Union européenne en direction du voisinage Sud", February 16, 2011, http：//www.diplomatie.gouv.fr/IMG/pdf/11-02-17_Non-papier_Action_de_l_Union_europeenne_en_direction_du_voisinage_Sud.pdf, 最后登录日期：2017年9月27日。

③ European Commission, "Council Conclusions on the Review of the European Neighbourhood Policy", Press Release 188/15, April 20, 2015, https：//www.consilium.europa.eu/en/press/press-releases/2015/12/14/conclusions-european-neighbourhood/, 最后登录日期：2017年9月27日。

隔的欧洲的忧虑。为了促使东、西两个政府联合应对"伊斯兰国"的威胁，欧洲国家开始采取行动。2015 年 11 月 4 日，德国人马丁·科布莱尔（Martin Kobler）被任命为联合国驻利比亚特使，从而成为利比亚冲突治理的国际执行人。此时，要解决利比亚东西分裂问题，无法越过利比亚国民军的实际控制者哈利法·哈夫塔尔将军，而埃及是寥寥几个能对之产生决定性影响的因素之一。正是默克尔解冻德埃关系，为科布莱尔的使命打下了基础。2015 年 12 月 17 日，在数轮紧锣密鼓的谈判后，科布莱尔最终促成了利比亚东西两方势力签署《利比亚政治协定》，以成立利比亚民族团结政府。2016 年 4 月 5 日，一系列政治博弈之后利比亚团结政府正式开始执政，并随后取得对"伊斯兰国"的一系列的军事胜利，利比亚和平曙光凸显。

对科布莱尔的支持，是德国在地中海区域治理中构建自身影响力和话语权的策略选择，其重要性甚至等同于默克尔的"难民欢迎政策"，而其中埃及的作用又是相当微妙且不可忽视的。埃及在德国心目中的重要性不断提升，最终导致了2017 年 3 月 2 日默克尔的访埃之旅，这是自"1·25"革命以来德国最高领导人第一次访埃，从而将德埃关系拉至一个新高度。①

后来发表的公报认为，默克尔与塞西总统已就利比亚冲突治理、打击恐怖主义、科普特人保护、难民治理等问题达成共识，同时埃方承诺在叙利亚问题上保持克制，德方则对埃及"为应对此起彼伏的恐怖主义威胁而不得不暂缓改善人权的努力"表示理解。德方同时强调科布莱尔工作的重要意义，认为必须进一步努力以使利比亚冲突治理圆满完成。默克尔还会见了爱资哈尔大伊玛目谢赫艾哈迈德·塔伊布（Sheikh Ahmed El-Tayyeb），讨论了爱资哈尔在反对极端主义与伊斯兰恐惧症上的作用，并希望在打击恐怖主义上加深德埃合作。默克尔最后还邀请塞西参加 2017 年的汉堡 G20 峰会，得到塞西的肯定答复。②

对于默克尔访埃，埃及媒体给予了十分乐观的评价。《金字塔报》就以"与德国伙伴关系新高度"为题，描述了德埃双方在反对恐怖主义、难民治理、文

---

① "Egypt and Germany…New Phase of Partnership", State Information Service（SIS）, Foreign Information Sector of Egypt, March 23, 2017, http：//sis. gov. eg/UP/اصدارات/english. pdf，最后登录日期：2018 年 3 月 1 日。

② "Egypt and Germany…New Phase of Partnership", State Information Service（SIS）, Foreign Information Sector of Egypt, March 23, 2017, http：//sis. gov. eg/UP/اصدارات/english. pdf，最后登录日期：2018 年 3 月 1 日。

化互动、经贸合作等领域的美好前景。① 而塞西 2017 年 7 月 7—8 日访德并参加 G20 峰会前，埃及驻德国大使巴德尔·阿卜杜拉·阿提（Badr Abdel Atty）接受采访时就称："基于恐怖主义、难民和非法移民、利比亚治理等问题，德国已认识到埃及在地中海和北非地区稳定和发展中的关键影响力，而默克尔政府最近两年对埃及的外交关注则是其客观表现。"②

总的来看，默克尔调整对埃政策，是一系列战略考量的结果。首先是埃及拥有强烈的重启德埃关系的意愿，开罗极度渴求柏林帮助埃及发展经济和恢复国际地位。其次，来自中俄的竞争压力激发了德国的竞争意识。再次，法英在欧盟地中海政策中话语权和领导力的下降，为德国影响力的提升提供了契机。最后，中东变局的溢出效应威胁到欧洲安全，从而使欧洲舆论风向发生转变。基于这些，默克尔果断抓住历史机遇，以西门子订单为引，成功将开罗变为德国追寻欧盟地中海政策主导权的有力外部支持者。德国对埃政策调整，与之后默克尔对难民的欢迎政策和科布莱尔的利比亚冲突治理，成为德国地中海政策的三驾马车，共同推动德国成为环地中海区域关键行为体。而从利益和道义之辩的角度考察德国埃及政策的调整，显然利益考量的影响更多一点。但利益考量并非西门子订单的简单经济收益，而是德国在地中海区域的整体战略收益，这可能才是默克尔改弦更张的主要着眼点。

当下埃及政府执政的核心思路就是稳定和发展经济，降低失业率，重振旅游业和能源产业，从而挽救政府的经济合法性。而在挽救埃及经济方面，德国的潜力十分巨大，俄美的竞争力则相对较弱。德国因其与埃及长达 150 年的文化交往和 120 多年的经贸互动和投资经历，先天占据优势。相对于总体发展势头良好但规模相对较小的苏伊士经贸合作区，德国对埃投资早已规模化、多元化、本地化，且无须一个经济特区的支持即可有效生存并发展壮大。而西门子订单又将德国对埃投资拉到一个新高度。而德国则在占据埃及对外贸易第二伙伴国的同时，在对埃投资和援助上双管齐下，因而后续动力更强。德国已成为当下

---

① 艾哈迈德·萨米·麦瓦利、纳德尔·塔曼、马哈·哈桑：《与德国伙伴关系新高度：调整发展合作和反恐互动的新协议》（阿拉伯文），《金字塔报》（阿文版），2017 年 3 月 4 日，http://www.ahram.org.eg/NewsQ/581690.aspx，最后登录日期：2017 年 12 月 30 日。

② 《埃及驻柏林大使：塞西开创与德国经济合作新高度》（阿拉伯文），《埃及晨报》（Al-Shorouk Newspaper），2017 年 6 月 17 日，http://www.shorouknews.com/news/view.aspx?cdate=11062017&id=18ca7b8b-a7eb-49d4-927a-a91b3bf9cdeb，最后登录日期：2017 年 9 月 27 日。

埃及最有潜力的经济伙伴，而随着双方的相互理解和不断增强的政治互动，德埃关系呈总体上升态势，这很可能改变埃及对外关系的总体格局，并削弱埃及"向东看"的动力。

第三节 巴黎暴恐事件与欧盟地中海政策的再调整

自2011年5月欧盟地中海政策第一次调整以来，西亚北非层出不穷的新危机使欧盟及其成员国穷于应对。从叙利亚军事介入失败到埃及政变和利比亚二次内战，再到"伊斯兰国"的崛起，这些发生在西亚北非或由之延伸而来的事件，不断冲击着欧盟地中海政策。在民主退潮、安全忧虑陡升的背景下，再维持2011年5月出台的"民主推进"战略将不合时宜也不符合欧洲的当前利益，而欧洲舆论的呼声也迫使欧盟及其成员国不得不重新调整地中海政策。

2015年11月13日的巴黎暴恐事件引发对欧洲安全的新忧虑，5天之后出台的《邻国政策回顾：2015》标志着欧盟地中海政策的第二次转向。此时，为了欧洲的安全，"稳定邻国"成为核心诉求。从目前欧洲不断增长的恐怖主义威胁来看，第二次调整后的欧盟地中海政策抑制地区激进化趋势的能力是有疑问的，其"稳定邻国"的效力并不能过分高看。

一 "稳定优先"战略的确定

从2015年开始，"民主促进"战略的失败和欧洲舆论的呼声迫使欧盟及其成员国不得不重新调整地中海政策。"稳定优先"成为核心诉求，欧盟各成员国在这个问题上的认识高度一致，曾经"欧洲陷入分裂"的话语因共同的安全危机而消失。

2015年11月12日晚间，黎巴嫩贝鲁特南郊发生爆炸袭击，造成43人死亡、200—240人受伤。"伊斯兰国"宣布对此次事件负责，并称目的是报复黎巴嫩真主党介入叙利亚内战并帮助巴沙尔政权。11月13日，法国巴黎发生暴恐事件，造成137人死亡、368人受伤，"伊斯兰国"宣称对此负责。不同于少有公众关注的贝鲁特事件，巴黎暴恐事件立刻引发欧洲以至全球的轩然大波。在舆论压力下，欧盟地中海政策不得不再次调整。

2015年11月18日，欧洲议会、欧盟委员会、欧盟经济和社会委员会、地区委员会联合发布的《邻国政策回顾：2015》①（为与 2011 年的区别，简称"2015 年邻国政策调整"），标志着欧盟地中海政策第二次转向。在文件中，"稳定邻国"成为欧盟对地中海地区的核心战略，取代了之前推进"深度、可持续民主"的战略。

此次战略转变不仅是战略目标的调整，也是战略工具的调整。此后邻国政策中的双边关系成为欧盟地中海政策的主要工具，作为多边合作平台的地中海联盟则退居次要地位。而事实上自 2012 年开始，作为欧盟地中海政策双重架构之一的地中海联盟就已经失去了继续维持的动力。

在"2011 年邻国政策回顾"中，欧盟尚给予了地中海联盟较高的关注，声称"高级代表（阿什顿）和欧盟委员会已做好根据《里斯本条约》原则在地中海联盟承担更多责任的准备"。② 2012 年 2 月中旬，法国、西班牙、希腊、塞浦路斯、马耳他和斯洛文尼亚联合提议将邻国政策对东部邻国的资助部分转移到对地中海国家的资助上去。③ 此时，汹涌的欧债危机正使得南欧国家缺乏资金来支持地中海联盟诸多项目的运作。但德国外交部部长韦斯特韦勒反对重新调整邻国政策的资金配置，中欧和北欧国家则与之站在一边。④ 这一冲突引发了对地中海联盟的地位及其与欧盟机制之关系的争论。意见分歧使地中海联盟遭遇不幸，它的功能遭到质疑，资金来源更是紧张，其"项目的集合体"的形象更加令人印象深刻。⑤ 作为一个独立架构的政治体系却没有实实在在基础运作保障的地中海联盟，使其最终成了空中楼阁。鉴于对地中海联盟未来前景的悲观预期，大多数欧盟成员国不愿表示支持，最终的妥协方案是法国、西班牙和德国为该联盟的未

① European Commission，"Review of the European Neighbourhood Policy"，JOIN（2015）50 final，Brussels，November 18，2015，http：//eeas. europa. eu/archives/docs/enp/documents/2015/151118 _joint-communication_ review-of-the-enp_ en. pdf，最后登录日期：2017 年 10 月 1 日。

② European Commission，"A New Response to a Changing Neighbourhood：A Review of European Neighbourhood Policy"，Joint Communication by the High Representative of The Union For Foreign Affairs And Security Policy and the European Commission，COM（2011）303 Final，Brussels，May 25，2011，at https：//eeas. europa. eu/sites/eeas/files/review_ en. pdf，最后登录日期：May 31，2017，最后登录日期：2017 年 5 月 31 日。

③ French Foreign Ministry，"Non-Papier：Action de l'Union européenne en direction du voisinage Sud"，February 16，2011，http：//www. diplomatie. gouv. fr/IMG/pdf/11-02-17_ Non-papier_ Action_ de_ l _Union_ europeenne_ en_ direction_ du_ voisinage_ Sud. pdf，最后登录日期：2017 年 6 月 23 日。

④ "Westerwelle：Zusagen für Nordafrika an Reformen knüpfen"，Frankfurter Allgemeine Zeitung，February 18，2011.

⑤ Timo Behr，"The European Union's Mediterranean Policies after the Arab Spring：Can the Leopard Change Its Spots"，*Amsterdam LF* 4，2012，pp. 76 – 88.

来运作负担一半的经费，另一半经费由欧盟财政负担。

这次争论，意味着"阿拉伯之春"后欧盟外交政策开始受制于双边框架的邻国政策体系，而作为多边框架的地中海联盟开始逐渐失去影响力。2012年6月，地中海联盟进行改组，欧盟委员会取代法国成为欧方联合主席，约旦则继承了埃及的联合主席地位。同时，邻国政策执行局在其官方网站中正式将邻国政策对象国分为两个集团，即"东邻"和"地中海联盟"，从而将地中海联盟囊括进来。自2012年到2015年，地中海联盟影响力的不断下降是有目共睹的事实。归根到底，地中海联盟太过依赖于阿拉伯国家政府的配合意愿和法国的政治推动力，而西亚北非变局中一个重要的现象就是阿拉伯人民对欧洲（尤其是法国）介入阿拉伯国家事务之目的不断增长的怀疑。在此背景下，地中海联盟失去号召力就不难理解了，而因欧债危机而来的联盟运作资金匮乏，只是表象而已。

地中海联盟失去影响力，使欧盟地中海政策开始进入邻国政策单轨模式。相比2014年3月27日欧盟《处在十字路口的邻国：2013年欧洲邻国政策的实施》政策文件对"地中海联盟"的较多关注，"2015年邻国政策调整"对地中海联盟则只是略有提及。[①] 文中只提到地中海联盟"被认为是一个对（环地中海）政治与经济对话有益的论坛，它为地区共同利益和相关合作项目提供了一个框架支持……欧盟委员会和高级代表将继续推动这一地区的多边合作"[②]，除此之外再无着墨。这一没有后续内容的空洞表态，被证明只是对地中海联盟聊胜于无的安慰。

2015年欧盟地中海政策调整的核心内容是"民主促进"战略向"稳定邻国"战略的转变。而"2015年邻国政策调整"出台于巴黎暴恐事件5天之后，说明两者之间存在直接相关性。但欧盟委员会主席容克认为该政策是"对成员国和伙伴国家政府、欧盟机构、国际组织、社会伙伴、公民社会、商界、智库、学界

[①] European Commission, "Neighbourhood at the Crossroad: Implementation of the European Neighbourhood Policy in 2013", Joint Communication to the European Parliament, the Council, the European Economic and Social Committee and the Committee of the Regions, Brussels, March 27, 2014, http://eeas. europa. eu/archives/docs/enp/pdf/2014/joint_ communication_ en. pdf, 最后登录日期：2017年3月31日。

[②] European Commission, "Review of the European Neighbourhood Policy", JOIN (2015) 50 Final, Brussels, November 18, 2015, p. 18, http://eeas. europa. eu/archives/docs/enp/documents/2015/151118_joint-communication_ review-of-the-enp_en. pdf, 最后登录日期：2017年10月1日。

和公众进行 250 次回应和说明后的顺理成章的'调整'"。① 事实上，巴黎暴恐事件是"2015 年邻国政策调整"正式出台最重要的催化剂，但该政策本身并非一蹴而就的。

欧盟早在 2014 年 3 月 27 日对 2013 年欧洲邻国政策实施情况的评价中，就基本不再提"民主推进"的相关字眼，而代之以对西亚北非目前局势的"担忧"。② 此时，"伊斯兰国"崛起未久，难民危机尚未爆发，"圣战"式恐袭和网络恐怖主义还没成为欧洲难题，欧盟地中海政策还未到达迫切需要调整的临界点，但旧的政策失败已成定局。2015 年 4 月 28 日，欧盟委员会已开始就邻国政策调整进行讨论，其结论中将邻国政策提到欧盟"共同外交和安全政策"的高度，并给接下来的政策调整规定了四个要求：需因对象国不同而因地制宜，需聚焦于核心领域（其中安全被列为第一），援助计划应有弹性，应保证援助计划的透明性和欧盟所有权。③ 由此可见，在巴黎暴恐事件之前，"西亚北非动乱"和"欧洲安全"已经在改变欧盟地中海政策的认知。

巴黎暴恐事件，也是西亚北非变局对欧洲之直接冲击的转折点。在这之前，西亚北非变局引发的混乱还被约束在该地区内，对欧洲的影响和冲击是间接的。在这之后，对欧"圣战"式恐袭数量暴增且持续不断，"欧洲安全"受到挑战，欧盟地中海政策不得不做出改变。

以"稳定邻国"为优先选项的 2015 年欧盟地中海政策，其核心目的就是"欧洲的安全"。稳定邻国既是目的，也是手段，是实现欧洲安全的必要前提、必然步骤。2015 年邻国政策调整文件中阐述的与伙伴国家在政治、社会、经济多维度深化合作的具体建议，充斥着对这一战略目标的强调和政策倾斜。在政治

---

① European Commission, "Review of the European Neighbourhood Policy", JOIN（2015）50 Final, Brussels, November 18, 2015, p. 2, http：//eeas. europa. eu/archives/docs/enp/documents/2015/151118_ joint-communication_ review-of-the-enp_ en. pdf, 最后登录日期：2017 年 10 月 1 日。

② European Commission, "Neighbourhood at the Crossroad: Implementation of the European Neighbourhood Policy in 2013", Joint Communication to the European Parliament, the Council, the European Economic and Social Committee and the Committee of the Regions, Brussels, March 27, 2014, http：//eeas. europa. eu/archives/docs/enp/pdf/2014/joint_ communication_ en. pdf, 最后登录日期：2017 年 3 月 31 日。

③ European Commission, "Council Conclusions on the Review of the European Neighbourhood Policy", Press Release 188/15, April 20, 2015, https：//www. consilium. europa. eu/en/press/press-releases/2015/12/14/conclusions-european-neighbourhood/, 最后登录日期：2017 年 9 月 27 日。

方面，首先提到的就是要"应对伙伴国家的特殊期望"①，该特殊期望就是"政治稳定"。而在经济上，支持地中海国家中小微企业的发展、聚焦于增加青年就业率一直是欧盟援助的重点，此次被进一步强调。在能源合作领域，提升地中海在欧洲能源进口结构中的地位被着重提及，而其隐含的目标则是欧洲自身的能源安全。

为达到"欧洲安全"的目标，文件提出了安全政策七条和移民政策四点。安全七条包括：与有意愿的伙伴国家共同进行安全部门改革、强化应对恐怖主义机制并防止激进化蔓延、降低有组织犯罪、应对网络犯罪、减轻化学武器等大规模杀伤性武器的威胁、建立欧盟共同安全与防卫政策（CSSP）、完善危机管理和应对机制。② 移民政策四点包括：建立多方受益的人员流动机制、确保对有需求人群（指战争难民）的保护、反对非法移民、加强边境管理领域的合作。③

一部分学者认为，相对于欧盟大国的地中海政策，欧盟地中海政策是虚弱的、乏力的，它没有切实的国家实体来支撑政策推进，以至于政策往往"起始于文件、终结于文件"。但事实上，欧盟共同外交和安全政策并非一直难产，2011年邻国政策回顾和2015年邻国政策调整都是欧盟共同政策的阶段性成果。作为战略层面的政策工具，邻国政策调整一方面是一系列政策变化的正式确认，一方面也确实对政策具体实施过程施加了巨大影响。这些影响不能只在邻国政策实施情况中找，也要扩大到相关的欧盟具体措施和行动中去发现。

二 政策调整后的欧盟反恐安全措施

2002年以前，恐怖主义并非欧盟面临的重大安全问题。"9·11"事件改变了欧洲对恐怖主义的认知，恐怖主义问题上升为欧洲的一大治理难题。2002年以前，欧盟成员国中只有德国、法国、意大利、西班牙和英国有明确的反恐立

---

① European Commission, "Review of the European Neighbourhood Policy", JOIN (2015) 50 Final, Brussels, November 18, 2015, p. 4, http://eeas.europa.eu/archives/docs/enp/documents/2015/151118_joint-communication_review-of-the-enp_en.pdf, 最后登录日期：2017年10月1日。

② European Commission, "Review of the European Neighbourhood Policy", JOIN (2015) 50 Final, Brussels, November 18, 2015, pp. 12 – 15, http://eeas.europa.eu/archives/docs/enp/documents/2015/151118_joint-communication_review-of-the-enp_en.pdf, 最后登录日期：2017年10月1日。

③ European Commission, "Review of the European Neighbourhood Policy", JOIN (2015) 50 Final, Brussels, November 18, 2015, pp. 15 – 17, http://eeas.europa.eu/archives/docs/enp/documents/2015/151118_joint-communication_review-of-the-enp_en.pdf, 最后登录日期：2017年10月1日。

法，其他成员国只是将恐怖主义归入一般犯罪活动中。其中，只有法国、英国和西班牙的反恐立法包括国际恐怖主义的内容，其余国家缺乏对跨国恐怖主义的认知，更谈不上立法了。2003—2005 年，阿富汗和伊拉克乱局的不断催化，欧洲开始直接面对恐怖主义威胁，2004 年马德里 "3·11" 爆炸案和 2005 年伦敦 "7·7" 爆炸案催生了《欧盟反恐战略》草案，该草案是欧盟第一次出台的系统反恐文件。该战略草案最终在 2005 年 12 月 15—16 日的欧盟首脑会议上被批准通过。

在《欧盟反恐战略》中，"预防、保护、追捕、反应" 被定义为欧洲联合反恐政策的四大支柱。"预防" 是指防止欧盟成员国的公民加入恐怖组织，尤其是防止恐怖分子通过网络等途径煽动和招募人员。"保护" 则致力于加强边界管理、确保交通运输和其他重要建设的安全，从而保护欧盟成员国的公民和各项基础设施。①"追捕" 的目标是跨境或全球流动的恐怖分子，目的在于阻止恐怖分子的攻击计划、限制其通信及迁徙、破坏其支援网络、切断其资金和爆炸物来源，最终将恐怖分子绳之以法。"反应" 基于团结一致原则，在未能阻止的恐怖袭击事件发生后，提高协调能力和应对受害者需求的能力，从而控制或减轻恐怖袭击的损失。②

《欧盟反恐战略》有两个重要的特性：一是 "联合性"，它需要欧盟成员国的共识和联合行动作为推动力，但恐怖袭击目标的不均衡（目标主要集中在西欧国家如英法德西），造成了共识的难以形成；二是 "应急性"，2005 年《欧盟反恐战略》是对马德里爆炸案和伦敦爆炸案的直接反应，可一旦这种袭击消失，反恐战略就难以为继。2005—2012 年，《欧盟反恐战略》沦为 "纸面文件"。而这段时间的实践表明，英国和西班牙自身的国家反恐能力，就足以应对 "基地组织" 的恐怖威胁，"欧洲联合反恐" 实在是小题大做。《欧盟反恐战略》被认为是对 2004 年马德里 "3·11" 爆炸案和 2005 年伦敦 "7·7" 爆炸案的直接回应。文件颁布后，因为 "圣战" 式恐袭的销声匿迹，欧盟联合反恐政策基本不再更新，欧盟联合反恐战略也就被外界认为 "仅停留在纸面文件阶段"。

但是，"伊斯兰国" 的崛起使得形势迅速逆转。它的恐怖威胁如滚滚潮水般

---

① 陈洁：《欧盟反恐战略的发展与挑战》，《世界经济与政治论坛》2016 年第 1 期。

② Council of the European Union, "The European Union Counter-Terrorism Strategy", Brussels, November 30, 2005, https：∥register. consilium. europa. eu/doc/srv? l ＝ EN&f ＝ ST% 2014469% 202005% 20REV% 204，最后登录日期：2015 年 6 月 7 日。

首先通过网络恐怖攻势迎面扑来，欧洲民众在这股大潮下心生恐惧。随后，自"阿拉伯之春"以来西亚北非难民不断涌入欧洲并在 2015 年达到顶峰，大批"圣战者"隐藏在难民中到达欧洲，从而对欧洲安全造成整体威胁。2015 年难民危机的"主力军"来自叙利亚、伊拉克和阿富汗，而"伊斯兰国"是伊叙两地难民外流的主要推手。这股难民潮从土耳其边界涌入刚刚经过债务危机磨难的希腊，然后一部分跨过亚得里亚海前往意大利，另一部分横跨整个中欧去往德国和瑞典，最终目的地囊括欧洲最西边的英国和爱尔兰、最北边的挪威和瑞典。这股难民潮把整个欧洲卷入其中。而借此迁移的"圣战者"，也将恐怖威胁带到了全欧洲。2003—2005 年，伊斯兰"圣战"式恐怖袭击还局限在少数国家，影响巨大的恐怖袭击主要发生在英国和西班牙。但到 2015 年，恐袭形势发生转变，法国、英国、德国等西欧国家均遭到团伙或独狼式恐袭的威胁。

且不论恐怖袭击的重灾区法国和比利时，2016 年 7 月中下旬，德国境内也接连发生四起暴力和恐怖袭击事件，总计造成 12 人死亡、超 40 人受伤。其中三起发生在巴伐利亚州，系德国接收西亚北非难民的第一站，而四起袭击均有难民或移民背景。[①] 2017 年 3 月 22 日，英国议会大厦遭到独狼式恐怖袭击，袭击者旨在复制 8 个月前的"尼斯卡车模式"，造成 4 人死亡（包括袭击者本人）、50 多人受伤。[②] 2017 年 4 月 7 日，瑞典发生卡车袭击案，造成至少 4 人死亡、8 人受伤，瑞典总理随后发表官方宣言称"所有证据都显示这是恐怖袭击"。[③] 瑞典是欧盟成员国中除德国外在 2015 年接纳西亚北非难民最多的国家，其未来安全前景堪忧。

巴黎暴恐事件后，"欧盟联合反恐"几乎立即成为欧盟最重要的议题，欧盟开始出台一系列反恐政策，并致力于构建欧盟共同安全政策。2015 年 12 月 2 日，巴黎事件后的 19 天后，欧盟委员会即公布了《欧盟打击恐怖主义指令》（Directive On Combating Terrorism）的提案，以代替欧盟反恐法的基石——2002 年通过的《欧盟打击恐怖主义框架决定》（2008 年修订）。2017 年 3 月 7 日，该指令在

---

① 杨解朴：《恐怖袭击的"新灾区"：德国反恐形势分析》，《当代世界》2016 年第 9 期。

② 《英国议会大厦附近发生"恐怖袭击"事件》，环球网，2017 年 3 月 23 日，http：//world. hua-nqiu. com/hot/2017－03/10361908. html，最后登录日期：2017 年 4 月 8 日。

③ "Four Confirmed Dead, One Arrested over Suspected Terror Attack-Radio Sweden", Sveriges Radio, April 7, 2017, http：//sverigesradio. se/sida/artikel. aspx? programid＝2054&artikel＝6669701，最后登录日期：2017 年 4 月 8 日。

欧洲议会上正式表决通过。① 该指令指出："仅凭借军事力量、执法措施和情报行动无法击败恐怖主义，有必要消除有利于恐怖主义传播的环境、减少'激进化'演变为恐怖主义的风险。"② 而为了达到这个目标，资助、煽动、辅助和教唆恐怖主义的行为均将被定罪，与恐怖主义有关的预备行为也将被处罚，同时欧洲公民为恐怖主义目的前往欧盟境外的行为也属于犯罪。其中，恐怖主义预备行为的可惩罚性将可能动摇传统刑法的证据原则，因为只要"主观目的"上有恐怖主义意向，即使并未实施恐怖袭击的，也将被视为"犯罪"。《欧盟打击恐怖主义指令》标志着欧盟反恐战略进入具体实践期，"预防恐怖主义"已经成为政策实施的重中之重。

除打击恐怖主义指令外，巴黎事件后欧盟还制定了一系列保障欧洲安全的新政策或新计划。2015 年 11 月 20 日，欧盟公正与民政事务局决定成立"欧洲反恐中心"（European Counter Terrorism Centre，ECTC）。③2016 年 1 月，该中心正式挂牌成立。它的成立将有助于欧盟成员国信息共享和联合行动，以调查和监控外国恐怖分子的流动、武器买卖和受资助情况。在此之后，2017 年 3 月 7 日，欧盟理事会出台了旨在加强申根边界管理的《加强对申根边界相关数据库检查》的指令。④2017 年 5 月 25 日，理事会进一步加强对武器流动的管控，出台了《控制武器购买和持有指令》。⑤

---

① European Council, "EU Strengthens Rules to Prevent New forms of Terrorism", Press Release 105/17, March 7, 2017, http://www.consilium.europa.eu/en/press/press-releases/2017/03/07-rules-to-prevent-new-forms-of-terrorism/, 最后登录日期：2017 年 4 月 18 日。

② European Council, "Directive on Combating Terrorism: Council Confirms Agreement with Parliament", Press Release 716/16, December 5, 2016, http://www.consilium.europa.eu/en/press/press-releases/2016/12/05-combatting-terrorism/? utm_source = dsms-auto&utm_medium = email&utm_campaign = Directive% 20on% 20combatting% 20terrorism% 3A% 20Council% 20confirms% 20agreement% 20with% 20Parliament, 最后登录日期：2017 年 4 月 8 日。

③ European Council, "Conclusions of the Council of the EU and of the Member States Meeting within the Council on Counter-Terrorism", Press Release 848/15, November 20, 2015, http://www.consilium.europa.eu/en/press/press-releases/2015/11/20-jha-conclusions-counter-terrorism/, 最后登录日期：2017 年 6 月 19 日。

④ European Council, "Schengen Borders Code: Council Adopts Regulation to Reinforce Checks at External Borders", Press Release 113/17, May 7, 2017, http://www.consilium.europa.eu/en/press/press-releases/2017/03/07-regulation-reinforce-checks-external-borders/, 最后登录日期：2017 年 6 月 19 日。

⑤ European Council, "EU Strengthens Control of the Acquisition and Possession of Firearms", Press Release 213/17, April 25, 2017, http://www.consilium.europa.eu/en/press/press-releases/2017/04/25-control-acquisition-possession-weapons/, 最后登录日期：2017 年 6 月 19 日。

2015 年 12 月 18 日，欧洲理事会就提出要加强反恐信息共享，2016 年 6 月更公布了具体实施的路线图。① 2016 年 4 月 21 日，已提案 5 年之久的《乘客姓名记录指令》（EU Passenger Name Record Directive）最终被欧盟议会批准通过。

《乘客姓名记录指令》是欧盟反恐战略具体实践的一大表现，2011 年该提案就已提出，但因为涉及"人权"和"自由"等问题而遭遇挫折。2015 年以来一系列的恐怖袭击，引发了舆论转向，使得该法案得以被接纳和通过。相对于之前的"预报乘客信息系统"，《乘客姓名记录指令》中要求航空公司提供的乘客信息更加具体、详细，乘客身份、旅行完整信息、订票信息、乘客住址等均需上报。指令的实施将很大程度上阻止恐袭嫌疑人使用公共资源和交通工具流窜，收窄他们的活动空间，使他们从事恐怖主义相关活动的难度提升。为了管理这些信息，欧盟设立了专属的管理机构——乘客信息小组（Passenger Information Unit，PIU）。

有分析指出，《乘客姓名记录指令》体现了欧盟反恐战略以无差别大规模监控为手段、以情报为基础、以主观危害性为可罚性标准的"预防性转向"。② 事实上该指令的关键作用并不是通过情报大数据对比来找出恐怖袭击嫌疑人，因为嫌疑人会通过特定手段来规避监控，或者干脆不乘坐飞机流动，这就是所谓的"上有政策、下有对策"。《乘客姓名记录指令》的真正内涵在于欧盟内部开始"收窄"恐袭嫌疑人的活动空间，使他们从事恐怖主义相关活动的难度增大。一旦飞机、火车、长途汽车等公共交通均需信息记录，恐怖分子使用公共资源进行犯罪活动将受到限制。这一模式，是将恐怖分子从社会共同体和公共资源中剥离出去的"恐怖主义隔离战略"，而《乘客姓名记录指令》只是其中一环，它的通过标志着这一战略开始"赢得"人心，"欧洲安全"胜过了"欧洲自由"。

西亚北非变局已经走过六个年头，"伊斯兰国"肆虐叙利亚、伊拉克也历时数载。从目前的局势来看，"伊斯兰国"对环地中海区域治理的冲击短时间内难以消除，而欧盟反恐战略的实践也将不断深入。但从根本上看，欧盟反恐

① European Council, "Roadmap to Enhance Information Exchange and Information Management Including Interoperability Solutions in the Justice and Home Affairs Area", Brussels, June 6, 2016, http://ec. europa. eu/transparency/regexpert/index. cfm? do = groupDetail. groupDetailDoc&id = 24084&no = 5, 最后登录日期：2017 年 6 月 19 日。

② 魏怡然：《后巴黎－布鲁塞尔时期欧盟反恐法的新发展》，《欧洲研究》2016 年第 5 期。

战略的两大特性仍没有变化，恐袭威胁上升则反恐力度加大，恐袭一停顿反恐战略就停止推进。与此同时，欧盟成员国受恐怖袭击威胁差异化明显，法国、比利时、英国和德国是重灾区，接纳难民较多的北欧也存在遭受独狼式袭击的风险，而东欧则较为风平浪静，这种差异性将继续限制欧盟联合反恐战略的持续推进。

当下欧洲面对的"圣战"恐怖主义是国际性的，其反恐战略也应是国际性的。自2011年叙利亚危机以来，"伊斯兰国"势力虽遭遏制，但短期内仍看不到其覆灭的时间。在不断演变的叙利亚和伊拉克局势中，欧盟的影响力是不断衰弱的。目前美国领导的反恐同盟中，欧洲虽然占有一席之地，却没有太多的领导权。这种寄希望于他者的成功来带动自己成功的反恐战略，无疑是极端被动的，但也是目前条件下欧盟所能做到的最好程度。随着"打击伊斯兰国行动"的不断推进，适时推出"后伊斯兰国时代环地中海安全治理"和"后伊斯兰国时代反恐战略"，于欧盟而言殊为必要。

三　欧盟"稳定邻国"战略下对地中海国家的经济援助与合作

自2015年以来，欧洲不断上升的恐怖主义威胁主要来自西亚北非，该地区的战争、政治动荡和经济困难是诱发恐怖威胁的根本原因。巴黎暴恐事件之后，为了压制恐怖主义威胁孳生的根源，欧盟开始致力于推动"反恐外交"，致力于促进地中海南岸和东岸国家的政治和社会稳定。欧盟期望与地中海、波斯湾、萨赫勒地区的伙伴国家合作反恐，并力图提升关键国家的反恐体制和国家能力建设。为此，欧盟开始改变对地中海国家的援助策略，致力于民主推进的"多做多得"策略难以为继而被抛弃，视对象国不同而因地制宜的策略被重新确立。援助策略的改变，在突尼斯表现得极为明显。

2015年3月以来，突尼斯接连发生四次大规模恐怖袭击，使该年度突尼斯旅游收入损失了1/3以上，进一步损害了早已疲软的经济。旅游和客运收入在突尼斯GDP中占比达7%，且贡献了全国就业总数的16%，恐怖威胁造成新一轮就业危机，对国家稳定的担忧立即充斥在社会舆论当中。

面对突尼斯恐怖主义泛滥和经济困难，为稳定这一至关重要的地中海邻国，欧洲迅速做出反应。2016年7月6日，应突尼斯总理哈比卜·艾赛德（Habib Essid）先前的请求，欧盟议会和理事会正式批准了对突尼斯的第二批宏观财政援助，总金额接近5亿欧元，但资助形式经过讨论后改为贷款模式。而在这之前，2014 年 5 月，欧盟已经批准了一批宏观财政援助资金，金额为 3 亿欧元。[①] 至此，欧盟主导下对后革命时期突尼斯的援助已经总计赠款超过 10 亿欧元，提供贷款超过 18 亿欧元。[②] 另外，欧洲投资银行 2016 年 11 月 29 日也宣布向突尼斯追加 20 亿欧元的财政支持，其手笔不可谓不大。当然，欧盟致力于维持突尼斯的稳定并不仅仅是出于恐怖主义应对和对非法移民管控的忧虑，还是对民主价值观的保卫。自 2013 年埃及政变和利比亚内战以来，突尼斯已成为欧盟"民主推进"战略下硕果仅存的"民主国家"，"保卫突尼斯民主样板"已成为欧洲领导层的共同认知。

在环地中海经济合作领域，伙伴国家的需求是欧盟政策变化的重要动因，而长期存在的经济合作需求是欧盟政策无法回避和忽视的。政治因素可能会暂时中断经济合作的进展，却不能长期遏制双方经济合作的强烈愿望。一伺政治风向发生改变，经济合作被压制的活力就将重新释放，欧盟与埃及的合作就是典型的例子。

2013 年 7 月，埃及军方宣布解除穆尔西的职务，塞西出任临时政府领导人，而军警与穆尔西以及穆兄会的支持者发生一系列严重流血冲突，引发欧美指责。然而，随着埃及加强打击西奈半岛的极端反政府武装，埃及逐渐摆脱外交困境。2014 年夏季埃及全国遭受电力危机，当时日均用电量达到 27.7 千兆瓦，而埃及全国的发电能力只能提供 80% 的电量。为了提高能源产量、缓解全国人民的生活和生产用电需求，塞西政府不得不顶着冷嘲热讽求助于西方。2014 年 11 月，塞西访问法国和意大利，这是他上台后首访欧洲，旨在为因西亚北非政治动荡而受挫的埃及经济寻求投资。2015 年 6 月，塞西又访问德国，其间遭到各种示威游行的抗议，他在柏林与德国总理默克尔联合召开新闻发布会时还遭到记者的当场辱骂。但塞西的行动还是取得了重要成果，2015 年 10 月，埃及政府与德国经济事务与能源部签署了总额高达 80 亿欧元的能源合作协议。根据该协议，德国西门子将在贝尼苏韦夫、布鲁鲁斯（Burullus）和开罗远郊建立三个天然气联合循环电厂，在明亚和拉斯加里卜（Ras Ghareb）部署 12 个风电场和 600 个风力涡轮机，以在

---

① Rym Ayadi and Emanuele Sessa, "EU Policies in Tunisia before and after the Revolution", *Policy Department*, *Directorate-General for External Policies*, June 2016, pp. 10 – 13.

② 数据自欧盟议会官方研究报告总结而来，见 "Further Macro-financial Aid to Tunisia", European Parliament, September 2016, http://www.europarl.europa.eu/RegData/etudes/BRIE/2016/586660/EPRS_BRI (2016) 586660_EN.pdf，最后登录日期：2017 年 1 月 2 日。

2017 年夏季提供总计 16.4 千兆瓦的电力。① 另外，英国石油公司（BP）2015 年 3 月与埃及签订了总值达 120 亿美元的合作协议，承诺为埃及增加 25% 的发电量。②

巴黎暴恐事件之后，欧盟对埃及的态度发生重大转变，致力于"稳定邻国"的欧盟政策开始撇开对埃及政变和"民主倒退"的舆论指责，回归到 2011 年以前"默许换安全"的模式。在欧洲邻国政策执行局 2017—2020 年资助计划中，埃及的地位迅速上升，成为 2017 年邻国政策对象国中预期受资助规模最大的国家。2016 年 12 月 20 日，欧盟与埃及签订了总价值 4.2 亿欧元的经济援助项目，以帮助提升埃及商业创新环境，促进对小微企业的财政支持力度，缓解就业危机并稳定埃及经济。③ 从横眉冷对到积极援助，欧盟－埃及经济关系的转变是 2015 年欧盟地中海政策调整的一个缩影。

在能源领域，地区政治局势的变化和政策调整对环地中海能源关系的影响一直不大。能源是欧盟有求于地中海国家为数不多的领域。2010 年欧盟约 13% 的石油进口和 19% 的天然气进口来自利比亚、阿尔及利亚和埃及。西亚北非变局中，利比亚 2011 年和 2014 年后的两次石油减产对欧盟整体影响都不大，但变局引发的全球能源价格波动则让欧盟损失惨重。2014 年 5 月 28 日欧盟委员会发布的《欧盟能源安全战略》中，地中海跃居欧盟能源安全的核心利益区。

巴黎暴恐事件之后，能源需求是安全战略之外欧盟对地中海国家最重要的事务，也是"稳定邻国"政策最重要的原因之一。《邻国政策回顾：2015》文件中明确表明"应在邻国政策中给予能源问题以重要位置，不仅仅在安全战略中，而且在可持续发展战略中"。政治局势的变化对环地中海能源关系的影响微乎其微，一个典型的例子就是意大利与埃及关系。2016 年 1 月，意大利籍剑桥大学博士生朱利安·雷杰尼（Giulio Regeni）在埃及做田野调查时遭埃及政府拘禁后死亡，意大利舆论的暴怒声讨此起彼伏，但埃尼公司对祖哈勒天然气田的开发利

① "Siemens Awarded Record Energy Orders That Will Boost Egypt's Power Generation by 50%", Siemens Global Website, Oct. 2015, http://www. siemens. com/press/en/feature/2015/corporate/2015-06-egypt. php? content%5b%5d = Corp&content%5b%5d = WP&content%5b%5d = PG&content%5b%5d = SFS，最后登录日期：2017 年 6 月 19 日。

② "Egypt Signs $12 Billion Deal with British Energy Giant BP", Aswat Masrya, May 14, 2015, http://en. aswatmasriya. com/news/details/6568，最后登录日期：2017 年 6 月 19 日。

③ European Commission, "The EU and Egypt to Foster Sustainable Economic Development in the Country", Press Release IP/16/4481, December 20, 2016, http://europa. eu/rapid/press-release_ IP-16-4481_en. htm，最后登录日期：2017 年 6 月 19 日。

用没有受到影响。①

总的来看，以《邻国政策回顾：2015》文件为标志的欧盟第二次地中海政策调整，是对西亚北非变局蔓延和冲击欧洲的直接反应。伴随文件而来的，是一系列以"稳定邻国"和保证欧洲安全为目标的具体实践。目前西亚北非形势尚未有明显的趋稳态势，故而此次调整后的战略将在接下来很长一段时间内指导欧盟及其成员国的实践。

从"民主推进"到"稳定优先"，欧盟地中海政策的两次调整显然遵循一种"刺激－应对"的条件反射模式。尽管在部分领域（如难民控制）存在很强的政策前瞻性，但总体来看仍落后于西亚北非政治局势的变化。有学者将其归因于欧盟统一外交政策的虚弱无力及其对成员国的"亦步亦趋"。但事实上，无论是与法国还是与西班牙的地中海政策实践相比，欧盟地中海政策均走得更远、更稳。2014 年欧洲邻国政策执行局（ENI）取代欧洲邻国政策与伙伴计划执行局（EN-PI）后，西班牙推动的巴塞罗那进程彻底沦为历史。法国主导的地中海联盟也后继乏力。萨科齐甩开欧盟统一政策而推动的军事介入利比亚，最后被证明并没有达到法国主导欧洲地中海政策的预期目标。自军事介入叙利亚的企图失败后，欧盟已基本接管了对地中海政策的主导权。

从长时段看，欧盟统一外交政策虽然缺乏强力支持而难以发出决定时局的声音，但欧盟政策具有持久性等优势。成员国可能因为政治变动而改变对地中海的关注力度，但欧盟地中海政策执行机构一直存在，稳定的机构设置是欧盟地中海政策持续推进的重要保障。

在北非变局以来六年半的时间里，欧盟地中海政策的进展总体而言并不顺利。2011 年第一次调整后进展乏力、受挫频频，第二次调整事实上就是对第一次调整的否定。从目前欧洲不断增长的恐怖主义威胁来看，欧盟第二次政策调整后抑制环地中海激进化趋势的能力是有限的，其"稳定邻国"的效力并不能过分高看。归根到底，地中海地区走出当下困境依靠的是当地人民、政府和社会的共同努力。

作为以经济为导向的地区性战略，欧盟地中海政策的成败得失可提供如下启示。首先，"不干涉内政"应得到坚持，外交否定、军事介入等极端手段不仅无

---

① 〔埃及〕希沙姆·穆拉德（"د. هشام مراد"）：《埃及与欧洲》（"مصر وأوروبا"），《金字塔报》（阿文版）2017 年 1 月 7 日，

助于解决危机，反而会使危机扩大化。其次，在经济援助和合作中增加价值观门槛，其效力几近于无，且会损害与对象国的平等关系。再次，必须将战略合作约束在经济导向上，"以援助换支持"基本难以达成，但"以合作换合作"则能为他国所接受。要正视并敢于说明己方在合作中的利益诉求，以免对方误判或误解。最后，在对象国地区未来局势走向尚不明朗的情况下，频繁的政策调整可能只是临时性和应急性的，不具备长效性。2011 年欧盟第一次政策调整的动机就是借变局带来的机会来扩大欧洲在地中海国家政治、经济和社会领域的影响力，以扩大欧洲在地中海的霸权。短期内欧盟及其成员国在地中海的声势确实如日中天，但波动诡谲的政治变化和来自地中海的抵抗使欧盟的愿望化为泡影。时至今日，阿拉伯国家和人民对欧洲行为、价值观和内在意图的怀疑已经越来越多，其推进价值观政策的失败由此可见一斑。

四　北非变局以来环地中海能源关系的重构

早在 2007 年的《里斯本条约》中，欧盟就讨论过集体能源政策和能源安全战略，但南欧成员国认为集体行动可能削弱能源双边合作，故而该倡议被搁置。条约 194 条中提到了"内部能源市场的整合"，但同时强调"欧盟政策不影响成员国基于自身情况去获取能源的权力、不干涉成员国在能源进口多元化和进口结构上的决策"。[①] 很显然，当时的国际背景尚不需要欧盟执行统一的能源进口政策和安全战略，因为统一的政策和过度的监管势必会影响到具体能源运营商的商业灵活性，从而降低能源获得效率。

2014 年年初的乌克兰危机重构了欧盟对能源安全战略的认知，俄欧冲突迫使欧盟不得不制定集体能源政策以应对可能的"能源战争"。2014 年 5 月 28 日欧盟委员会发布的《欧盟能源安全战略》，是欧盟集体能源政策的关键性转折。文件第八条提到"协调成员国能源政策，在能源进口中使用一个声音说话"，这是欧盟第一次在官方战略文件中出现统一能源政策的声明。文件将"地中海计划"和"南部走廊计划"列为 2014—2020 年欧盟能源战略的工作重点，地中海跃居欧盟能源安全的核心利益区。

"南部走廊计划"的核心聚焦于东南欧，其初期工作就是修建跨安纳托利亚

① Nicolò Sartori, "The Mediterranean Energy Relations after the Arab Spring: Towards a New Regional Paradigm?", *Cahiers de la Méditerranée* 89, 2014, pp. 145 – 157.

天然气管道（Trans Anatolian Natural Gas Pipeline，TANAP），东接巴库 - 第比利斯 - 埃尔祖鲁姆天然气管道（The Baku-Tbilisi-Erzurum Gas Pipeline，BTE），西跨达达尼尔海峡与希腊国内天然气管道对接，而后再修建跨亚得里亚海天然气管道（Trans Adriatic Pipeline，TAP）连接意大利市场，最终形成东起阿塞拜疆、西至意大利的天然气输送线路。① 这个庞大的计划在《欧盟能源安全战略》文件中得到批准并开始拟订投资计划，2016 年正式施工，2019 年春施工完成，预期 2020年 1 月正式通气，届时将为欧洲市场带来每年 100 亿立方米的阿塞拜疆天然气。②在这个工程的基础上，欧盟文件中还提到将跨安纳托利亚天然气管道与阿拉伯天然气管道（The Arab Natural Gas Pipeline）、土耳其 - 伊拉克天然气管道（The Iraq-Turkey Natural Gas Pipeline）和波斯天然气管道（The Persian Natural Gas Pipeline）对接的计划，以获得来自埃及、伊拉克和伊朗的管道天然气供应，项目总计提升供天然气规模约 250 亿立方米/年。2012 年欧盟东南欧十国进口天然气总量为 406 亿立方米，"南部走廊计划"完成后将直接满足其总量的 86%，从而使得东南欧摆脱对俄罗斯天然气的依赖。

"地中海计划"中最重要的短期举措是"法国 - 西班牙天然气管道双向互通计划"（ES-FR "Midcat" interconnector）。该计划尚在可行性研究阶段，一旦落成，将对接马格里布 - 欧洲天然气管道，形成南起阿尔及利亚、北至法国和西欧主要市场的天然气输送线路，届时法国从阿尔及利亚代价高昂的液化天然气进口将可以全部通过管道运输。这个计划配套阿尔及利亚天然气产量提升计划，将极大改变西欧天然气进口结构。

《欧盟能源安全战略》的发布标志着欧盟 - 地中海能源关系的重构，它是国际形势变化的结果，也是欧盟主动政策调整的产物。顺着《欧盟能源安全战略》的思路，欧盟开始进一步发展同地中海国家的能源合作。

巴黎暴恐事件之后，欧盟对地中海邻国的能源政策发生根本性转折。2015年 11 月 18 日的《邻国政策回顾》文件中，欧盟委员会明确指出地中海国家对欧

---

① "The East Mediterranean Geopolitical Puzzle and the Risks to Regional Energy Security", Iene's Southeast Europe Energy Brief-monthly Analysis, Issue No. 103, July-August 2013, http://www.iene.eu/the-east-mediterranean-geopolitical-puzzle-and-the-risks-to-regional-energy-security-p20.html, 最后登录日期：2017 年 5 月 14 日。

② European Commission, "EU Energy Security Strategy", May 2014, https://ec.europa.eu/energy/sites/ener/files/publication/European_Energy_Security_Strategy_en.pdf, 最后登录日期：2017 年4 月 28 日。

洲能源安全的重要性。该文件首先"强烈建议在邻国政策中给予能源问题以核心位置,不仅是在能源安全战略中,而且在可持续发展战略中",而后声明欧盟将"基于南地中海国家的意愿,在生产、分配、贸易和能源利益效率这几个主要方面开展全面合作,且合作基于'具体国家具体对待'的原则"。① 而这种"全面合作"的一个重要背景,就是近几年在东地中海的塞浦路斯、埃及和以色列三角包围的黎凡特海盆区域天然气勘探的巨大进展(如表5-1)。

表5-1 东地中海黎凡特海盆中发现的超大天然气田

天然气田	英文名	所属国	发现时间	发现公司	已探明储量	投产时间
塔玛	Tamar	以色列	2009年1月	美国诺贝尔能源公司(Noble Energy)	天然气:3070亿立方米	2013年
利维坦	Leviathan	以色列	2010年12月	美国诺贝尔能源公司	天然气:4700亿立方米;深矿层石油:6亿桶	2016年
阿佛洛狄特	Aphrodite	塞浦路斯	2011年12月	美国诺贝尔能源公司	天然气:2000亿立方米;石油:37亿桶	2017年
祖哈勒	Zohr	埃及	2015年	意大利埃尼公司(Eni)	天然气:8500亿立方米	2017年

资料来源:Elkatiri, Laura, B. Fattouh, and H. Darbouche, "East Mediterranean Gas: What Kind of Game Changer?", The Oxford Institute for Energy Studies, December 2012; "Eni Discovers a Supergiant Gas Field in the Egyptian offshore, the Largest Ever Found in the Mediterranean Sea", Eni (Press Release), August 30, 2015。

在诺贝尔能源公司发现塔玛天然气田之前,东地中海国家均未认识到黎凡特海盆可能存在巨额天然气储量。塔玛气田2013年正式产出天然气,年产量达102亿立方米,它的重要性可以用以色列总理内塔尼亚胡在首产日剪彩仪式上的一句话来形容:"我们正走在能源独立的关键一步上。"② 2012年以色列尚需从埃及进口天然气,当时的埃及民众因为2011年8月以色列军方在边境反恐时误杀5名

① European Commission, Joint Communication to the European Parliament, the Council, the European Economic and Social Committee and the Committee of the Regions, "Review of the European Neighborhood Policy", November 2015, http://eeas. europa. eu/archives/docs/enp/documents/2015/151118 _joint-communication_ review-of-the-enp_en. pdf, 最后登录日期:2017年5月14日。

② "Israel Starts Tamar Gas Production", Tethra Energy, April 3, 2013.

埃及军人而强烈呼吁埃及政府提高出口以色列的天然气和石油价格。但到2013年，埃及已经需要从以色列进口天然气了，两国能源关系发生深刻逆转。

发现塔玛天然气田之后，诺贝尔能源公司又发现了利维坦和阿佛洛狄特，其中利维坦在塔玛（以色列海法正西80千米处）以西50千米，阿佛洛狄特在利维坦以西34千米处。此时东地中海黎凡特海盆富含石油和天然气已经引起了多方重视，而2015年8月意大利国家控股30%的埃尼公司发现的祖哈勒气田则进一步刷新了人们对其储量的认知。

祖哈勒气田系埃尼公司2013年3月从埃及政府招标所得，位置在埃及专属海洋经济区的东北边缘，紧邻以色列和塞浦路斯的专属经济区，总面积3765平方千米。① 2015年8月，埃尼公司对外宣布探明该区域的巨额储量。② 祖哈勒气田是地中海区域发现的最大天然气田，在世界天然气田储量排行榜中位列第二十，它的储量是埃及原有探明储量的约1/2。祖哈勒气田2017年投产之后，预期将以每年200亿—300亿立方米的水平稳定供应近30年。这将使得埃及天然气产量回到历史最高水平，也将逆转2013年以来埃及需要从以色列进口天然气的窘境。根据2015年埃及生产天然气456亿立方米、消费478亿立方米计，③ 到2017年祖哈勒投产时，埃及可以保持每年超过270亿立方米的天然气出口，出口规模突破埃及历史，出口创收将重新成为埃及重要的财政收入来源。

从塔玛气田到祖哈勒气田的一系列超大天然气田的发现，意味着在黎凡特海盆继续发现超大天然气田的可能性很大。一旦这些可能成为现实，那么东地中海将成为继卡塔尔所在波斯湾区域之后又一个海洋天然气富集区。而鉴于东地中海同欧洲的距离优势，黎凡特海盆天然气富集区将直接改变欧洲天然气进口格局。早在阿佛洛狄特气田发现后，就有学者提出修建跨东地中海天然气管道

---

① "Egypt Hands Out Acreages for Gas, Oil Exploration", Africa oil-Gas Report, May 2, 2013, http://africaoilgasreport.com/2013/05/in-the-news/egypt-hands-out-acreages-for-gas-oil-exploration/，最后登录日期：2017年5月18日。

② "Eni Discovers a Supergiant Gas Field in the Egyptian Offshore, The Largest Ever Found in the Mediterranean Sea", Eni（Press Release），August 30, 2015, https://www.eni.com/en_IT/media/2015/08/eni-discovers-a-supergiant-gas-field-in-the-egyptian-offshore-the-largest-ever-found-in-the-mediterranean-sea，最后登录日期：2017年5月18日。

③ BP, "BP Statistical Review of World Energy 2016", June 2016, pp. 20–23, http://www.bp.com/en/global/corporate/energy-economics/statistical-review-of-world-energy.html，最后登录日期：2017年5月2日。

的计划。① 该计划中的天然气管道起自黎凡特海盆，东去以色列海法，北通塞浦路斯，向西经过克里特岛和希腊，连接跨亚得里亚海天然气管道，最后直抵意大利，全长 1880 千米。整个过程需要投入巨额资金，但产出和效益也将同样惊人。

黎凡特海盆天然气富集区和跨东地中海天然气管道的重要性可以用一组数据来表明。祖哈勒、阿佛洛狄特、利维坦、塔玛四个天然气田全部投入生产后，在除去三国国内消费后预计每年仍可出口 600 亿立方米左右。2015 年，阿尔及利亚和利比亚天然气出口分别为 440 亿立方米、65 亿立方米，南欧四国（意、西、葡、希腊）天然气进口总计 916 亿立方米，法国天然气进口 419 亿立方米（其中从俄罗斯进口 95 亿立方米，从阿尔及利亚进口 43 亿立方米液化天然气）。② 数据对比发现四个天然气田和阿尔及利亚、利比亚两国的总产量，在满足南欧四国的全部进口需求后，还可以替代法国从俄罗斯的天然气进口。这意味着到 2020 年前后南欧国家将完全摆脱俄罗斯天然气能源优势的钳制，并且不再需要从尼日利亚和卡塔尔进口高价的液化天然气。

在能源安全考量和进口多元化战略的背景下，欧盟越来越多地将目光转向地中海，尤其是地中海东部。2015 年 6 月，欧盟委员会在地中海联盟框架下成立了"欧盟地中海天然气合作平台"（EuroMed Platform for Gas），将地中海南北的决策者、工业产业代表和能源利益相关者聚集在一起探讨未来能源合作的问题。该平台的宗旨就是促进北非和东地中海地区的能源开发和能源出口，其中提到"尤其需要将东地中海海盆打造成为一个未来的天然气核心市场"。③ 随后在埃及发现的祖哈勒气田使得该平台的重要性陡升，它同时成为欧盟-埃及能源关系调整的重要催化剂，使得两者能源合作回归蜜月期。④ 2015 年 11 月 2 日，欧盟注资

① "The East Mediterranean Geopolitical Puzzle and the Risks to Regional Energy Security", Iene's Southeast Europe Energy Brief-monthly Analysis, Issue No. 103, July-August 2013, http://www.iene.eu/the-east-mediterranean-geopolitical-puzzle-and-the-risks-to-regional-energy-security-p20. html，最后登录日期：2017 年 5 月 14 日。

② BP, "BP Statistical Review of World Energy 2016", June 2016, p. 28, http://www.bp.com/en/global/corporate/energy-economics/statistical-review-of-world-energy. html，最后登录日期：2017 年 5 月 2 日。

③ European Commission, "Commissioner Launches Euro-Mediterranean Gas Platform", June 2015, https://ec.europa.eu/energy/en/news/commissioner-launches-euro-mediterranean-gas-platform，最后登录日期：2017 年 5 月 19 日。

④ Mohammed Yousef Reham, "European-Egyptian Energy Dynamics Post-2011: Why a New European Approach in Energy Cooperation Is Opportune?", EMSP Occasional Paper Series, Paper No. 1, April 2016, www.euromedstudies.net/en/emsp/EMSP_OPS.pdf.

6800 亿欧元投入"埃及天然气互连工程"（Egypt Gas Connection Project），以促进埃及天然气产业的可持续发展。法国发展署（French Development Agency）随后跟进了 7000 万欧元的贷款，世界银行也承诺给予 5 亿美元的贷款。[①]

北非变局以来，地中海能源关系已经发生深刻变化，地中海南北能源相互依赖进一步加强，但非对称性则被弱化，地中海国家开始逐渐获得优势。这种变化最终将趋向于一种各取所需、相互制约、相对平等的互利关系。祖哈勒气田和黎凡特海盆天然气富集区可谓恰逢其时，国际和地区局势的变化推高了它对欧盟能源安全的影响力，这些气田的发现极大地促进着地中海南北能源关系的重构。除此之外，一系列政治经济事件也推动着地中海能源关系从非对称相互依赖走向"平等合作"。

首先，全球能源消费市场因为"中印崛起"而被重构，使得北非能源出口多元化政策有了切实可行的余地。1980 年以来，中国石油和天然气消费增长了 5 倍，而其进口的一半来自西亚北非。1990—2008 年，中国、印度石油天然气消费占全球总消费的比例从 10% 上升到 21%。[②] 为了满足本国的能源消费，保证充足的能源供应量和进口多元性，中、印（尤其是中国）与西亚北非多国积极建立能源合作关系。中、印的介入也十分契合北非和东地中海国家的能源出口多元化政策，两者一拍即合。利比亚卡扎菲政权的倒塌为全球买家打开了该国石油市场，意大利埃尼公司一家独大的局势开始逆转，利比亚石油出口中国的数量和比例开始逐渐增加。北非变局之后，阿尔及利亚也开始调整能源政策，转向亚太和北美市场出口能源，这不仅仅是因为出口价格的原因，还有抵消欧盟钳制的考虑。[③]

埃及天然气出口中，除了通过阿拉伯天然气管道输往约旦、叙利亚之外，其他均以液化天然气的方式出口欧洲。埃及拥有成熟的液化天然气产业，中国从西亚北非的进口也是液化天然气形式，两者之间存在天然的合作优势。而欧盟则相反，它们更多地倾向于管道进口天然气，其未来规划均以发展管道运输为第一要

① European Commission, "European Union and Partners Promote Egypt Gas Connection", November 2, 2015, http://eeas. europa. eu/archives/delegations/egypt/press_corner/all_news/news/2015/201511 02_en. pdf，最后登录日期：2017 年 5 月 19 日。

② Shiraz Maher, *The Arab Spring and Its Impact on Supply and Production in Global Markets*, European Centre for Energy and Resource Security (EUCERS), 2014, p. 43.

③ Nicolò Sartori, "The Mediterranean Energy Relations after the Arab Spring: Towards a New Regional Paradigm?", *Cahiers de la Méditerranée* 89, 2014, pp. 145 –157.

务。来自中国的竞争，将直接影响到欧盟－地中海能源关系的结构，它的市场将增强北非和东地中海能源出口国家的优势地位。这一点，欧盟学者早已有所认知。欧盟安全研究中心的拉娜·德雷尔和杰拉尔德·斯坦在 2013 年 11 月有关欧盟能源安全的报告中就建议："需要更多地发展同中国和印度（在能源领域）的合作，而不是将之视为（能源进口的）竞争者。"①

其次，欧盟"民主促进"战略的受挫使欧盟－地中海能源关系正在摆脱双方政治关系的影响。自 2013 年年中以来，欧盟在地中海的"民主推进"政策遭遇一连串失败，长期混乱导致地中海国家普遍人心思定，对"稳定"的认同超过对"民主"的渴望。2014 年之后，利比亚陷入二次内战无法自拔，叙利亚内战绵绵无期，也门冲突方兴未艾，"伊斯兰国"则在伊拉克、叙利亚和利比亚等多地兴风作浪，埃及塞西政权竭力重建威权主义体制。即使被视为硕果仅存的突尼斯，其"民主样板"也成色不足。2014 年 1 月末复兴党最终放弃政权，就有学者认为这是一种"软政变"，是复兴党畏惧一场如埃及 2013 年 7 月 3 日那样的军事政变而做出的主动退让。② 前本·阿里政权高官组成的突尼斯呼声党已包揽了总统、总理、议会主席三大职位。③ 2015 年 11 月 26 日更发生了"哈福德·埃塞卜西（Hafedh Essebsi）事件"，32 位呼声党议会成员不满总统埃塞卜西之子哈福德擅自干政而集体辞职，从而将议会第一大党的位置拱手还给复兴党。④ "民主推进"政策的失败，使得欧盟在环地中海国际关系中的话语权和影响力迅速衰落。在人心思定的背景下，"民主"和"人权"等欧盟在谈判中惯用的筹码已经失去效益，欧盟－地中海能源关系逐渐摆脱了政治关系的约束，话语权优势将不再能够干涉正常的经济关系和能源合作。

---

① Lana Dreyer and Gerald Stang, "What Energy Security for the EU", European Union Institute for Security Studies, November 2013, https：//www. iss. europa. eu/sites/default/files/.../Brief_39_Energy _security. pdf.

② Hardin Lang, et al. , "Tunisia's Struggle for Political Pluralism after Ennahda", The Center for American Progress, April 2014, p. 11.

③ 总统埃塞卜西，2014 年 12 月 31 日就职。总理优素福·查赫德，2016 年 9 月 18 日继任。突尼斯人民代表大会（the Assembly of the Representatives of the People）主席穆罕默德·纳赛尔（Mohamed Ennaceur），2014 年 12 月 2 日就职。三人均为前宪政民主同盟成员和本·里政权高级官员。

④ Rami Galal, "Will Nidaa Tunis' Troubles Boost Muslim Brotherhood in Egypt?", Al-Monitor, November 18, 2015, http：//www. al-monitor. com/pulse/originals/2015/11/tunisia-nidaa-tunis-resignation-egypt-muslim-brotherhood. html#ixzz3sTw0EIxI，最后登录日期：2017 年 5 月 20 日。

最后，从乌克兰危机到俄罗斯军事介入叙利亚，欧盟与俄罗斯的战略互信在不断降低。而基于对俄罗斯能源优势地位顾虑，未来欧盟能源进口多元化战略将不断深入推进，阿尔及利亚石油天然气产量提升势在必行，欧盟也在不断加深同埃及的能源合作。在可再生能源方面，随着埃及政局趋向稳定，欧盟与埃及的能源合作将继续取得更多进展。

总的来看，随着东地中海黎凡特海盆天然气田的不断发现、俄欧关系的继续走低、中印消费市场的持续壮大和欧盟－地中海政治关系的不断演变，未来地中海能源关系将趋向一个新的平衡。欧盟将更加依赖于地中海的石油天然气供应，而北非、东地中海国家的出口多元化政策则不断抵消欧盟的优势地位，政治关系和话语权不再影响经济与能源合作，地中海能源关系将趋于一种相对平等的相互依赖。

五　欧盟对叙利亚政策和人道主义援助

2012 年欧洲军事介入叙利亚的计划折戟沉沙之后，欧洲大国推进环地中海战略的雄心普遍退缩，欧盟开始主导地中海政策的制定和实施。不同于欧洲大国，欧盟在军事领域存在先天不足，故而地中海政策主要覆盖经济和社会领域，"软介入"成为主要政策实践方式。

2012—2013 年，欧盟对叙利亚秉持"巴沙尔必须下台"的态度，连续 18 次宣布对叙当局实施经济制裁，同时不断在联合国安理会上发表评论，督促安理会"有所作为"。在武器流入、反对外国力量介入、石油经济制裁等方面，欧盟毫无顾忌地使用"双重标准"。2013 年 4 月 22 日，在石油产地落入叙利亚反对派手中后，欧盟打起"为了帮助叙利亚人民"的口号立即解除了对叙利亚石油经济的制裁。5 月，欧盟颁布新政策文件，允许成员国出于保护"叙利亚革命力量联盟"和"叙利亚人民"而向叙国内供应武器装备，从而使得一直以来暗地里对叙反对派供应武器的行为合法化。2013 年 6 月，欧盟公布了"欧盟对叙利亚危机综合应对政策"（Towards a Comprehensive EU Approach to the Syrian Crisis）的文件，指明了其对叙利亚政策的细节，包括：①在接下来的第二次日内瓦和谈（2014 年 1 月 22—31 日）中坚定表达"政治解决"的立场；②坚决支持叙利亚反对派，力促国际社会允许叙反对派以对话者的身份参与日内瓦和谈；③进一步努力以促使人道主义援助可以抵达叙利亚全部领土；④进一步调整制裁制度，以使之有利于叙利亚人民；⑤2013 年增加 4 亿欧元财政援助，以帮助叙利亚和附近地区渡过难关；⑥提升对叙利亚周边地区的支持，以帮助叙利亚难民；⑦继续呼吁联合国有所作为；⑧帮助易受攻击者重新安置；⑨防止"欧洲圣战者"前往叙利亚；⑩为之后重建和安置计划做准备；⑪支持俄罗斯、美国以2012年6月的日内瓦协定为基础的政治对话。[①]

此时的欧盟对叙利亚政策，既抛弃了"外交否定"的做法（文件中始终未提及总统阿萨德的问题），也排除了"军事介入"的选项，清楚地表明了欧盟对叙利亚政策的改变。在此之后，欧盟对叙利亚危机的政治影响力极度衰退，而经济制裁和人道援助等成为欧盟的介入手段。这些手段，比起"外交否定"和军事介入，看上去更温和，但目的是一致的。在此，将这些介入手段归在一起，用"软介入"的概念来统称之。此处的"软介入"，是指通过诸如经济制裁或经济援助、人道主义干涉、舆论施压、支持非政府组织和公民社会等较为温和的方式，不主张立即颠覆敌对政权，不威胁使用武力，以循序渐进的方式达到既定目标的介入手段或模式。

其实，欧洲对东、南地中海国家的"软介入"并非新鲜事。某种程度上看，北非变局以前的欧洲环地中海战略，也是一种"软介入"。在地中海联盟和欧洲邻国政策中，都强调经济援助与民主推进的配套作用，它们的目标即是以温和、循序渐进的方式来改造阿拉伯国家，支持南地中海国家公民社会的成长和与欧洲的对话。在此基础上，"默许"和"容忍"威权主义体制的存在，是一种手段，而非战略目标。北非革命的蓬勃发展，改变了欧洲环地中海战略，"外交否定""军事介入"等选项取代了之前一直保持的"软介入"模式。而在2015年地中海政策调整后，欧盟及其成员国开始回归"软介入"模式，经济援助和人道主义援助取代外交否定、军事介入成为对叙利亚政策的主要政策工具。

在排除军事介入选项之后，为了维护"人权"理念，欧盟大力推动对叙利亚的人道主义援助。这种"人道救援的责任"，是欧洲无法在叙利亚复制利比亚"保护之责任"模式后的战略选择，它为欧洲带来道义上的极大声誉，使得欧洲虽然并未在解决叙利亚根本问题上发力，但依然能够站在道义和舆论的制高点上。

2012年以来，世界各国对叙利亚援助资金总数呈几何指数上升（见图5-

---

① Rim Turkmani and Mustafa Haid, "The Role of the EU in the Syrian Conflict", *Security in Transition*, February 2016, London, p. 10.

1）。2000—2006 年，对叙利亚援助 100 万—320 万美元徘徊，这说明在此时间段上叙利亚国内发展稳定，基本不需要大规模的外来援助。随着经济危机席卷全球，自 2008 年开始国际社会对叙利亚援助显著上升。2011 年，因为西方对叙利亚巴沙尔政权的敌视，援助一度不涨反跌。而自 2012 年开始，对叙援助开始狂飙，内战、经济困难和难民危机等问题是叙利亚需要援助的原因。2017 年 1 月 1 日至 2 月 28 日的短短两个月，叙利亚收到援助总数即已超过 1.4 亿美元，数量接近 2010 年一年的总数。叙利亚不断攀高的人道主义援助，最主要的供应者就是欧洲。

从 2010 年到 2017 年 2 月 2 日，各国对叙利亚人道主义援助总数中，欧盟和欧洲国家的贡献很大。在所有排名前 20 个国家或地区组织中，欧洲国家（加欧盟）占 11 个，数量超过一半，而总额占比也达到 43.6%（见图 5 - 2）。从总数上来看，欧盟、欧盟成员国、挪威、瑞士、芬兰的援助总和达到 40 亿欧元，占全球总数的 41.4%。这些数据统计中，还不包括欧洲对 2015 年吸收的 100 万名难民的安置费用。相对而言，欧洲确实在叙利亚人道主义救援中贡献卓著，这是其"软介入"策略选择的结果。欧盟在对叙利亚人道援助上的巨大付出，使得其毫无争议地获得了在这一领域的话语权和领导权。联合国相关机构在具体人道救援行动中，也更多地考虑了欧盟的态度和诉求。

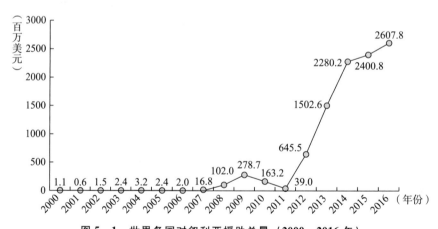

图 5 - 1　世界各国对叙利亚援助总量（2000 - 2016 年）

资料来源：系根据联合国人道主义事务协调厅的全球财务追踪系统（Financial Tracking Service of UNOCHA）统计而来，https：//fts. unocha. org/countries/218/donors/2017，最后登录日期：2017 年 2 月 18 日。

通过表 5 - 2 列举的各国对叙利亚人道主义援助，对比自 2011 年以来各国

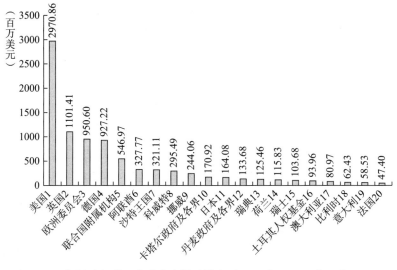

图 5 - 2　各国对叙利亚人道主义援助排名（2010 年—2017 年 2 月 18 日）

资料来源：系根据联合国人道主义事务协调厅的全球财务追踪系统（Financial Track-ing Service of UNOCHA）统计而来，见 https：//fts. unocha. org/countries/218/donors/2017，最后登录日期：2017 年 2 月 18 日。

对叙利亚问题的态度和行动，可以看出，俄罗斯为叙利亚社会发展所承担的经济责任，与其在叙利亚进行的军事和政治行动极不匹配。七年来，俄罗斯对叙利亚人道主义援助仅为 3066 万美元，仅为全球总数的 0.3%，约为英国的 2.8%、德国的 3.3%，与欧洲国家中拖后腿的法国类似（法国也仅为 4740 万美元）。

表 5 - 2　世界各国及组织、个人对叙利亚人道主义援助
（2010—2017 年 2 月 18 日）

单位：美元

欧盟成员国		欧美其他国家		亚洲国家	
英国	1101409898	美国	2970864807	日本	164083481
德国	927218265	挪威	244062327	中国	9300000
丹麦 + 丹麦难民委员会	133679227	瑞士	103683712	韩国	6300000
瑞典	125461369	澳大利亚	80971520	巴西	5320344
荷兰	115831635	芬兰	34820263	印度	2594517

续表

欧盟成员国		欧美其他国家		亚洲国家	
比利时	62427779	俄罗斯联邦	30659837	文莱	1000000
意大利	58531185	白俄罗斯	15264144	马来西亚	550000
法国	47399255	新西兰	4428804	印度尼西亚	500000
爱尔兰	32675136	冰岛	1549165	拉美国家和南非	
奥地利	26546800	塞尔维亚	557414	墨西哥	1000000
西班牙	24047706	列支敦士登	314925	哥伦比亚	300000
卢森堡	21315567	摩纳哥	114693	智利	100000
波兰	8171766	安道尔	51496	南非	93465
斯洛文尼亚	4447603	法罗群岛	33328		
捷克	2572835	阿拉伯的国家、组织或基金		国际组织和个人捐助	
爱沙尼亚	570556	阿联酋	327773524	欧洲委员会及附属机构	950604079
斯洛伐克	568314	沙特王国	321105268	联合国附属机构	546973699
罗马尼亚	567438	科威特	295486799	个人和基金会捐助	410595804
克罗地亚	390934	卡塔尔政府+红新月会+慈善机构	133309212		
马耳他	284655	土耳其人权基金	93958469		
匈牙利	272276	叙利亚人道主义基金	41260391		
保加利亚	194241	谢赫·阿勒萨尼·本·阿卜杜拉人道主义服务基金（卡塔尔）	37613306	金额总计：9560243182	
立陶宛	191863	阿曼	21650867		
希腊	67024	摩洛哥	4000000		
葡萄牙	66313	巴林	2000000		
拉脱维亚	55844	阿拉伯国家联盟	428038		

资料来源：系根据联合国人道主义事务协调厅的全球财务追踪系统（Financial Tracking Service of UNOCHA）统计而来，见：https://fts.unocha.org/countries/218/donors/2017，最后登录日期：2017年2月18日。

关于对叙利亚人道主义援助的使用流程和具体落实情况，联合国难民人道事务协调厅（OCHA）也给出了相应的数据和说明。从流程上来看，无论是欧盟的援助资金和人员、还是阿拉伯世界、欧美或亚非拉的援助资金，都是通过联合国相关部门来协调和调配的。联合国难民人道事务协调厅负责总的协调工作，联合国安全与安保部（UNDSS）负责为所有人道主义救援人员提供必要的安全培训，世界卫生组织（WHO）负责医疗领域的援助协调工作，世界儿童基金会（UNICEF）负责儿童营养相关事务，世界粮食计划署（WFP）和联合国粮食与农业组织（FAO）负责食品供应工作，联合国难民事务高级专员（UN，HCR）和联合国难民人道事务协调厅共同负责叙利亚难民营的管理和协调工作，并同时负责处理难民营中性别暴力（Gender-based Violence，GBV）问题。这些联合国机构，与位于大马士革的叙利亚人道主义协调者（Syria Humanitarian Coordinator）、位于安曼的地区人道主义协调者（Regional Humanitarian Coordinator）、红十字会、红新月会、叙利亚的众多非政府组织和为数众多的国际非政府组织，一起构建起"全叙利亚行动"（Whole of Syria Approach，WoS Approach）。

"全叙利亚行动"的人道救援资金主要经由四个基金池周转，分别是：联合国难民人道事务协调厅主管的叙利亚人道主义应援计划（Humanitarian Response Plan：Syria Arab Republic）、位于大马士革的叙利亚人道基金（Syria Humanitarian Fund，SHF）、土耳其人道基金（Turkey-based Humanitarian Fund，HF）、约旦人道基金（Jordan Humanitarian Fund，JHF）。来自欧盟和全球的所有人道主义救援资金大多先注入这四个基金池，然后通过相关事务协调机构分配给负责实际运作事务的非政府组织或个人。

联合国难民人道事务协调厅（简称"难民协调厅"）将受援对象分为三个目标群体：SO1为需要提供生命保护的易受攻击者，SO2为需要生存支持和保护的无家可归者，SO3为需要帮助恢复生活和提供基本生活服务的人群。统计数据中SO1达570万人，其中472万处于难以受援区域，64.4万人位于联合国定义的"被围困区域"。SO2规定的需要给予保护的叙利亚人，除去流落周边国家和欧洲的480万国际难民，在国内的流离失所者仍达630万人，其中100万人已被安置在联合国部署的难民营中。另外，43万名流落叙利亚的巴勒斯坦难民，95%需要给予保护和救助。SO3规定的需要提供生活帮助的人数达1280万，其中亟须援助的达900万。SO1、SO2、SO3的统计对象有所重叠，难民协调厅给出的需要人道救援总人数为1350万，是叙利亚2016年总人口（1843万）的73%。

联合国难民协调厅在 2017 年 3 月发布的"叙利亚人道主义应援计划：2017年"报告中，统计了叙利亚人面临的人道主义危机和问题。报告称，叙利亚人当前的用水是个大问题，家庭的用水支出已高达全家总收入的 25%。食品短缺则更为严重，约 700 万人食不果腹，还有近 200 万人正接近食不果腹的状态。截至 2016 年夏季，26% 的叙利亚人无卫生保健服务，26% 的人只能获得部分的卫生保健服务，造成这一问题的原因是叙利亚全国一半的医院和医疗机构关闭或者间歇性营业。每月有 3 万人遭受战争创伤，而其中 30% 成为永久性伤残。叙利亚男女比例已经失调，难民营中女性比例从 2011 年的 49% 上升至 2017 年 4 月的57%。儿童方面，全国 1/3 的儿童辍学，1/3 的学校已经停课，未满 18 周岁的少年被征召入伍的情况十分普遍。自 2010 年开始，叙利亚人口连续下跌，2010 年2102 万人，2011 年 2086 万人，2012 年 2042 万人，2013 年 1981 万人，2014 年1920 万人，2015 年 1873 万人，2016 年只有 1843 万人，平均每年损失人口约 60万人，而 2010 年之前叙利亚每年要净增加 60 万人（人口增长率平均达 3.4%）。截至 2017 年年初，叙利亚 4/5 的人口陷入贫困，其中约 650 万人陷入赤贫。联合国难民协调厅认为，叙利亚的人道主义应援行动，任重而道远。[1]

"叙利亚人道主义应援计划：2017 年"报告将难民救助划分出 12 个详细大项，包括食品、棚屋、健康、保护、教育等诸多领域，总计需要资金 34 亿美元，截至 2018 年年初总计获得 22.5 亿美元，完成度为 66.2%。各领域详细资金需求和获得情况如图 5-3。其中"保护"领域已获得的资金中，包括 2.1 亿美元资金中，包括反地雷行动的 822 万美元和儿童保护计划的 232.5 万美元资金。已获得的约 7.3 亿未分类资金，包括 1.95 亿的共享资金、5.1 亿的无规定用途资金、0.21 亿的部门共享资金和其他资金 87 万美元。[2]

资金接收者方面，总计有 129 个国际和地区组织接受并使用着这些资金，图5-4 列举出接受救援资金超过 1000 万美元的 26 个组织。另外，叙利亚政府和周边国家政府获得的资金很少，总计不过 2137 万美元，占总落实资金的 0.95%。

---

[1] UNOCHA, "Humanitarian Response Plan, January-December 2017: Syria Arab Republic", March 2017, https://www. humanitarianresponse. info/sites/www. humanitarianresponse. info/files/documents/files/2017_hrp_syria_170320_ds. pdf, 最后登录日期：2018 年 5 月 20 日.

[2] UNOCHA, "Humanitarian Response Plan, January-December 2017: Syria Arab Republic", March 2017, https://www. humanitarianresponse. info/sites/www. humanitarianresponse. info/files/documents/files/2017_hrp_syria_170320_ds. pdf, 最后登录日期：2018 年 5 月 20 日.

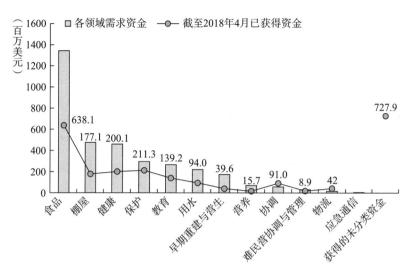

图 5 - 3　叙利亚人道主义应援计划 2017：资金需求和到位情况

资料来源：联合国难民人道事务协调厅（OCHA）官方网站的《叙利亚人道主义应援计划 2017》，https：∥fts. unocha. org/countries/218/sectors/2017。

联合国相关机构获得的资金最多，达到 12.89 亿美元。非政府机构获得了总计 4.15 亿美元，其中国际非政府组织获得了 3.39 亿美元，叙利亚的非政府组织只获得了 45.5 万美元，周边地区的非政府组织获得了 20 万，另有 754 万美元分配给未分类的非政府组织。国际红十字会和红新月会总计获得了 1.43 亿美元的资金支持。

　　总的来看，将叙利亚政府、叙利亚的非政府组织和基于叙利亚国家的人道救援基金所获资金加在一起，也不超过全部受援资金的 2%。[①] 很显然，欧盟主导下的联合国对叙利亚的人道主义援助机制，是将叙利亚政府排除在外的，这并不是因为叙利亚政府的治理能力欠缺或贪污腐败问题，而是纯粹的对巴沙尔政府抱有敌意而已。

　　从"民主推进"到"稳定邻国"，欧盟地中海政策的两次调整显然遵循一种"刺激 - 应对"的条件反射模式。尽管在部分领域（如难民控制）存在很强的政策前瞻性，但总体来看欧盟的地中海政策总是落后于中东北非政治局势的变化。2014 年欧洲邻国政策执行局（ENI）取代欧洲邻国政策与伙伴计划执行局（EN-

---

① 相关数据来源于联合国难民人道事务协调厅（OCHA）官方网站的《叙利亚人道主义应援计划 2017》，https：∥fts. unocha. org/countries/218/sectors/2017，最后登录日期：2018 年 5 月 20 日。

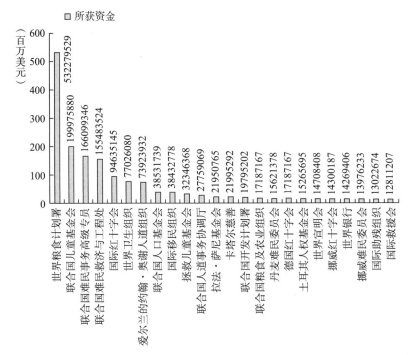

图 5 – 4 2017 年叙利亚人道主义应援计划中接受资金超过 1000 万美元的救援组织名单

资料来源：联合国难民人道事务协调厅（OCHA）官方网站的《叙利亚人道主义应援计划 2017》，https：//fts. unocha. org/countries/218/recipients/2017，最后登录日期：2018 年 5 月 20 日［其中，爱尔兰约翰·奥谢人道组织（GOAL）的官网为 http：//www. goal. ie/］。

PI）后，西班牙推动的巴塞罗那进程彻底沦为历史。法国一直着力主导的地中海联盟也后继乏力。萨科齐甩开欧盟统一政策而推动的军事介入利比亚从而确立法国在地中海主导权的企图，最后被证明是不成功的。

在中东北非变局发生至今，欧盟地中海政策总体而言难言成功。2011 年第一次调整后进展乏力、受挫频频，不得不进行第二次调整。从目前欧洲与地中海的恐怖主义袭击事件的减少来看，第二次调整后的政策抑制环地中海地区恐怖主义势力的措施取得了一定的效果，"稳定邻国" 的政策显然比 "民主促进" 政策更为有效。

通过欧盟 "民主促进" 战略在地中海地区的失利我们发现，在难以预测对象国未来局势走向的背景下，武力干涉得到的结果往往与最初的愿望背道而驰。2011 年欧盟第一次政策调整的动机就是借变局带来的机会来扩大欧洲在地中海国家政治、经济和社会领域的影响力，以扩大欧洲在地中海的霸权。短期内欧盟及其成员国在地中海的声势确实如日中天，但波动诡谲的政治变化和来自地中海的抵抗使欧盟希望化为泡影。时至今日，阿拉伯国家和人民对欧洲行为、价值观和内在意图的怀疑越来越多，其政策推进的难度也越来越大，欧盟不得不将地中海地区的稳定作为其优先政策选择。

第六章
欧洲与地中海国家关系的思考

由于欧洲与南地中海国家在历史、文化、政治制度方面的异质性，环地中海国际关系存在着许多无法克服的内在矛盾与困境。南地中海国家长期以来独裁政权的存在，使欧盟邻国政策中稳定与促进民主这两个目标总是不能协调一致；伊斯兰主义与民主的相融性问题也是欧洲与地中海南岸国家关系中比较突出的问题，欧洲推进西亚北非民主化进程，必然带来身为各国主流政治反对派的伊斯兰政党的力量释放，而其反西方的意识形态又为欧洲所不喜。欧盟内大国的政策分歧、大国与小国的矛盾构成政策调整国家层次的阻碍，而成员国数量扩张过快、深化改革不力的"跛腿走路"也制约了欧盟共同外交政策的制定和实践。从国际层面看，南地中海地区在地缘政治上的重要性使得外部干涉者纷至沓来。美国、俄罗斯的中东战略，均制约了欧洲国家和欧盟在本地区外交雄心的实现。

纵观北非变局以来欧洲介入的两种方式，及其在战略调整中的交替运用，难言何者更为有效。外交否定、军事介入等硬手段固然见效快、影响力大，但后遗症也十分明显；经济援助、经济制裁和人道主义干涉等软介入方式虽然温和，受到的阻力较小，但见效太慢，其副作用也并非没有。

第一节　欧盟地中海政策中的利益与价值观问题

欧盟和欧洲国家对南地中海国家的政策框架从欧洲－地中海伙伴关系即巴塞罗那进程到邻国政策，再到地中海联盟，现实利益与价值观的推广都是两个重要的政策目标。但在对南地中海国家的具体外交实践中，这两个目标并不总是协调一致，有时甚至相互冲突。包括民主在内的价值观的促进一般会导致以强人政治为特征的阿拉伯国家的政治动荡，从而损害欧洲在本地区的利益。因此欧洲国家和欧盟在发展与南地中海阿拉伯国家的关系中，通常是将安全与稳定放在优先地位，促进价值观的规范性目标往往居于次要地位。欧盟和欧洲国家的这种外交政策取向在"阿拉伯之春"变局中得到了充分体现。

一　欧盟邻国政策中价值观的模糊性

在环地中海国际关系中追求现实利益和促进民主是欧洲国家与欧盟的两大战略目标，但这两个目标在现实中总是处于矛盾境地。在面对利益与价值观的困境时，欧盟优先考虑前者。尽管《里斯本条约》突出强调了对价值观的促进，但现实情况依然是利益优先。此外，欧盟价值观在其外部行动中的作用受到高度质疑，因为这些价值观之间存在模糊性和潜在冲突。虽然规范和价值观的定义（也包括关于社会行为的规范）并不仅仅局限于法律框架，但鉴于其对欧盟的象征意义，有必要首先评估价值观如何在欧盟的法律秩序和条约表述。特别是研究欧盟的规范性身份如何扩展到邻国政策目标至关重要。

一般来说，学术界关于大多数民族国家追求的两种外交政策目标也适用于欧盟，即占有性目标（Possession Goals）和环境目标（Milieu Goals）。后者指国际行为主体试图将利他主义和自身利益结合起来时的外部环境的转变。在这方面，邻国政策追求其一系列环境目标，包括促进民主、人权和法治、尊重国际法、解决冲突、环境保护和睦邻友好关系。相比之下，拥有性目标，也可以被定义为战略目标，包括欧盟在经济和贸易、移民、边境管理、能源安全和解决冲突方面的狭隘利益。

在关于将民主促进作为欧盟环境目标方面，在《里斯本条约》之前，欧盟将其"创始"原则（"阿姆斯特丹条约"第6条）定义为包括民主、自由、尊重人权和基本自由以及法治。与此同时，因为"政治对话和'基本'条款已经成为缔结国际协议的普遍做法"，作为欧盟外部目标的民主促进具有了相当普遍的特征。《里斯本条约》确认了欧盟在国外促进民主的使命，但由于条款中使用的措辞不同，"条约"在这方面的规定相当不清晰。

首先，在《里斯本条约》中，"原则"和"价值观"的概念可以互换使用：价值观、原则和目标成为欧盟对外关系的民主特征（"条约"第21条和第205条：欧洲联盟的建立）。然而，这些概念应该加以区分，因为它们需要不同的含义。虽然"价值观"代表了内部的道德信仰和指导方针，但"原则"被定性为对欧盟行为施加限制的法律规范，与价值观相比，遵守原则是严格的义务。正如冯·博丹迪（Von Bogdandy）所说，使用"价值观"而不是"原则"表明欧盟对欧盟创立原则的缺乏决心。此外，原则和目标也应该加以区分：后者可以作为行动最终效果的指标。因此，欧盟的外部行动受到民主原则的限制，必须以此为导向，同时试图将加强民主作为其国际努力的最终目标。

其次，欧盟的各种目标并不平衡，其优先考虑是共同的外交与安全政策（CFSP）。这些广泛制定的目标反映了欧盟在国际安全、经济发展、多边合作和其他领域的利益。它反过来又为欧盟创造了一个法律空间，既可以追求占有性目标，也可以追求环境目标；根据具体情况，成为理性和规范性的行为者。优先考虑与共同的外交与安全政策相关的目标（具有政府间性质）可以导致大多数对外关系领域的"安全化"，并允许成员国追求脱离欧盟规范议程的自身利益。正如雷纳（Lehne）所说，"出于与欧洲身份概念相关的原因，欧盟本身就在其萌芽的外交政策中突出了治理和人权问题。这使成员国可以根据自己的特殊利益自由地制定政策"。

尽管如此，促进民主被认为是欧盟及其成员的一般义务。《欧盟条约》第3（5）条和21（1）条指出，促进民主作为欧盟的价值观必须应用于欧盟对外关系的所有领域。此外，第49条更为广泛的诠释表明，促进民主对于欧盟的身份至关重要，特别是候选国必须"致力于"促进欧盟价值观，包括民主。

尽管如此，将民主促进纳入欧盟外交政策目标的法律基础（从而肯定欧盟的规范性身份）并不意味着这一目标与其他目标相比具有优先地位。适用于不同的对外政策领域的"补充性"原则，以及保护价值观和利益的要求（欧盟条约第3条第5款，第21条第2款）会导致以牺牲某一个环境目标为代价而将"至关重要"占有性目标放在优先地位。此外，关于要推进的不同环境目标也存在差异。

与此同时，我们不应忽视欧盟推行的社会经济价值观和政治价值观。除公民权利和政治权利外，"欧盟基本权利宪章"还包括社会和经济权利，而建立内部市场、可持续发展和"高度竞争的社会市场经济"［《欧盟条约》第3（3）条］是公认的欧盟旨在促进"人民福祉"元素。值得注意的是，一致性（solidarity）是欧盟外部行动的明确目标［《欧盟条约》第21（1）条］。这套价值观也适用于欧盟与邻国政策合作伙伴的关系，特别是在深度经济一体化（DCFTA）过程中，这意味着伙伴国家的法律近似欧盟法律或采用了联盟的法律。"2011年邻国政策回顾"引入了"深度民主"的概念。除了自由和公正的选举、结社和言论自由、法治和反腐败之外，"2011年邻国政策回顾"还包括对安全和执法部门改革以及对武装和安全部队建立民主控制的要求。联系协议和深度全面的自由贸易协定（DCFTA）包含"共同价值观条件"方面的更多要求，除人权和民主原则之外，还包括自由市场经济原则或对可持续发展和有效多边主义的促进。然而，尽管引入了"深度民主"的概念，欧盟对民主促进的概念方法没有任何重大转变："模糊"的自由民主模式仍然是欧盟修辞和文件的主要特征。此外，正如格斯多勒（Sieglinde Gstöhl）所说，"经济和政治价值观可能相互冲突，这种情况下，经济问题总是居于优先地位"，欧盟倾向于优先考虑建立自由市场和经济自由化而不是人权和民主原则。甚至可以在同一组价值观中找到潜在的冲突，例如贸易自由化与可持续发展和减贫之间的冲突。①

批评欧盟推行价值观的另一个主要观点是，没有确定民主应该在多大程度上得到促进的指标，即没有欧盟的法律框架允许达到既定要求的最低门槛。例如，在与伙伴国的贸易协定中列入基本要素条款（关于民主或人权）将满足"考虑"特定目标的要求。

此外，促进价值观的模糊性不仅可能因条约中提到的相互冲突的概念而加深，而且欧盟和邻国政策国家之间的双边协议的差异也会加深这种模糊性。

虽然"阿拉伯之春"影响了 ENP 议程，但在理解民主概念方面并没有导致区域性分裂。相反，欧盟引入了"深度和可持续民主"的理想概念，以指导其与南部和东部邻国的关系。这个新概念没有规定在双方关系中使用的价值观的内容。但它标志着向人权的更具包容性的理解转变。尽管如此，当地行为体也认为欧盟在南部邻国的民主促进无视当地条件和当地价值观。值得注意的是，"新方法"并没有导致建立新的机制来实现理想的"深度民主"。然而，当比较与东部邻国的联系协议和欧洲－地中海协议时，我们发现同南部邻国和东部邻国之间的差异是显而易见的。"基本要素条款"构成了欧盟在特定国家推行的价值观的规范框架，"无论是从被认为必不可少的要素方面考虑，还是从形成其基础的国际标准方面考虑，这些条款对东部国家来说都更加苛刻。"

欧盟成立条约中规定的价值观的模糊性，其法律框架以及与邻国政策国家达成的协议，大大阻碍了欧盟促进这些价值观并对其邻国采取连贯一致的外交政策的能力。

总而言之，应该强调的是，我们分析的文献主要是侧重于规范欧盟政策的官方文件。我们没有详细阐述各成员国在欧盟条约和欧盟与 ENP 国家之间的协议

---

① Sieglinde Gstöhl, "The Contestation of Values in the EuropeanNeighbourhood Policy: Challenges of Capacity, Consistency andCompetition", in S. Poli（ed.）, *The European Neighbourhood Policy—Values and Principles*, Abingdon: Routledge, 2016, pp. 58 – 78.

谈判期间对欧盟价值观的立场。这就留下了一个问题，即欧盟为何选择支持这种模糊的价值观定义。有人可能会认为，故意让成员国追求自己的外交政策目标，这完全符合共同的外交与安全政策（CFSP）的政府间性质的保留。此外，应该注意的是，欧盟价值观的内在模糊性是一个重要的，但不是唯一阻碍欧盟邻国政策的有效性的理由。其他因素包括邻国政策合作伙伴和欧盟之间对"共同"价值观的理解（如果不是完全拒绝）的差异，以及促进不同价值观的其他区域行为体所构成的挑战。然而，重要的是，价值观的模糊性加上上述因素，鼓励根据欧盟及其成员国的利益在不同情况下有选择地使用政治条件。

二 安全/稳定与民主

长期以来，欧盟和欧洲国家的政策制定者认为，中东国家的繁荣与稳定符合欧洲的经济与安全利益，对维护阿拉伯地区的秩序和稳定的关切超越了对民主和人权的关切。欧洲国家一直与地中海地区的强人政权保持着良好关系，并给它们提供了大量的财政援助和贸易优惠，目的是在地中海地区建立一个政权稳固的国家圈，从而达到地区稳定的效果。然而，"阿拉伯之春"的发生证明欧洲在阿拉伯地区的政策完全失败，而不得不对其进行调整，"民主促进"战略走上前台，欧盟和欧洲国家利用外交、武装打击、援助等各种手段干涉阿拉伯国家的政治进程，试图使阿拉伯国家走上"民主化"或欧洲化的道路。

2011年2月23日，欧盟外交和安全政策高级代表凯瑟琳·阿什顿就决议调整欧盟地中海政策，她认为"旧式稳定"已经难以维持，对地中海国家的新政策必须趋向于促进"有可持续能力的稳定"和"深度民主"。[①] 2011年5月，欧盟高级代表和委员会提出了《对变局中邻国的新回应：欧洲邻国政策回顾》这一新欧洲邻国政策文件，推动阿拉伯国家构建"深度、可持续的民主"成为欧盟在该地区首要的政策目标。[②] 欧盟不但在短期内而且要长期帮助阿拉伯国家建立"深刻的民主"，不仅要制定民主宪法，进行自由公正的选举，而且要建立和

---

① Timo Behr, "The European Union's Mediterranean Policies after the Arab Spring: Can the Leopard Change Its Spots", *Amsterdam LF* 4, 2012, pp. 76 – 88.

② European Commission, "A New Response to a Changing Neighbourhood: A Review of European Neighbourhood Policy", *Joint Communication by the High Representative of The Union For Foreign Affairs And Security Policy and the European Commission*, COM (2011) 303 Final, Brussels, May 25, 2011, https://eeas.europa.eu/sites/eeas/files/review_en.pdf, 最后登录日期：2017年5月31日。

维持独立的司法机构、发展新闻自由、建立充满活力的公民社会；欧盟要确保伙伴国家的包容性和可持续的经济增长和发展，从而使民主在地中海国家具备良好基础。① 欧盟及其成员国的阿拉伯政策开始逐渐以"价值观"为政策导向。但是，"阿拉伯之春"后欧盟对地中海国家的"民主促进"战略进展并不顺利。正是欧盟的"民主促进"战略对利比亚和叙利亚内战的经久不息和"伊斯兰国"的崛起推波助澜，使西亚北非地区产生了大量流离失所的难民，涌入欧洲的难民潮使欧洲自身的利益与安全面临越来越严重的威胁。"民主促进"战略在波涛汹涌的难民危机中陷入困境。从 2015 年开始，欧洲舆论的呼声迫使欧盟及其成员国不得不重新调整地中海政策，"稳定优先"成为核心诉求。2015年 11 月 18 日，欧洲议会、欧盟委员会、欧盟经济和社会委员会、欧盟地区委员会联合发布的《邻国政策回顾：2015》，"邻国稳定"被确定为欧盟地中海战略的核心内容，取代了此前推进"深度、可持续民主"的战略地位。② 欧洲所遭遇的难民危机是欧盟与欧洲国家盲目推行所谓民主价值观的恶果，只有尊重中东北非地区人民自己的政治选择，战争才会结束，从而从根本上消除制造战争难民的根源。

在安全/稳定与民主的关系方面，欧盟面临的主要政策困境是需要在促进民主价值观和保护其战略利益（大力加强邻国的安全与稳定）之间做出适当的平衡。在分析 ENP 战略文件"大欧洲公报"和"2003 年欧洲安全战略"时，有人得出结论，认为欧盟的主要目的是通过建立一个"良好的民主国家"圈来防止来自邻国的任何"负面溢出"效应。因此，ENP 的利他内容受到了专家们的质疑。还可以说，欧盟的目标是在自己的周围建立经济和政治稳定的国家群，这使欧盟在南部和东部邻国不太稳定的地区之间有了一个"缓冲区"。虽然一些学者并不质疑民主是欧盟外部政策的主要目标之一，但也有一些学者认为民主作为一种稳定因素，是实现稳定的必要因素，因此在政策中起着重要作用。

现有的矛盾源于对稳定性和安全性的不同观点：如果在邻近地区推广价值观

---

① "The EU's Response to the 'Arab Spring'", Brussels, December 16, 2011, http：//europa. eu/rapid/press-release_ MEMO-11-918_ en. htm, 最后登录日期：2016 年 12 月 4 日。

② European Commission, "Review of the European Neighbourhood Policy", JOIN（2015）50 Final, Brussels, November 18, 2015, http：//eeas. europa. eu/archives/docs/enp/documents/2015/151118 _joint-communication_ review-of-the-enp_ en. pdf, 最后登录日期：2017 年 10 月 1 日。

是一项长期努力，那么安全性和稳定性则是欧盟在与 ENP 国家互动中经常优先考虑的短期需求。但是，如果没有有效的民主制度，就不可能实现长期的安全和稳定。由于《里斯本条约》对不同目标的灵活性，欧盟可以"通过其他途径"将民主促进纳入 ENP 目标之中。

在安全与稳定方面，欧洲邻国政策的目的是解决成员国关于其东部和南部邻国可能提出的挑战的担忧。在东面，在 2004 年"大爆炸"扩大之后，欧盟面临着后苏联国家通过共同边界传播政治和经济动荡的风险。特别是，欧盟对犯罪网络的潜在渗透、腐败、走私贩运感到担忧。此外，欧盟担心俄罗斯影响下的国家和混合政权的脆弱性。它试图扭转局势，结果不尽如人意。中东和北非地区也存在类似的情况，其中政治不稳定的风险以及恐怖主义和贩运人口、毒品和武器的威胁被认为甚至比东部邻国更大。

在关于为什么欧盟在"阿拉伯之春"之前未能为南方 ENP 国家的民主化做出贡献的研究中，有学者认为"阿拉伯之春"是由欧盟的政策失误而非有意造成的。根据其他研究人员的调查结果以及对欧盟和中东北非地区官员的一系列访谈，霍利斯认为，欧盟并没有按照自己的规范原则和阿拉伯世界的诉求采取行动。相反，欧盟一直将其安全利益置于优先于"共同繁荣"和民主促进的地位，并与其南部邻国建立组织化和制度化的关系，这些关系不容易改变，也不利于支持阿拉伯改革者。阿拉伯政府也没有反对欧盟的做法，主要是为了获得进入欧盟市场的机会以及金融和技术援助的机会。甚至在"阿拉伯之春"抗议活动之前，欧盟就在重点关注移民问题、宗教极端主义和反恐问题。中东和北非地区当时的所有领导人与欧盟在控制当地恐怖主义风险方面有着共同的兴趣。在这方面，欧盟与摩洛哥缔结的行动计划是最有力的例子，该计划设想实施有关移民控制的详细措施，作为获得欧盟财政支持的条件之一。

关于欧盟成员国在欧盟对其南部邻国政策形成方面的作用，"多年来，成员国将欧盟作为其追求声誉不佳和缺乏远见的对北非国家政策的掩护工具"。① 欧洲邻国政策的安全相关领域一般由与 ENP 国家一起寻求双边政策的成员国控制，而欧盟机构则负责人权和民主领域的任务。当欧盟试图实现这两个目标时，很难避免欧盟与各国政府之间的紧张关系："如果欧盟官员批评邻国的人权记录会危

---

① N. Witney and A. Dworkin, "A Power Audit of EU-North Africa Relations", *European Council on Foreign Relations*, September 2012, p. 38.

及正在进行的双边谈判，那么各国部长们就会感到恼火。"① 在解决冲突方面，其中一个成员国会处于一种特殊的位置，或其参与和平谈判会成为欧盟更积极介入的一个障碍。例如，法国、意大利和西班牙，它们在地中海具有主导地位。2010 年，法国为每个北非国家提供了比欧盟更多的经济援助。另外，值得一提的是，欧盟与 ENP 国家之间的依赖关系可能被认为是互惠的。例如，欧洲 30.36% 的石油进口来自中东和北非国家，而在过去十年中，欧盟南部成员国对廉价的北非天然气（主要来自利比亚、阿尔及利亚和埃及）的依赖一直在增加。

在地中海地区实行的各种各样的政策框架以及欧盟邻国政策中，欧盟的共同利益与各个成员国的利益有许多地方是不相容的，这些政策框架包括欧洲 - 地中海伙伴关系（1995 年启动）、地中海联盟（2008 年）、地中海南部民主和共同繁荣伙伴关系（2011 年，ENP 的一部分）。正如舒马赫所说，同时使用地区主义、双边主义、基于项目的合作和区域间主义的原则只会增加欧盟政策目前碎片化的性质。据他说，"方法、倡议、伙伴关系、政策等一次又一次地更替的事实只是反映了欧盟各国政府在欧盟应该在其邻国发挥何种作用方面仍存在的短视和分歧——尽管所有的条约本应将其作用提升到更高的水平"。②

"阿拉伯之春"破坏了欧盟与地中海国家之间的共识，表明"安全稳定第一"的做法并未阻止该地区成为政治动荡的牺牲品。欧盟机构和成员国的最初反应提供了确切的证据，表明欧盟与其成员国的利益分歧导致欧盟政策不一致。欧盟在不同情况下采取了不同的做法，其中大多数情况下欧盟选择了"观望"策略，并且即使在阿拉伯国家的领导人对抗议者使用暴力之后，欧盟也不愿意让他们下台。

在 2011 年 1 月突尼斯起义期间，欧盟碎片化的性质及其不愿支持邻国的政治变化的态度尤其明显。虽然大多数欧洲领导人决定不急于公开评估突尼斯的形势，但法国（以通过其外交部部长的方式）向突尼斯政府提供技术支持和专业知识，以应付对本·阿里政权的抗议活动。在抗议活动的高潮阶段，欧盟主张需

---

① M. Leigh, "The European Neighbourhood Policy: A Suitable Case for Treatment", in S. Gstol and E. Lannon (eds), *The Neighbours of the European Union's Neighbours: Diplomatic and Geopolitical Dimensions beyond the European Neighbourhood Policy*, 1st edition, Farnham: Ashgate Publishing Ltd. 2015, p219.

② T. Schumacher, "The EU and the Arab Spring: Between Spectatorship and Actorness", *Insight Turkey*, Vol. 13, No. 3, 2011, pp. 107 - 119.

要对话，只有在本·阿里被赶下台之后，欧盟才就支持突尼斯人民的愿望发表声明。

欧盟对埃及的事件也采用了类似的模式。埃及因其人口规模、地理位置特别是其在遏制以色列与哈马斯在加沙的冲突中的作用而被视为一个重要的区域行动者。此外，欧盟认为其领导人胡斯尼·穆巴拉克是致力于打击伊斯兰极端主义的地区强人，因此主张在保留穆巴拉克总统的前提下实现埃及的民主过渡，这与埃及人民的愿望背道而驰。尽管针对反对派的暴力事件有所增加，但欧盟领导人要求穆巴拉克辞职时还是犹豫不决（与美国总统巴拉克奥巴马的态度形成显明对比）。然而就利比亚而言，欧洲领导人决定通过军事干预支持利比亚人民反对卡扎菲政权。尽管如此，这个过程并不顺利：在一致同意卡扎菲辞职的必要性的同时，欧盟领导人对于追寻法国总统尼古拉·萨科齐的脚步承认利比亚全国过渡委员会时犹豫不决。在设立禁非飞区问题上的不同意见以及德国随后拒绝参加北约领导的军事行动再一次暴露了欧盟内部的分歧。同样的原因解释了欧盟未能在叙利亚问题上明确表达统一立场，也没有以更加坚定的方式对付巴萨尔政府2011年3月对叙利亚抗议活动的暴力镇压做出反应。

当然，欧盟的内部争论并没有导致对欧盟促进民主的方法进行重大的重新定义，并转向更积极的战略。欧盟机构"巧妙地填补了欧盟内部因阿拉伯起义而出现的政策真空"。① 在突尼斯、埃及和利比亚革命后不久，欧盟优先考虑安全、稳定、移民、反对宗教极端主义和反恐等问题，而不是将注意力转移到支持推进民主化进程，这主要是由于对地中海南部国家政治不稳定和日益增长的社会经济问题的担心所致。例如，"阿拉伯之春"后的人口流动伙伴关系就是在寻求打击"非正规移民并实施有效的重新接纳和遣返政策"。

总而言之，在邻国面临危机（或其出现的机会）时，欧盟和成员国集中精力防止任何可能的负面溢出效应，这样做通常以放弃欧盟价值观为代价。此外，成员国倾向于在与ENP合作伙伴的关系中优先考虑地缘战略利益，这反过来又严重破坏了欧盟的规范性议程。

三　欧洲与阿拉伯非民主政权的合作

人们经常强调，为了维持邻国的政治稳定，欧盟选择与专制领导人接触，而

---

① N. Witney and A. Dworkin, "A Power Audit of EU-North Africa Relations", European Council on Foreign Relations, September 2012, p. 40.

不是在其国内冲突中公开支持独裁统治的挑战者。例如，欧盟在埃及军队和来自穆斯林兄弟会的前总统穆罕默德·穆尔西之间充当调解员的角色，甚至与总统阿卜杜勒·法塔赫·塞西"悄然结盟"。与欧洲 – 地中海伙伴关系相比，地中海联盟实行的联合主席制（与欧洲和阿拉伯国家元首一起）作为一种体制解决方案，使地中海联盟免于更大的退步。第一任主席由法国总统萨科齐和埃及总统穆巴拉克共同担任。

我们可以找到欧盟选择务实利益而不是价值观的更多例子，例如，在特定领域与非欧盟国家的贸易中。博斯在其最近对欧盟成员国在 2003 年至 2013 年期间对邻国及以外的 20 个专制政权进行的武器出口研究中，得出以下结论：

1）欧盟关于武器出口的大多数标准以及向特定国家颁发出口许可证必须满足的条件受道德规范和原则（进口商遵守国际法和人权）正式指导；

2）大多数武器禁运都是通过参照这些标准来证明其正当性；

3）这些道德基准并未显著影响欧盟成员国向第三国出口武器的决定——主要决定性因素是需求水平；

4）只有在人权状况出现突然而明显的负面变化，例如对抗反对派和大规模谋杀的极端暴力时，欧盟及其成员国才希望停止向专制政权出口武器。[1]

在这方面，欧盟成员国在民主化政策和稳定政策之间进行选择或平衡时，表现出对不民主政权的不同态度，破坏了欧盟的规范性议程。因此，欧盟的规范性权力形象不仅受到国外质疑，而且受到欧盟内部公众的质疑。例如，欧洲公众舆论对欧盟各国政府对突尼斯和埃及革命的初步反应都是批评性的。法国公众的舆论甚至导致法国外交部部长在她支持前总统本·阿里之后辞职。正如威特尼和德沃金所指出的那样，"多年来欧洲在地中海的政策受到了一种欧洲与独裁国家共谋的特殊的浮士德协议的指导，以换取它们的合作，以保持其庞大的人口和令人不安的宗教信仰在可控的范围之内"。[2] 在民主化的压力下，南地中海许多国家

---

① G. Bosse，"Markets versus Morals? Assessing EU Arms Exports to Autocratic Regimes in its Closer and Wider Neighbourhood"，in S. Gstol（ed.），*The European Neighbourhood Policy in a Comparative Perspective*，Farnham：Ashgate．2016，pp. 297 – 298.

② N. Witney and A. Dworkin，"A Power Audit of EU-North Africa Relations"，European Council on Foreign Relations，September 2012，p. 40.

领导人通过引入或模仿某些领域的有限范围的改革，同时保持政治领域成为他们自己统治的专属领域，找到了"升级威权主义"的方法。因此，根据舒马赫的说法，"ENP 的基本目标，如打破'顽固的专制主义'的模式，逐渐为向代议制和自由民主国家的转变等，被系统地绕过了"。此外，合作的条件更多地受到欧盟理性利益驱动而不是任何善政和民主要求的驱动，这种情形在"阿拉伯之春"以来没有发生改变。

尽管如此，仍有大量学者对欧盟与非民主政府之间合作的原因和模式有不同意见。例如，承认促进民主和维护稳定/安全是欧盟与专制政权打交道时的两个相互冲突的目标，弗雷堡建议利用所谓的功能性合作来解释欧盟与阿拉伯强人政权之间的关系①，可以同时兼顾两个目标。例如，欧盟与摩洛哥在水资源问题上的合作中，政府治理的微观或中观层面的功能性合作可以为伙伴国家的人民带来社会和经济福祉，从而通过防止对该国政府的社会反抗的可能性来帮助这个国家维持政治稳定。另外，功能性的合作将传播民主规范和民主实践，从而增加公民的参与。因此，功能性合作被视为一种妥协：它不会挑战专制领导人的政治权力，可以协助这些领导人对付社会性和经济性的不满，同时，它在政府管理中创造了所谓的民主飞地。②

任何非民主政权都会对这种合作感兴趣，以改善其公民之间的平等，因为它将增加国内稳定。然而，如果欧盟不想给邻国强加民主，也不想改变政权，它必须在与非民主政权的合作中设立遵守人权原则方面的具体红线。

简而言之，由于其在安全、能源和经济领域的战略目标，欧盟并不回避与其主要邻国的独裁者合作。这反过来又破坏了欧盟在国内和国外的规范性特征。尽管如此，仍有大量学者赞成在一些领域与非民主政权接触，这些领域的合作不会直接对其领导人的政治权力构成威胁，但确实有助于将欧盟的规范和做法传播到当地中层政府机构中。相比之下，另一些学者认为，这种合作不会导致在专制政治制度中创造"民主飞地"，而是加强了专制制度。

---

① T. Freyburg, "The Two Sides of Functional Cooperation with Authoritarian Regimes: A Multi-level Perspective on the Conflict of Objectives between Political Stability and Democratic Change", *Democratization*, Vol. 19, No. 3, 2012, pp. 575 – 601.

② T. Freyburg and S. Richter, "Local Actors in the Driver's seat: Transatlantic Democracy Promotion Under Regime Competition in the Arab World", *Democratization*, Vol. 22, No. 3, 2015, pp. 496 – 518.

四　价值观与利益的平衡问题

总的来说，欧盟对其邻国的政策的特点是价值观与利益之间存在着内在的冲突。大多数情况下，欧盟倾向于优先考虑利益，尤其是在与非民主政权合作时更是如此。此外，虽然欧盟以"共享"和"共同"价值观念为指导，但这些概念定义不明确且含糊不清。例如，欧盟的最重要的价值观之一的民主，既是欧盟与邻国关系的原则和目标，又具有无所不包的特征，可能与某些成员国的民主模式不符。其他因素加剧了价值观的模糊性，例如它们与一些邻国社会中主导的地方价值观的冲突以及来自其他区域参与者的竞争，这些竞争有意或无意地抵消了欧盟的影响。

在这方面，我们有许多理由对欧盟有效地将 ENP 的双重目标——民主与稳定——结合起来的能力持怀疑态度。首先，由于促进民主可能会给非民主国家带来不稳定，并增加与政权更迭有关的不确定性，欧盟倾向于降低与独裁政权关系的规范性议程。因此，即使在短期内，为了实现民主与稳定相吻合的更远目标，欧盟也不愿意冒险失去稳定。而且，当非民主政权已经出现一些国内不稳定的迹象时，欧盟也不愿意促进政治变革。在这种情况下，欧盟热衷于关注其针对特定政权的政策中的"稳定"议程。高度稳定不是追求民主促进目标的必要前提。与其他邻国特别是与那些位于南方的国家相比，摩尔多瓦和乌克兰相对较高水平的政治自由化确实使欧盟在民主和稳定方面拥有更加平衡的议程。因此，当一个伙伴国家已经经过政治过渡进程走向更民主的政权并且"民主"与"稳定"这两个目标相互加强时，"民主 - 稳定"的两难困境才会得到解决。

然而，关于对欧盟外部政策中规范性议程的实用主义做法所起的支配作用，一般来说，学者们倾向于根据伙伴国家发生的政治变革的负面结果，得出关于欧盟邻国政策无效性及其与既定目标的不一致的结论。换句话说，欧盟邻国政策被认为是一种无效的工具，因为它未能实现其主要目标——在其边界附近创造稳定、繁荣和治理良好的国家，特别是由于放弃了其规范性议程。然而，专家批评的主要矛头并非针对欧盟在其邻国拥有合法的务实利益，而是因为它不愿公开承认这些利益，同时在与合作伙伴的关系中保留其规范性言论。我们可以认为，欧盟在邻国的行动不仅仅是由规范性议程驱动，而是应该在价值观和利益之间找到适当的平衡（这反过来应该在所有欧盟行为体之间明确界定并达成一致）。

在这方面，应该更多地关注成员国对欧盟价值观和利益的不同理解。更具体地说，应该指出的是，我们不仅要关注单个成员国在邻国的战略利益，而且要分析它们促进欧盟价值观的行为和为邻国社会提供的各种援助。还应该承认，我们不应该要求欧盟对周围伙伴国家成为正式民主国家时的每一次失败承担全部责任。各种内生和外生力量之间存在着更为复杂的相互作用，影响着邻国社会的态度和制度轨迹。

第二节　伊斯兰主义与民主促进的两难困境

伊斯兰主义伴随着现代伊斯兰复兴运动长期存在于中东北非地区，这种根植于当地伊斯兰文化的政治潮流与欧洲主张的世俗性的民主化存在着不可克服的矛盾。欧洲在西亚北非地区实施的民主促进政策必然会助力伊斯兰主义政党利用选举走上权力舞台，而伊斯兰主义政党掌权之后的通常会实施伊斯兰主义政策，阻止这些国家政治的世俗化和西方化。这使欧洲在西亚北非地区推行的民主促进政策陷入两难境地。因此，文化与意识形态因素对环地中海国际关系起着重要的作用，是欧洲在制定地中海政策时不得不考虑的因素。

一　伊斯兰主义与民主的兼容性问题

"阿拉伯之春"后，政治伊斯兰势力在西亚北非政治舞台上兴起，欧洲一些学者担忧宗教极端主义可能会"毁了民主"，他们不断宣传伊斯兰主义与民主的冲突，并酝酿出"伊斯兰没有民主"的神话。其实，从价值观和历史观来看，伊斯兰教与民主之间是一种不确定的关系。伊斯兰教既能用来支持民主的某些理念，又会被作为反对民主赖以存在的基础。反对或支持的程度如何，主要取决于如何理解伊斯兰教，取决于同伊斯兰教发生关系的社会经济和政治环境。伊斯兰教价值观通过影响社会政治、经济、文化等方面来加强或束缚民主化进程。在伊斯兰国家的民主化进程中，伊斯兰教不起直接作用，也不是唯一的、决定性的影响因素。[①] 现代伊斯兰主义的政治理念与现代民主政治并非截然对立，两者之间亦不存在必然的悖论。

现代伊斯兰主义的兴起，根源于中东伊斯兰世界现代化进程中的社会裂变和

---

① 王林聪：《论伊斯兰教与民主之间不确定的关系》，《西亚非洲》2005 年第 5 期，第 63 页。

诸多因素的交互活动，它是世俗极权政治条件下民众抗争的表达形式。现代伊斯兰主义是"被压迫生灵的叹息"，是"披着宗教外衣"的民主思潮。① 二战之后中东民族主义浪潮是中东人民追求从西方殖民主义的枷锁中解放出来的结果，而现代伊斯兰主义则是当今时代民众从中东极权或威权主义体制中解放出来的诉求表达。之所以中东反威权和民主主义表达为伊斯兰主义的方式，只是因为在中东威权主义体制下宗教领域保有了最大的"政治空隙"。

确实，研究中东伊斯兰主义政党，发现它们的发展史就是一部抗争威权主义或专制主义的历史。以埃及穆斯林兄弟会为例，自1928年创立以来，几度遭政府镇压，法鲁克君主政权、纳赛尔军事体制、穆巴拉克式威权体制均敌视它。虽几度起伏，穆兄会始终矗立不倒，其立足埃及的根基就是广大民众的支持。在近90年的历史中，穆兄会不断走向温和，其对"选举"的坚持自哈桑·班纳开始就不曾放弃，库特卜、伊斯兰"圣战"组织的法拉吉和卡拉姆·祖迪均未改变穆兄会的主流意识形态，哈桑·胡代比以来的训导师们引领了穆兄会在与政府的对抗中寻求平衡点。1996年，受民主思想影响的"中间主义思潮"在穆兄会内部泛滥，最终引发一群穆兄会重要成员另组"瓦萨特党"。瓦萨特党就如同卡佩尔所定义的"后伊斯兰主义"，用他的话描述："21世纪之交见证了伊斯兰主义运动或政党的自我改造，以向民主运动看齐。他们开始谴责那些他们曾为之不断牺牲的价值观。他们开始尊重和呼吁人权，而不是像以往那样批评它并寻找替代版本。他们开始支持'不虔诚的'西方人所提倡的'言论自由'和'女性权利'。"②

现代伊斯兰主义本就在不断改变，而其不变的核心，就是借助回归宗教传统而倡导平等和民权的政治原则，以及扩大民众政治参与、挑战世俗极权政治的策略选择。伊斯兰主义的意识形态决定了北非诸国的伊斯兰政党在专制主义或威权主义体制中，充当了政治反对派的角色。突尼斯复兴党的加努希、摩洛哥正发党的班基兰、埃及穆兄会的历任总训导师，这些伊斯兰主义者都是本国政治反对派的旗手。而与它们对比，北非中东诸国国内的世俗主义政党往往成为威权主义领导人的政治工具和帮手，从而成为被阉割了"反对精神"的反对派。

二　政治伊斯兰崛起对欧洲利益的制约

早在北非变局酝酿之初，欧洲学者就担忧北非民主化进程可能会释放出伊斯

① 哈全安：《中东史：610－2000》，天津人民出版社，2010，第951页。

② Gilles Kepel, "Islamism Reconsidered", *Harvard International Review*, Vol. 22, No. 2, 2002, p. 24.

兰主义的能量，其反西方的思维将会损害欧洲在地中海南岸的利益。尽管北非伊斯兰主义政党当政时期放弃了一些反西方的极端口号，显得较为温和，但伊斯兰主义与欧洲中心主义的冲突却是难以弥合的。

伊斯兰主义与民主的交织，是欧洲环地中海政策最大的地区制约因素。推动中东的民主政治，必然会带来政治反对派能量的释放，而作为各国主流政治反对派的伊斯兰主义政党则会乘势而起。本·阿里倒台后，是突尼斯复兴党的崛起；穆巴拉克被罢黜，紧接着是穆兄会下属的自由与正义党在议会选举中大获全胜，穆尔西成为埃及第一位民选总统；利比亚战争胜利后，国民大会中伊斯兰主义者占据了相对优势；在摩洛哥，作为最主要反对派的正发党也迎来翻身机会，从2011年执政至今。再加上1991年伊斯兰拯救阵线党在阿尔及利亚国民大会选举中的胜利（随后军方反扑而酿成阿尔及利亚内战），和埃尔多安领导的正义与发展党在土耳其2003年、2007年、2011年民主选举中的一连串胜利，我们发现只要是"符合西方标准的民主选举"，伊斯兰主义政党都有极大可能大获全胜。民主化进程会推动伊斯兰主义的发展，由此可见一斑。

突尼斯、埃及、利比亚和摩洛哥上台的伊斯兰主义政党，普遍开启了"多元外交"的模式，欧美不再是它们外交重点的唯一选项，中国、俄罗斯、印度等新兴国家成功吸引了它们的目光。穆尔西成为埃及总统后不久，2012年8月就率领庞大的代表团访问中国，以期借助中国强大的经济实力推动埃及的经济发展，而中国也是穆尔西访问的第一个域外大国（在这之前穆尔西只访问了沙特和埃塞俄比亚）。2013年，穆尔西接连访问印度、俄罗斯和巴西，并提出埃及加入"金砖国家"的想法。在埃及向东看的同时，突尼斯复兴党、摩洛哥的正义与发展党和利比亚的伊斯兰民族主义者，均抛弃以往政府过度亲欧洲的政策，转而以本国利益为核心，且不再压制民间的反西方舆论。

伊斯兰主义政党意识形态的两个面——"反西方"和"民主性"，在"阿拉伯之春"中表现得淋漓尽致。伊斯兰政党上台后对西方国家的疏远，显然不符合欧洲地中海政策的初衷，制约着欧洲民主推进政策的调整。而随着2013年埃及政变的发生，北非民主化进程开始逆转，各国伊斯兰主义政党的倒台带来的是"民主的倒退"，即使是在号称"民主样板"的突尼斯，其民主属性也成色不足。逆民主化潮流，某种程度上还更加符合欧洲的利益选择。在亲西方的威权主义体制与民主化的反西方政权之间，欧洲难以抉择，其环地中海政策的调整也陷于两难之境。

伊斯兰主义与民主的交织，是中东地区特殊性制约欧洲环地中海政策的重要因素之一。除此之外，教派冲突、恐怖主义、霸权争夺和民族之争，均是西亚北非难以根除的顽疾，它们可令任何外来干涉者都愁眉不展，欧洲也不例外。2011年"阿拉伯之春"以来，西亚北非一片混乱，逊尼派与什叶派的冲突凸显出来，从而成为地区内冲突的主要表现形式之一，而在其背后则是什叶派伊朗与逊尼派沙特的地区霸权之争，叙利亚、伊拉克和也门则成了主要战场。同时，恐怖主义的威胁也与日俱增，"伊斯兰国"已经代替"基地组织"成为吉哈德式恐怖主义的主要制造者，它擎起了"圣战事业"的领导大旗，把吉哈德的对象从纯粹的西方"十字军"扩大到什叶派"叛教者"和如雅兹迪人那样的"异教徒"。变局之中，民族之争也开始抬头，在上埃及科普特教堂不断遭到激进逊尼派的袭击，在伊拉克和叙利亚库尔德人抵抗"伊斯兰国"进攻的同时不断追求"独立"，北非变局溢出到萨赫勒地区从而导致沙漠里的图阿雷格人建立了所谓的"阿扎瓦德国家"。

伊斯兰主义与民主的交织、教派冲突、恐怖主义、霸权争夺和民族之争，这些困扰中东国家和人民的诸多问题，也是欧洲环地中海政策制定者们所必须直面的挑战。若无法有效应对这些挑战，欧洲环地中海政策的调整将举步维艰。

第三节　难民危机与欧盟的治理困境

欧盟的难民危机治理虽然取得了一定的效果，加上叙利亚和利比亚内战的逐渐平息，欧洲难民潮正在退却，但难民危机对欧洲社会和欧盟的团结带来了巨大的影响，充分暴露出了欧盟在难民治理问题上的困境与缺陷。

一　疑欧主义与"欧洲团结"的困境

疑欧主义（Euroscepticism）是对欧洲一体化保持警惕的一种思潮，认为一体化是对民族国家的弱化，欧盟是非民主的官僚机构，甚至有人主张本国退出或是解散欧盟。难民危机对疑欧主义起了推波助澜的作用，极大地影响了欧洲的"团结"。

在难民接收问题上，欧盟成员国存在着巨大的分歧。德国默克尔政府是欧洲最欢迎、最同情难民的政府。2011年以来德国接受叙利亚难民避难申请总数为45.6万，占叙利亚难民向欧洲国家避难申请总数的51.5%。另据估计，自2011

年以来，德国总计接收了来自中东、非洲难民总数超过 100 万人，占抵达欧洲难民总数的 54% 左右。2015 年，默克尔入选《时代周刊》年度人物。她一度被视为难民的拯救者、"圣母"，而德国人在中东阿拉伯人心中的认可度也不断升高。即使到了科隆性侵事件后德国政府在难民问题上的政策收缩，也未改变阿拉伯人心中对德国的尊敬，德国人在中东的形象却迅速上升。默克尔政府塑造了德国在中东的"软实力"。

但是在欧盟内部，对默克尔"独断专行"的批评之声此起彼伏。如匈牙利、波兰等东欧国家对接收难民并不认可，东欧领导人多次在公开场合批评默克尔强行推行难民配额政策。匈牙利、波兰明确拒绝接收难民，主张将其拒之门外。匈牙利总理奥班认为欢迎难民前来的欧洲领导人都是不诚实的。波兰主张少量接收，宣称本国只能接纳 3000 名国际难民。艾兰事件持续发酵之时，面对欧盟委员会升级的配额方案，东欧国家如捷克、斯洛伐克和波兰爆发了不同规模的抗议示威，要求政府抵制收容穆斯林的计划。巴黎恐怖袭击事件后，东欧国家更是直接拒绝履行配额方案。默克尔在欧盟内部强推欢迎难民政策，一度被匈牙利总理奥班称为"道德帝国主义"，他认为默克尔这种以道德标准绑架整个欧洲来执行欢迎难民政策，最终获利的仅仅是默克尔个人。有分析认为，与德国国内已有占据一定人口比例的穆斯林移民群体不同，东欧国家中外来移民（尤其是穆斯林移民）为数甚少，因此东欧国家普遍缺乏接收穆斯林移民的经验，反而对难民可能造成的生存威胁更为担忧。①

即使是法国和英国，也更强调接收难民的自愿原则，只是在舆论的压力下并不在话语上否定默克尔的积极态度罢了。受巴黎暴恐事件影响，法国在难民问题上的退却极为明显，奥朗德表示将提高移民准入门槛，并重新评估难民政策。难民问题是造成欧盟内部分裂的最主要的催化剂，使欧洲部分成员国的"疑欧主义"抬头。2016 年 6 月 23 日，英国进行了"脱欧"公投，疑欧主义获取了胜利。2017 年 2 月 1 日晚，英国议会下议院投票通过政府提交的"脱欧"法案，授权首相特雷莎·梅启动"脱欧"程序。这种疑欧主义和民粹主义的抬头，不仅仅发生在英法德等大国，也发生在匈牙利、比利时等欧盟小国。而疑欧主义在小国中之所以没有演变成"脱欧危机"，是因为它们从欧盟中获得的经济、安全等利益巨大，难以割舍。而欧盟大国本身就可以保证自身安全，且经济体量庞

① 黄海涛等：《试析欧洲难民危机》，《现代国际关系》2015 年第 12 期。

大，对欧盟的需求较低，故而行为更加"任性"。从北非变局发生后欧盟的各项政策来看，造成欧盟内部问题的主要原因就是这些大国的"任性"，而非小国的"不配合"。德国在欧盟中强推的饱含大国主义情结的难民欢迎政策，与欧盟整体利益和诸国自身实际利益相敌。

在面对这些欧盟难以处理的难题时，欧盟成员国中的大国甩开欧盟整体，而独自"单干"。这种"单干"，最后将演变成单边主义，或者联合单边主义。这种单边主义反过来又损害了欧盟在欧洲内部和成员国间的政治威信，消减欧盟的政治话语权和行动力。此外，当单边行动的欧盟大国试图抵消自己行动对欧盟影响力的消极影响时，它只有两种选择：要么自己放弃单边行动，要么力推整个欧盟跟随自己的行动。而在现实过程中，无论英法还是德国，均选择了后一个策略。这就是为什么在利比亚禁飞区问题上，萨科齐和卡梅伦要联名致信欧洲理事会主席范龙佩；而在欧洲难民危机问题上，默克尔要强推欧盟执行难民配额政策。

二　民粹主义与难民安置的困境

中东难民大量涌入欧洲的 2015 年和 2016 年，欧洲频繁遭受了"伊斯兰国"恐怖袭击。其中 2015 年 11 月 13 日的巴黎恐怖袭击事件和 2016 年 12 月 16 日德国发生柏林圣诞市场袭击案已证实有混迹于难民中的恐怖分子参加。这些恐怖事件的发生使更多的欧盟公民将难民问题与恐怖主义联系起来。尽管各国媒体和官方不断申明隐藏在难民中的恐怖分子与难民本身没有必然相关性，但民众对此不十分理解。2016 跨年之夜的科隆集体性侵案，更是从根本上改变了欧洲舆论，对难民欢迎政策的社会基础完全垮掉了。这些抢劫、性骚扰、集体强奸的肇事者全部是来自中东和北非的难民。[①] 科隆事件触犯了德国人的心理底线，"难民以怨报德"造就德国人内心的极大落差。事件成为性别不平等的阿拉伯地区难民野蛮落后的标志，挑战了德国"文明"的底线，催生了德国民粹主义情绪的上升。"移民"和"德国人"间的相互认知，被割裂出一条巨大的鸿沟。9 天后，科隆街头发生排外的示威游行，并最终演化成暴力骚乱。2016 年 1 月 14 日，巴伐利亚兰茨胡特县县长彼得·德赖尔将 31 名难民用大巴运送到柏林总理府，以

---

① "Mehr als 1500 Straftaten: Die Ermittlungsergebnisse zur Kölner Silvesternacht" [More than 1500 offenses: Cologne New Year's Eve Investigation results], Der Spiegel (in German), http://www.spiegel.de/panorama/justiz/koeln-silvesteruebergriffe-die-ermittlungsergebnisse-a-1085716.html，最后登录日期：2017 年 2 月 24 日。

表达对默克尔难民政策的不满。1月31日，默克尔不得不公开表示："尽管德国政府努力协助难民在德国生活，但必须强调的是他们只是获准在限定的时间内居留。一旦叙利亚恢复和平，伊拉克的'伊斯兰国'瓦解，这两个国家的难民就应该离开德国。"① 默克尔的难民决策从一开始就遭到了执政联盟内部和地方政府的质疑和反对，民意调查显示，2015年默克尔和基民盟的支持率一路下降，到了11月默克尔甚至一度面临倒阁的危险。②

进入欧盟的难民让欧洲民众感到恐慌，难民危机正在重塑欧洲政治和社会。民粹主义成功地把难民危机包装成欧盟的政治危机，在欧洲大地掀起一股反移民、反欧盟的民粹主义浪潮，这股浪潮在很大程度上影响了2016年英国的"脱欧"公投结果。在法国，自2015年年末以来，极右翼国民阵线领导人勒庞的支持率一路飙升，2017年2月4日的民调显示其支持率已达到25%，而有的预测显示在4月23日的法国2017总统大选第一轮选举中其支持率有扩大到40%的可能。③ 他的崛起，甚至迫使候选人马克龙与经验丰富的中间派政治人士贝湖（Francois Bayrou）进行联手。伊斯兰移民和难民，以及隐藏在难民中的"伊斯兰国"恐怖分子，是勒庞竞选宣传中不断提到和攻击对手的工具。虽然2017年荷兰、法国和德国的大选中极右翼政党没有上台，但也促使欧洲的政治光谱向右移动。

三 "民主促进"与欧洲利益的困境

长期以来，欧盟和欧洲国家的政策制定者认为，中东国家的繁荣与稳定符合欧洲的经济与安全利益，对维护阿拉伯地区的秩序和稳定的关切超越了对民主和人权的关切。欧洲国家一直与地中海地区的强人政权保持着良好关系，并给他们提供了大量的财政援助和贸易优惠，目的是在地中海地区建立一个政权稳固的国家圈，从而达到地区稳定的效果。然而，"阿拉伯之春"的发生证明欧洲在阿拉

① 《默克尔：叙利亚和伊拉克难民在战争结束后应回国》，环球网，2016年1月31日，http：∥world. huanqiu. com/exclusive/2016-01/8479535. html，最后登录日期：2017年2月23日。

② "Europe Has a Deal with Turkey, but Migrants will Keep Coming", The Economist, 30 November 2015, http：∥www. economist. com/news/europe/21679333-refugees-misery-still-drives-them-leave-europe-has-deal-turkey-migrants-will-keep? fsrc = scn/tw_ ec/europe_ has_ a_ deal_ with_ turkey_ but_ migrants_ will_ keep_ coming，最后登录日期：2017年2月23日。

③ 《勒庞民调大幅领先，但数据告诉你她的赢面有多大》，《第一财经日报（上海）》，2017年2月22日，http：∥money. 163. com/17/0222/22/CDTMGKP8002580S6. html，最后登录日期：2017年2月24日。

伯地区的政策完全失败，而不得不对其进行调整，"民主促进"战略走上前台，欧盟和欧洲国家利用外交、武装打击、援助等各种手段干涉阿拉伯国家的政治进程，试图使阿拉伯国家走上"民主化"或欧洲化的道路。

但是，"阿拉伯之春"后欧盟对地中海国家的"民主促进"战略进展并不顺利。正是欧盟的"民主促进"战略对利比亚和叙利亚内战的经久不息和"伊斯兰国"的崛起起了推波助澜的作用，使西亚北非地区产生了大量流离失所的难民，涌入欧洲的难民潮使欧洲自身的利益与安全面临越来越严重的威胁。"民主促进"战略在波涛汹涌的难民危机中陷入困境。从 2015 年开始，欧洲舆论的呼声迫使欧盟及其成员国不得不重新调整地中海政策，"稳定优先"成为核心诉求。欧洲所遭遇的难民危机是欧盟与欧洲国家盲目推行所谓民主价值观的恶果，只有尊重中东北非地区人民自己的政治选择，战争才会结束，从而从根本上消除制造战争难民的根源。

总而言之，难民危机对欧洲造成了严重的政治、经济和社会后果，不仅冲击着欧盟内部的团结合作，也威胁着欧盟成员国的稳定和安全。欧盟与欧洲国家的难民治理体系并不能充分地解决难民危机。对欧盟而言，一个欧洲范围内行之有效的解决方案的始终缺位，反映了欧盟在应对内外危机时的局限性。欧盟体制改革没有跟得上欧盟成员国扩张的脚步，东扩的同时没有从根本上提升欧盟的"能力"，是面对危机欧盟政治失衡、内部分裂的根本原因。而包括难民危机在内的、由北非中东变局衍生而来的一系列危机，则是这种政治失衡和内部分裂爆发的诱因。

同时，欧盟的难民治理有着明显的欧洲中心主义的倾向，各种难民治理措施的目标都是把难民挡在欧盟边界之外。欧盟与地中海邻国在难民问题上合作实际上也只是为了阻挡难民进入欧洲，而对地中海邻国的需求则很少予以考虑，这使欧盟在难民治理问题上与地中海国家的合作关系非常脆弱。2016 年 3 月的《欧土协议》被普遍认为是欧盟违背自身的价值体系，以换取土耳其在难民问题上的合作。目前，欧洲议会决议暂停土耳其入盟谈判，使《欧土协议》面临险境，欧盟在争取土耳其合作与坚持自身价值体系中陷入两难困境。

难民危机及其治理问题凸显出欧洲的价值观与现实利益的矛盾，以及欧洲基督教文化与伊斯兰文化的矛盾与冲突。这些矛盾是欧洲与中东北非国家关系中的结构性矛盾与困境，恐怕要伴随长期伴随双方关系的发展。

欧盟体制改革没有跟得上欧盟成员国扩张的脚步，东扩的同时没有从根本上提升欧盟的"能力",是面对危机欧盟政治失衡、内部分裂的根本原因。而包括难民危机在内的、由北非中东变局衍生而来的一系列危机,则是这种政治失衡和内部分裂爆发的诱因。

第四节 欧洲内部因素对地中海政策的制约

欧洲环地中海政策有两个层次,即国家层次和欧盟层次。在国家层次中,英法德等欧洲大国在环地中海区域有不同的战略利益,其政策倾向也各自不同;而由于经济发展水平、政治话语权、综合国力等方面的差异,小国群体与欧洲大国的战略目标不尽相同,其各自的环地中海政策也存在冲突。大国间差异、大国与小国群体的冲突,这些国家层次的矛盾也反应到欧盟层次地中海政策的制定和实施当中。

一 成员国之间的分歧削弱了欧盟的地中海政策

2010年年末北非变局发生以来,欧洲环地中海政策在国家层次和欧盟层次均发生了深刻调整,这种调整并非一蹴而就,同时制约重重。在突尼斯革命之时,欧洲环地中海政策还延续着以前的逻辑,致力于维持突尼斯对欧洲的友好和亲西方态度,在人权和民主问题上保持缄默以换取本·阿里政权在经济合作、安全等领域的让步,是一种典型的"物物交换"模式。突尼斯革命胜利后、埃及革命正在进行时,"民主推进""保护之责任"开始由舆论问题转变为政治问题,从而左右欧洲环地中海政策的制定。2月2日开罗解放广场的"骆驼之战"之后,欧洲开始使用"外交否定"的硬介入方式干涉北非西亚变局。利比亚革命中,欧洲政策进一步调整,法英两大国成为推动欧盟环地中海政策调整的主力推手,欧洲开始在国家和欧盟两个层次改变其环地中海政策。2011年3月19日,法国领衔开启军事介入利比亚内战,欧洲环地中海政策开始从保守转为激进。

尽管军事介入利比亚的巨大胜利并未为萨科齐保住总统宝座,但它把欧洲环地中海政策推到环地中海地缘政治决定性因素的高度。到2011年10月叙利亚有可能被复制"利比亚模式"时,欧洲在环地中海区域的威势如日中天。但是,俄罗斯在叙利亚问题上的阻挠为之浇了一盆冷水,军事介入叙内战的选项被否定。自此之后,欧洲环地中海政策被迫调整,出现了"大国退、欧盟进"的趋势,欧盟层次开始成为欧洲环地中海政策的具体制定和实施者,法英两国退居幕后。限于先天不足，欧盟环地中海政策"硬介入不足、软加入有余"，它开始通过经济制裁、经济援助、人道主义干涉等方式来"保守地"介入环地中海政治变局。经济制裁和人道主义干涉在欧盟叙利亚政策中表现得淋漓尽致，而经济援助则是欧洲保卫"突尼斯民主样板"的主要手段。这种软介入是向变局前欧洲环地中海战略的回归，它的手段温和、保守，其有效与否难以评估。

分析北非变局之后欧洲环地中海政策调整的历史，我们发现内部因素起到了很强的制约作用。这种制约首先体现在国家层次，大国间战略差异、大国与小国的利益冲突，均表现得极为明显。

大国间战略差异在军事介入利比亚的选项中，得到具体的体现。法国在环地中海区域有重要的战略利益，为了维护其在地中海南岸的政治话语权，它是不惜动用武力也不顾意识形态和舆论道义的。早在突尼斯茉莉花革命时，法国外交部部长米谢勒·阿利奥－玛丽为了维护亲法国的本·阿里政权，就绕过正常程序"非法地"向突尼斯政府提供催泪瓦斯。她还曾在法国议会中提议派遣法国伞兵去帮助突尼斯政府恢复秩序，镇压示威者。

而在利比亚危机发酵之时，萨科齐和法国知识分子贝尔纳－亨利·雷维联合导演了一场政治剧，一手操持了军事介入利比亚的实现。2011 年 3 月 10 日，萨科齐在爱丽舍宫会见了马哈茂德·吉卜利勒（Mahmoud Jibril）率领的利比亚全国过渡委代表团，会后承认反对派作为"利比亚合法政府"的地位，并允诺将派遣大使。萨科齐的决定震惊了整个欧洲。

英国首相卡梅伦是萨科齐的坚定支持者，两人联合向欧洲理事会主席范龙佩致信，并建议在利比亚设立"禁飞区"。德国默克尔政府则对萨科齐的政策并不支持，它不仅在欧盟内部进行反对，还在安理会 1973 号决议上投了弃权票，与中国、俄罗斯、巴西和印度站在了一边。

大国之间、大国与小国的利益冲突在 2015 年欧洲难民危机中表现得极为明显。德国在难民欢迎政策上走得最远，默克尔一度被戏称为"难民的圣母"。难民危机中，德国、瑞典和奥地利主张尽可能多地接收难民，三国接受难民庇护申请总数为 74.2 万人，占整个申请难民总量的 73%。法国、意大利和西班牙尽管也在公开场合表达对难民的欢迎，但事实上的政策却名实不副。截至 2017 年，法国共计只接收了 1.4 万名叙利亚难民，西班牙接收了 1 万人，英国接收了 1 万人，意大利只接收了 2500 名叙利亚难民。东欧成员国家如匈牙利、波兰明确拒绝接收难民，主张将其拒之门外。波兰主张少量接收，宣称本国只能接纳 3000

名国际难民。匈牙利总理奥班认为欢迎难民前来的欧洲领导人都是不诚实的，他曾公开批评默克尔难民欢迎政策"绑架了整个欧盟"，匈牙利甚至在边境布伦纳山口修建铁栅栏并派驻部队。而作为回应，德国媒体和政界则批评那些在难民政策上极度保守的国家，他们认为"难民数量远没有超过欧洲国家的承受上限，难民排斥并非经济问题，只是被上升到文明冲突了"。大国与小国群体的利益冲突，导致欧洲统一难民政策面临"难产"，也让欧洲舆论一度认为"欧洲陷入分裂"。

2016 年 6 月 23 日英国"脱欧公投"开启的"英国脱欧"时代，也必将影响到欧洲环地中海政策的调整。大国一直是欧盟一体化的发动机，而英国也是欧盟地中海政策的主要推手之一，无论是在"硬介入"还是"软介入"中都处于至关重要的位置。2011 年萨科齐推动军事介入利比亚危机的过程中，英国首相卡梅伦一直是其最坚定的伙伴。两人于 3 月 10 日共同向欧洲理事会主席范龙佩致信，强调在利比亚设立"禁飞区"的重要性，在推动安理会 1973 号决议通过过程中英国也起到十分重要的作用。"外交否定"中也不乏英国的声音，对埃及穆巴拉克、叙利亚巴沙尔·阿萨德、也门萨利赫等威权主义领导人的"外交否定"中均存在卡梅伦的身影。

软介入方面英国也不甘示弱，它是欧盟成员国中唯一一个软、硬介入都能玩转的国家。英国是对叙利亚人道主义援助最多的欧洲国家，2010—2017 年 3 月总计投入 11 亿欧元，在全球仅次于美国。英国人道主义救援人员穿梭在土耳其与叙利亚的边境，服务于为数众多的叙利亚难民营，以至于"伊斯兰国"在网络上播出的斩首的两个英国人均系人道救援人员。而且，英国应对"伊斯兰国"恐怖袭击的经验十分丰富，多次破获恐袭企图，是欧盟三大国中受伊斯兰恐怖袭击困扰最少的国家。

英国脱欧将对欧洲环地中海政策造成重大影响。缺少英国的支持，欧盟"软介入"西亚北非变局的经济潜力将被进一步压缩。同时，脱欧纠葛将进一步转移欧盟集体的注意力，对外政策将会受限于内部不稳，欧盟和欧洲大国介入环地中海南岸和东岸变局的意愿将进一步降低。

二 "体制问题"制约了欧盟地中海政策的调整

欧盟层次环地中海政策的制约因素，主要来自"体制问题"。苏联解体后欧盟迎来了一大波扩张高潮，1993—2007 年的 13 年间 4 次扩员，成员国从原来的 12 国迅速增长到 27 国。欧盟的扩大带来了很多的好处，也增加了额外的负担和责任。最明显的是在核心战略目标方面，开始慢慢从欧共体时期"法德联合保障西欧安全"向"欧洲联合以促进欧洲繁荣、稳定，提升欧洲国际影响力"目标转型。欧洲一体化的历史经验表明，地区核心大国的推动是一体化前进的主要动力，而成员国的协调一致则是一体化实现突破的基本条件。[①] 但在欧盟东扩的过程中，不仅成员国协调一致出现问题，"法德发动机"也面临失衡困局。

新加入的 15 个国家在经济发展程度、发展模式、政治遗产和文化传统上与原有成员国均存在巨大差异。欧盟在急速扩张过程中虽然严把入盟资格的关，但这种表面上的标准只是暂时掩盖了内在差异，成员国同质性程度的降低又导致成员国间在一些重大问题上产生明显分歧。成员国数量的急剧增长、成员国历史文化差异如英国等传统"疑欧国家"对东欧新成员国的认可度较低，客观上降低了欧盟的向心力。

与此同时，欧盟东扩导致德国在欧盟内部影响力进一步上升，从而导致"法德发动机"失衡。德国因为其经济能力和地缘优势，在中、东欧向来具有战略优势，对新加入欧盟的成员国具有持久的吸引力。为了平衡德国影响力的上升，法国 2007 年推出了"地中海联盟"战略，但在实施中并未取到预期效果。2011 年地中海南岸民主化程度一度提升，但随着 2013 年埃及政变而偃旗息鼓，之后欧盟在环地中海区域影响力持续下降，法国利用地中海联盟来制衡德国影响力的企图宣告失败。

成员国数量扩张和内部深化改革，被视为欧盟一体化进程的"两条腿"。而法德失衡、成员国离心力增强，使得深化改革面临重重阻碍，欧盟走路的"两条腿"跛了一条。2001 年欧盟成员国在布鲁塞尔峰会中发表"莱肯宣言"，成立欧盟制宪委员会。2004 年，经过反复磋商和妥协，各成员国通过了《欧洲宪法条约》，条约赋予欧盟国际法律人格，取消欧盟三大支柱的划分，明确了欧盟职能，设立欧洲理事会常任主席和欧盟外交和共同安全高级专员职位，明确规定欧盟公民的基本权利并将之写入宪法条约中，还规定了欧盟的盟旗、盟徽、盟歌等。但是，《欧洲宪法条约》在荷兰和法国的公投中就遭遇挫折，未被两国公民投票批准，欧盟宪法改革陷入危机。为了应对危机，欧盟 2007 年 12 月 13 日又推出了《里斯本条约》，以缓和各国公民的抵制情绪。但各国批准进程比预想困

---

① 庞中英、卜永光：《欧盟的扩张迷思与发展模式困境》，《人民论坛·学术前沿》2013 年第 14 期。

难许多，直到 2009 年 11 月 3 日捷克总统克劳斯宣布正式签署《里斯本条约》，27 个成员国才全部签署完成，至此欧盟宪改才告一段落。① 但这种妥协的产物，本身就存在极大的局限性。成员国意见不一、法德失衡等问题，同样困扰着欧盟共同外交政策。号称"欧盟外长"的外交和共同安全高级专员在现有制度下缺乏资源来实施"欧盟外交"，历任高级专员②对凝聚欧洲力量推动统一外交政策均感无力。

在此次北非中东变局过程中，欧盟共同外交政策的缺失表现得极为明显。阿什顿的身影虽然活跃在从突尼斯到叙利亚的各个危机舞台上，但缺乏资源、饱受掣肘的她根本无法推出有效的欧盟政策，更不谈这些政策对环地中海国家产生多大影响了。军事介入利比亚是法英一手包办的事情，瓦解埃及穆巴拉克威权主义政权合法性和国际影响力的是英法德西诸国领导人，在叙利亚与普京博弈的并非来自布鲁塞尔的阿什顿，而是来自伦敦、柏林和巴黎的国家领导人。2012 年 5 月 29 日叙利亚发生政府军镇压造成的"胡拉镇惨案"后不久，西方国家掀起了驱逐叙利亚外交官的风暴，但各国政策严重分歧，英法德驱逐了叙利亚外交官，意大利、西班牙、保加利亚、卢森堡和荷兰召回了驻叙大使，但罗马尼亚、匈牙利、塞浦路斯和希腊等国驻叙大使馆仍正常开放，比利时也未驱逐叙大使。欧洲改革研究中心爱德华·伯克直言"欧盟外交机构只是欧盟国家外交事务的最小公分母"。另外，在成员国围绕军事介入利比亚选项陷入争论时，面对难民危机意见分歧时，针对"伊斯兰国"崛起所引发的安全危机时，欧盟均无法弥合成员国的内部冲突和分歧，也就无法形成合力应对北非变局了。

三　自身的经济问题影响了应对危机的能力

除了政治方面，受全球经济危机影响的欧洲主权债务危机也极大地制约了欧洲环地中海政策的调整。2009 年 10 月 20 日，希腊政府宣布当年财政赤字占国内生产总值的比例将超过 12%，远高于欧盟设定的 3% 上限。随后，全球美国三大评级公司相继下调希腊主权信用评级，欧洲主权债务危机在希腊首先爆发。2010年年初，欧洲央行、国际货币基金组织等一直致力于为希腊债务危机寻求解决办法，但分歧不断。同时，欧元区内部协调机制运作不畅，致使救助希腊的计划迟

---

① 周晓明、严双伍：《宪政视野下的欧盟共同外交与安全政策》，《社会主义研究》2011 年第 6 期。

② 历任欧盟外交和共同安全高级专员：阿什顿（2009—2014 年），费代丽卡·莫盖里尼（2014年至今）。在阿什顿之前，索拉纳（Javier Solana）主管欧盟对外事务（1999—2009 年）。

迟不能出台，导致危机持续恶化。3月，危机进一步蔓延，葡萄牙、西班牙、爱尔兰、意大利等国接连爆出财政问题，德国与法国等欧元区主要国家也受拖累。2011—2013 年，欧洲持续受债务危机困扰。直到 2013 年 12 月 16 日，爱尔兰退出欧债危机纾困机制成为首个脱困国家，债务危机的阴影才开始逐渐消散。

2010 年年末开始的北非变局，正值欧洲债务危机持续发酵之时。应对自身危机分散了欧盟的注意力，从而降低了欧洲应对北非变局的能力。财政困难，同时制约了欧盟环地中海政策的调整。直到 2014 年年末欧债危机基本结束之后，[①]欧盟才从经济领域开始加大介入环地中海政治变局的力度。欧盟环地中海政策回归"软介入"模式，与欧盟走出欧债危机的时间基本同步，两者之间存在明显联系。2014 年后，欧盟开始大力运用经济援助的方式干涉中东变局走向，以促进埃及的经济稳定，缓解突尼斯因恐怖袭击而导致的进一步经济困难，并对叙利亚进行人道主义援助。2014 年以来欧洲两次向突尼斯提供了 8 亿欧元的宏观财政援助，2014—2020 年预计财政拨款 7.25 亿—8.86 亿欧元，同时欧洲投资银行宣布 2017—2020 年追加 20 亿欧元的财政支持。

四　欧洲介入北非变局的两种方式评析

自突尼斯革命开始，北非变局的逐渐外溢使得欧洲转变其环地中海政策。在突尼斯革命中欧洲尚措手不及，但在 2011 年 2 月 2 日开罗解放广场发生"骆驼之战"时，欧洲国家和欧盟就已开始使用"外交否定"的方式来瓦解北非国家威权主义政权的国际影响力和合法性。此举成效明显，因为它使政府当局变得脆弱，从而将相关势力如军方进行政治变革的风险降到极低。欧洲政策调整的另一个方面，就是"军事干涉"开始列入政策选项，它在利比亚成为现实，在叙利亚遭遇挫折。俄罗斯和中国终结了欧洲在"保护之责任"名义下颠覆中东国家政权的"硬介入"模式。在军事介入叙利亚失败之后，欧洲在环地中海区域介入方式发生转变，经济制裁、经济援助和人道主义干涉等温和、保守的"软介入"手段开始占主导地位。

对比欧洲介入北非中东变局的两种模式，我们发现英法德三大国的策略倾向是不同的。相对而言，法国更倾向于使用"硬介入"的方式，其在"软介入"

---

① 李稻葵：《欧债危机基本结束　日本恐再遭"失落十年"》，人民网，2014 年 11 月 26 日，http：//finance. people. com. cn/money/n/2014/1126/c42877 - 26097827. html，最后登录日期：2017 年 4 月 3 日。

中行动消极。德国刚好相反，它是"软介入"的旗手之一。而英国则是"两手都在抓"，其政策更加中庸。

法国是 2011 年推动军事介入利比亚的旗手，也是"联合保护者"盟军的主力之一。法国在地中海有重要利益，地中海联盟是法国提升地区影响力、抬高法国在欧盟中话语权的重要战略选择。为了维护法国在地中海南岸和东岸的影响力，法国并不介意使用可能引发阿拉伯国家和人民极度愤慨的"硬介入"方式。军事介入，也是法国对外行为的一个"传统"。在军事介入利比亚之后，法国继续推动军事介入叙利亚，2013 年 1 月 11 日还正式介入马里内战，帮助巴马科政府对抗图阿雷格人武装。

德国比较抗拒法国人的行为模式，默克尔政府在法国推动在利比亚设立禁飞区的安理会 1973 号决议中就同中国、俄罗斯、印度、巴西一起投了弃权票。而在随后的军事行动中，德国也坚持不派出军队。尽管德国政府和舆论也在鼓吹"保护的责任"，但政府对用兵他国慎之又慎，但在使用"外交否定"手段时，德国并不甘为人后。2011 年 2 月 3 日多国领导人对埃及穆巴拉克总统的批评中，就不乏默克尔的声音。在叙利亚问题上，默克尔政府也是与法英盟友站在一边的。软介入方面，德国是欧盟成员国中对叙利亚人道主义援助第二多的国家，2010 年以来总计投入了 9.27 亿欧元。德国还是接纳叙利亚难民最多的欧洲国家，截至 2016 年 10 月收到叙利亚难民庇护申请总数为 45.6 万份，而据联合国估计德国叙利亚难民总数超 50 万人。德国一国接纳的叙利亚难民就接近欧洲接纳总数的一半，难怪 2015 年一年默克尔在欧洲和中东被视为难民的"圣母"。

德国倾向于"软介入"的态度，一定程度上为其带来了很多隐性回报。在"伊斯兰国"对欧洲恐怖袭击和网络恐怖活动中，针对德国的相对较少。截至 2017 年 3 月，"伊斯兰国"公布的网络斩首视频中，没有一例涉及德国公民。恐怖袭击方面，除了阿尼斯·阿姆尼因申请德国难民庇护失败后于 2016 年 12 月 19 日制造的柏林圣诞市场袭击外，德国并未遭到其他打着"圣战"口号并影响巨大的恐怖袭击。总体而言，相对于习惯"硬介入"的法国，致力于推动"软介入"的德国外交政策似乎更稳健，当然也更保守。

英国在诸多问题上是与法国站在统一战线上的，卡梅伦和萨科齐联合推动了军事干预利比亚的行动，在制裁埃及、叙利亚问题上英法也协同行动。但与法国不同的是，英国在"软介入"战略中也是一个重要的旗手。对叙利亚人道主义援助方面，英国自 2010 年以来共计投入 11 亿欧元，在欧盟中排名第一，是法国的 23 倍。在"伊斯兰国"公开发布的网络斩首视频中，遭杀害的两名英国人大卫·海恩斯和艾伦·亨宁均系英国在叙利亚的人道主义救援人员，而不像美国、法国那样多的记者，这从侧面证实了英国在叙利亚人道主义援助上投入之深。总的来看，英国在"硬介入"和"软介入"上均有建树，尽管其在军事介入上不如法国那样出风头，在对难民援助上也没有获得像"圣母"默克尔那样的声誉，但"两手都很硬"，有所作为的同时不乏低调行事。这是一种策略，类似于中国传统中的"中庸"思想，而英国受恐怖主义威胁也较法国为少。自 2011 年以来，英国未受到一起大规模恐怖袭击，影响最严重的也莫过于 2017 年 3 月 24 日的议会大厦卡车袭击案，造成 5 人死亡。

总体上看，无论是"硬介入"还是"软介入"，欧洲介入北非中东变局都是以目的为导向的，价值观色彩极度浓厚。在经济援助中，欧洲习惯于将经济援助和政治改革捆绑销售，通过设置前提条件、执行"多做多得"策略，推动受援助国进行"符合欧洲价值观和利益"的改革。这在欧盟对突尼斯政策中得到很好的体现。经济制裁也不例外，欧盟对叙利亚的一系列制裁，其战略目的就是改变叙政府的行为。而且对叙政府和叙反对派，欧盟制裁明显有"双重标准"，而丝毫不考虑叙利亚反对派对持续不断的战争和难以达成的停火也负有难以推卸的责任。

从效果上看，欧洲"硬介入"的成效是直观的，但其影响并不见得可以维持长久。欧洲介入利比亚危机的两年多后的 2014 年，该国就再次陷入内战。法国瓦解了利比亚的卡扎菲政权和威权主义制度，但并未有效推动产生一个能有效治理利比亚的政权或制度。在埃及，欧洲主张穆巴拉克必须离去，但未想过政治伊斯兰、军方、世俗主义者在新政体中如何共处。欧洲希望西亚北非照搬自己的模式来建设国家，认为"选举即民主"，丝毫没考虑到军事利益集团、伊斯兰主义等在国家建构中可能的作用。

即使是"软介入"，也并不一定就是"正确的"或"有效的"。事实证明，欧洲软介入虽然温和，但成效并不高。软介入是一种温和保守的介入手段，它难以改变西亚北非国家当局的行为模式。在叙利亚，欧盟越制裁，巴沙尔政权就越抵抗。石油进出口受欧洲限制，叙利亚就从俄罗斯和伊朗进口能源。欧盟否定叙当局的合法地位，叙利亚就向俄罗斯和中国请求援助之手。

未来欧洲对地中海政策将走向何方，尚难以给出准确的预测。但从目前的趋势来看，"硬介入"已经从其政策选项中被排除出去，其军事行动将限制在参加美国主导"反恐联盟"打击"伊斯兰国"范围内，"独自自主"干涉西亚北非变局成为过去。另外，自"英国脱欧"以来，"反一体化"开始成为欧盟亟须直面的问题，内部纠葛将会制约欧盟环地中海政策的调整和实践。

参考文献

中文期刊与报纸

毕洪业：《叙利亚危机、新地区战争与俄罗斯的中东战略》，《外交评论》2016年第1期。

蔡伟良：《欧阿对话发展回眸》，《阿拉伯世界》1998年第2期。

陈洁：《欧盟反恐战略的发展与挑战》，《世界经济与政治论坛》2016年第1期。

陈沫：《欧盟新地中海政策评述》，《西亚非洲》2007年第11期。

程卫东：《对利比亚使用武力的合法性分析》，《欧洲研究》2011年第3期。

丁一凡：《法国为何要积极推翻卡扎菲政权》，《欧洲研究》2011年第3期。

郭强：《"伊斯兰国"在利比亚的扩张初探》，《国际研究参考》2016年第7期。

黄海涛等：《试析欧洲难民危机》，《现代国际关系》2015年第12期。

江涛：《利比亚"伊斯兰国"的威胁及应对之策》，《中东问题研究》2016年第1期。

李伯军：《从军事打击利比亚看国际干预的法律标准》，《法治研究》2011年第7期。

李琳、罗海东：《"地中海联盟"的成立及面临的挑战》，《国际资料信息》2008年第8期。

林国明：《犹太人世界对德国的战争索赔政策》，《世界历史》2005年第3期。

刘乐：《"伊斯兰国"兴起与国际安全新挑战》，《国际政治研究》2016年第3期。

刘清华：《20世纪50—70年代北非移民对法国社会的影响》，《首都师范大学学报》（社会科学版）2010年增刊。

刘小平：《战后欧洲移民政策与地中海南北移民问题初探》，《历史教学》2008年第22期。

刘阳：《真主党出兵叙利亚乱上加乱》，《国际先驱导报》2013年6月9日。

刘中民、王然：《沙特石油不减产政策与国际能源新格局》，《现代国际关系》

2016 年第 5 期。

吕蕊:《和解政治与联邦德国 – 以色列建交》,《欧洲研究》2013 年第 4 期。

穆尼尔·宰亚达:《埃及紧张局势缘何难以缓解》,《法制日报》2014 年 5 月 6 日。

倪海宁:《欧盟的中东 – 北非战略调整刍议——基于 2011 年中东 – 北非变局的思考》,《欧洲研究》2011 年第 5 期。

《欧盟新规制裁以色列》,《人民日报》2013 年 7 月 18 日。

庞中英、卜永光:《欧盟的扩张迷思与发展模式困境》,《人民论坛·学术前沿》2013 年第 14 期。

钱磊、穆尼尔·宰亚达:《埃欧关系的历史建构与当下演变——从非对称到强相互依赖》,《欧洲研究》2017 年第 6 期。

宋全成:《欧洲难民危机:进程、特征及其近期发展前景》,《山东社会科学》2016 年第 2 期。

汤瑞芝:《沙特阿拉伯介入叙利亚危机政策探析》,《国际研究参考》2016 年第 4 期。

汪波、许超:《穆斯林难民危机对欧洲社会的影响》,《阿拉伯世界研究》2017 年第 3 期。

王金岩:《利比亚已成为"伊斯兰国"的"新中心"》,《当代世界》2016 年第 6 期。

王金岩:《塞西政府的内外政策走向及中埃合作前景》,《当代世界》2018 年第 5 期。

王晋:《"伊斯兰国"组织在利比亚的扩张及其制约因素》,《阿拉伯世界研究》2016 年第 3 期。

王林聪:《论伊斯兰教与民主之间不确定的关系》,《西亚非洲》2005 年第 5 期。

魏怡然:《后巴黎 – 布鲁塞尔时期欧盟反恐法的新发展》,《欧洲研究》2016 年第 5 期。

吴冰冰:《利比亚乱局:利益驱动还是文明冲突》,《人民论坛》2011 年第 10 期。

严双伍等:《试析"欧盟 – 地中海伙伴关系"战略》,《国际论坛》2005 年第 6 期。

阎学通:《奥巴马发动利比亚战争的动因》,《欧洲研究》2011 年第 3 期。

杨光:《欧盟的南地中海战略及其对南地中海国家的影响》,《西亚非洲》1997 年第 6 期。

杨解朴：《恐怖袭击的"新灾区"：德国反恐形势分析》，《当代世界》2016 年第
　　9 期。

杨永红：《论保护责任对利比亚之适用》，《法学评论》2012 年第 2 期。

叶江：《从北约对利比亚军事行动透视美欧跨大西洋联盟新走势——兼谈西方军
　　事同盟对外干预的新趋势》，《国际问题研究》2012 年第 1 期。

伊美娜：《2010—2011 年突尼斯变革：起因与现状》，《阿拉伯世界研究》2012
　　年第 2 期。

臧术美：《地中海联盟移民问题及政策研究》，《经济地理》2010 年第 9 期。

曾向红：《恐怖主义的整合性治理——基于社会运动理论的视角》，《世界经济与
　　政治》2017 年第 1 期。

曾向红、陈亚州：《政治妥协与突尼斯的和平政治过渡——基于对突尼斯"伊斯
　　兰复兴运动"的考察》，《外交评论》2016 年第 2 期。

张健：《欧盟对北非、中东政策的走势》，《现代国际关系》2011 年第 4 期。

张金平：《从安全环境分析"伊斯兰国"在北非的扩张》，《山东警察学院学报》
　　2015 年第 6 期。

张伟：《欧阿对话为什么进展迟缓》，《国际问题研究》1982 年第 3 期。

张学昆：《论欧盟邻国政策的形成》，《国际政治研究》2009 年第 3 期。

赵晨：《叙利亚内战中的欧盟：实力、理念与政策工具》，《欧洲研究》2017 年第
　　2 期。

郑春荣：《利比亚危机以来德国安全政策的新动向》，《德国研究》2013 年第
　　2 期。

周晓明、严双伍：《宪政视野下的欧盟共同外交与安全政策》，《社会主义研究》
　　2011 年第 6 期。

朱贵昌：《欧盟－地中海伙伴关系：进展与问题》，《国际问题研究》2006 年第
　　5 期。

朱文奇：《北约对利比亚采取军事行动的合法性研究》，《法商研究》2011 年第
　　4 期。

庄宏韬、曾向红：《多元启发理论视角下的萨科齐对利比亚空袭决策》，《国际论
　　坛》2015 年第 2 期。

中文学位论文

陈新丽：《萨科齐外交政策研究》，博士学位论文，武汉大学，2011。

董入雷：《欧盟－地中海伙伴关系研究》，硕士学位论文，外交学院，2006。

方晓：《欧盟规范性外交对中东的影响》，博士学位论文，上海外国语大学，2009。

尹斌：《后冷战时代欧盟的中东政策与实践研究》，博士学位论文，西北大学，2007。

殷娜娜：《对欧盟"地中海政策"中非传统安全问题的初探》，硕士学位论文，中国人民大学，2008。

中文著作

〔英〕安东尼·纳丁：《纳赛尔》，上海人民出版社，1976。

哈全安：《中东史：610—2000》，天津人民出版社，2010。

〔美〕詹森·汤普森：《埃及史：从原初时代到当下》，郭子林译，商务印书馆，2012。

金宜久、吴云贵：《伊斯兰与国际热点》，东方出版社，2002。

刘云主编《非洲与外部世界关系的历史变化》，世界知识出版社，2014。

纽松：《欧盟的中东民主治理研究》，时事出版社，2011。

彭树智主编《二十世纪中东史》，高等教育出版社，2001。

〔美〕乔比·沃里克：《黑旗：ISIS的崛起》，钟鹰翔译，中信出版社，2017。

《世界知识年鉴2002/2003》，世界知识出版社，2002。

宋黎磊：《欧盟周边治理中的邻国政策研究》，上海世纪出版集团，2011。

汪波：《欧盟中东政策研究》，时事出版社，2010。

伍贻康主编《欧洲共同体与第三世界的经济关系》，经济科学出版社，1989。

杨灏城、江淳：《纳赛尔和萨达特时代的埃及》，商务印书馆，1997。

〔美〕伊恩·约翰逊：《慕尼黑的清真寺》，岳韦译，上海译文出版社，2017。

赵克仁：《美国与中东和平进程研究》，世界知识出版社，2005。

外文期刊与报纸

"A Coronation Flop：President Abdel Fattah al-Sisi Fails to Bring Enough Voters to the Ballot Box"，*The Economist*，May 31，2014.

Adele Garnier，"Migration Management and Humanitarian Protection"，*Journal of Ethnic and Migration Studies*，Vol. 40，No. 6，2014.

Aidan Hehir，"The Permanence of Inconsistency：Libya，the Security Council，and the Responsibility to Protect"，*International Security*，2013，38（01）.

Albert J. Bergesen and Omar Lizardo, "International Terrorism and the World-System", *Sociological Theory*, Vol. 22, No. 1, 2004.

Alex J. Bellamy and Paul D. Williams, "The New Politics of Protection? Côte d'Ivoire, Libya and the Responsibility to Protect", *International Affairs*, 2011, 87 (4).

Alex J. Bellamy, "Libya and the Responsibility to Protect: The Exception and the Norm", *Ethics & International Affairs*, 2011, 25 (03).

Alice Fordham, "Derna, the Sleepy Town of Islamist Extremism", *The National*, September 22, 2012.

Alistair Dawber, "Spanish Police Break up Criminal Gang Smuggling € 300000 Egyptian Antiquities That Could Have Been Used to Fund Jihadists", *Independent* (*U. K.*), February 3, 2015.

Ami Pedahzur and Arie Perliger, "The Changing Nature of Suicide Attacks: A Social Network Perspective", *Social Forces*, Vol. 84, No. 4, 2006.

Amir Taheri, "Has the Time Come for Military Intervention in Syria?", *American Foreign Policy Interests*, Vol. 35, Issue 4, August 9, 2013.

Andrés Cala, "Europe Ups Pressure on Mubarak, Calling for Immediate Transition in Egypt", *The Christian Science Monitor*, February 3, 2011.

Bahar Turhan Hurmi, "European Union's Ineffective Middle East Policy Revealed after-Revolution in Tunisia", *Alternative Politics*, Vol. 3, No. 3, November 2011.

Bassam Fattouh, "The Image of GCC Oil Policy in the Western Media", *Oxford Energy Comment*, Oxford Institute for Energy Studies, April 30, 2015.

Beste İşleyen, "The European Union and Neoliberal Governmentality: Twinning in Tunisia and Egypt", *European Journal of International Relations*, 4 (21), 2014.

Cérès Wissa-Wassef, "Les relations entre l'Egypte et les deux Etats allemands depuis la Seconde Guerre mondiale", *Politique étrangère*, 1972, Vol. 37, Numéro 5.

Chris Perez, "ISIS Claims Responsibility for Tunisia Museum Attack", *New York Post*, March 19, 2015.

Colin J. Beck, "The Contribution of Social Movement Theory to Understanding Terrorism", *Sociology Compass*, Vol. 2, Issue 5, September 2008.

D. Schmid, "Linking Economic, Institutional and Political Reform: Conditionality within the Euro-Mediterranean Partnership", *EuroMeSCo Paper* 27, Lisbon, 2003.

Daniel Wunderlich, "Europeanization through the Grapevine: Communication Gaps and the Role of International Organizations in Implementation Networks of EU External Migration Policy", *Journal of European Integration*, Vol. 34, No. 5 (2012).

David Boyns and James David Ballard, "Developing a Sociological Theory for the Empirical Understanding of Terrorism", *The American Sociologist*, Vol. 35, No. 2 (Summer, 2004).

"David Cameron's Libyan War: Why the Prime Minister Felt Qadhafi Had to Be-Stopped", Guardian 2, October 2011.

David Ignatius, "Al-Qaeda Affiliate Playing Larger Role in Syria Rebellion", *The Washington Post*, November 30, 2012.

E. Philippart, "The Euro-Mediterranean Partnership: A Critical Evaluation of an Ambitious Scheme", *Euopeanean Foreign Affairs Review*, Vol. 8 (2003), Issue 2.

"Eastern European Countries May be Forced Accept Quotas for Migrants", *The Daily Telegraph*, September 18, 2015.

"Egypt Protests Border Killings, Demands Israeli Probe", *Jerusalem Post*, August 19, 2011.

"Egypt to Markedly Raise Gas Prices in New Deal with Israel", *Jerusalem Post*, October 4, 2011.

"Egyptian PM: Peace Deal with Israel Not Sacred", *Jerusalem Post*, September 15, 2011.

Emmi Maaranen, "EU Policies and Democracy in Tunisia", *European Journal of International Relations*, 21 (3), 2015.

"ENI in Egypt: Euregas!", *The Economist*, September 5, 2015.

Ethan Bronner and David Sanger, "Arab League Endorses No-Flight Zone Over Libya", *The New York Times*, March 12, 2011.

"Ethnic Cleansing on a Historic Scale: The Islamic State's Systematic Targeting of Minorities in Northern Iraq", *Amnesty International*, September 2, 2014.

"Europe Feels Strain as US Changes Tack on Libya", *Financial Times*, April 6, 2011.

"Europe Has a Deal with Turkey, But Migrants Will Keep Coming", *The Economist*, November 30, 2015.

Fabrizio Tassinari and Hans Lucht, "Fortress Europe: Behind the Continent's Migrant

Crisis", *Foreign Affairs*, April 29, 2015,

Frederick Honig, "The Reparations Agreement between Israel and the Federal Republic of Germany", *The American Journal of International Law*, Vol. 48, No. 4, 1954.

Fulvio Attin, "Partnership and Security: Some Theoretical and Empirical Reasons for Positive Developments in the Euro-Mediterranean Area", JMWP, No. 27, July 2000.

Geoffrey Howard, "ISIS' Next Prize, Will Libya Join the Terrorist Group's Caliphate?", *Foreign Affairs*, March 1, 2015,

Gert Van Langendonck, "Poppies Replace Tourists in Egypt's Sinai Desert", *Christian Science Monitor*, April 27, 2014。

Gilles Kepel, "Islamism Reconsidered", *Harvard International Review*, Vol. 22, No. 2, 2002.

Heidemann Strphan, "Ergebnisse der ägyptischen Politik zur Förderüng ausiândischer Direktinvestitionen", Deutsche Unternehmensbeteiligungen in den achtziger Jahren, *Orient*, Jg. 30, 1989, Nr. 2.

Hugh Naylor, "Moderate Rebels Take Key Southern Base in Syria, Dealing Blow to Assad", *The Washington Post*, June 10, 2015.

I. Manners, "Normative Power Europe: A Contradiction in Terms?", *Journal of Common Market Studies*, 2, 2002.

Ian Black and Patrick Kingsley, "'Massacre' of Morsi Supporters Leaves Egypt Braced for New Violence", *The Guardian (London)*, July 8, 2013.

Ian Traynor and Nicholas Watt, "Libya No-Fly Zone Leadership Squabbles Continue within Nato-Turkey Calls for an Alliance-Led Campaign to Limit Operations While France Seeks a Broader 'Coalition of the Willing'", *The Guardian*, March 23, 2011.

"Israel Starts Tamar Gas Production", *Tethra Energy*, April 3, 2013.

Iván Martín, "The Social Impact of Euro-Mediterranean Free Trade Areas: A First Approach with Special Reference to the Case of Morocco", *Mediterranean Politics*, Vol. 9, Issue 3, 2004.

Joseph Malone, "Germany and the Suez Crisis", *Middle East Journal*, Vol. 20, Winter 1966.

Justin Huggler and Andrew Marszal, "Angela Merkel Calls for New Rules for Distributing Asylum Seekers in Europe", *The Daily Telegraph*, April 24, 2015.

Kim Willsher, "Egypt Protests: France Shaken by News of Aid to Tunisia and Egypt", *Los Angeles Times*, February 4, 2011.

Kim Willsher, "France's Prime Minister Spent Family Christmas Break as Guest of Mubarak World News", *The Guardian* (*UK*), February 8, 2011.

Kirkpatrick, "New Freedoms in Tunisia Drive Support for ISIS", *New York Times*, October 21, 2014.

M. Emerson, *The Wider Europe Matrix*, Brussels: CEPS, 2004.

M. A. Weaver, "Egypt on Trial", *New York Times Magazine*, June 17, 2001.

Malsch Thomas, "Investitions-und Management Strategien Deutscher Firmen in Ägypten", *Orient*, Jg. 21 (1980), Nr. 4, S. 549.

Marie-Eve Loiselle, "The Normative Status of the Responsibility to Protect after Libya." *Global Responsibility to Protect*, 5 (03), 2013.

Mary Beth Sheridan, "U. S. to Expand Relations with Muslim Brotherhood", *The Washington Post*, June 30, 2011.

Michael Emerson and Gergana Noutcheva, "From Barcelona Process to Neighbourhood Policy", Centre for European Policy Studies, No. 220/March 2005.

Michele Penner Angrist, "Morning in Tunisia: The Frustrations of the Arab World Boil Over", *Foreign Affairs*, January 16, 2011.

Monica Marks, "Tunisia Opts for an Inclusive New Government", *Washington Post*, February 3, 2015.

Nabih Bulos, "Al Qaeda-linked Group Routed in Syrian Rebel Infighting", *Los Angeles Times*, January 5, 2014.

Nicolò Sartori, "The Mediterranean Energy Relations after the Arab Spring: Towards a New Regional Paradigm?", *Cahiers de la Méditerranée* 89, 2014.

"Odyssey Dawn: Phase One of Libya Military Intervention", *The Epoch Times*, March 19, 2011.

"Officers Fire on Crowd as Syrian Protests Grow", *New York Times*, March 20, 2011.

Patrick Kingsley, "Egypt Crisis: We Didn't Have Space in the Fridges for All the Bodies", *The Guardian*, July 28, 2013.

R. Del Sarto and A. Tovias, "Caught between Europe and the Orient: Israel and the EMP", *The International Spectator*, Vol. 4, 2001.

R. Del Sarto, "Israel's Contested Identity and the Mediterranean", *Mediterranean Politics*, Vol. 8, 2003, Issue 1.

Raffaella A. Del Sarto and Tobias Schumacher, "From Emp To Enp: What's at Stake with The European Neighbourhood Policy towards The Southern Mediterranean?", *European Foreign Affairs Review*, Vol. 10, 2005.

"Recovering Stolen Assets: Making a Hash of Finding the Cash", *The Economist*, January 15, 2011.

"Refugee Crisis: UK Will Resettle 20000 Syrian Refugees over Five Years as It Happened", *The Guardian*, September 7, 2015.

Robert Marquand, "How a Philosopher Swayed France's Response on Libya", *The Christian Science Monitor*, March 28, 2011.

Ruth Sherlock and Sam Taring, "Islamic State: Inside the Latest City to Fall under Its Sway", *The Telegraph* (UK), March 10, 2015.

Saleh El Machnouk, "The Responsibility to Protect after Libya: Evolution and the Future of a Global Norm", *Kennedy School Review*, Vol. 14, 2014.

Sharif Abdel Kouddous, "What Happened to Egypt's Liberals After the Coup?", *The Nation*, October 1, 2013.

Siobhan Gorman and Matt Bradley, "Militant Link to Libya Attack", *Wall Street Journal*, October 1, 2012.

Spencer Zifcak, "Responsibility to Protect after Libya and Syria", *The Melbourne Journal of International Law*, Vol. 13, 2012.

Stanley Hoffmann, "Clash of Globalizations", *Foreign Affairs*, Vol. 81, 2002.

Stephan Scheel and Philipp Ratfisch, "Refugee Protection Meets Migration Management: UNHCR as a Global Police of Populations", *Journal of Ethnic and Migration Studies*, Vol. 40, No. 6 (2014).

Steven Erlanger, "By His Own Reckoning, One Man Made Libya a French Cause", *The New York Times*, April 1, 2011.

T. Schumacher, "The Mediterranean as a New Foreign Policy Challenge? Sweden and the Barcelona Process", *Mediterranean Politics*, Vol. 6, 2001, Issue 3.

Thomas G. Weiss, "RtoP Alive and Well after Libya", *Ethics & International Affairs*, 2011, 25 (03).

Thomas Joscelyn, "Ansar al-Sharia Responds to Tunisian Government", *Long War Journal*, *September* 3, 2013.

"Thousands of Tunisians, Leaders March after Bardo Attack", *Washington Post*, March 29, 2015.

Tobias Schumacher, "Riding on the Winds of Change: The Future of the Euro-Mediterranean Partnership", *The International Spectator*, Vol. 39, 2004, Issue 2.

"TUNISIA: France's Attitude toward Crackdown Raises Eyebrows", *Los Angeles Times*, January 15, 2011.

"Tunisia's Troubles: No Sign of an End", *The Economist*, January 13, 2011.

Uhlig Christian and Lange Michael, "Deutshc-äagytische Produktionskooperation-Entwicklung und Formen ", *Orient*, Jg. 22 (1981), Nr. 4.

"Vatican: Airstrikes Killed 40 Civilians in Tripoli". *The Jerusalem Post*, 31 March 2011.

Kim Willsher, "France Rocked by News of Aid to Tunisia and Egypt", *Los Angeles Times*, February 5, 2011.

希沙姆·穆拉德（"د. هشاممراد"）："埃及与欧洲"（"مصروأوروبا"），《金字塔报（阿文版）》2017 年 1 月 7 日。

外文官方文献

"BP Statistical Review of World Energy 2016", June 2017, http://www. bp. com/en/global/corporate/energy-economics/statistical-review-of-world-energy. html.

"Commission Decides on Further Steps to Develop Its 'Wider Europe' Policy", July 9, 2003, http://europa. eu/rapid/press-release_ IP-03-963_ en. htm.

Commission of the European Communities, "Building Our Common Future: Challenges and Budgetary Means of the Enlarged Union 2007 – 2013", Brussels, February 11, 2004, COM (2004) 101 Final.

Commission of the European Communities, "European Neighbourhood Policy-Strategy Paper, Communication from the Commission", Brussels, May 12, 2004, COM (2004) 373 Final.

Commission of the European Communities, "Proposal for a Regulation of the European Parliament and of the Council: Laying Down General Provisions Establishing a European Neighbourhood and Partnership Instrument", Brussels, September 29,

2004, COM (2004) 628 Final.

Commission of the European Communities, "Wider Europe-Neighbourhood: A New Framework for Relations with our Eastern and Southern Neighbours, Communication from the Commission to the Council and the European Parliament", Brussels, March 11, 2003, COM (2003) 104 Final.

Communication on the Global Approach to Migration and Mobility (GAMM), https://ec. europa. eu/anti-trafficking/eu-policy/communication-global-approach-migration-and-mobility-gamm_en.

Constitutional Declaration 2011 (EGYPT), http://www. egypt. gov. eg/english/laws/constitution/default. aspx.

Council of the European Union, "The European Union Counter-Terrorism Strategy", Brussels, November 30, 2005.

"Developing New Opportunities in the Southern Mediterranean", European Investment Bank, http://www. eib. org/projects/regions/med/.

European Commission, "A European Border and Coast Guard to protect Europe's External Borders", December 15, 2015, http://europa. eu/rapid/press-release_ IP-15-6327_ en. htm.

European Commission, "A New Response to a Changing Neighbourhood: A Review of European Neighbourhood Policy", Joint Communication by the High Representative of The Union For Foreign Affairs And Security Policy and the European Commission, COM (2011) 303 Final, Brussels, May 25, 2011, https://eeas. europa. eu/sites/eeas/files/review_ en. pdf.

European Commission, "Commissioner Launches Euro-Mediterranean Gas Platform", June 2015, https://ec. europa. eu/energy/en/news/commissioner-launches-euro-mediterranean-gas-platform.

European Commission, "Commission Implementing Decision, of 20. 10. 2016, on the Annual Action Programme 2016 (Part 2) and Annual Action Programme 2017 (Part 1) in favour of Egypt to be financed from the general budget of the European Union", Brussels, C (2016) 6633 Final, October 20, 2016.

European Commission, "Council Conclusions on the Review of the European Neighbourhood Policy", Press Release 188/15, April 20, 2015.

European Commission, "EU and Tunisia Establish Their Mobility Partnership", Brussels, March 3, 2014, http://europa. eu/rapid/press-release_IP – 14 – 208_en. htm.

European Commission, "EU Energy Security Strategy", May 2014, https://ec. europa. eu/energy/sites/ener/files/publication/European_ Energy_ Security_ Strategy _ en. pdf.

European Commission, "European Agenda on Migration: Securing Europe's External Borders", December 15, 2015, http://europa. eu/rapid/press-release_ MEMO-15-6332_ en. htm.

European Commission, "European Agenda on Migration: Securing Europe's External Borders", Strasbourg, December 15, 2015, http://europa. eu/rapid/press-release_ MEMO-15-6332_ en. htm.

European Commission, "Europe and the Mediterranean: Towards a Closer Partnership. An Overview over the Barcelona Process in 2002", Luxembourg: Office for Official Publications of the European Communities, 2004.

European Commission, "European Union and Partners Promote Egypt Gas Connection", November 2, 2015, http://eeas. europa. eu/archives/delegations/egypt/press _ corner/all_ news/news/2015/20151102_ en. pdf.

European Commission, "EU-Turkey Joint Action Plan", Brussels, October 15, 2015, http://europa. eu/rapid/press-release_ MEMO-15-5860_ en. htm.

European Commission, "Eu-Turkey Statement One Year On", https://ec. europa. eu/ home-affairs/sites/homeaffairs/files/what-we-do/policies/european-agenda-migration/background-information/eu_ turkey_ statement_17032017_ en. pdf.

European Commission, "EU-Turkey Statement: Questions and Answers", Brussels, March 19, 2016, http://europa. eu/rapid/press-release_ MEMO-16-963_ en. htm.

European Commission, "Frontex Joint Operation 'Triton' -Concerted efforts to manage migration in the Central Mediterranean", Brussels, October 7, 2014, http://europa. eu/rapid/press-release_ MEMO-14-566_ en. htm.

European Commission, Joint Communication to the European Parliament, the Council, the European Economic and Social Committee and the Committee of the Regions, "Review of the European Neighborhood Policy", November 2015, http://eeas. europa. eu/archives/docs/enp/documents/2015/151118_ joint-communication_ review-of-the-enp_ en. pdf.

European Commission, "Joint Staff Working Document Report on Eu-Egypt Relations in the Framework of the Revised ENP", SWD (2017) 271 Final, July 13, 2017.

European Commission, "Neighbourhood at the Crossroad: Implementation of the European Neighbourhood Policy in 2013", Joint Communication to the European Parliament, the Council, the European Economic and Social Committee and the Committee of the Regions, Brussels, March 27, 2014, http://eeas. europa. eu/archives/ docs/enp/pdf/2014/joint_ communication_ en. pdf.

European Commission, "Review of the European Neighbourhood Policy", Joint Communication to the European Parliament, the Council, the European Economic and Social Committee and the Committee of the Regions, Join (2015) 50 Final, Brussels, 18 November 2015, http://eeas. europa. eu/archives/docs/enp/documents/ 2015/151118_ joint-communication_ review-of-the-enp_ en. pdf.

European Commission, "The Barcelona Process, Five Years On-1995 – 2000", Luxembourg: Office for Official Publications of the European Communities, 2000.

European Commission, "The EU and Egypt to Foster Sustainable Economic Development in the Country", Press Release IP/16/4481, December 20, 2016, http:// europa. eu/rapid/press-release_ IP-16-4481_ en. htm.

European Council, "Conclusions of the Council of the EU and of the Member States meeting within the Council on Counter-Terrorism", Press Release 848/15, November 20, 2015, http://www. consilium. europa. eu/en/press/press-releases/ 2015/11/20-jha-conclusions-counter-terrorism/.

European Council, "Directive on Combating Terrorism: Council Confirms Agreement with Parliament", Press Release 716/16, December 5, 2016, http://www. consilium. europa. eu/en/press/press-releases/2016/12/05-combatting-terrorism/? utm _ source = dsms-auto&utm_ medium = email&utm_ campaign = Directive% 20on% 20combatting% 20terrorism% 3A% 20Council% 20confirms% 20agreement% 20with% 20Parliament.

European Council, "EU Strengthens Control of the Acquisition and Possession of Firearms", Press Release 213/17, April 25, 2017, http://www. consilium. europa. eu/en/press/press-releases/2017/04/25-control-acquisition-possession-weapons/.

European Council, "EU Strengthens Rules to Prevent New Forms of Terrorism", Press Release105/17, March 7, 2017, http://www. consilium. europa. eu/en/press/ press-releases/2017/03/07-rules-to-prevent-new-forms-of-terrorism/.

European Council, "Roadmap to Enhance Information Exchange and Information Management including Interoperability Solutions in the Justice and Home Affairs Area", Brussels, June 6, 2016, http://ec. europa. eu/transparency/regexpert/index. cfm? do = groupDetail. groupDetailDoc&id = 24084&no = 5.

European Council, "Schengen Borders Code: Council Adopts Regulation to Reinforce Checks at External Borders", Press Release 113/17, May 7, 2017, http:// www. consilium. europa. eu/en/press/press-releases/2017/03/07-regulation-reinforce-c-hecks-external-borders/.

"European Neighbourhood and Partnership Instrument (ENPI)", European Commission, http://ec. europa. eu/europeaid/funding/european-neighbourhood-and-partnership-instrument-enpi_ en.

European Union External Action, "Barcelona Declaration, adopted at the Euro-Mediterranean Conference 27 – 28 November 1995", http://www. eeas. europa. eu/archives/docs/euromed/docs/bd_ en. pd.

"Final Statement of the Marseille Meeting of the Euro-Mediterranean Ministers of Foreign Affairs", Union Européenne, November 3 – 4, 2008, http://ue2008. fr/ webdav/site/PFUE/shared/import/1103_ ministerielle_ Euromed/Final_ Statement _ Mediterranean_ Union_ EN. pdf.

"France, World Economic Outlook Database", April 2016, International Monetary Fund, http://www. imf. org/external/pubs/ft/weo/2016/02/weodata/weorept. aspx? sy = 2015&ey = 2020&scsm = 1&ssd = 1&sort = country&ds = . &br = 1&c = 998&s = NGDPD%2CPPPGDP%2CPPPPC&grp = 1&a = 1&pr. x = 72&pr. y = 29.

French Foreign Ministry, "Non-Papier: Action de l'Union européenne en direction du voisinage Sud", February 16, 2011, http://www. diplomatie. gouv. fr/IMG/pdf/ 11-02-17_ Non-papier_ Action_ de_ l_ Union_ europeenne_ en_ direction_ du_ voisinage_ Sud. pdf.

Frontex, "Annual Risk Analysis 2015", April, 2015, http://frontex. europa. eu/assets/Publications/Risk_ Analysis/Annual_ Risk_ Analy-sis_2015. pdf.

Frontex, "Anti-trafficking Training for Border Guards", Trainers' Manual, September 2012, https://frontex. europa. eu/media-centre/focus/combating-human-trafficking-at-the-border-training-for-eu-border-guards-rRzpfI.

International Organization for Migration, "Migrant Deaths Soar as Mediterranean Sees Worst Tragedy in Living Memory", Press Releases, April 19, 2015, http://www. iom. int/news/migrant-deaths-soar-mediterranean-sees-worst-tragedy-living-memory.

"Meda Programme", European Institute for Research on Mediterranean and Euro-Arab-Cooperation, http://www. medea. be/en/themes/euro-mediterranean-cooperation/meda-programme/.

Migration and Home Affairs of European Commission, "Global Approach to Migration and Mobility", April 13, 2015, http://ec. europa. eu/dgs/home-affairs/what-we-do/policies/international-affairs/global-approach-to-migration/index_ en. htm.

2572nd Council Meeting-External Relations-Brussels, March 22, 2004, http://europa. eu/rapid/press-release_ PRES-04-80_ en. htm.

"Overview of the European Neighbourhood and Partnership Instrument 2007-13", Directorate General Development and Cooperation-Europe Aid of European Commission, 2014, https://ec. europa. eu/europeaid/sites/devco/files/overview_ of_ enpi_ results_2007-2013_ en_0. pdf, 2017-06-05.

"Report of the International Commission of Inquiry on Libya", 联合国正式文件 A/HRC/19/68, March 2, 2012.

"Security Council Press Statement on Attacks in Syria" (Press Release), UN Security Council, May 27, 2012, http://www. un. org/press/en/2012/sc10658. doc. htm.

Security Council (United Nations, SC/10403), "Security Council Fails to Adopt Draft Resolution Condemning Syria's Crackdown on Anti-Government Protestors, Owing to Veto by Russian Federation, China", Security Council 6627th Meeting (Night), October 4, 2011, https://www. un. org/press/en/2011/sc10403. doc. htm.

Security Council (United Nations), "Security Council Approves 'No-Fly Zone' over Libya, Authorizing 'All Necessary Measures' to Protect Civilians, by Vote of 10 in Favour with 5 Abstentions", March 17, 2011, http://www. un. org/press/en/2011/sc10200. doc. htm.

Security Council (United Nations), "Security Council Fails to Adopt Draft Resolution on

Syria as Russian Federation, China Veto Text Supporting Arab League's Proposed Peace Plan", February 4, 2012, http: //www. un. org/press/en/2012/sc10536. doc. htm.

"Syria Regional Refugee Response-Europe", UNHCR Syria Regional Refugee Response, https: //data2. unhcr. org/en/situations/syria.

"Syria Regional Refugee Response-Overview", UNHCR Syria Regional Refugee Response, http: //data. unhcr. org/syrianrefugees/regional. php.

The Council of Minister's Press Release 7383/04 (Presse 80), Council meeting-External Relations.

"Tunisia 2020: The EIB Announces EUR 2. 5bn of Exceptional Support for Tunisia", European Investment Bank, November 29, 2016, http: //www. eib. org/infocentre/press/releases/all/2016/2016-310-la-bei-annonce-un-soutien-exceptionnel-de-2-5-milliards-deuros-a-la-tunisie. htm.

UNHCR, IOM, IMO, UNODC and OHCHR Joint Statement on Protection at Sea in the Twenty-First Century, December 10, 2014, http: //www. unhcr. org/548825d59. html.

UNHCR, "Refugees/Migrants Emergency Response-Mediterranean. Regional Overview", updated 20 May 2016, http: //data. unhcr. org/mediterranean/regional. php.

UNHCR, "Regional Refugee and Migrant Response Plan for Europe (January to December 2017)", December 2016, http: //reporting. unhcr. org/sites/default/files/2017%20Regional%20Refugee%20&%20Migrant%20Response%20Plan%20for%20Europe%20-%20Jan-Dec%202017%20 (December%202016). pdf.

"Union for the Mediterranean: Role and Vision of the EIB", European Investment Bank, December 2010, http: //www. eib. org/attachments/country/union_ for_ the _ mediterranean_ en. pdf.

United Nations High Commissioner for Refugees, "UNHCR Calls for Urgent Action as Hundreds Feared Lost in Mediterranean Boat Sinking", News Stories, April 20, 2015, http: //www. unhcr. org/5534dd539. html.

United Nations Office at Geneva, "Statement from the Office of the UN Special Envoy for Syria", August 2, 2012, http: //www. unog. ch/unog/website/news_ media. nsf/%28httpNewsByYear _ en%29/9483586914CF2E3FC1257A4E00589EE7?

OpenDocument&cntxt = FAOFE&cookielang = en.

UN Security Council (SC/12171), "Security Council Unanimously Adopts Resolution 2254 (2015), Endorsing Road Map for Peace Process in Syria, Setting Timetable for Talks", December 18, 2015, https://www. un. org/press/en/2015/sc12171. doc. htm.

U. S. Energy Information Administration, "Weekly Europe Brent Spot Price FOB", https://www. eia. gov/dnav/pet/hist/LeafHandler. ashx? n = pet&s = rbrte&f = w.

外文论文集

Antoine Pécoud, "Informing Migrants to Manage Migration? An Analysis of IOM's Information Campaigns", in Martin Geiger and Antoine Pécoud (eds.), *The Politics of International Migration Management*, London and New York, Palgrave Macmillan, 2010.

Beata Przybylska-Maszner, "The Political Dimension of European Union-Egypt Relations after 2012—Between Necessity and Obligation", in Anna Potyrala, Beata Przybylska-Maszner, and Sebastian Wojciechowski eds. , *Relations between the European Union and Egypt after* 2011-*Determinants, Areas of Co-operation and Prospects*, Berlin, Logos Verlag Berlin GmbH, 2015.

George Joffé, "Southern Attitudes towards an Integrated Mediterranean Region", in Richard Gillespie, eds. , *The Euro-Mediterranean Partnership: Political and Economical Perspectives*, London: Frank Cass, 1997.

Hans Goedicke, "Ägypten-Dauer und Wandel: Symposium anlässlich", in Deutschen Archäologischen Instituts Kairo Hrsg, *75jährigen Bestehens des Deutschen Archäologischen Instituts Kairo am* 10. *und* 11. *Oktober* 1982, Mainz am Rhein: von Zabern, 1985.

Karolina Libront, "The Dilemma of Stabilisation versus Democratisation: German Policy Towards Egypt before and after the Arab Spring", in Anna Potyrala, Beata Przybylska-Maszner, Sebastian Wojciechowski eds. , *Relations between the European Union and Egypt after* 2011-*Determinants, Areas of Co-operation and Prospects*, Berlin, Logos Verlag Berlin GmbH, 2015.

Michael Clarke, "The Making of Britain's Libya Strategy", in Adrian Johnson and Saqeb

Mueen （eds.）, *Short War*, *Long Shadow*: *The Political and Militaty Legacies of the* 2011 *Libya Campaign*, Royal United Services Institute, 2012, pp. 7 - 13, www. rusi. org.

R. Del Sarto, "Turkey's EU Membership: An Asset for the EU's Policy towards the Mediterranean/Middle East?", in N. Tocci and A. Evin （eds）, *Towards Accession Negotiations*: *Turkey's Domestic and Foreign Policy Challenges Ahead*, Florence: RSCAS Press, 2004.

Radoslaw Fiedler, "Financial and Trade Instruments in the European Union's Policy towards Egypt", in Anna Potyrala, Beata Przybylska-Maszner, Sebastian Wojciechowski eds. , *Relations between the European Union and Egypt after* 2011-*Determinants*, *Areas of Co-operation and Prospects*, Berlin, Logos Verlag Berlin GmbH, 2015.

Shaul Shay and Av Baras, "The Islamic State in Libya: Challenge and Response", in Yoram Schweitzer and Omer Einav （ed.）, *The Islamic State*: *How Viable Is It?*, Tel Aviv: ContentoNow, 2016.

Tara Brian and Frank Laczko, "Counting Migrant Deaths: An International Overview", in Tara Brian and Frank Laczko （eds.）, *Fatal Journeys*: *Tracking Lives Lost during Migration*, Geneva, IOM, 2014.

Wolfram Lacher, "The Rise of Tribal Politics", in Jason Pack, ed. , *The 2011 Libyan Uprisings and the Struggle for the Post-Qaddaf Future*, New York: Palgrave Maclillan, 2013.

外文著作

A. Tovias, *Mapping Israel's Policy Options Regarding Its Future Institutionalised Relations with the European Union*, CEPS, Brussels 2003.

A. Tovias, *The EU Models of External Relations with EEA Countries and Switzerland in Theory and Practice*: *How Relevant for Israel?* Herzliya: FES, 2004.

Aidan Hehir and Robert Murray, *Libya*, *The Responsibility to Protect and the Future of Humanitarian Intervention*, Springer, 2013

B. Huldt, M. Engman and E. Davidsson （eds）, *Strategic Yearbook* 2003: *Euro-Mediterranean Security and the Barcelona Process* , Stockholm: Elanders, 2002.

Benjamin Barber, *Jihad versus McWorld: Terrorism's Challenge to Democracy*, New York: Ballentine Books, 2001.

C. -P. Hanelt, G. Luciani, and F. Neugart (eds), *Regime Change in Iraq: The Transatlantic and Regional Dimension*, Florence: RSCAS Press, 2004.

Emanuel Adler and Beverly Crawford, *Normative Power: The European Practice of Region Building and the Case of the Euro-Mediterranean Partnership*, April 2014.

F. Attina and S. Stavridis (eds), *The Barcelona Process and Euro-Mediterranean Issues from Stuttgart to Marseille*, Milan: Giuffre, 2001.

Federica Bicchi, *European Foreign Policy Making toward the Mediterranean*, New York: Palgrave Macmillan, 2007.

International Institute for Strategic Studies (IISS), *Military Balance* 2011, Taylor & Francis, 2011.

Joshua Haber and Helia Ighani, *A Delicate Balancing Act: Egyptian Foreign Policy after The Revolution*, George Washington University: The Institute For Middle East Studies, May 2013.

Karl Hron, *Ägypten und die Ägyptische Frage*, Wien: Rengersche Buchhandlung, 1894.

Klaus J. Bade, *Europa in Bewegung*, *Migration vom spaeten* 18. *Jahrhundert bis zur Gegenwart*, Muenchen: Verlage, C. H. Beck, 2002.

Lina Khatib and Ellen Lust, *Taking to the Streets: The Transformation of Arab Activism*, JHU Press, May 2014.

Mark Juergensmeyer, *Terror in the Mind of God: The Global Rise of Religious Violence*, Berkeley, CA: University of California Press, 2003.

Mark Shaw and Fiona Mangan, *Illicit Trafficking and Libya's Transition: Profits and Losses*, Washington D. C. : United States Institute of Peace, 2014.

Mathilde Kleine, *Deutschland und die ägyptische Frage*, Diss. Münster, 1915.

Mohammed Zahid, *The Muslim Brotherhood and Egypt's Succession Crisis*, London: Tauris, 2010.

Mongi Boughzala, *Youth Employment and Economic Transition in Tunisia*, Brookings Institution, 2013.

O. Stokke (ed.), *Aid and Political Conditionality* , London: Frank Cass, 1995.

Peter Cole and Brian McQuinn, *The Libyan Revolution and Its Aftermath*, Oxford: Oxford University Press，2015.

R. Gillespie and R. Youngs，*The European Union and Democracy Promotion*：*The Case of North Africa*，London：Frank Cass，2002.

Rosa Balfour，*Rethinking The Euro-Mediterranean Political and Security Dialogue*，Institute for Security*，European Union，2004.

S. Huntington，*The Clash of Civilizations and the Remaking of World Order*，New York：Simon & Schuster，1996.

Shiraz Maher，*The Arab Spring and Its Impact on Supply and Production in Global Markets*，European Centre for Energy and Resource Security（EUCERS），January 13，2014.

网络资料

《埃及驻柏林大使：塞西开创与德国经济合作新高度》（阿拉伯文），《埃及晨报》（*Al-Shorouk Newspaper*），2017 年 6 月 17 日，http：//www. shorouknews. com/news/view. aspx？cdate = 11062017&id = 18ca7b8b-a7eb-49d4-927a-a91b3bf9cdeb。

艾哈迈德·萨米·麦瓦利、纳德尔·塔曼、马哈·哈桑：《与德国伙伴关系新高度：调整发展合作和反恐互动的新协议》（阿拉伯文），《金字塔报》（阿文版），2017 年 3 月 4 日，http：//www. ahram. org. eg/NewsQ/581690. aspx。

《奥地利卡车内现数十具非法移民尸体欧洲难民危机愈演愈烈》，http：//news. 163. com/15/0829/11/B26BTGKN00014JB5. html。

《勒庞民调大幅领先，但数据告诉你她的赢面有多大》，《第一财经日报（上海）》，2017 年 2 月 22 日，http：//money. 163. com/17/0222/22/CDTMGKP8002580S6. html。

《李稻葵：欧债危机基本结束日本恐再遭"失落十年"》，人民网，2014 年 11 月 26 日，http：//finance. people. com. cn/money/n/2014/1126/c42877-26097827. html。

《利比亚民族团结政府正式宣布解放苏尔特》，2016 年 12 月 19 日，http：//www. xinhuanet. com/world/2016-12/18/c_1120139544. htm。

《摩苏尔收复战被收复区发现乱葬岗，里面多为童尸》，中国军事网，2016 年 3 月 20 日，http：//military. china. com/jctp/11172988/20170320/30342313 _ all. html。

《默克尔：叙利亚和伊拉克难民在战争结束后应回国》，环球网，2016 年 1 月 31

日，http：∥world. huanqiu. com/exclusive/2016-01/8479535. html。

《欧盟给以色列产品贴标签 以色列内心崩溃》，新华网，2015 年 11 月 12 日，ht-tp：∥news. xinhuanet. com/world/2015-11/12/c_128422777. htm。

史克栋：《欧盟深化与地中海国家合作》，http：∥www. china. com. cn/chinese/HIAW/141666. htm。

《叙利亚人道主义应援计划 2017》，https：∥fts. unocha. org/countries/218/sectors/2017。

《英国议会大厦附近发生"恐怖袭击"事件》，环球网，2017 年 3 月 23 日，ht-tp：∥world. huanqiu. com/hot/2017-03/10361908. html。

《中国刚介入叙利亚土耳其为何也用兵叙利亚》，中华网，2016 年 8 月 29 日，ht-tp：∥military. china. com/important/11132797/20160829/23410667_ all. html。

《中华人民共和国和阿拉伯埃及共和国关于建立全面战略伙伴关系的联合声明（全文）》，新华社，12 月 23 日电，http：∥www. gov. cn/xinwen/2014-12/23/content_ 2795621. htm。

"Coalition Targets Gadhafi Compound"，CNN News，March 16，2011，http：∥edi-tion. cnn. com/2011/WORLD/africa/03/20/libya. civil. war/.

"Factbox：Gaza Targets Bombed by Israel"，Reuters，November 21，2012，http：∥www. reuters. com/article/2012/11/21/us-palestinians-israel-gaza-idUSBRE8AK0H9 20121121.

"In Quotes：Reaction to Tunisian Crisis"，BBC News，January 14，2011，http：∥www. bbc. com/news/world-africa-12197681.

"Israeli Strikes Kill 23 in Bloodiest Day for Gaza"，The News Pakistan，November 19，2012，http：∥www. thenews. com. pk/Todays-News-13-18932-Israeli-strikes-kill-23-in-bloodiest-day-for-Gaza.

"Libya：Foreign Minister Announces Immediate Ceasefire"，BBC News，March 18，2011，http：∥www. bbc. com/news/world-middle-east-12787056.

"Libya：Gaddafi Forces Attacking Rebel-Held Benghazi"，BBC News，March 19，2011，http：∥www. bbc. com/news/world-africa-12793919.

"Syria Regional Refugee Response-Overview"，UNHCR Syria Regional Refugee Re-sponse，http：∥data. unhcr. org/syrianrefugees/regional. php.

"Syria's War：US Suspends"，Al Jazeera，October 4，2016，http：∥www. aljazeera. com/news/2016/10/syria-war-aleppo-hospital-hit-time-161003154906472. html.

"Syrian Army Announces Victory in Aleppo in Boost for Assad", Reuters, December 22, 2016, http://www. reuters. com/article/idUSKBN14B1NQ.

"US: Tunisia Example Can Spur Reform", Al Jazeera, January 14, 2011, http://english. aljazeera. net/news/africa/2011/01/2011125152635550548. html.

"10538 Syrian Refugees Have Relocated to UK, New Figures Show-Sky News", February 22, 2018, https://news. sky. com/story/amp/we-are-overwhelmed-lebanons-plea-for-help-with-syrian-refugee-crisis-11261282.

"Al-Sisi: The Hand That Harm Any Egyptian Must Be Cut", http://www. youtube. com/watch? v = SSpNU7cxKKA.

"Analysis: Obama Refines Talk of Libya Intervention", Rocket News, March 4, 2011, http://www. rocketnews. com/2011/03/analysis-obama-refines-talk-of-libya-intervention-time-com/.

"BP Statistical Review of World Energy 2016", June 2016, http://www. bp. com/en/global/corporate/energy-economics/statistical-review-of-world-energy. html.

"Deutschland: Menschenrechtsverletzungen gegenüber al-Sisi klar ansprechen-Human Rights Watch", hrw. org, 02 Juni 2015, http://www. hrw. org/de/news/2015/06/01/deutschland-menschenrechtsverletzungen-gegenueber-al-sisi-klar-ansprechen.

"Egypt and Germany···New Phase of Partnership", State Information Service (SIS), Foreign Information Sector of Egypt, March 23, 2017, http://sis. gov. eg/UP/اصدارات/english. pdf.

"Egypt Army: Will Not Use Force against Citizens", Reuters, January 31, 2011, http://www. arabianbusiness. com/egypt-army-will-not-use-force-against-citizens-377654. html.

"Egypt 'Bombs IS in Libya' after Beheadings Video", BBC News, February 16, 2015, http://www. bbc. com/news/world-middle-east-31483631.

"Egypt Hands Out Acreages For Gas, Oil Exploration", Africa Oil-Gas Report, May 2, 2013, http://africaoilgasreport. com/2013/05/in-the-news/egypt-hands-out-acreages-for-gas-oil-exploration/.

"Egypt Signs $12 Billion Deal with British Energy Giant BP", Aswat Masrya, May 14, 2015, http://en. aswatmasriya. com/news/details/6568.

"Egypt Suspends Tourism from Iran", Ma'an News Agency, April 9, 2013, http://www. maannews. net/eng/ViewDetails. aspx? ID = 583618.

"Egypt Travel Warning To 40000 British Tourists", Sky News, UK, August 16, 2013, http://news. sky. com/story/egypt-travel-warning-to-40000-british-tourists-10437104, last accessed on 6 September 2017.

"Electoral Program: 2011 Parliamentary Elections", Freedom and Justice Party, 2011, www. fjponline. com/uploads/FJPprogram. pdf.

"Eni Discovers a Supergiant Gas Field in the Egyptian Offshore, the Largest Ever Found in the Mediterranean Sea", *Eni* (*press release*), August 30, 2015, https://www. eni. com/en_ IT/media/2015/08/eni-discovers-a-supergiant-gas-field-in-the-e-gyptian-offshore-the-largest-ever-found-in-the-mediterranean-sea, June 9, 2017.

"Ethnic Cleansing on a Historic Scale: The Islamic State's Systematic Targeting of Mi-norities in Northern Iraq", Amnesty International, September 2, 2014, https://web. ar-chive. org/web/20150312220534/https://www. amnesty. org/download/Doc-uments/8000/mde140112014en. pdf.

"EU Calls for Morsi Release Amid Protests", Al Jazeera English, July 18, 2013, http://www. aljazeera. com/news/middleeast/2013/07/2013717124459915328. html.

"EU Leaders Ink Deal to Stem Refugee Flow from Libya", February 4, 2017, https://www. aljazeera. com/news/2017/02/eu-leaders-ink-deal-stem-refugee-flow-libya-170203151643286. html.

"Euro-Mediterranean Cooperation (Historical)", European Institute For Research on Mediterranean and Euro-Arab Cooperation, http://www. medea. be/en/themes/euro-mediterranean-cooperation/euro-mediterranean-cooperation-historical/.

"Eye on ISIS in Libya", The Anti-ISIS Coalition, January 31, 2017, http://eyeo-nisisinlibya. com/the-anti-isis-coalition/libyapolitical-dialogue-agrees-amendments-to-lpa/.

"Forces in Iraq and Syria Discovers 72 Mass Graves in Areas Freed from ISIS", Iraqi News, August 30, 2016, http://www. iraqinews. com/iraq-war/forces-in-iraq-and-syria-discovers-72-mass-graves-areas-freed-from-isis/.

"Four Confirmed Dead, One Arrested over Suspected Terror Attack-Radio Sweden", Sveriges Radio, April 7, 2017, http://sverigesradio. se/sida/artikel. aspx? programid = 2054&artikel = 6669701.

"French Foreign Policy: Sarkozy's Wars", The Economist, May 12, 2011, http://www. economist. com/node/18683145.

"Further macro-financial aid to Tunisia", European Parliament, September 2016, http://www. europarl. europa. eu/RegData/etudes/BRIE/2016/586660/EPRS_ BRI (2016) 586660_ EN. pdf.

"Gulf States Offer $ 12. 5 Billion in Aid to Egypt", Al Arabiya, March 13, 2015, http://english. alarabiya. net/en/business/economy/2015/03/13/Saudi-anno-unces-4-billion-aid-package-to-Egypt. html.

"IOM Applauds Italy's Life-Saving Mare Nostrum Operation: Not a Migrant Pull Factor", http://www. iom. int/news/iom-applauds-italys-life-saving-mare-nostrum-operation-not-migrant-pull-factor.

"ISIL Video Shows Christian Egyptians Beheaded in Libya", Al Jazeera, February 16, 2015, http://www. aljazeera. com/news/middleeast/2015/02/isil-video-execution-egyptian-christian-hostages-libya-150215193050277. html.

"ISIS Digs Its Claws into Libya: Terror Group 'Is Using Chaotic Country as a Platform for Its Resurgence' after Being Chased of Iraqi and Syrian Strongholds", July 31, 2017, http://www. dailymail. co. uk/news/article-4747018/ISIS-using-chaotic-Libya-pla-tform-resurgence. html.

"Israel and Hamas: Fire and Ceasefire in a New Middle East", International Crisis GroupMiddle East Report, No. 133, November 22, 2012, https://www. crisisgroup. org/middle-east-north-africa/eastern-mediterranean/israelpalestine/israel-and-hamas-fire-and-ceasefire-new-middle-east.

"Italy Struggles with Tunisia influx-Africa", Al Jazeera English, February 14, 2011, http://english. aljazeera. net/video/africa/2011/02/2011214133653175984. html.

"Joint Letter from Prime Minister David Cameron MP and President Nicolas Sarkozy", March 10, 2011, www. voltairenet. org/article168898. html.

"Joint UK-France-Germany Statement on Egypt", January 30, 2011, https://www. gov. uk/government/news/joint-uk-france-germany-statement-on-egyp.

"Karrieren eines Beraters-biografische Skizze zum Wirtschaftsprüfer Dr. Wilhelm Voss (1896 – 1974) -Teil 1", Abgehört: Das Blog zur Geschichte der Wirtschaftsprüfung, http://abgehoert. hypotheses. org/676.

"L'entrevue du président égyptien avec Merkel à Berlin maintenue", The Times of Israël, 20 mai 2015, http://fr. timesofisrael. com/lentrevue-du-president-egyptien-avec-merkel-a-berlin-maintenue/.

"Libya: A Growing Hub for Criminal Economies and Terrorist Financing in Trans-Sahara," May 11, 2015, The Global Initiative Against Transnational Organized Crime. p. 3, http://globalinitiative. net/wp-content/uploads/2015/05/2015 – 1. pdf.

"Libyan Air Force Loyal to Official Government Bombed Targets in Eastern City of Derna", Ynetnews, February 16, 2015, https://www. ynetnews. com/articles/0, 7340, L-4627076, 00. ht

"Life and Death in Syria-Five Years into War, What Is Left of the Country?", BBC News, March 15, 2016, https://www. bbc. co. uk/news/resources/idt-841ebc3a-1be9-493b-8800-2c04890e8fc9.

"Mehr als 1500 Straftaten: Die Ermittlungsergebnisse zur Kölner Silvesternacht", Der Spiegel (in German), http://www. spiegel. de/panorama/justiz/koeln-silvesteruebergriffe-die-ermittlungsergebnisse-a-1085716. html.

"Middle East unrest: Three Killed at Protest in Syria", BBC News, March 18, 2011, http://www. bbc. co. uk/news/world-middle-east-12791738.

"Minetenprotokoll: Gaddafi wird zum Diktator ohne Land", Spiegel-Online, February 2, 2011, http://www. spiegel. de/politik/ausland/minutenprotokoll-gaddafi-wird-zum-diktator-ohne-land-a-747957. html.

"Operation Unified Protector Final Mission Stats", November 2, 2011, http://www. nato. int/nato_static/assets/pdf/pdf_2011_11/20111108_111107-factsheet_up_factsfigures_en. pdf.

"Presse Statement von Bundeskanzlerin Angela Merkel zur aktuellen Entwicklung in Libyen", March 18, 2011, https://www. bundeskanzlerin. de/ContentArchiv/DE/Archiv17/Mitschrift/Pressekonferenzen/2011/03/2011-03-18-statement-merkel-libyen. html.

"Saudi Donates $ 140 billion in Global Humanitarian Aid", Al Arabiya English, December 5, 2016, https://english. alarabiya. net/en/News/middle-east/2016/12/05/Saudi-sets-pace-globally-in-humanitarian-aid-says-envoy. html.

"Siemens Awarded Record Energy Orders That Will Boost Egypt's Power Generation by 50%", Siemens Global Website, Oct. , 2015, http: //www. siemens. com/press/en/feature/2015/corporate/2015-06-egypt. php? content% 5b% 5d = Corp&content% 5b% 5d = WP&content% 5b% 5d = PG&content% 5b% 5d = SFS.

"Sondage: Marine Le Pen arrive devant Sarkozy, DSK et Hollande", Le Parisien, March 8, 2011, http: //www. leparisien. fr/une/sondage-marine-le-pen-arrive-devant-sarkozy-dsk-et-hollande-08-03-2011-1348346. php.

"Syria Conflict: Rebels, Army Battle Over Taftanaz Airbase", The Huffington Post, November 3, 2012, http: //www. huffingtonpost. com/2012/11/03/syria-conflict-taftanaz_ n_2068861. html% 3E.

"Syria Sends Extra Troops after Rebels Seize Idlib: NGO", Ahram, October 10, 2012, http: //english. ahram. org. eg/NewsContent/2/8/55206/World/Region/Syria-sends-extra-troops-after-rebels-seize-Idlib-. aspx.

"Syria to Lift Emergency Law", Al Jazeera, April 16, 2011, http: //www. aljazeera. com/news/middleeast/2011/04/20114161511286268. html.

"The East Mediterranean Geopolitical Puzzle and the Risks to Regional Energy Security", Iene's South-east Europe Energy Brief-monthly Analysis, Issue No. 103, July-August 2013, http: //www. iene. eu/the-east-mediterranean-geopolitical-puzzle-and-the-risks-to-regional-energy-security-p20. html.

"The Islamic State's (ISIS, ISIL) Magazine", The Clarion Project, September 10, 2014, http: //www. clarionproject. org/news/islamic-state-isis-isil-propaganda-magazine-dabiq.

"Tunisia Beach Resort Death Toll Rises to 39", Telesur TV, June 27, 2015, http: //www. telesurtv. net/english/news/Tunisia-Beach-Resort-Death-Toll-Rises-to-39-2015 0627-0001. html.

"Tunisia Remains in the Crosshairs of the Libyan War", Al-Akhbar, December 11, 2014, https: //english. al-akhbar. com/node/22847.

"Tunisians Drive Leader from Power in Mass Uprising", Daily Saban, January 15, 2011, http: //www. dailysabah. com/world/2011/01/15/tunisians_ drive_ leader_ from_ power_ in_ mass_ uprising.

"Turning Blind Eye Not a Solution' to Mediterranean Migrant Crisis," UN Rights Expert,

5 December 2014, http：//www. un. org/apps/news/story. asp？ NewsID = 49526.

"UPDATE 2-Siemens Signs 8 Billion Euro Power Eeal with Egypt", Ruters, June 3 2015, https：//www. reuters. com/article/siemens-egypt-power/update-2-siemens-signs-8-billion-euro-power-deal-with-egypt-idUSL5N0YP41Z20150603.

"Violence Flares at Syrian Protest", Youtube/Al Jazeera (video), March 18, 2011, https：//www. youtube. com/watch？ v = oC55uPBKYqU.

"With Oil Fields Under Attack, Libya's Economic Future Looks Bleak", NPR, February 25, 2015, https：//www. npr. org/2015/02/15/386317782/with-oil-fields-under-attack-libyas-economic-future-looks-bleak.

"A Secure Europe in a Better World, European Security Strategy", Brussels, December 12, 2003, https：//europa. eu/globalstrategy/en/european-security-strategy-secure-europe-better-world.

Abdel Maged, "Rebellion of the Movement of Sabotage and the Assembly of 2 Million Signatures 'Lied' the Egyptians", Almesyryoon, http：//www. almesryoon. com/permalink/133659. html.

Ahmed Galal and Javier Albarracín, "Rethinking the EU's Mediterranean Policy after the Arab Spring", Europe's World, November 12, 2015, http：//europesworld. org/2015/11/12/rethinking-the-eus-mediterranean-policy-after-the-arab-spring/.

Aidan Lewis, "Islamic State shifts to Libya's Desert Valleys after Sirte Defeat", February 10, 2017, https：//www. reuters. com/article/us-libya-security-islamicstate/islamic-state-shifts-to-libyas-desert-valleys-after-sirte-defeat-idUSKBN15P1GX.

Alexis Arieff, "Political Transition in Tunisia", Congressional Research Service, December 16, 2015, https：//fas. org/sgp/crs/row/RS21666. pdf.

Alice Speri, "Italy Is about to Shut Down the Sea Rescue Operation That Saved More Than 90, 000 Migrants This Year", October 4, 2014, https：//news. vice. com/article/italy-is-about-to-shut-down-the-sea-rescue-operation-that-saved-more-than-90000-migrants-this-year.

Amr Adly, "Will the March Investment Conference Launch Egypt's Economic Recovery？", Carnegie Middle East Center (Washington, D. C.), March 5, 2015, http：//carnegie-mec. org/2015/03/05/will-march-investment-conference-launch-egypt-s-economic-recovery/i3h.

Anna Khakee, "Tunisia's Democratisation: Is Europe Rising to the Occasion?", Policy Brief, June 2011, No. 80, https://www. um. edu. mt/library/oar/bitstream/handle/123456789/16038/OA% 20Technical% 20report% 20-% 20% 20TunisiaÔÇÖs% 20democratisation% 20% 20is% 20Europe% 20rising% 20to% 20the% 20occasion. 2-7. pdf? sequence = 1&isAllowed = y.

Anna Mahjar-Barducci, "Libya: Restoring the Monarchy?", Gatestone Institute, April 16, 2014, https://www. gatestoneinstitute. org/4251/libya-monarchy.

António Guterres et al., "Joint statement on Mediterranean Crossings", April 23, 2015, http://www. unhcr. org/5538d9079. html.

Arab League Secretary-General Amr Moussa, "The Beginning of an Epochal Development", Der Spiegel, March 16, 2011, http://www. spiegel. de/international/world/arab-league-secretary-general-amr-moussa-the-beginning-of-an-epochal-development-a-750969. html.

Artur Ciechanowicz and Justyna Gotkowska, "Germany and the Revolution in North Africa", OSW, March 9, 2011, https://www. osw. waw. pl/en/publikacje/analyses/2011-03-09/germany-and-revolution-north-africa.

"Asylum in the EU Member States Record Number of Over 1. 2 Million First Time Asylum Seekers Registered in 2015", March 4, 2016, http://ec. europa. eu/eurostat/documents/2995521/7203832/3-04032016-AP-EN. pdf/790eba01-381c-4163-bcd-2-a54959b99ed6.

Ban Ki-moon, UN Secretary General, "Secretary-General's remarks to the Security Council [as delivered]", November 21, 2012, http://www. un. org/sg/statements/index. asp? nid = 7471.

Bernard Hoekman and Denise Konan, "Deep Integration, Nondiscrimination, and Euro-Mediterranean Free Trade", https://pdfs. semanticscholar. org/940d/eda287a78455 1aadc6401055a38dd118bcfd. pdf.

Bureau for International Narcotics and Law Enforcement Affairs, U. S. Department of State, International Narcotics Control Strategy Report, March 2014, https://www. state. gov/j/inl/rls/nrcrpt/2014/.

Carl Holm, "Sparks Expected to Fly Whoever Becomes France's President", Deutsche Welle, February 13, 2007, http://www. dw. com/dw/article/0, 2144, 2343020,

00. html.

Christian Clanet, "Inside Syria's Slaughter: A Journalist Sneaks into Dara'a, the 'Ghetto of Death'", Time, June 10, 2011, http://www. time. com/time/world/ article/0, 8599, 2076778, 00. html.

Clint Watts, "When the Caliphate Crumbles: The Future of Islamic State's Afliates", War on the Rocks, June 13, 2016, http://warontherocks. com/2016/06/when- the-caliphatecrumbles-the-future-of-the-islamic-states-afliates/.

Corruption Perceptions Index 2010, http://www. transparency. org/publications/publi- cations/other/corruption_ perceptions_ index_2011.

Courtney Kube, "Number of ISIS Fighters in Libya Has Doubled", April 7, 2016, ht- tps://www. nbcnews. com/storyline/isis-terror/number-isis-fighters-libya-has-doub- led-n552476.

Dalia Mogahed, "Opinion Briefing: Egyptians Skeptical of U. S. Intentions", Gallup, September 21, 2012, http://www. gallup. com/poll/157592/opinion-briefing-egyp- tians-skeptical-intentions. aspx.

Data from Eurostat and ECHO, May 31, 2015, http://syrianrefugees. eu/? page_id = 199.

Eduardo Sánchez Monjo, "The Multiple Dimensions of Euro-Mediterranean Coopera- tion", EIPASCOPE 25th Anniversary Special Issue, 2006, pp. 75 – 79, http:// www. eipa. eu/files/repository/eipascope/Scop06_2e_14. pd.

Elvis Boh, "Libyan Rival Parties Hold Peace Talks in Tunisia", September 26, 2017, http://www. africanews. com/2017/09/26/libyan-rival-parties-hold-peace-talks-in- tunisia/.

Emma Farge, "The US Military Is Building a $100 MillionDrone Base in Niger", Reuters, September 30, 2016, http://uk. businessinsider. com/us-military-build- ing-a-100-milliondrone-base-in-niger-2016-9.

Eugenio Ambrosi, "Our Sea", in New Europe, February 18, 2015, https://www. iom. int/oped/our-sea.

Farouk Chothia, "Islamic State Gains Libya Foothold", February 24, 2015, http:// www. bbc. com/news/world-africa-31518698.

Gabriel Gatehouse, "Top IS Commanders 'Taking Refuge' in Libya", February 3,

2016, http：//www. bbc. com/news/world-africa-35486158.

Gabriele Quattrocchi, "Energy Security： Challenges and Priorities in the Mediterranean (Part 3)", September 26, 2014, http：//mediterraneanaffairs. com/energy-security-challenges-and-priorities-in-the-mediterranean-part-3/.

George Friedman, "Revolution and the Muslim World", Stratfor, February 22, 2011. https：//www. stratfor. com/weekly/20110221-revolution-and-muslim-world.

Hamza Hendawi, "Egypt Morsi Protests： Army Ready To Save Nation from Dark Tunnel, Defense Minister Says", June 24, 2013, https：//resiliencesystem. org/egypt-morsi-protests-army-ready-save-nation-dark-tunnel-defense-minister-says.

Hardin Lang, Mokhtar Awad, Peter Juul, and Brian Katulis, "Tunisia's Struggle for Political Pluralism after Ennahda", Center for American Progress, April 2014, pp. 11 – 12, https：//www. americanprogress. org/wp-content/uploads/2014/04/Tunisia-report. pdf.

Hélène Michou, "EU-Egypt Bilateral Relations： What Scope for Human Rights Advocacy?", EuroMed Rights and EuroMed Droits, June 2016, http：//euromedrights. org/wp-content/uploads/2016/10/EuroMed-Rights-EU-Egypt-report-external-EN. pdf.

Hendawi Hamza, "Morsi's Gaza Ceasefire Deal Role Secures Egypt's President as Major Player", Huffington Post, November 21, 2012, http：//www. huffingtonpost. com/2012/11/21/morsi-gaza-ceasefire_ n_ 2173589. html.

Hollie McKay, "ISIS, Squeezed out of Iraq and Syria, Now 'Regrouping' in Libya", July 30, 2017, http：//www. foxnews. com/world/2017/07/30/isis-squeezed-out-iraq-and-syria-now-regrouping-in-libya-analysts-say. html.

İpek Yezdani, "Syrian Rebels： Too Fragmented, Unruly", Hürriyet Daily News, 1 September 2012, http：//www. hurriyetdailynews. com/syrian-rebels-too-fragmented-unruly. aspx？ pageID = 238&nID = 29158&NewsCatID = 352.

"ISIS in Libya： A Major Regional and International Threat", The Meir Amit Intelligence and Terrorism Information Center, January 20th, 2016, https：//www. terrorism-info. org. il/Data/articles/Art_20943/E_209_15_1076923854. pdf.

Iván Martín, "In Search of Development along the Southern Border： The Economic Models Underlying the Euro-Mediterranean Partnership and the European Neighbourhood

Policy", https：//s3. amazonaws. com/academia. edu. documents/29933583/2Econo micmodelsintheEMPandENPpub. pdf? AWSAccessKeyId = AKIAIWOWYYGZ2Y53U L3A&Expires = 1532613471&Signature = RHwaGRd60jiZdKq3WcjTzE6ut6I%3D&re sponse-content-disposition = inline%3B%20filename%3D2007_In_Search_of_De-velopment_Along_the. pdf.

James Drape, "Building Partnership Capacity：Operation Hartmattan and Beyond", Air and Space Power Journal, September-October, 2012, https：//www. airuniversi-ty. af. edu/Portals/10/ASPJ/journals/Volume-26_Issue-5/F-Drape. pdf.

James Roslington and Jason Pack, "Who Pays for ISIS in Libya", Hate Speech Inter-nation-al, August 24, 2016, https：//www. hatespeech. org/who-pays-for-isis-in-libya/.

Jean-Claude Juncker, "State of the Union 2015：Time for Honesty, Unity and Solidar-ity", EU Commission, September 9, 2015, http：//europa. eu/rapid/press-re-lease_SPEECH-15-5614_en. htm.

Jeremy Sharp, "Egypt：The January 25 Revolution and Implications for U. S. Foreign Policy", Congressional Research Service, February 11, 2011, http：//www. refwo-rld. org/pdfid/4d6f4dc5c. pdf.

Jon Donnison, "Sirte and Misrata：A Tale of Two War-torn Libyan Cities," BBC News, December 20, 2011, http：//www. bbc. co. uk/news/world-africa-16257289.

José M. Magone, "The Tunisian Revolution, the Union for Mediteranean and the Euro-pean Union", UACES 41st Annual Conference, Cambridge, 5-7 September 2011, http：//uaces. org/documents/papers/1101/magone. pdf.

Joshua Landis, "Free Syrian Army Founded by Seven Officers to Fight the Syrian Army", Syria Comment, July 29, 2011, http：//www. joshualandis. com/blog/? p = 11043.

Judy Dempsey, "Germany Welcomes Egypt's Sisi", Carnegie Europe, June 1, 2015, http：//carnegieeurope. eu/strategiceurope/60260? lang = en.

Krisztina Binder, "Further Macro-financial Aid to Tunisia", EU Legislation in Progress, September 2016, http：//www. europarl. europa. eu/thinktank/en/document. html? reference = EPRS_BRI（2016）582042.

Lana Dreyer and Gerald Stang, "What Energy Security for the EU", European Union Institute for Security Studies, November 2013, https：//www. iss. europa. eu/

sites/default/files/.../Brief_39_Energy_security. pdf.

Lana Dreyer and Gerald Stang, "What Energy Security for the EU", European Union Institute for Security Studies, November 2013, https://www. iss. europa. eu/sites/default/files/EUISSFiles/Brief_39_Energy_security. pdf.

Lizzie Dearden, "ISIS Increasing Co-operation with Boko Haram-the World's Most Horrific Terrorist Group'", April 21, 2016, http://www. independent. co. uk/news/world/africa/isis-increasing-co-operation-with-boko-haram-the-worlds-most-horrific-terrorist-group-a6994881. html.

M. S. Tillyard, "Airpower over Libya: Coercion's Finest Hour?", Defence Research Paper, Joint Services Command and Staff College, 2012, http://www. airpowerstudies. co. uk/papers/Airpower_over_Libya_Tillyard. pdf.

Marina Ottaway, "The New Moroccan Constitution: Real Change or More of the Same?", Carnegie Endowment For International Peace, June 20, 2012, http://carnegieendowment. org/2011/06/20/new-moroccan-constitution-real-change-or-more-of-same.

Matt Smith, "Egypt Tourist Numbers to Rise 5-10 pct in 2014-minister", Reuters, September 11, 2014, https://www. reuters. com/article/2014/09/11/egypt-tourism-idUSL5N0RC3CF20140911.

Maxime Larivé, "The European Union, Tunisia and Egypt: Norms versus Interests-Thoughts and Recommendations", European Union Miami Analysis Paper, Vol. 8, No. 2, February 2011, http://aei. pitt. edu/29774/2/LariveEgyptEUMA2011edi. pdf.

Michael Theodoulou, "Egypt's New Government Ready to Renew Country's Ties with Iran", The National, April 6, 2011, http://www. thenational. ae/news/world/middle-east/egypts-new-government-ready-to-renew-countrys-ties-with-iran.

Mohammed Yousef Reham, "European-Egyptian Energy Dynamics Post-2011: Why a New European Approach in Energy Cooperation Is Opportune?", EMSP Occasional Paper Series, Paper No. 1, April 2016, http://www. euromedstudies. net/en/emsp/EMSP_OPS. pdf.

Nachiket Khadkiwala, "EU-Libya Migrant Deal", July-September 2016, https://idsa. in/africatrends/eu-libya-migrant-deal_nkhadkiwala.

Nada El-Kouny, "Outcast: Egypt's Growing Addiction Problem", Ahram Online,

June 25, 2015, http://english. ahram. org. eg/NewsContent/1/151/133715/Egyp-t/Features/Outcast-Egypts-growing-addiction-problem-. aspx.

Nick Paton Walsh, "ISIS on Europe's Doorstep: How Terror Is Infiltrating the Migrant Route", May 26, 2016, http://edition. cnn. com/2016/05/26/middleeast/libya-isis-europe-doorstep/index. html.

Nikolaj Nielsen, "EU Rescue Mission Yet to Receive Extra Cash or Boats", in EUobserver, May 4, 2015, https://euobserver. com/justice/128566.

Omayma Abdel-Latif and Amira Howeidy, "Interview with Gehad el-Haddad: 'We Will Not Let Egypt Fall'", Al-Ahram Weekly, March 6, 2013, http://weekly. ahram. org. eg/News/1744/17/% E2% 80% 98We-will-not-let-Egypt-fall% E2% 80% 99. aspx.

Omono Eremionkhale, "Will the Current DCFTA Talks between Morocco and The EU Create a Better Moroccan Economy?", Ventures Africa, October 16, 2015, http://venturesafrica. com/will-the-current-dcfta-talks-between-morocco-and-the-eu-create-a-better-moroccan-economy/, 2017 – 06 – 10.

Paddy Agnew, "Isis and Italian Mafia in Artefacts for Arms Investigation," Oct. 20, 2016, https://www. irishtimes. com/news/world/europe/isis-and-italian-mafia-in-artefacts-for-arms-investigation-1. 2837261.

Paul Belkin, Jim Nichol and Steven Woehrel, "Europe's Energy Security: Options and Challenges to Natural Gas Supply Diversification", *Congressional Research Service* 2013: 7-5700, https://fas. org/sgp/crs/row/R42405. pdf.

Peter Witting, "Explanation of the Vote by Ambassador Witting on the Security Council Resolution on Libya", March 17, 2011, http://www. new-york-un. diplo. de/Vertretung/newyorkvn/en/_ _ pr/speeches-statements/2011/20110317 _ 20Explanation_ 20of_ 20vote_ 20-_ 20Libya. html.

Phil Sands, Justin Vela, and Suha Maayeh, "Assad Regime Set Free Extremists from Prison to Fire up Trouble during Peaceful Uprising", The National, January 21, 2014, http://www. thenational. ae/world/syria/assad-regime-set-free-extremists-from-pri-son-to-fire-up-trouble-during-peaceful-uprising.

Philip Giraldi, "NATO vs. Syria", The American Conesrvative, December 19, 2011, http://www. theamericanconservative. com/articles/nato-vs-syria/.

Press Release, "Spindelegger on Egypt: 'Demonstrations Cannot be Silenced by Violence' -Foreign Minister Very Concerned about Developments in Egypt and Calls for Renunciation of Force", Austrian Foreign Ministry, February 3, 2011, http://www. bmeia. gv. at/en/foreign-ministry/news/presseaussendungen/2011/spi-ndelegger-zu-aegypten-demonstrationen-koennen-nicht-durch-gewalt-mundtot-gem-acht-werden. htm.

Raf Sanchez, "Libya Rivals Agree to Ceasefire and Elections after Peace Talks Hosted by Emmanuel Macro", http://www. telegraph. co. uk/news/2017/07/25/draft-statement-says-libya-rivals-have-agreed-ceasefire-election/.

Rami Galal, "Will Nidaa Tunis' Troubles Boost Muslim Brotherhood in Egypt?", Al-Monitor, November 18, 2015, http://www. al-monitor. com/pulse/originals/2015/11/tunisia-nidaa-tunis-resignation-egypt-muslim-brotherhood. html#ixzz3sTw0EIxI.

Raniah Salloum, "Berlin Sends Wrong Message By Welcoming Sisi", Spiegel Online, June 3, 2015, http://www. spiegel. de/international/world/editorial-on-egypt-ian-president-sisi-and-his-visit-to-germany-a-1036876. html.

Raniah Salloum, "Berlin-Besuch von Ägyptens Staatschef Sisi: Der unangenehme Gast", SPIEGEL Online, 02 Juni 2015, http://www. spiegel. de/politik/ausland/abdel-fattah-el-sisi-in-berlin-der-unangenehme-gast-a-1036542. html.

Rim Turkmani and Mustafa Haid, "The Role of the EU in the Syrian Conflict", Security in Transition, February 2016, London, https://www. fes-europe. eu/fileadmin/public/editorfiles/events/Maerz_ 2016/FES_ LSE_ Syria_ Turkmani_ Haid_ 2016_ 02_23. pdf.

Romano Prodi, "Sharing Stability and Prosperity", Speech Delivered at the Tempus MEDA regional conference at the Bibliotheca Alexandrina on 13 October 2003, http://europa. eu/rapid/press-release_ SPEECH-03-458_ en. pdf.

Rym Ayadi and Emanuele Sessa, "EU Policies in Tunisia before and after the Revolution", Policy Department, Directorate-General for External Policies, June 2016, http://www. europ arl. europa. eu/thinktank/en/home. htm.

Sally Khalifa Isaac, "Europe and the Arab Revolutions—From a Weak to a Proactive Response to a Changing Neighborhood", Kfg Working Papers, 2012, https://www. polsoz. fu-berlin. de/en/v/transformeurope/publications/working _ paper/wp/wp39/

index. html.

Satoru Nakamura, "Saudi Arabian Diplomacy during the Syrian Humanitarian Crisis: Domestic Pressure, Multilate Ralism, and Regional Rivalry for an Islamic State", July 2013, http://www. ide. go. jp/Japanese/Publish/Download/Seisaku/pdf/201307 _mide_13. pdf.

Serge Daniel, "Jihadists Announce Blood-Soaked Return to Northern Mali", Agence France Presse, October 9, 2014, https://www. news24. com/Africa/News/Jiha-di-sts-announce-blood-soaked-return-to-northern-Mali-20141009.

Shaimaa Fayed and Yasmine Saleh, "Millions Flood Egypt's Streets to Demand Mursi quit", Reuters, June 30, 2013, https://www. reuters. com/article/us-egypt-prote-sts/millions-flood-egypts-streets-to-demand-mursi-quit-idUSBRE95Q0NO20130630.

Shibley Telhami, Mike Lebson, Evan Lewis, and Abe Medoff, "2011 Arab Public O-pinion Survey", University of Maryland, October, 2011, https://www. brooki-ngs. edu/wp-content/uploads/2016/06/1121_arab_public_opinion. pdf.

Simon Pirani, Jonathan Stern and Katja Yafimava, "The Russo-Ukrainian Gas Dispute of January 2009: A Comprehensive Assessment", Oxford Institute for Energy Studies, NG 27, February, 2009, https://www. oxfordenergy. org/wpcms/wp-content/up-loads/2010/11/NG27-TheRussoUkrainianGasDisputeofJanuary2009AComprehe-nsiv-eAssessment-JonathanSternSimonPiraniKatjaYafimava-2009. pdf.

Staff Writer, "Danish Prime Minister: Mubarak Is Finished", Politiken, February 3, 2011, http://politiken. dk/newsinenglish/art4995079/Prime-Minister-Mubarak-is-finished.

Tarek Amara and Mariam Karouny, "Gaddafi Forces Shell West Libya's Misrata, 25 Dead", Reuters, March 18, 2011, http://uk. reuters. com/article/2011/03/18/us-libya-misrata-bombard-idUKTRE72H4L520110318.

Tarek Amara and Mohamed Argoubi, "Thousands of Tunisians, Leaders March after Bardo Attack", Reuters, March 29, 2015, http://www. reuters. com/article/us-tunisia-security-idUSKBN0MP03O20150329.

Tarek Amara, "Tunisia Says It Prevented Major Islamist Attack This Month", Novem-ber 17, 2015, http://www. reuters. com/article/us-tunisia-security/tunisia-says-it-pr-evented-major-islamist-attack-this-month-idUSKCN0T60R420151117.

Tariq Ramadan, "Egypt: A Tissue of Lies", August 17, 2013, http://www. abc. net. au/religion/articles/2013/08/16/3827174. htm.

"The EU's Response to the 'Arab Spring'", Brussels, December 16, 2011, http://europa. eu/rapid/press-release_ MEMO-11-918_ en. htm.

Thomas Francis, "Youth Protesters and Street Gangs Clash in Tahrir Square's Tent City", Pulitzer Center on Crisis Reporting, July 4, 2011, http://pulitzercenter. org/reporting/youth-protesters-and-street-gangs-clash-tahrir-squares-tent-cit.

Thomas Joscelyn, "How Many Fighters Does the Islamic State Still Have in Libya?", July 20, 2017, https://www. longwarjournal. org/archives/2017/07/how-many-fighters-does-the-islamic-state-still-have-in-libya. php.

Thomas Joscelyn, "Islamic State Has Lost Its Safe Haven In Sirte, Libya", December 7, 2016, https://www. longwarjournal. org/archives/2016/12/pentagon-islamic-state-has-lost-its-safe-haven-in-sirte-libya. php.

Tim Lister, "Under Pressure in Syria, ISIS Looks to Libya to Plot Terror Attacks", May 25, 2017, http://edition. cnn. com/2017/05/25/middleeast/isis-looks-to-libya-to-plot-terror-attacks/index. html.

Timo Behr, "After the Revolution: The EU and the Arab Transition", Notre Europe Policy Paper 54, 2012, https://institutdelors. eu/wp.../01/eu_ arabtransition_ t. behr_ ne_ april2012. pdf.

Timo Behr, "The European Union's Mediterranean Policies after the Arab Spring: Can the Leopard Change Its Spots", http://amsterdamlawforum. org/article/download/268/454.

Timo Behr, "What Future for the Union for the Mediterranean?", Helsinki: The Finnish Institute of International Affairs, https://www. fiia. fi/sv/publikation/what-future-for-the-union-for-the-mediterranean.

UNOCHA, "Humanitarian Response Plan, January-December 2017: Syria Arab Republic", March 2017, https://www. humanitarianresponse. info/sites/www. humanitarianresponse. info/files/documents/files/2017_ hrp_ syria_ 170320_ ds. pdf.

"Unacknowledged Deaths: Civilian Casualties in NATOs Air Campaign in Libya", Rel-iefweb, 14 May 2012, http://reliefweb. int/report/libya/unacknowledged-deaths-civilian-casualties-nato% E2% 80% 99s-air-campaign-libya.

World Bank, "Egypt Overview", October 1, 2014, http://www. worldbank. org/en/
　　country/egypt/overvie.

Zvi Mazel, "ISIS in Sinai: the Libyan connection", The Jerusalem Post, February
　　21, 2017, http://www. jpost. com/Middle-East/ISIS-in-Sinai-the-Libyan-connec-
　　ti-on-482149.

图书在版编目(CIP)数据

北非变局对环地中海国际关系的影响研究 / 刘云，
钱磊著. -- 北京：社会科学文献出版社，2019.12
ISBN 978 - 7 - 5201 - 5634 - 9

Ⅰ.①北… Ⅱ.①刘… ②钱… Ⅲ.①欧洲国家联盟
- 对外政策 - 研究②国际关系 - 研究 - 欧洲、北非 Ⅳ.
①D85②D841.02

中国版本图书馆 CIP 数据核字（2019）第 219016 号

北非变局对环地中海国际关系的影响研究

著　　者 / 刘　云　钱　磊

出 版 人 / 谢寿光
责任编辑 / 宋浩敏
文稿编辑 / 袁宏明　陈素梅

出　　版 / 社会科学文献出版社·联合出版中心（010）59367150
　　　　　地址：北京市北三环中路甲 29 号院华龙大厦　邮编：100029
　　　　　网址：www.ssap.com.cn
发　　行 / 市场营销中心（010）59367081　59367083
印　　装 / 三河市龙林印务有限公司

规　　格 / 开　本：787mm × 1092mm　1/16
　　　　　印　张：22.75　字　数：406 千字
版　　次 / 2019 年 12 月第 1 版　2019 年 12 月第 1 次印刷
书　　号 / ISBN 978 - 7 - 5201 - 5634 - 9
定　　价 / 149.00 元

本书如有印装质量问题，请与读者服务中心（010 - 59367028）联系